栖霞简志

QIXIA JIANZHI

南 京 市 栖 霞 区 人 民 政 府 主办
南京市栖霞区地方志编纂委员会办公室 承编

方志出版社
Publishing House of Local Records

图书在版编目（CIP）数据

栖霞简志 / 南京市栖霞区地方志编纂委员会办公室编. —北京：方志出版社，2018. 4

ISBN 978-7-5144-3056-1

Ⅰ.①栖… Ⅱ.①南… Ⅲ.①区（城市）—地方志—南京 Ⅳ. ①K295. 34

中国版本图书馆CIP数据核字（2018）第084934号

栖霞简志

编　　者：南京市栖霞区地方志编纂委员会办公室

责任编辑：徐　宏

出 版 人：冀祥德

出 版 者：方志出版社

地址　北京市朝阳区潘家园东里9号（国家方志馆4层）

邮编　100021

网址　http://www.fzph.org

发　　行：方志出版社发行中心

电话（010）67110500

经　　销：各地新华书店

印　　刷：南京顺和印刷有限责任公司

开　　本：787 × 1092　　1/16

印　　张：28

字　　数：477千字

版　　次：2018年7月第1版　　2018年7月第1次印刷

印　　数：0001 ~ 5000册

ISBN　978-7-5144-3056-1　　定价：200.00元

栖霞区地方志编纂委员会

主　　任：黎　辉

副 主 任：王　智

委　　员：李春节　庄　荣　徐　宁　顾　磊　朱从政　武晓路　刁志福
刘　铁　盛　艳　陈亦军　陆建尚　汪　浩　赵玉泉　崔永国
王宇峰　徐观林　肖胜利　沈营江　王兆仁　张传荣　王永明
田　进　王开宏　仇金龙　叶余丰　金　旭　周传明　宋福红
赵家宝　赵晓琳　吕　俊　曹显进　李　斌　周　明　钱　琍
吴炳根　刘文刚　孙晓华　车金楼　周朱伟　梁　超　陈芳琴
欧立祥　华　巍　安太平　王小锋　倪天华　丁报明　殷壁峰
黄卫东　张　弨　张宛平

办公室主任：吴炳根（兼）

栖霞简志编辑部

主　　编：吴炳根

副 主 编：吕佐兵　方可畏　胡国富

执行主编：冯宗雷　张永芳

编　　辑：王旭东　赵建华　张双全　贾志忠

南京市
栖霞区行政区域
（1999年）
大 厂 区
六 合 县
长 江
长江
长江大桥
八卦洲
外沙村
临江村
中桥村
永宁村
上坝村
五四村
光明村
下坝村
大同村
新闸村
长汪村
五一村
新河村
东江村
八卦洲乡
七里村
新胜村
笆斗村
南京经济技术开发区
兴武村
乌龙村
杨梅塘
吴边村
石埠桥村
栖霞山
栖霞山园林管理处
栖霞村
新合村
红梅
燕子矶镇
燕子矶村
下庙村
柳塘村
尧辰村
十月村
栖霞镇
大山口村
衡阳村
吉祥村
方井村
栖霞区政府
尧化镇
玉子楼村
钱家渡
上前村
晓庄村
合斗村
迈皋桥村
兴卫村
尧胜村
一村
长林村
迈皋桥镇
尧化村
仙林农牧场
经五路
二桥连接线
三村
二村
南京城区
江宁县
绕城公路
太庄村
狮子坝村
黄庄村
宁沪高速公路
青马村
马群镇
果场村
宁杭路
马群村
石坝村
百水桥村
花岗村
宁芜线
N

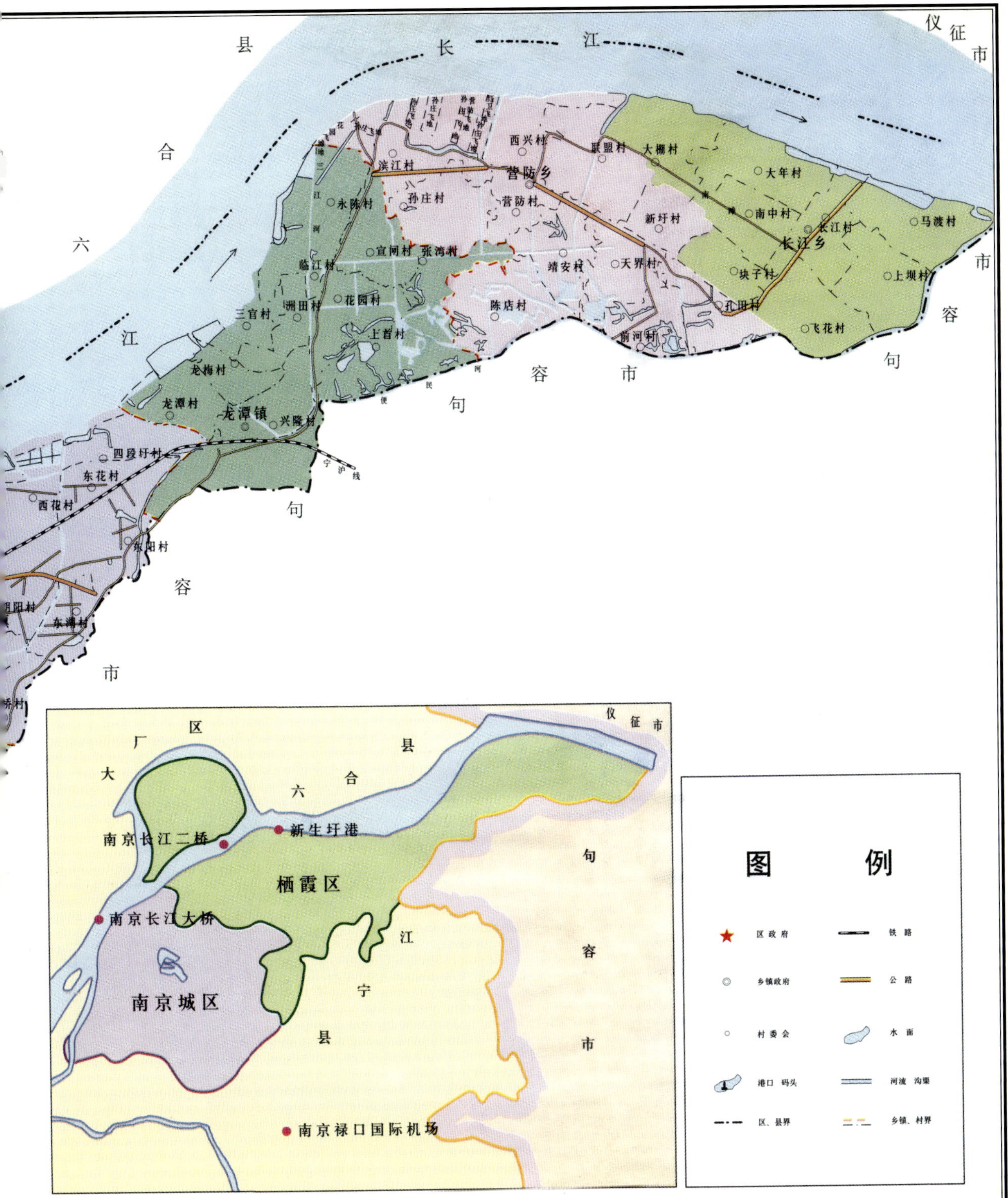
六合县
长江
仪征市
句容市
滨江村
孙庄村
营防乡
西兴村
营防村
联盟村
大棚村
大年村
南中村
长江乡
长江村
马渡村
新圩村
天界村
靖安村
陈店村
前河村
孔田村
块子村
上坝村
飞花村
永陈村
宣闸村
张湾村
临江村
洲田村
花园村
三官村
上首村
龙梅村
龙潭村
龙潭镇
兴隆村
四段圩村
东花村
西花村
东阳村
东漕村
宁沪线
便民河
三江河
大厂区
六合县
南京长江二桥
新生圩港
栖霞区
南京长江大桥
南京城区
江宁县
句容市
仪征市
南京禄口国际机场
图例
区政府
铁路
乡镇政府
公路
村委会
水面
港口 码头
河流 沟渠
区、县界
乡镇、村界

玉璞（7000年前）

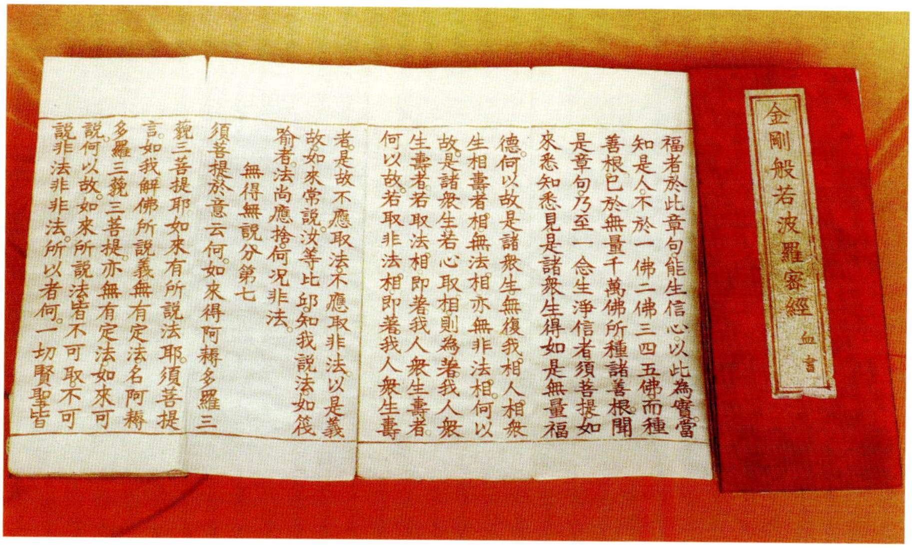

清・血书金刚经

东晋·玻璃杯

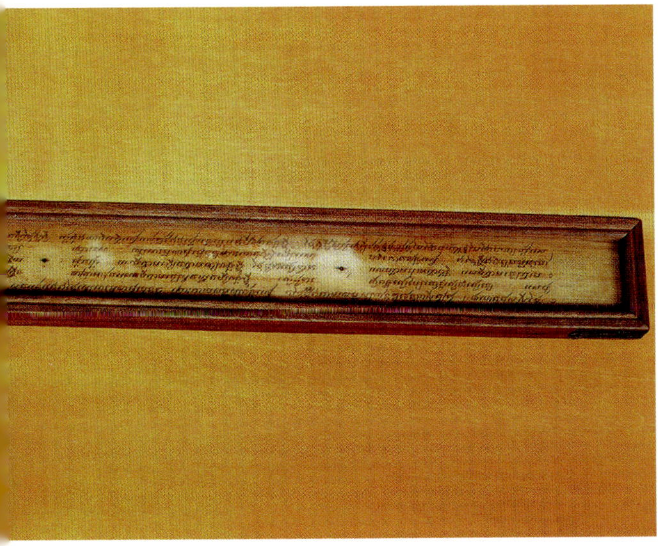

唐·贝叶经

唐·明征君碑（拓片）

栖霞山

明征君碑碑亭

梁·萧景墓道石刻辟邪

栖霞古寺　　薛佳棋摄

舍利塔　　刘东摄

千佛岩石窟　　刘东摄

幕府山　　吴其仁摄

燕矶夕照

陶行知纪念馆

侵华日军南京大屠杀遇难同胞纪念碑

燕子矶御碑亭

南京化工厂生产区

摄山电炉厂

金陵石化烷基苯厂鸟瞰

金陵石化化工一厂苯酐装置和增塑剂装置

国家级生态工业示范园区南京开发区

中国水泥厂全景

江南水泥厂生产区

龙潭港

新生圩港

南京长江第二大桥南引线柳塘互通立交

沪宁高速江苏段马群立交

长江二桥

夜幕下的南京东站列车编组场　　孔庆宽摄

陈培智摄

采菱　　陶发银摄

石埠桥现代化农业示范带

水稻种植基地

月牙湖花园小区全景

尧林仙居全景

摄山星城

中国佛教协会会长赵朴初与茗山法师合影　　（1985年摄）

茗山题栖霞区志

百岁老人袁晓园贺《栖霞区志》山水画

凡　例

一、本志以马克思列宁主义、毛泽东思想、邓小平理论、“三个代表”重要思想、科学发展观、习近平新时代中国特色社会主义思想为指导，坚持辩证唯物主义和历史唯物主义的立场、观点、方法，以2002年编修的《栖霞区志》（以下简称“区志”）为母本简缩而成，扼要记述栖霞地区自然、政治、经济、文化与社会的历史和现状。

二、本志以记载栖霞区现辖境域为主。历史上析出地域，一般记述析出前史实；划入地域，一般从划入后开始记述，以完整反映历史原貌。驻区单位酌情入志。

三、本志贯通古今，上限不限，下限一般断至1999年，重大事件的记述延至2002年。文中“今”的时态指1999年。

四、本志坚持详今略古，详近略远、详异略同原则。记述重点是1965年5月原燕子矶区、中山陵园区、栖霞区三区合并后，特别是1978年改革开放后全区的发展变化。

五、本志由图照、概述、大事记、专志、综录要目构成。图照置于卷首，形象勾勒区貌特色；概述，夹叙夹议，叙议相融，策论区情，为全志之纲；大事记，以编年体为主，贯串古今，为全志之经；专志，横分门类，述而不作，为全志之纬；综录要目置于卷尾，列出区志中辑录的珍贵文史资料重要目录，以备从区志中检索。

六、依据社会科学及志书的一般分类，专志部分按先自然后社会，先经济基础后上层建筑顺序排列，分设24编。编下设章、目、子目。编章下统设无题序。

七、志文中经常使用的名称，首次用全称，并括注简称。志文中还酌用已经流行且不产生歧义的简称，如“中国共产党”简称“中共”或“党”，“中华人民共和国”简称“新中国”，“中国共产主义青年团”简称“共青团”，“中华民国”简称“民国”。使用频繁的词组（短语），如“中华人民共和国成立后”简写为“新中国成立后”，“无产阶级文化大革命”简写为“文化大革命”或“文革”。新中国成立后，栖霞地区区划迭有变更，名称多变，分合无定，极易混淆，鉴此，志中凡“栖霞区”专指1953年7月成立的新第九区（后改称栖霞区）和1965年5月由燕子矶、中山陵园、栖霞三区合并后成立的栖霞区；“栖霞地区”或“区内”，则泛指今区辖整个地区。志书中所用照片，除注明外，均由区声像中心提供。

八、本志纪年，新中国成立前（1949年10月1日），用朝代和民国年号，朝代年号用汉字书写，民国年号用阿拉伯数字书写，并括注公元纪年；新中国成立后，统用公元纪年，阿拉柏数字书写。“解放前（后）”，指1949年4月23日本区解放前（后）。文中“30年代”、“40年代”等均指20世纪。

九、本志遵循“生不立传”原则，《人物传》以卒年先后为序，收录对栖霞地区发展变化有较大贡献或影响的历史人物。市级以上劳动模范按获得表彰时间先后录入《人物表》。

十、本志用语体文记述。专用名词及特定事物等均加括注。各个历史时期地域、政权、区划、党派、机构、职官，均以当时通称为准。为保持历史延续性，便于考证，使用古地名时，加注今名。

十一、本志数据一般来自区统计部门，统计部门或缺的，由有关承编单位提供；统计数据一般不含驻区单位情况，如包含则加注说明。

十二、本志文字、标点、数字和计量单位（除引文外），均严格按照国家统一规定和要求书写使用。记述中使用旧制度量衡单位时，均加括注并换算成法定计量单位。1955年3月1日前使用的旧人民币，均加注并按10000 : 1折算成新人民币。同一事物存在几种说法的，采用一说，其他诸说加括注。

目　　录

第二编　人　　口

第三编　风景名胜　文物古迹

第四编　城乡建设

第五编　经济综合管理

第六编　交通　邮政　电信

第七编　工　业

第八编　农林　水利

第九编 商贸 旅游

第十编　财税　金融

第十一编　中共栖霞区地方组织

第十二编 人大 政府 政协

第十三编　镇　乡

第十四编　南京经济技术开发区

第十五编 民主党派 人民团体

第十六编 政 法

第十七编　军　　事

第十八编 民　政

第十九编　劳动　人事

第二十编　教育　科技

第二十一编　卫生　体育

第二十二编　文　　化

第二十三编　社　　会

第二十四编 人 物

附:综录要目

概　述

栖霞区为南京市10市区之一，地处南京城东北部。东与句容市、丹徒县、江宁县交界，南与江宁县、玄武区接壤，西与玄武区、下关区比邻，北与大厂区、六合县、仪征市隔江相望。至1999年，辖7镇3乡，区域总面积（含长江水面）381.88平方公里，有城乡居民325421人。

南京经济技术开发区创办于1992年，其所在原为栖霞区辖地。自1996年始，与栖霞区实行“两区合一、区区联动”运作体制。

“一座栖霞山，半部金陵史”，已成为南京史学界一种定见。所以然者何？盖因栖霞区的独特存在及其对南京历史发展演进所具有、并已产生的独特作用和影响。及至近年，区内大量地下文物接连发掘出土，尘封已久的珍闻秘籍不断公诸于世，使栖霞区越发变得神秘而具有魅力。

一

栖霞区以“栖霞”冠名极富诗情画意，特别是区名与山（栖.霞山）、寺（栖霞寺）、镇（栖霞镇）、街（栖霞街）、路（栖霞大道）同名，更平添了几分雅趣。栖霞冠名至今，岁月已飞逝千五百年，而冠名的由来却成了一桩历史公案，或云因山，或云因寺，或云因景，或云天赋神授，诸说不一。清乾隆皇帝有诗云“栖霞名寺又名山，点窜宁因字句间”，并自注：“本为摄山，栖霞，寺名也。今云栖霞山，或避摄字耳，故戏及之。”主张栖霞因寺而名。有人认为：“栖霞山每临深秋，丹枫似火，宛若云霞所居，故名”。也有人将栖霞寺前明征君碑碑阴唐高宗李治所书“栖霞”两个大字，当成栖霞冠名缘由。明代《素园石谱·栖霞石》载：“元至正年间（1341—1368）钱惟善先生游江左获一奇石，上有古篆纹‘栖霞’”，则意指栖霞之名为造化天成。民国陈邦贤在所撰《栖霞新志》中独持一说：“栖霞在六朝以前，知道的很少，自从南齐处士明僧绍隐居江乘摄山，栖霞之名称始著。”似主张栖霞因人而名，惜语焉不详。史载，明僧绍“宋元嘉中再举秀才，明经有儒术，屡辟不就，隐长广郡崂山，聚徒立学，后往江乘摄山。齐武帝永明元年(483，一说永明七年)，明僧绍舍宅为寺，延请法度禅师讲经，这是栖霞有庙宇之起点”。据考，明僧绍平原鬲(今山东平原县)人，字承烈，号栖霞，他将所捐住宅称为“栖霞精舍”(即今栖霞寺)，乃是以自己的号来命名的。就此判定，由人而寺而山，这才是栖霞冠名的真正由来。

栖霞地区的文明史绝非始自冠名，其发祥可溯至7000年前。其时，今龙潭地区不仅有先民生息劳作，而且创造了农业文明，这从其东南隅丁沙地(今属句容市)出土的大量骨针、骨凿、玉璞、陶屋模型可以得到佐证。“丁沙地”因之成为宁镇地区最古老的文化遗址。公元前20世纪，南京地区曾出现过五大原始聚落，栖霞地区即占其二：一为玄武湖聚落，北起今上元门及幕府山南麓，经北崮山、迈皋桥至太平门外岔路口；一为东北沿江聚落，西起幕府山和燕子矶，北临长江，东北至龙潭东南之花山。至商周时期，今小市街道安怀村(1995年划归下关区)已有先民开始农耕。春秋战国时期，“武王有天下，封周章于其地”，栖霞地区先属吴，后属越，再属楚。秦始皇三十七年(前210)，秦始皇“废分封而设郡县”，首置江乘县，此为栖霞地区历史上最早的县的建置，其治所即在江乘村(今摄山镇西湖村)。时江乘县境域广阔，西起石头城、白石垒沿江而东至今句容下蜀镇，再南折至今江宁县淳化镇，今南京市鼓楼、玄武、下关、建邺、白下、秦淮、雨花台和栖霞8个区统在其领属之下。后至隋开皇九年(589)，江乘县“被裁并分入江宁、丹徒、句容三县”，前后存世近800年。其间，东晋元帝司马睿于大兴三年(320)，在江乘县境内寄设侨郡、侨县，以“安顿随其南渡之北方流民”，在经济上给予“优复”(蠲免租调赋税)待遇，使之“流寓江左，庶有旋返之期，故许其挟注本郡”，皆取与山东原籍相同的名字，分别称为南琅琊、南兰陵、南东海、南东平等郡及临沂、怀德、即丘、阳都、开阳、兰陵、谯、费等县。初始，这些侨立郡县皆“有守、令而无辖地实土”，后由琅琊郡守桓温请命而改为从江乘县域裂土而治，成为“实县”，以致“百郡千城，流寓比室”，“一郡分为四五，一县割成二三”，“魏邦而有韩邑，齐县而有赵民”。“县中有郡，郡中有县”，栖霞地区这种独特的建置现象，实乃史所仅见。侨立郡县，起于东晋，定型于刘宋，齐梁稍有变更，至陈亡隋兴方告消亡，前后历时268年。唐肃宗上元二年(761)，江宁县更为上元县，栖霞地区属之。五代十国，世事纷乱，栖霞地区分属上元、句容两县，至宋、元、明、清，大体上归属如旧。

中华民国元年(1912)，废江宁、上元两县，设南京府；民国2年，重置江宁县，栖霞地区均属之。民国23年，划江宁县燕子矶和孝陵卫地区归南京市，成立燕子矶、孝陵两个乡区。民国31年，汪伪维新政府将燕子矶区改为乡区自治实验区。民国34年，国民政府还都南京，废汪伪建置，改燕子矶乡区自治实验区为第九区，孝陵卫区为第十区。民国38年1月，一度将八卦洲单设为第十四区，旋于当年6月废止。

中华人民共和国成立后，栖霞地区先后成立燕子矶、中山陵园、栖霞三区，鼎足而处。50年代末至60年代初，成立南京市"大郊区"后，三区建置撤销，栖霞地区复又呈"朝分夕合，领属多元，治所无定"的分治局面，在此期间，江宁县、六合县、下关区、玄武区、鼓楼区等均分别管辖过栖霞地区。1963年4月，燕子矶、中山陵园、栖霞区建置恢复，1965年5月，合并成立栖霞区，三区鼎立局面终结。1970年1月，栖霞区又裂而为二，分设栖霞区和钟山区，至1975年4月，钟山区撤销并入后，栖霞区始最终归于"一统"，并延而至今。

上下七千多年，历尽人世沧桑，栖霞地区以其悠远绵长而又曲折深邃的历史，与南京之间形成了不离不弃、互为魂魄的关系。君不见，原本卓立于区内梁武帝从弟萧景墓前的辟邪和神道石柱，如今已被复制厝置在南京中山门及水西门市民广场。辟邪更被定为南京市市徽图案，致黄童白叟无人不晓，报章广告无处不见。栖霞地区的吉光片羽径直变成南京市的文化标志和象征，诚可见，她的存在"浓缩了半部金陵史"，绝非虚言诳语，而是一种真知灼见。

二

初识栖霞，总会心生疑惑："普天之下，莫非王土"，隋文帝缘何亲诏"洎三十州次五十三州"，首选栖霞寺建舍利塔？一生遍览神州名山大川的乾隆皇帝，缘何对栖霞山水情有独钟，不仅在栖霞建有行宫，六次南巡五次驻跸其间，而且赋诗百余首，成为历史上诗咏栖霞最多的人？南京周遭名山屏立，"封内者数十"，栖霞山缘何独膺"第一金陵明秀山"雅誉，直教乾隆也"所欣初遇足空前"？天下之大，何处不可埋骨，南朝以降，缘何有那么多王侯将相、方家大儒乃至高僧名媛争相归葬栖霞、托体于斯？凡此，惟栖霞壮美恐他无索解。

栖霞壮美，久在人口。"春牛首，秋栖霞"，在南京地区早已是妇孺皆知。栖霞山古名摄山,盛产野参、茯苓、当归,“金药举,可以摄生”,故名;又因山形如伞盖,亦称繖(同“伞”)山。山上广植枫香、乌桕、戚树等色叶树,每临深秋,丛林尽染,飞火流丹,美不胜收。正所谓“万树霜枫赤似霞,惹得人称二月花”。“栖霞丹枫”,不仅是古金陵四十八景之一,而且成为栖霞区最具魅力的自然表征。

栖霞之壮美,在于山川形胜。区境内自然景观星罗棋布,不胜枚举。栖霞山、幕府山、燕子矶、八卦洲、小漓江、岩山十二洞,沿江陈列,皆蔚然成观。明上元状元焦竑礼赞曰“金陵佳丽地,北郊为最”,信哉斯言。幕府山,濒临大江,五峰并峙,连绵拥翠,延亘十里。至正《金陵新志》载:“晋元帝自广陵渡江,丞相王导建幕府于此山,因名”。幕府山自东吴、东晋至南朝宋、齐、梁、陈,风雨六朝三百年,迭经兵燹,向为拱卫南京之盾牌,打通南京之锁钥。魏黄初三年(222)九月,文帝曹丕率兵10万攻建康,吴大帝孙权张旗鼓于幕府山,“缚草为人、衣以甲胄”,致魏文帝临江却步,喟叹曰“天固隔我吴魏”。西晋永嘉元年(307),琅琊王司马睿偕西阳王司马羕、汝南王司马佑、南顿王司马宗、彭城王司马纮,由幕府山南渡称帝,建立东晋,民谚“五马渡江,一马化龙”即指此事。南朝宋元嘉二十七年(450)十二月,北魏太武帝拓跋焘率兵至瓜步欲取建康,宋文帝战和并用,于幕府山巅置重兵,沿江百里,战舰如云,致魏军不战而退。南朝梁太平元年(556),北齐文宣帝高洋拥兵46万南下攻梁,梁大将陈霸先出幕府山南,纵兵合围,终使齐师大败,仓皇北遁。陈霸先“生执徐嗣徽及其弟嗣宗斩之以徇”,缘此军权益重,并取代梁敬帝,建立陈国,自号武帝。明太祖朱元璋亦从幕府山南渡而终成帝业。清道光二十二年(1842),侵华英军由燕子矶登陆,进逼迈皋桥,兵临城下,胁迫清政府与之签订丧权辱国的《中英南京条约》。及至今日,虽已有南京长江大桥及二桥之利,天堑已然变为通途,但幕府山和燕子矶仍不失为南京城北之重要门户。

幕府山东隅有一奇险之处,“一石吐江,三面悬绝,状若飞燕”,即为万里长江第一矶——燕子矶。登矶“旷览千里,江山、云物、楼堞、风帆、沙鸥,历历献奇,争媚于眉睫之前”。“燕矶临流”,亦成为古金陵四十八景之一。明洪武年间(1368—1398),朱元璋驾临燕子矶,薄暮登崖,新月当空,澄江如练,顿生“天地之间,唯我独雄”之念,出口成诗“燕子矶兮一秤砣,长虹作杆又如何?天边弯月是钩挂,秤我江山有几何!”诗虽几近“打油”,然气魄宏大,一派帝王之概,当可与刘邦《大风歌》、项羽《虞姬歌》相媲美。姑不论其诗妍媸优劣，一代雄主将燕子矶视为称量江山之“权”，可见幕府山和燕子矶的政治军事战略地位是何等重要。

论及栖霞山，横空出世，雄峙江左，其空灵秀美，仁智皆爱，更毋需赘言。

栖霞之壮美，还在于文化积淀丰厚。区境内名胜古迹如繁星缀地，不计其数，仅国家级和省、市级文物保护单位就多达21处。而其中最具人文表征的当推南朝墓葬神道石刻。据考，南京地区南朝墓葬计17处，有皇陵3处（南朝宋武帝刘裕初宁陵、陈武帝陈霸先万安陵、陈文帝陈蒨永宁陵），余皆为王侯墓，如梁武帝五弟桂阳郡王萧融墓、六弟临川郡王萧宏墓、七弟安成郡王萧秀墓、八弟南平郡王萧伟墓、十弟始兴郡王萧憺墓、堂弟吴平忠侯萧景墓等。这些墓葬多集中在栖霞地区。其中，萧秀墓葬石刻遗存最为丰富，有石辟邪二、神道石柱二及龟趺二、石碑四。

南朝墓葬石刻堪称我国中古时代最富特色的石刻艺术精华，是世界艺术宝库中的瑰宝，也是栖霞区的骄傲。其最上品当为辟邪。栖霞境内，现存辟邪6处10尊，皆为南梁盛期作品，距今已1500多年。所谓辟邪，系古代传说中的一种神兽，因其可辟御妖邪，故名。其体态有如猛狮，当地农民直以“石狮子”呼之。今人郑奇先生赞云：“远观之，立于旷野，负日载月，立地行天，状不可名，其胸腹之挺健，远胜虎豹鲸象；近视之，巨石凌空，猛兽当头，威不可挡；细察之，舌之长，张口一吐而垂胸，尾扫地，席卷如帚如风。它非狮非象、非虎非豹、非鹰非隼，而又如狮如象、如虎如豹、如鹰如隼，是天地间巨禽猛兽之集大成，给人一种不吼则已，一吼震天，不飞则已，一飞冲天，不行则已，一行万里而无可阻挡之威烈。说它抽象，它有形有体，说它具象，然天地间实无此种生物。它是天地间绝无而人文中仅有、上帝未造而人类独创的神圣之物”。如前所述，辟邪图案现今已被定为南京市的市徽标志，足见首倡者对于南京历史文化识见之精到。

栖霞之壮美，更在于自然与人文的和谐交融，浑然如　。栖霞寺前的明征君碑，建于唐高宗上元三年（676），迄今已1323年，为南京地区保存最完整的唐代碑刻。此通碑石属自然耶？人文耶？断难截然予以界定区分。该碑当然是文化珍品，人文杰作。明僧绍之五世孙明崇俨以擅长“方外之术”得到唐高宗李治和皇后武则天的宠信，便借机提出为其世祖树碑立传，高宗慨然应允。该碑碑文计2376字，为李治亲撰，由书法家高正臣书写，王敬知篆额。碑阴“栖霞”两个如臼大字也为李治亲书。一块碑石承载如此之多的人文信息，实乃旷古未见。言其为自然景观，因为它又是至为宝贵的地质化石。在地质学上，栖霞山是中国二叠系下统标准地层“栖霞组”的命名地。这一名称由德国地理学家李希霍芬于1882年首创，民国21年(1932)，中国著名地质学家李四光将这一地层重新厘定为“栖霞灰岩”。明征君碑正是采用距今2亿多年前的二叠系栖霞灰岩制作，表面密布豆粒状白色斑点，形如梅花含苞待放，即为棘皮动物海百合茎和腔肠动物中国孔珊瑚之化石，亦称梅花石。据测定，整块碑石约有单个化石22000多个，同样为旷世之物。区境内之八卦洲四面环江，为长江第三大岛，其方圆与南京古城相当。初因其形似草鞋，称为草鞋洲，后因江道变迁，转而又形若周易图象阴阳鱼，遂称之为八卦洲。这是八卦洲的自然形态。饶有兴味的是，这一名由被演化成朱元璋与皇后马娘娘渡江遇险抛八卦钱成洲的神话传说，添加了人文色彩。如今，八卦洲有兑南村、乾坤村和巽离村等，与周易八卦卦名相契合。近年，又拟仿八卦成象图形，建八卦阵、易林苑、八卦图象标志、八卦文化街，这就使自然与人文得到了统一。再以“栖霞丹枫”论之，它是区内著名的自然景观，但由于“红景园”和“霜红苑”的辟建以及“红枫文化节”的举办，使之有了新的人文内涵，因而又嬗变为人文景观。凡此诸端，难以尽述。

美哉，栖霞，壮哉，栖霞。栖霞之壮美，在自然，在人文，在自然与人文之合一。如果说，自然是其形质，那么，人文则是其神韵，惟其如此，自然才获得生命，人文也才获得永恒。

三

盖人文者，人事也。栖霞区人文景观及遗址众多，幕府山“五马渡”和“达摩古洞”、燕子矶“御碑亭”和“吞江醉石”、栖霞山“乾隆行宫”和“桃花扇亭”、尧化“乌龙山炮台”、马群“文天祥诗碑亭”、龙潭“擂鼓台”和“会师亭”、晓庄村“行知园”、十月村毛泽东塑像，乃至星布全区的古桥、古井、古庵、古道、古牌坊，等等，无一不在演绎着历史人物的其人其事以及与栖霞区的渊源际会。

观夫历史，曾经有无数风流人物来栖霞驻足流连、指点江山、建功立业，其中不乏大家巨擘、雄才俊彦和天之骄子。他们或是土著、或是移民，或作寓公、或为过客，各各以其独特的思想、操守、睿智和功业影响甚而决定着栖霞地区的江山谁主和人事浮沉。他们有如璀璨的群星，点缀在历史的天空，至今仍辉耀着栖霞这片土地。

据汉司马迁《史记·始皇本纪》载，秦始皇三十七年（前210），秦始皇由丞相李斯、中车府令赵高、武将蒙恬护驾出游，“过丹阳，至钱塘，临浙江，上会稽，还过吴，从江乘渡”，并在今栖霞地区筑驰道、置江乘县邑，成为见诸典籍而对栖霞地区产生重大影响的第一人。南朝宋齐年间（约465—489），明僧绍结庐摄山，“抗迹人外”20余载，皇帝六次以国子博士官职相征均称病婉拒，惟与“备综众经，而专以苦节成名”的法度禅师相过从，并最终舍宅为寺，方始有栖霞寺以及今栖霞区之冠名。相传，南朝梁武帝萧衍佞佛成癖，闻知南天竺（印度）圣僧达摩抵达建康，遂出郊相迎，执手同行，并邀高僧宝志、法师云光，与之共论因果。达摩以为非佛旨，故忤慢萧衍，趁夜遁走。萧衍命人乘健骡追赶，至幕府山夹萝峰，突然两峰相合，夹住骡身而不得前，眼见达摩登苇舟渡江北去。达摩成为历史上涉足栖霞地区的第一个外国人，并由此而衍生出“达摩古洞”“一苇渡江”和“夹骡峰”等诸多神话传说。南朝梁太平元年（556），陈霸先与北齐兵大战幕府山，首揭战幕。之后，兵燹连绵，烽烟迭起，栖霞地区随之成为金陵古战场和兵家必争之地。南朝陈祯明元年（587），尚书令江总陪侍陈后主陈叔宝同游栖霞寺，君臣唱和酬酢，盛赞栖霞山的林泉之美。此后，历代文人墨客不绝于途，唐有李白、皮日休，宋有曾极，明有焦竑、袁宏道、叶向高，清有王士祯、袁枚、蒋士铨等凡数十人，题咏的诗作车载斗量，但江总先声夺人，应是历史上吟咏栖霞山第一人。唐天宝十年（751），鉴真大师第五次东渡日本失败后，归途中曾在栖霞寺逗留休整，此举不仅开栖霞寺与日本之间佛学交流之先河，亦成为栖霞地区国际交往之开端。时过1254年，当鉴真在日本入寂二十周甲之际，日本招提寺八十一代森木孝顺长老亲为鉴真大师塑像，并由日本佛学、文学、艺术、医药各界人士组团，于1963年专程护持至栖霞寺，安放在寺内“过海大师堂”。中国佛教协会会长、中国佛学院栖霞分院院长赵朴初居士专此制联“分身还故国，喜此日海天一色，鉴师行踪重千秋”，赞颂这位不屈不挠的文化先驱。元世祖至元八年（1271），意大利航海家马可·波罗慕名游历燕子矶，并将燕子矶之险峻雄奇载入《马可波罗游记》一书，此为藉文化传媒向世界各国绍介栖霞山水之肇始。在历史上，自秦始皇嬴政始，东晋穆帝司马聃、南朝刘宋武帝刘裕、梁武帝萧衍、陈文帝陈蒨、隋文帝杨坚、唐高宗李治、明太祖朱元璋、明成祖朱棣、清圣祖康熙等历代封建帝王，均曾恩加抑或威加过栖霞地区，然影响最巨者当为清乾隆皇帝。从乾隆十六年

(1751)至乾隆四十九年,前后33年间,乾隆六次南巡,五次驻跸栖霞山,六次登临燕子矶。据《南巡盛典》和《摄山志》载,乾隆第一次南巡,留下了《登栖霞山》等诗篇,并敕建栖霞行宫。行宫于乾隆二十二年建成,占地400亩,有殿堂馆舍2000余间,极一时之盛。乾隆旋于当年第二次南巡,首次驻跸行宫,畅游栖霞山后,留诗25篇、佛赞1篇、匾额17处。因嫌栖霞山纱帽峰过于鄙俚,遂赐名玉冠峰。乾隆二十九年(1764),52岁的乾隆第三次驾临,留下了《白乳泉用皇甫冉陆鸿渐栖霞寺采茶诗韵》等诗词29首,匾额18处。乾隆55岁时第四次驻跸行宫,留下了著名诗作《金陵返跸栖霞》和匾额4处。乾隆第五次南巡,适逢其七十大寿,竟登临栖霞山最高处——凤翔峰,题写匾联15处。乾隆第六次南巡驻跸已74岁高龄,垂垂老矣,但仍遍游栖霞全山,并赐封栖霞山"万松山房""玲峰池"等十大景观。燕子矶诸多景观及便民河之名称亦由其钦定。乾隆巡幸南京期间留有诗词楹联匾额计180余件,在栖霞就有120件,题咏栖霞诗作多达119首。乾隆遗泽如"江之永矣"。

民国10年(1921),民族实业家姚锡舟,联合上海金融界、实业界人士及龙潭绅衿屠述三,合资白银50万两,创建龙潭中国水泥股份有限公司(今中国水泥厂),成为栖霞地区第一家现代工业企业,其发轫首创之功,无人堪与比肩。民国15年前后,中国著名教育家陶行知与黄质夫不期而遇,在栖霞地区分别创办晓庄师范和栖霞乡村师范,笃行"千教万教教人求真,千学万学学做真人",矢志"救百万村庄的穷,化万万农工的愚,争整个民族的脸",使平民乡村教育事业生面别开。特别是陶行知,特立独行,敢于犯颜,两次拒见蒋介石,后虽遭蒋介石追杀而初衷不改,尽显"真人"本色,称其为"伟大的人民教育家"(毛泽东语)、"党外布尔什维克"(周恩来语)、"万世师表"(宋庆龄语)而当之无愧。

中华人民共和国成立后,人民共和国缔造者毛泽东,在陈毅、谭震林、罗瑞卿等陪同下,于1956年1月11日踏上栖霞的土地,先登紫金山天文台(1995年划出),"解析天体奥秘,感知宇宙呼吸",后又亲临玄武湖乡红光蔬菜农业合作社(1995年划出)和尧辰乡、太平村、花林村初级农业合作社(后改为十月高级农业合作社),体察农家饱暖,倾听农民心声,并以政治家的高瞻远瞩,指出"组织起来,走共同富裕道路"这一"五亿农民的方向"。迄今为止,在南京地区县郊农村中,享此殊荣者惟栖霞区而已。

人以地传,地以人传。栖霞盛名,"因地而增其胜,因俗而宏其化,因人文而雕琢其成”。千百年来，政治家、军事家、教育家、实业家、诗书画家，及其他高人胜流之影响所致，使栖霞声名日隆、饮誉中外，也使栖霞地区的历史文化不断变得丰富、灵动而令人神往。

四

然以辩证唯物主义和历史唯物主义论之，栖霞区的历史归根结蒂是由生息于斯、世代薪传的广大人民群众创造的。人民群众成为写就历史的“主笔”，这是不变之真理，也是不争之事实。

既往岁月，栖霞人民屡遭劫难，蒙受过种种屈辱乃至无妄之灾。

栖霞区滨江而处，岗地丘陵绵亘，旱涝辄迭相为患，人民深受其害。史载，西汉惠帝五年（前190），旱魃逞威，江水为之枯竭。西汉高后八年（前180）夏，洪魔肆虐，江水崩岸而溢。东汉建安元年（196），灾荒所致，饥人相食。三国吴太元元年（251）八月，江水漫溢，平地水深八尺，禾稼绝收，民无以生。民国20年（1931），龙潭沙洲圩溃决，八卦洲也顿成泽国，灾民们冒死在齐腰深洪水中捞取未熟之稻实果腹。历史上，栖霞地区又是疫病多发区。所谓“大水之后，必有大疫”，常常是旱魃洪魔刚刚离去而“瘟神”又踵接而至。民国37年，湖堤村（今属摄山镇）村民十之八九患有血吸虫病，全村竟有76户成为“绝户”；村民翁学正一家8口，有7人相继死于血吸虫病。马渡村（今属长江乡）村民黄大清身患血吸虫病，骨瘦如柴，腹胀如鼓，因痛极而自取铁钉刺腹排水，致水尽人亡。种种惨象，令人不忍卒闻。

栖霞地区向为兵家必争之地，南朝陈齐之战、宋代黄天荡之战、清末太平军与清军之战、民国龙潭之战等等，南京地区举凡重大战事差不多均发生于此。栖霞人民因之饱尝战乱之苦而倒悬于兵火之中。民国16年（1927）8月，李宗仁、白崇禧率国民革命军与孙传芳军激战于乌龙山、栖霞、龙潭一线。战后，时便民乡李富官等8位乡民呈文要求抚恤遭孙军兵祸之群众。文称：“周环百余里，居民数千户，莫不惨遭北军奸淫掳掠，鸡鸭鹅犬，屠杀殆尽。”战争之荼毒，由此可见一斑。侵华日军侵占南京后，“这些身穿军服的日本刑事犯罪分子”（拉贝语。拉贝，德国人，时为南京安全区国际委员会主席），奸淫烧杀，无恶不为，甚至比赛杀人。栖霞人民首当其冲，备受凌辱，仅避险于栖霞寺和江南水泥厂内的难民就达四五万之众。民国27年1月，难民们曾两次向拉贝先生发出“求援信”，抗议和声讨日本法西斯暴行。

信称:“南京沦陷以来,寺庙里已聚集了2.04万人,大部分为妇女和儿童,男人们几乎都被枪杀或被掳去为日本兵作苦力”,“1月15日,许多日本兵蜂拥而来,把所有年轻妇女赶在一起,在寺庙大厅里对他(她)们大肆奸淫”。同年2月,美国牧师约翰·马吉在《栖霞山之行报告》中也就此作出揭露:“在方圆10至20英里范围内,已有700至800平民被(日本兵)杀害”,“沿太平门到龙潭的公路干线,约有80%的房屋被烧毁,“水牛只剩下10%”,“强奸30岁至40岁妇女案例多不胜数,同时已知强奸少女案件中有10岁幼女受害”。过去,栖霞山有个鲜为人知的地名叫黑石硆。民国24年,南京地质调查所谢家荣先生首次发现锰矿。日寇侵占南京后,该矿落入日寇手中,便强征上千中国劳工进行掠夺式开采。劳工们背驮矿石,匍匐而行,整条山梁被掉落的矿石(渗透着劳工们流的血)染黑,遂被称之为黑石硆。如今,黑石硆早已不复存在,但岁月留痕,这段血腥历史永远也不应当忘记。

艰难困苦,玉汝于成。正是这些苦难铸就和磨砺了栖霞人民自强不息、百折不挠、敢于抗御外侮、敢于向命运挑战的斗争精神、牺牲精神。

清道光二十二年(1842),侵华英军攻陷镇江后,敌酋濮鼎查率兵从燕子矶登陆进犯,有数千迈皋桥农民避入嘉善寺中,濮鼎查竟派兵纵火毁寺。面对强敌,寺僧及避难农民手持棍棒与英军展开搏杀,致英军死伤30余人。民国18年(1929),八卦洲恶霸地主萧月波勾结权贵成立“十六股”,霸占洲产,横行乡里,率兽食人。民国23年春,苏北、皖北灾民来洲上垦荒度日,遭到萧月波等人的强行驱赶和勒索,不少人死于非命。垦民们在状告无门的情况下,组织“大棍队”展开了声势浩大的反霸斗争。民国26年,“七七”卢沟桥事变次日,寄身于嘉善寺内的60多名孤儿,即成立“金陵孤儿义勇军”,发愿与日本侵略者血战到底。孤儿们从敌伪仓库弄出枪支弹药,出没于城内外,专门飞袭单身日本兵和汉奸,使敌寇闻风丧胆。民国28年,义勇军遭追捕撤进小红山山洞,因突围不成,最后引爆炸药,20多名孤儿以身殉国。同年6月10日,在南京曾发生过一起震惊世界的“毒酒案”。是日,日本总领事崛公一宴请日本外务省次长清水一行。詹长炳、詹长麟兄弟二人利用其在总领事馆当仆役的身份,趁便将氰化钠兑入酒中,致两名日本政要毙命。这詹氏二兄弟便是栖霞地区迈皋桥镇人。

民国17年(1928)夏,中共南京市委决定在晓庄师范建立地下组织晓庄支部。民国27年,中共龙潭支部成立。民国30年,中共苏皖委员会成立长江工委。民国31年，中共江宁县委在龙潭设立句北工委。民国34年，中共上元县抗日民主政府成立。由此，栖霞人民在中国共产党的直接领导下，与帝国主义、封建主义和官僚资本主义展开了艰苦卓绝、可歌可泣的斗争。在此期间，许多共产党员、社会主义青年团员、工人、农民和爱国民主人士，为了新中国的诞生，不惜抛头颅，洒热血，有18位革命志士相继献出宝贵生命。共和国的历史将永远不会忘记少年英烈袁咨桐。袁咨桐，贵州赤水人，民国19年(1930)16岁时就读于晓庄师范，秘密加入社会主义青年团并任团支部书记。是年5月，冒死参加声援和记工人罢工斗争的示威游行而被国民党反动派关押，获释后仍继续坚持革命斗争，旋于8月再次被捕入狱。敌人施以酷刑，逼他指认进步师生，遭到他的厉声斥骂。敌人又施以利诱，让他在“悔过书”上签字。当他看到“误信共产邪说”等语时，愤然将“悔过书”撕碎，朗声说道：“我不是误信，而是相信、坚信共产主义一定能实现！”敌人无计可施，想把他处死。当时，国民政府的法律有“未满18岁者不能判死刑”的条款，丧心病狂的敌人竟将他的年龄由16岁改为18岁，强行作出死刑判决。临刑时，他高唱《国际歌》，慷慨就义。其志，其节，其义，其勇，都足以教天地惊而鬼神泣！

中华人民共和国成立后，栖霞人民又按照党所指引的方向，战天斗地，重整河山，向贫穷和落后开战，用自己的双手和心血智慧建设美好家园。

贫穷与屈辱，悲愤与抗争，牺牲与奋斗，创造与辉煌，这就是栖霞人民的奋斗史、创业史。这部历史饱含着栖霞人民的血、泪和汗水，显得凝重、深刻而隽永。

五

百年前，孙中山先生于戎马倥偬之际曾在燕子矶以东作沿江考察，慨叹这里及周边地区“有高山、深水、平原，天工三种”，断言“其将来之发达未可限量也”，并将这一带江滩命名为“新生圩”。百年时间，弹指一挥间，今日之栖霞区沧桑巨变，昔日衰微破败的农村已成为都市一隅，新生圩也已变成蜚声中外的中国内河第一大港和经济技术开发区。以今天的目光来审视，孙中山先生的精确预见固然令人折服，然其对一个地区区位优势的精辟分析和把握，更值得今人深长思之。

诚如孙中山先生所言，栖霞区地处吴头楚尾，映带山水，临江伴城，“三种天工,钟毓一处”,区位优势得天独厚。优势即条件,即资源,即凭借,凡此,对地区经济发展和社会进步利莫大焉,而认知这一点,又益莫大焉。

历届区委、区人民政府正是根据这样的认识,凭借这些优势、条件和资源,不断探索栖霞区的功能定位,精心研究和制定本地区发展战略和规划。1995 年,区委六届四次全体会议第一次作出了建设“江滨新区”的决策,并完成了对它的科学表述,这就是:按照“点线结合、板块联结、分层推进、滚动发展”的构想,实施“科教兴区、依港兴区、外向带动”三大战略,依托南京经济技术开发区、驻区大中型工业企业、高等院校、科研院所及国家和省市即建的重点工程,把栖霞区建设成为“经济繁荣、人民富裕、社会文明,融现代工业、港口贸易、都市农业为一体的江滨新区”。

建设“江滨新区”这一决策,顺应国家长江发展战略的提出,契合南京市建设“融古都风貌与现代文明为一体的江滨城市”以及“东进南延”的发展规划,不仅有着极其丰富的内涵,也有着厚重的现实基础和深刻的认识底蕴,它是知行合一的理性思考,是革故鼎新、励精图治的思想结晶,这无疑为地区发展构建了新的动力机制,也使地区经济社会事业的现代化大大加快了步伐。

——现代工业撑持一方

栖霞地区手工业生产可追溯至南朝时期,金箔业和织锦业尤盛一时。但后来发展缓慢,至中华人民共和国成立前夕,仍无自己的工业企业,仅在集镇上星散分布一些食品、制磨等小作坊及木匠、白铁匠等手工业店铺。驻区官办民营工业企业仅 7 家,产业工人也只有 1227 人。中华人民共和国成立后,市、区人民政府重视发展工业,于 50 年代成立各种手工业生产合作社,兴办集体性质的农具厂、竹木器厂、采石场、砖瓦厂和水泥厂。1956 年,通过公私合营,这些企业逐步成为区街工业和社办企业。60 年代后期,又升格为区属企业,创造过辉煌业绩。改革开放后,乡镇工业异军突起,至 1999 年,全区乡镇企业发展到 645 家,固定资产原值 12.28 亿元,占全区工业总资产 84%,从业人员 4.1 万人,占农村劳力 52.22%,形成了精细化工、机械电子、新型建材、汽车配件四大支柱产业,三聚氰胺、电封炉等 33 个产品分获部、省、市名牌产品称号。进入 90 年代,实施“外向带动”战略,1999 年,全区“三资”(中外合资、合作及外商独资)企业发展到 128 家,实际利用外资累计 1.1 亿美元,完成出口供货额 2.01 亿元,出口创汇 8069 万美元。南京经济技术开发区接待欧美、东南亚、日本等国客商 2000 批次,引进企业

705家,注册资本达75亿元。南京炼油厂、南京化工厂、华东电子管厂等驻区部、省、市属大中型工业企业发展到120家。1999年,全区工业(含驻区工业)完成总产值184.55亿元,实现利税23.47亿元,在南京市市区工业经济中"三分天下有其一",已成为闻名遐迩的工业区和中外客商投资置业的一片热土。

——传统农业实现跨越

在历史上,栖霞地区向以传统农业生产为主,单一种植粮食作物,仅可解决自给之需,且耕作原始,管理粗放,产量低下。据民国19年(1930)《栖霞新志》载,时"水稻每亩约收二石(折合150公斤)","小麦可收获一石(折合75公斤)"。中华人民共和国成立后,经过50年、特别是近20年的努力,区内农业经济已逐步由传统农业向现代农业、都市农业、生态农业和观光旅游农业转化。1999年,粮食总产5181万公斤,其中,小麦平均亩产361公斤,水稻平均亩产604公斤,分别比1950年增加6.5倍和5.54倍,单产水平连续六年位列南京市第一。全年蔬菜上市量1.33亿公斤,鲜奶上市量1150万公斤,均占全市三分之一。粮食、经济作物种植比例已由1950年的6∶1调整至1∶2。全区农业机械总动力8.48万千瓦,有大中型农业机械2165台套,农业综合机械化率达73.5%,并建成一批现代化示范方、示范片和示范带,如今"插秧不弯腰、挖沟不用锹、收割带麻包",已不再是梦想。同时,野生蔬菜、特种水产、特色养殖、特色林果及花卉业迅速兴起,八卦洲乡成为全国最大乡级野生蔬菜基地,1999年上市芦蒿2913万公斤。同年,全区农民人均年纯收入4441元,人均住房面积25.72平方米,有80%以上农民居住楼房,其生活水平、生活质量乃至生活方式已基本城市化。

栖霞区长江岸线及通江河道长达百多公里,有万亩以上大圩3个,圩内耕地11.64万亩,占全区耕地总面积60.82%,圩内人口8万多人。新中国成立初,全区排灌机械只有5台,几无抗御大洪大涝能力。至1999年,累计投资4.5亿元,建成长江标准堤55.4公里,排涝站106处,装机33台,防洪保安体系业已形成,可以抵御百年一遇特大洪涝灾害。1998年,整个汛期长达3个月,下关长江最高水位达到10.14米,经受8次洪峰威逼、6次天文大潮顶托及3次特大暴风雨的袭击,全区堤坝安然渡汛,无一处溃决,无一处漫溢,无一人因洪水死亡,农业生产实现旱涝无虞。

——第三产业方兴未艾

70年代前,区内多数居民尚不知第三产业为何物,当时的"三产"仅限于传统饮食服务业。70 年代后期，房地产开发、物流、物业、旅游、商务及社会中介服务等新兴第三产业方得到迅猛发展。至 1999 年，第三产业总产出 11.58 亿元，实现增加值 4.82 亿元。房地产开发业优先得到发展。市级以上资质的开发公司增至 14 家，年开工面积 43 万平方米，竣工 31.5 万平方米，年销售额 4.6 亿元。其中，栖霞建设集团业绩骄人，成为江苏省房地产开发企业综合实力 50 强之首，所建月牙湖花园获国家建设部、科技部全部 6 个单项金奖，并获"迪拜联合国改善居住环境优良范例"称号。交通运输及仓储业规模逐年扩大，码头年吞吐能力达 680 万吨，有仓储面积 18 万平方米。旅游服务业成为"朝阳产业"，并建成一批具有地区特色的餐饮、娱乐、休闲设施和专业市场。1999 年，各类市场成交额 10.1 亿元，实现社会消费品零售总额 13.85 亿元。其他诸如会计、审计、公证、律师、人才、劳务等社会中介机构也应运而生，作用日显。

——社会事业与时俱进

与经济建设发展同步，全区社会主义精神文明建设和各项社会事业协调发展。1995 年，栖霞区被评为国家级"科技工作先进区"，拥有专业科技人员 3965 人，科技进步对经济增长贡献份额达 50.2%。1997 年，全区总体实现小康，并被授予"全国社会治安综合治理先进区"称号。新中国成立初，区内仅有 36 所小学及 1 所乡村师范学校，现已有幼儿园 85 所（班）、小学 79 所、中学 29 所以及驻区大专院校 13 所。大专以上文化学历人口占居民总数达 11.69%。1998 年，被评为全国首批基本普及九年制义务教育、基本扫除青壮年文盲达标区，全区 10 个乡镇全部通过省级农村初级卫生保健达标验收，有 8 个乡镇成为省级"体育先进乡镇"。全区医护人员达到 676 名，已根绝脊髓灰质炎、白喉、丝虫病、百日咳等疾病，血吸虫病病情下降 98.7%，有螺面积下降 99.6%，无一例急性感染病人。从 1994 年始，栖霞区连续五年获省、市级"双拥模范区"称号。"栖霞龙舞"赴京参加迎澳门回归、迎新世纪曙光中华舞龙大赛，获中国民间艺术最高奖"山花奖"，并被江苏省命名为"江苏省民间艺术龙舞之乡"。1999 年，区政府被南京市评为创建文明城市有功单位。

根据省市决策，占地 80 平方公里的仙林大学城新城区正启动兴建，预计到 2005 年，将有 10 所大学进驻，居民将增至 30 万人。这表明，栖霞区不仅是南京市的重要工业基地、蔬菜副食品供应基地、旅游观光胜地，而且业已成为南京市城市建设最具广阔前景的发展腹地。

星移斗转，日月有序，上一个百年倏然而去，新的百年又悄然来临。站在20世纪的领地，瞩目21世纪的时空，栖霞人民正在按照"江滨新区"的功能定位和"一带、两区、三大经济板块"的跨世纪发展构想，描画更加辉煌的蓝图：即以栖霞大道为轴线，大力发展工业经济，形成新港—栖霞—龙潭—靖安(2000年初，由原长江乡与营防乡合并成立靖安镇)沿江工业经济带；高标准、高起点建设新港开发区和仙林大学城新市区；以新港开发区为龙头，以迈皋桥、燕子矶、尧化、栖霞为腹地，加快和燕路沿线商贸副中心和迈皋桥创业园、尧栖工业园、八卦洲科技园等园区规划建设步伐，形成融商贸流通、房地产开发、现代工业于一体的迈燕经济板块，积极呼应仙林大学城的快速崛起，大力发展高校后勤配套产业、房地产业和高新技术产业，形成马栖经济板块，抓住龙潭港开工建设的机遇，启动建设龙潭、靖安出口加工区、保税区、物流园区，形成龙潭、靖安经济板块，进而把栖霞区建设成为完全现代化的江滨新区。

栖霞腾飞正此时。

千古一帝秦始皇统一中国后，废封建，立郡县。始皇三十七年(前210)，秦始皇第五次东巡，在南京地区首置江乘县，其治所就在今栖霞区摄山镇，返程时经江乘石埠桥古渡口北上。如今栖霞山凤翔峰有"始皇临江处"以记其事。　杨　轶　绘

大事记

新石器时代

7000年前

龙潭西南丁沙地(今属句容市宝华镇)有氏族聚落,从事农耕和渔牧。

夏　商　周

约公元前20世纪到前17世纪

区域内出现玄武湖和沿江两大原始聚落。

周武王十三年(前1122)

"周武王有天下",求太伯、仲雍后人,封周章于吴(今栖霞区境域,时为吴国中心地区)。

周元王四年(前472)

越灭吴(今栖霞区境域,时属越)。

周显王三十六年(前333)

楚灭越(今栖霞区境域,时属楚)。

秦　汉

秦始皇二十七年(前220)

修筑驰道,经江乘(今摄山镇西湖村一带),过丹徒、云阳至钱塘(今浙江杭州市)。

秦始皇三十七年(前210)

秦始皇第五次东巡,经江乘北归,置江乘县,县治在江乘村(今摄山镇西湖村),隶属会稽郡。

西汉高祖五年(**前** 202)

高祖刘邦平西楚霸王项羽,以项羽地分楚王韩信,江乘县属之。

西汉高祖六年(**前** 201)

高祖刘邦杀韩信,立刘贾为荆王。自会稽郡析置鄣郡,江乘县归属鄣郡,隶于荆国。

西汉武帝元封二年(**前** 109)

改鄣郡为丹阳郡,郡治在宛陵(今安徽宣城),江乘县属之。

新莽天凤元年(14)

丹阳郡改为宣亭郡,江乘县改为相武县,属宣亭郡。至淮阳王刘玄更始元年(23),恢复丹阳郡、江乘县旧称。

东汉献帝兴平二年(195)

吴侯孙策渡江攻占江乘等县。

东汉献帝建安元年(196)

发生灾荒,饥人相食。

东汉献帝建安十七年(212)

孙权改江乘县为江乘典农都尉(县级民屯区),专事屯田。

三国·吴

吴黄武元年(222)

魏文帝曹丕率军十万欲攻建康,吴将徐盛设疑兵,自石头城至江乘,大张旗鼓,缚草为人,衣以甲胄,致魏军临江却步。

吴太元元年(251)

八月,发生飓风,拔树千余,江水漫溢,平地水深八尺,禾稼绝收。

晋

西晋太康元年(280)

废江乘典农都尉,复置江乘县,属丹阳郡。

西晋永嘉元年(307)

琅琊王司马睿偕西阳王司马羕、汝南王司马佑、南顿王司马宗、彭城王司马纮由幕府山南渡,建立东晋,史谓“五马渡江,一马化龙”。

东晋大兴三年(320)

七月,元帝在江乘县金陵乡置琅琊侨郡和怀德侨县。此为江南侨立郡县之始。

东晋咸和三年(328)

历阳太守苏峻叛乱,征西大将军陶侃、平南大将军温峤奉诏征讨,在幕府山与苏峻对阵,斩杀苏峻于白石陂岸。

东晋咸和六年(331)

在江乘县境先后置东海、兰陵、东平等侨郡。

东晋咸康元年(335)

桓温领琅琊郡,镇江乘之蒲洲金城,求割江乘县境立郡,帝从之。自此,琅琊郡始有实土。郡城置于蒲洲金城(今摄山镇东阳村附近)。同年,析江乘县西境侨立临沂县(今栖霞镇新合村甘家巷一带),有实土,县治在独石山(今尧化镇周家山一带),隶属琅琊侨郡。

东晋咸康六年(340)

割江乘县西界侨立即丘、阳都等侨县。南朝刘宋元嘉八年(431),即丘侨县并入阳都侨县。

东晋升平五年(361)

穆帝司马聃崩,葬幕府山阳永平陵。

东晋元兴三年(404)

桓玄篡晋,刘裕率兵驰援,于江乘破守将吴甫之,追至罗落桥(今栖霞镇石埠桥),斩杀皇甫敷,大破桓玄兵。

南北朝

东晋元熙二年　刘宋永初元年(420)

改置琅琊侨郡为南琅琊郡,仍领江乘县、临沂侨县等。

齐永明元年(483)

山东名士明僧绍结庐摄山(栖霞山),捐宅为寺,名为"栖霞精舍"(今栖霞寺)。

齐永明二年(484)

明僧绍之子、临沂侨县县令明仲璋与栖霞寺住持法度禅师,在栖霞山西峰凿"无量殿"石佛。此后22年间,齐梁王室、贵族竞相捐资凿石造像,"千佛岩”遂成。

梁太平元年(556)

六月,陈霸先军与徐嗣徽军在幕府山、临沂山(今尧化镇周家山)一带激战,斩杀徐嗣徽兄弟。

陈天康元年(566)

文帝陈蒨崩,葬于永宁陵(在今栖霞镇甘家巷东南狮子冲)。

陈太建十年(578)

十月,废琅琊郡置建兴郡,辖江乘、临沂等六县。

隋 唐 五代十国

陈祯明三年 隋开皇九年(589)

废丹阳诸郡,置蒋州。废江乘县、临沂侨县,并入江宁县(今栖霞区境域,时属江宁县),隶属蒋州。

隋仁寿元年(601)

隋文帝杨坚诏令送佛舍利至栖霞寺,建舍利塔。

隋大业三年(607)

改蒋州为丹阳郡,领江宁县。

唐武德三年(620)

废丹阳郡,置扬州,改江宁县为归化县,隶属扬州。

唐武德七年(624)

改扬州为蒋州,领归化等县。翌年,蒋州复为扬州,归化县改为金陵县,隶属扬州。

唐武德九年(626)

扬州移治江都。金陵县治所迁至白下村,遂改为白下县,隶属润州(今江苏镇江)。

唐贞观九年(635)

白下县复称江宁县,仍隶属润州。

唐高宗上元三年(676)

应明僧绍五代孙明崇俨奏请,高宗皇帝李治为明僧绍立“明征君碑”。

唐天宝元年(742)

改润州为丹阳郡,领江宁、句容等县。

唐天宝十年(751)

高僧鉴真第五次东渡日本,漂泊至海南岛,归途经江宁,在栖霞寺逗留。

唐至德二年(757)

废江宁县,置江宁郡。翌年,改江宁郡为昇州,复置江宁县。州辖江宁、句容等县。

唐肃宗上元二年(761)

改江宁县为上元县。翌年,废昇州,所辖各县隶属润州。

唐会昌五年(845)

诏禁佛,栖霞寺及舍利塔遭毁。后于大中五年(851),重建栖霞寺。

唐光启三年(887)

复置昇州,领上元、句容等县。

杨吴天祐十四年　后梁贞明三年(917)

上元县析为江宁、上元两县(今栖霞区境域,时大部属上元县,小部属江宁县),皆设治昇州城。

杨吴武义二年　后梁贞明六年(920)

改昇州为金陵府,沿旧辖。

杨吴天祚三年　后晋高祖二年(937)

改金陵府为江宁府,初沿旧辖,后辖区扩至广德、芜湖、六合等县。

南唐年间(937—975)

高越和林仁肇主持复修栖霞寺,仿旧日木质舍利塔,改建为石质舍利塔。

宋　元

北宋开宝八年(975

改江宁府为昇州,辖上元、句容等县。

北宋天禧二年(1018)

复改昇州为江宁府,沿旧辖。

南宋建炎三年(1129)

改江宁府为建康府,沿旧辖。

金兀朮占建康,岳飞移兵东阳镇(今摄山镇东阳村),旋即屯茅山。

南宋建炎四年(1130)

韩世忠率部在黄天荡(今摄山、龙潭、长江、营防诸镇乡沿江一带)与金兀术军激战。

栖霞寺毁于战火。

南宋淳熙十二年(1185)

设龙潭水马驿,修龙潭驿道,西通(建康)府城,东往京口(今江苏镇江),南达句容。

元至元八年(1271)

意大利航海家马可·波罗游历至燕子矶。

元至元十二年(1275)

元军统帅、宰相伯颜进驻建康府,上元、句容等县归降。

元至元十四年(1277)

改建康府为建康路,所辖上元、句容等县均设达鲁花赤、县尹、主簿、总尉等官职。

元至元十六年(1279)

宋将文天祥被元军俘虏后,押往大都(今北京)途中,羁留建康金陵驿(今马群镇蛇盘村)。

元天历二年(1329)

改建康路为集庆路,所辖未变。

元至正十六年(1356)

朱元璋部与张士诚部在龙潭交战,张部溃败。三月,朱元璋攻占集庆路,改集庆路为应天府。

明　清

明洪武元年(1368)

八月,朱元璋称帝,颁《立南北两京诏》,以金陵为南京,以应天府直隶中书省,上元县属之。

明洪武二十三年(1390)

朱元璋诏令建京师外城。四月动工,翌年建成,有门十八,东有姚坊、仙鹤、麒麟、沧波、高桥、双桥六门,北有佛宁、上元、观音三门(除麒麟门和双桥门外,均在栖霞区境内,后,沧波门、高桥门和上元门划出)。

明建文四年(1402)

六月，燕王朱棣率师渡江在龙潭登岸，攻京师，帝令清野，百姓多被迫自焚其屋。

明万历三十三年(1605)

八月初四，龙潭、定华山发生地震，山体裂二三尺，天鸣暴日，声如怒涛。

明万历四十五年(1617)

夏五月，有鼠万余衔尾渡江食禾稼。隔年，鼠又如此渡江。

清顺治二年(1645)

四月，史可法奉南明弘光帝诏驰援草鞋峡(今燕子矶附近江面)，平左良玉叛军，留《燕子矶口占》诗一首。

闰六月，清改明留都南京为江南省，应天府改称江宁府，为江南省首府，辖县如故。

清顺治五年(1648)

觉浪禅师主持修葺栖霞寺。

清顺治十六年(1659)

郑成功屯兵幕府山，与清兵大战，败。

清康熙二十三年(1684)

十一月，康熙帝首次南巡，途经江宁、上元，驻跸江宁，祭谒明孝陵，至七里洲(今八卦洲)，登燕子矶。后于二十八年、三十八年、四十二年、四十四年、四十六年，五次南巡，两登燕子矶，均驻跸栖霞寺。

清康熙六十年(1721)

上元知县唐开陶修成《上元县志》。

清乾隆十六年(1751)

三月，乾隆帝南巡，途经江宁、上元，驻跸江宁，祭谒明孝陵，并诏令修造行宫，栖霞山、龙潭两行宫开工修造，二十二年(1757)建成。

是年，上元知县蓝应袭修县志，邀何梦篆、程廷祚纂。

清乾隆二十二年(1757)

春，乾隆帝再次南巡，途经江宁、上元，往返皆驻跸栖霞山行宫。后于二十七年、三十年、四十五年、四十九年，又先后四次南巡，途经江宁、上元，均驻跸栖霞山行宫。

清乾隆二十七年(1762)

江宁知府在燕子矶头建“御碑亭”，碑上镌刻乾隆手书“燕子矶”三字及诗作三首。

清乾隆四十五年(1780)

为避黄天荡航运风险,开始疏浚旧运河,自栖霞、龙潭、营防至丹徒师古滩入长江。四十八年通航。翌年,乾隆帝赐名“便民河”。

清道光三年(1823)

上元知县武念祖重修《上元县志》,邀陈栻主其事。

清道光二十二年(1842)

六月,英军统帅濮鼎查率舰船入侵草鞋峡,七月,由燕子矶登陆,占上元县丞署(在观音门),掠扰迈皋桥,胁迫清政府签订《中英南京条约》。

清咸丰三年(1853)

二月,太平军攻占江宁城,在龙潭、东阳等地筑营垒。以江宁为天京,改江宁府为江宁郡,仍辖尚元(避讳“上”改“尚”)、句容等7县。

是月,清军统帅向荣率江南大营驻马群、孝陵卫。

四月,地屡震,旬日之间,大震数次。次年五月,又震,地生黑毛,长数寸,状如猪鬃。

清咸丰五年(1855)

太平军与清军在栖霞山一带激战,栖霞寺、栖霞行宫悉遭战火毁坏。

清咸丰八年(1858)

九月,江浦、六合数万难民避居东阳、龙潭等地。

清同治三年(1864)

曾国荃军攻陷草鞋峡、燕子矶各垒,逼近天京。翌年,攻破天京,太平天国灭亡,重置江宁府。

清同治八年(1869)

重修燕子矶乾隆御碑亭。

清同治十二年(1873)

二月,清政府在燕子矶笆斗山建修船厂,制造内河及外海水师战船。

清同治十三年(1874)

三月,上元知县莫祥芝、江宁知县甘绍盘修纂《上元江宁县志》,邀汪士铎为总纂。

是月,清政府在乌龙山(今尧化镇境内)建炮台。

清光绪三十一年(1905))

京沪铁路(今沪宁铁路)开工修建。

清光绪三十四年(1908)

三月,京沪铁路南京至桥头段通车,区境内设龙潭、栖霞山车站。

是年,镇江金山寺僧宗仰到栖霞寺住持,化缘筹资,重修栖霞寺。

清宣统二年(1910)

置江宁道,辖江宁一府,领上元、句容等七县。

中华民国

民国元年(1912)

1月,中华民国临时政府推行省、县两级制,废江宁府及上元、江宁两县,置南京府。原江宁府所辖五县,交由江苏省管辖。

民国2年(1913)

废南京府,重置江宁县,原上元县并入,隶属江苏省。

民国3年(1914)

江苏省设金陵道,辖江宁、句容等县。

民国10年(1921)

8月,姚锡舟、屠述三、鲁经海等在龙潭创办中国水泥股份有限公司(今中国水泥厂)。

民国16年(1927)

3月15日,陶行知在晓庄创办南京实验乡村师范学校(今南京晓庄师范学院)。

4月17日,废金陵道,改江宁县城区为南京市,直属国民政府,乡郊为江宁县,仍隶属江苏省。

8月24—31日,李宗仁、白崇禧率国民革命军与孙传芳军在乌龙山、栖霞、龙潭一线激战六昼夜,孙军伤亡数万,溃逃江北。

民国17年(1928)

夏,晓庄师范中共晓庄支部成立。同时,国民党在晓庄师范成立燕子矶区党部。

12月,京杭国道(今宁杭公路)南京至句容县天王寺段开工修筑。后于20年(1931)通车。

民国19年(1930)

4月12日,国民政府首都卫戍司令部封闭晓庄师范,中共党员叶刚等

10多人被捕遭杀害。

是年，南京古物保存所在栖霞山附近发现新石器时代遗址。

民国20年(1931)

年初，龙潭、东阳商民集资创办昭昭电灯公司。翌年开机发电，为栖霞地区居民用电之始。

7月下旬，连续暴雨，江水骤长，龙潭沙洲圩溃决，八卦洲顿成泽国。

民国22年(1933)

1月，龙潭中国水泥股份有限公司全体职工集资753元(银元)，支援东北抗日义勇军。

民国23年(1934)

9月，划江宁县燕子矶、孝陵卫地区归南京市。

10月，分别设立燕子矶区和孝陵区，依次为第九区、第十区，皆为乡区。

民国24年(1935)

3月22日，江南铁路京芜段(今宁芜铁路)建成通车。翌年2月，建成尧化门至中华门连接线。

7月1日，前北洋政府总理颜惠庆创建江南水泥股份有限公司栖霞工厂(今江南水泥厂)。

是年，推行保甲制度。乡镇以下闾(村)邻(组)由保甲代替。

民国26年(1937)

7月8日，小红山嘉善寺孤儿成立"金陵孤儿义勇军"。

12月4日，侵华日军侵占龙潭，8日，侵占栖霞。

12月8—13日，乌龙山炮台国民党官兵炮击沿江进袭之日军舰艇。

12月18日夜，侵华日军在草鞋峡南岸、幕府山沿江地带屠杀中国难民和被俘士兵5.7万余人，史称"草鞋峡惨案"。

民国27年(1938)

7月，中共龙潭支部、句北支部成立。

民国28年(1939)

1月16日，汪伪国民政府改第九区为燕子矶区，第十区为孝陵卫区。

6月10日，詹长炳、詹长麟二兄弟施用毒酒致二名日军政要毙命，是为震惊世界的"毒酒案"。

10月4日，新四军二支队四团一部在龙潭以东伏击日军，毙敌6名；炸毁军车一列，又炸死日军50名；阻击敌援军，再毙敌10余人。

民国30年(1941)

11月12日,中共苏皖委员会成立长江工委,开辟由宝华经仓头、营防到仪征的地下交通线。

民国31年(1942)

4月1日,燕子矶区改为乡区自治实验区,直属汪伪南京特别直辖市。

8月,中共江宁县委设句北工委(包括龙潭、东阳等地区)。9月,句北工委划归中共镇句县委。

民国32年(1943)

3月,新四军短枪队进至孝陵卫、马群一带,配合主力和民兵抗击日军"扫荡"。

民国33年(1944)

新四军主力分东西两路南下,中共镇句县委发动龙潭、下蜀一带群众配合行动,抗击日军。

民国34年(1945)

4月,中共淮南路东地委建立上元县委及县政府,将尧化门、栖霞、龙潭等地区划入。

9月,国民政府各机关陆续回到南京,恢复建制,乡区自治实验区复称南京市第九区,孝陵卫区复称南京市第十区。

民国35年(1946)

7月25日,陶行知病逝,葬于幕府山东南劳山脚下。

秋,国民政府资源委员会在迈皋桥建中央电工器材有限公司南京电照厂(今华东电子集团)。

民国36年(1947)

3月1日,国民政府资源委员会在燕子矶镇门坡,创建中央化工厂南京工厂(今南京化工厂)。

是年,国民政府资源委员会中央电瓷制造厂,由湖南长沙迁至燕子矶镇笆斗山,更名为中央电瓷有限公司南京厂(今南京电瓷总厂)。

民国37年(1948)

12月22日,蒋介石下令资源委员会在区境内5家工厂迁往台湾。翌年1月22日,资源委员会委员长孙越崎签发停迁令,各厂停止迁台。

民国38年(1949年9月30日止)

1月22日,八卦洲由第九区划出,成立南京市第十四区。

4月22日，中国人民解放军强渡长江，守备栖霞山、龙潭的国民党军队纷纷向上海、杭州溃逃。

4月23日，国民政府海军海防第二舰队司令林遵率舰艇25艘在燕子矶笆斗山江面起义。

是日，国民政府北部（燕子矶）警察局的中共地下党员及八卦洲等派出所的留守人员，到笆斗山、尧化门、迈皋桥等地维护秩序，保护仓库及建筑物。

是日，长江乡大棚小学师生百余人往泰山闸欢迎解放军渡江，至中午，全区解放。

5月，中共南京市委、市人民政府派工作队，接管国民政府第九区和第十区两区公所。

是月下旬，摄山、龙潭、营防组建修堤委员会，修复被国民党军队挖损的江堤。

6月2日，南京市第九区、第十区人民政府成立。撤销第十四区，仍归第九区。

6月18日，中共南京市委决定：组建中共南京市第九区、第十区工委。

7月，南京市公安局九分局对国民党反动派等反动党团员进行登记，并开展肃清敌特工作。

7月，江水上涨，七里乡堤埂决口，七里、下坝两乡损失严重。

中华人民共和国

1949年（10月1日始）

11月，中共南京市委决定撤销中共南京市第九区、第十区工委，成立中共南京市第九区、第十区委员会。

1950年

6月15日，第九区、第十区分别改称第八区、中山陵园区，成立中共南京市第八区、中山陵园区委。

12月21日，南京市人民法院在七里乡（今八卦洲乡）举行公审大会，恶霸地主、青帮头子萧月波被判处死刑。

1951年

1月12日，第八区、中山陵园区农村土地改革工作全面展开。

1月25日,开展反动党、团骨干及国民党特务人员登记工作。

2月,南京晓庄师范学校复校。

4月10日,第八区镇压反革命工作全面开展。

12月14日,第八区开展反对贪污、反对浪费、反对官僚主义运动。

1952年

是年冬,石埠桥乡西河湾、邓庄两自然村组建栖霞地区第一个常年农业生产互助组。

1953年

7月7日,新建南京市第九区,区人民政府驻栖霞镇。

7月18日,南京市第八区所辖八卦洲划归六合县。

是月,中共南京市第九区委员会和南京市第九区人民政府成立。

8月,第九区开始对资本主义工商业实行社会主义改造。

10月,南京市人民法院第八、第九、中山陵园分庭同时成立。

12月8日,实行粮食计划供应。17日,在城镇居民中实施食油凭票供应。

下半年,石埠桥建立区境内第一个初级农业生产合作社。

1954年

6月14日,第八区、第九区和中山陵园区人民法院成立。

6月18日,八卦洲上坝圩堤决口,全洲被淹。

7月,百水河余粮圩段洪水破堤,解放军驻马群部队战士尹士礼为抢救儿童牺牲。

8月12日下午,龙潭镇大仙堂堤溃决,江水冲进龙潭火车站。翌日下午,桥拦河堤崩溃。

1955年

6月,第八区、第九区和中山陵园区肃清隐藏的反革命分子运动开始。

8月,南京市第八区、第九区分别改称燕子矶区和栖霞区,中共南京市第八区委员会、第九区委员会分别改为中共南京市燕子矶区委员会和中共南京市栖霞区委员会。

9月12日,龙潭长江大堤溃决,淹没花园、营防、长江三乡21个村和农田1133公顷。

12月,燕子矶区、栖霞区、中山陵园区人民检察院成立。

1956 年

1 月 11 日上午，毛泽东主席到区先后视察玄武湖乡红光蔬菜社和十月农业合作社。

1 月 15 日，尧辰乡上、下花林和顾庄、俞庄、太平村等自然村建立区境内第一个高级农业合作社，定名为十月高级农业合作社。

是月，栖霞地区实现高级农业合作化。

2 月，划归六合县的八卦洲五乡复归燕子矶区。

7 月 17 日，龙潭擂鼓台西坡发现 3 亿年前的古生物——胴甲类鱼化石和完褶鱼化石鳞片。

11 月 26 日，玄武湖乡锁金村发现新石器时代遗址。

1957 年

4 月，中共栖霞区委、燕子矶区委、中山陵园区委，开展整风运动。

年底，开展反右派斗争。

1958 年

8 月 25 日，南京市第一个人民公社——江宁县长江人民公社成立（1987 年划归栖霞区）。

9 月 1 日，栖霞区、燕子矶区、中山陵园区实现人民公社化。

11 月 5 日，燕子矶区、栖霞区和中山陵园区撤销，统归南京市郊区委员会。

1959 年

5 月，国务院副总理陆定一到区视察南京栖霞山铅锌锰矿。

11 月，开展“反右倾”斗争。

1960 年

5 月 20 日，开展新的反官僚主义、反浪费、反贪污运动。

9 月，南京市郊区人民委员会撤销，十月、龙潭、紫金山三公社划归玄武区，燕子矶公社划归鼓楼区，八卦洲公社划归下关区。

1961 年

1 月，开展整风整社运动，反对“一平二调”共产风、浮夸风、强迫命令风、干部特殊化风和生产瞎指挥风。

1962 年

7 月 4 日，晚 8 时半，中央门一带出现龙卷风，毁房 10 间，死伤数人。

7 月，中共南京市郊区工作委员会和郊区办事处成立。燕子矶、八卦洲、十月、龙潭、紫金山5个公社和栖霞、孝陵卫、燕子矶、龙潭4镇划归南京市郊办。小市镇仍归鼓楼区。

1963 年

4月17日,南京市郊办撤销,恢复栖霞区、燕子矶区、陵园区建制。建立中共栖霞、燕子矶和陵园区委。

7月2日,燕子矶区燕子矶和八卦洲两公社划分为上坝、中桥、巽离、下坝、七里、大庙、迈皋桥、藤子、燕子矶、柳塘、笆斗山、兴武12个公社(乡)和迈皋桥、燕子矶2个镇;栖霞区栖霞、龙潭两公社划分为栖霞、三阳、东阳、东花、龙泉、摄山、便民河、十月、长林、衡阳、乌龙、尧辰12个公社和栖霞、龙潭2个镇;陵园区紫金山公社划分为蒋王庙、孝陵卫、石门坎、高桥门、牌楼、沧波门、马群、百水桥、仙鹤门、岔路口10个公社和孝陵卫镇。

7月,陵园区复称中山陵园区。

8月13日,栖霞区、燕子矶区和中山陵园区开展新的反官僚主义、反分散主义、反投机倒把、反铺张浪费、反贪污盗窃运动。

是年10月,纪念鉴真圆寂1200周年,日本佛学、文学、艺术、医药各界人士联合赠送并组团护持鉴真大师脱纱塑像至栖霞寺。

1964 年

2月7日,市、区清政治、清经济、清组织、清思想工作队进驻十月和摄山人民公社。

1965 年

5月28日,栖霞区、燕子矶区、中山陵园区合并为栖霞区,区机关驻栖霞镇。

是月,原三个区公社、集镇调整合并为八卦洲、燕子矶、迈皋桥、紫金山、马群、玄武湖、尧化、十月、摄山、便民河10个公社和燕子矶、迈皋桥、小市、孝陵卫、栖霞、龙潭6个镇。

6月23日,农村社会主义教育运动工作团栖霞分团成立。

8月,全国大型骨干企业南京炼油厂建成投产。

是年,首批168名知识青年支援新疆地区。

1966 年

1月17日,朱德委员长到区视察南京化纤厂。

5月,中共栖霞区委召开全区党员干部会议,传达中共中央“五一六”通知。

7月7日，区委组织机关干部、教师、贫下中农代表到五台山体育场参加省委召开的江苏省“文化大革命”动员大会。

7月10日，南京市派出工作组进驻燕子矶中学和栖霞中学，领导学校“文化大革命”。

8月8日，栖霞区部分学校、厂矿企业、乡镇成立“造反”组织。下旬，区内各中学成立“红卫兵”组织。工厂停工，学校停课。

10月5日，区委召开四级干部会，贯彻中共中央“抓革命，促生产”指示。

12月，区机关“造反派”批斗区委、区人委领导干部。“红卫兵”到栖霞寺破“四旧”，千佛崖佛像遭到严重破坏。

1967年

1月26日，中共栖霞区委、区人委被“造反派”非法夺权，日常工作中断。

4月上旬，栖霞区部分“造反派”，再次到栖霞寺“打、砸、抢”，庙内佛像、碑文遭到严重破坏。

4月19日，中国人民解放军南京市军事管制委员会栖霞分会成立。

5月15日，栖霞区区级机关“联合造反总部”成立。

7月3日，栖霞区公检法“造反派”非法夺权。

10月，栖霞山铅锌锰矿、栖霞中学与区商业系统“造反组织”联合行动，保护栖霞寺。

1968年

3月9日，区军管分会撤销，栖霞区革命委员会成立，实行党政“一元化”领导。

9月，由南京电瓷厂、南京化工厂等驻区企业组成的10个毛泽东思想宣传队，进驻燕子矶、栖霞、尧化等10所中学组织“复课闹革命”。

是年，区机关从栖霞镇迁至板仓。

1969年

3月，建立中共栖霞区革命委员会核心领导小组，代行区委职权。

9月，全区所有公社、镇和大中型企业均成立革命委员会。

10月28日，开展反贪污、反盗窃、反投机倒把运动。

11月2日，欢送首批到淮阴地区落户的下放干部和城镇居民。

12月3—13日，区革委会组成移交小组，向南京市轻工业局、石油公司等17个局和系统移交54个区属工矿企业。

1970年

1月22日，紫金山、马群、玄武湖3个公社和孝陵卫镇从栖霞区划出，加上中山陵园管理处，成立南京市钟山区，区机关驻灵谷寺。

3月，中共钟山区革委会核心领导小组成立，行使区委职权。

6月7日，区公检法安置从钟山区和长江大桥周边地区遣送来的“五类分子”（时指地主分子、富农分子、反革命分子、坏分子、右派分子）、“危险分子”（时指有重大历史问题的人）及其家属。

9月30日，驻区南京化工厂燕子矶码头崩塌。崩塌面长30米，宽7米。

1971年

2月，开展清查“五·一六反革命阴谋集团”运动。

4月，栖霞区机关由板仓迁至尧化门街。

1972年

6月20日—7月3日，连续三次暴雨，降水量在400毫米以上，便民河、七乡河、九乡河水位陡涨，摄山、栖霞等乡镇被淹。

7月3日，驻区83454部队战士王金虎在防汛抗洪斗争中，为营救东湖村儿童翁学龙而献身。

1973年

4月，钟山区区机关从灵谷寺迁至孝陵卫镇。

5月5日，栖霞区委、区革委会撤销办事组、政治工作组、生产指挥组、政法组和“五七”干校，设立办公室、组织部、宣传部、团委、党训班、公安分局、人民法院等。

同日，华东地区最大的铁路编组站——尧化门编组站（今南京东站）建成使用。

1974年

6月17日下午7时10分至8时40分，大部分地区遭受狂风暴雨袭击，伴有冰雹，全区毁房屋13169间，死1人，伤5人。

1975年

4月30日，钟山区撤销。原钟山区所辖地区划归栖霞区。中山陵园管理处划归南京市城建局。

10月下旬，传达贯彻中共中央召开的“全国农业学大寨”会议精神和邓小平在大会上的讲话。

1976 年

1 月 9 日，全区广大干部群众自发悼念周恩来总理逝世。

9 月 9 日，全区广大干部群众悼念毛泽东主席逝世。

10 月 7 日，传达中共中央关于华国锋任中共中央主席和中央军委主席的决议。

10 月 21 日，全区干部、群众愤怒声讨江青反革命集团篡党夺权的罪行。

1977 年

4 月 23 日下午，花园、营防等公社突发 10 级大风，并降冰雹，毁房 1862 间，伤 10 人，1.7 万亩三麦、油菜倒伏。

1978 年

9 月 4 日晨，在沪宁线尧化门至栖霞镇区间发生列车冲撞事件，死亡 8 人，伤 10 人。

10 月 9 日，南京栖霞山化肥厂建成投产。

1980 年

8 月 26 日，钟山煤矿发生冒顶塌方事故，7 人被封在井下，经抢救全部脱险。

9 月，国内最大的洗衣粉原料生产基地南京烷基苯厂建成投产。

10 月 11 日，区九届人大第一次会议召开，选举成立区人大常委会。改区革委会为区人民政府。

12 月，在农村推行生产承包责任制。

1981 年

9 月 4 日，省政府召集南京市栖霞区、镇江地区和句容县负责人，研究解决龙潭山界纠纷。

12 月 28 日，设置尧化镇。

1982 年

1 月 7 日，金陵石油化学工业总公司成立。

9 月，推行、完善农村“双包”（包产到户、包干到户）责任制。

1983 年

3 月 31 日，栖霞山地区发现面积约为 60 平方公里的大型铅锌银矿区。

4 月，十月人民公社并归栖霞镇。

7月1日，栖霞山南山滑坡，冲倒房屋26间。

9月中旬，撤销“政社合一”的人民公社，改设乡。

是月中旬，全区农村落实农业“大包干”生产责任制。

1984年

5月24—28日，中国人民政治协商会议南京市栖霞区首届一次全体会议召开。

8月19日，三个二万五千吨级深水泊位主体工程在新生圩港建成。

1985年

1月13日，迈皋桥乡直渎山猪头峰山腰出土刻有乌龟纽的“关中侯”金印。

2月1—4日，中共中央政治局常委、中央顾问委员会主任、中央军委主席邓小平视察中山植物园、紫金山天文台，晋谒中山陵。

5月5日，晚7时10分左右，摄山乡东阳、朝阳两个村的5个生产队，遭龙卷风袭击，300多间房屋受损，8人受伤。

6月24日，中共栖霞区委开展整党工作。

9月10日，陶行知纪念馆新馆开放。

9月14日，全国人大常委会副委员长荣毅仁到区视察华东电子管厂。

10月13日，新生圩外贸港区一期工程通过国家验收。

10月22日，中共中央书记处书记郝建秀到区视察华东电子管厂。

12月12日下午5点左右，南京烷基苯厂发生严重火灾。

1986年

2月12日，栖霞区被中央绿化委员会评为全国绿化先进单位。

2月21日，栖霞区首届“栖霞之春”群众文化艺术节开幕。

3月31日，南京烷基苯厂至栖霞镇输水工程开工典礼举行。

6月7日，中共中央顾问委员会副主任薄一波到区视察华东电子管厂。

1987年

4月17日，江宁县花园、营防、长江三个乡划归栖霞区。

5月4日，荷兰王国首相吕贝尔斯到区参观华东电子管厂。

7月7日，栖霞区各界代表及驻区部队代表，在燕子矶侵华日军南京大屠杀遇难同胞纪念碑前，举行“七七”事变50周年纪念会。

11月11日，南京市第一个乡镇企业集团——摄山电炉集团成立。

12月29日，宁镇公路(312国道)一期工程(区境内)竣工。

1988 年

5 月 28 日，八卦洲汽渡开航。

9 月 8 日，区属 7 个系统党委所属 143 个单位党团组织划归镇乡党委领导。

12 月 29 日，首批 40 个市属企事业单位的党委、总支和独立支部正式划归栖霞区委领导。

1989 年

4 月 19 日，国际佛教促进会会长、世界佛教徒联谊会副主席、台湾佛光山星云大师在栖霞寺举行回山礼祖暨玉佛开光典礼。

1990 年

9 月 29 日上午，横贯栖霞区的宁镇公路（312 国道）建成通车。

1991 年

6 月 20 日，栖霞区被林业部评为全国平原绿化先进单位。

9 月 10 日，位于燕子矶神农路的中国药科大学分部启用。

11 月 5 日，在北京举办的“‘七五’星火计划”博览会上，栖霞区选送的六个“星火”项目分获金奖、银奖、优秀奖。

1992 年

6 月 1 日，南京市政府决定在燕子矶镇新生圩设立新港工业区。

6 月 24 日，新生圩海关开关。

12 月 8 日，区内发掘两座西晋墓葬，清理出土文物近 30 件。

1993 年

4 月 24 日，泰国国会主席马鲁·汶纳率国会代表团到区参观摄山电炉总厂。

10 月 18 日，《栖霞报》第一期试刊发行。

10 月 21 日，金陵石化公司炼油厂 310 号万吨汽油罐爆炸起火。

11 月 4 日，南京新港工业区被江苏省政府批准为省级开发区。

11 月 15 日，栖霞寺舍利塔维修工程竣工。

12 月 4 日，全区乡、镇行政区划调整工作结束。原 11 乡 7 镇调整为 3 乡 10 镇。

12 月 16 日，栖霞区被省政府、省军区命名为“双拥模范区”。

12 月 30 日，太新公路（太平村至新生圩港）建成通车。

1994年

1月1日,区个体劳动者协会被评为全国个体劳动者职业道德先进单位。

1月8日,共青团中央、国家科委、农业部和中国科协联合发文确定栖霞区为全国农村青年“星火”科技示范活动示范区(县)之一。

6月6日,美国农村教育代表团到区参观栖霞中学、江嵊小学和尧化中心小学。

9月4日,自6月9日始连续87天无雨,田地干裂,人畜饮水困难。

9月12日,全国人大常委会副委员长张劲夫到区为江泽民总书记题词的“行知园”落成剪彩。

9月,南京轮胎厂与韩国锦湖轮胎集团等合资组建南京锦湖轮胎公司,落户燕子矶镇晓庄村。

1995年

3月11日,美国加利福尼亚等5个州工商教育代表团到区考察马群新区、栖霞国际工业园、新生圩港等处。

4月12日,孝陵卫镇、玄武湖镇、小市镇和迈皋桥镇的五塘、小营、藤子、红山4个村分别划归白下、玄武、下关等城区,面积计64.43平方公里,人口约15万人。4月23—25日,举行交接仪式。

5月20日,南京新港工业区更名为南京经济技术开发区。

8月,中共南京经济技术开发区工作委员会和南京经济技术开发区管委会成立。

12月3日,月牙湖花园小区被建设部评为全国城市物业管理优秀住宅小区。

是月,栖霞区被评为全国土地管理无违法批地、无违法管地、无违法用地乡镇活动先进区。

1996年

1月14日,南京市人民政府市长办公会确定:“从实际出发,建立开发区与栖霞区联合开发的运行机制”。

8月11日凌晨三点,龙潭镇团洲圩发生大面积塌江,长约80~120米,深约30米。

9月,沪宁高速公路及马群互通立交桥建成通车。

1997 年

1 月 22 日,国家科委批准在南京经济技术开发区内设立国家级新港高新技术工业园。

3 月 24 日,区工商业联合会恢复成立。

5 月 29 日,栖霞建设集团月牙湖花园住宅小区列为全国 2000 年小康住宅示范区。

6 月 14 日,南京经济技术开发区尧新路一期工程、日供水 3 万吨供水增容、35 千伏变电站、新生圩长江防洪大堤加固和排涝站五大基础设施工程竣工。

10 月 6 日,南京长江第二大桥举行开工典礼。

1998 年

2 月 23 日,由国家计委、财政部、民政部、人民银行、中保(集团)公司等部门和单位组成的国务院农村养老保险调研组到区调研。

5 月 24 日,八卦洲标准堤全线合龙。

6 月 22 日,国务院血防检查组到区检查便民河水系血防综合治理工程。

9 月 20 日,国务院台办、科技部向南京经济技术开发区海峡两岸科技工业园授牌。

是日,南京长江二桥南引线和栖霞大道(纬一路东进一期工程)通车。

1999 年

3 月 6 日,2000 余名共青团员和青年在尧化镇周家山江滩义务植树,参加江苏省暨南京市“保护母亲河绿色行动”启动仪式。

4 月 12 日,由中共中央统战部、中共中央台湾事务办公室联合组织的党外人士考察团一行 72 人到区,考察海峡两岸科技工业园。

5 月 28 日,区召开《栖霞区志》编纂工作动员部署会议。

11 月 11 日,国家小康住宅示范小区首批综合验收总结表彰会暨全国小康住宅科技产业工程工作会议在月牙湖会所召开,向首批通过验收的南京月牙湖花园等 8 个小区授牌。

11 月 27 日,栖霞区龙舞在江苏省迎接澳门回归舞龙比赛中获得金奖。

12 月 14 日,栖霞区舞龙代表团前往北京,参加中华舞龙大赛,《钟山龙腾》龙舞,获中国文联颁发的民间艺术最高奖“山花奖”和中华舞龙大赛金奖。

12月28日，月牙湖花园小区获科技部、建设部授予的“全国小康住宅示范小区”金牌。

是月，栖霞大道二期工程（十月广场—栖霞寺）竣工。

2000年

3月22日，栖霞区被授予“全国爱心献功臣行动先进区”称号。

4月10日，栖霞山园林管理处在天开岩景区施工时挖掘出禹王碑残碑和碎片共26方。

4月17—18日，中共中央政治局常委、国务院总理朱镕基到区视察南京长江第二大桥建设工程和月牙湖花园小区。

5月9日，中共中央总书记、国家主席、中央军委主席江泽民到区视察月牙湖花园小区。

5月30日，中共中央政治局委员、国务院副总理吴邦国到区参观南京长江第二大桥。

是日，区委、区政府举行乡镇行政区划调整更名授牌仪式。即日起，迈皋桥、燕子矶、尧化、马群四镇改为街道办事处；撤销摄山镇，并入栖霞镇，组建新栖霞镇；撤销长江乡和营防乡，合并组建靖安镇；龙潭镇和八卦洲乡不变。

7月5日，月牙湖小康住宅示范小区获“2000年迪拜联合国改善居住环境优良范例”称号。

10月10日，在栖霞寺发现乾隆御碑7方。

10月11日，在栖霞山东峰龙山发现一处建于唐代的弥勒佛石窟。

10月19日，中共中央总书记、国家主席、中央军委主席江泽民视察南京长江第二大桥建设工程。

10月29日，考古研究人员在千佛崖“中102号”洞龛中发现“飞天”壁画。

11月3日，首届“金秋栖霞”艺术节开幕。

是日，在栖霞仙新公路北家边工地施工时发现六朝陵阙遗存。

11月25日，南京长江第二大桥北汊桥桥面混凝土铺装完成，实现全线贯通。

12月1日，江嵊小学被全国少先队工作学会定为“全国少先队工作实验基地”。

2001 年

1 月 18 日，建设部住宅产业现代化促进中心和南京栖霞建设集团在月牙湖会所联合召开“太阳城与中国住宅产业现代化多学科专家研讨会”。

3 月 26 日，南京长江第二大桥通车，国务院副总理吴邦国出席通车典礼并剪彩。

4 月 14 日，中共中央政治局常委、中央纪律检查委员会书记尉健行到区视察南京长江第二大桥。

4 月 25 日，在栖霞山中峰出土明万历年间(1573—1620)石碑两方。

4 月 29 日，南京经济技术开发区名列全省省级开发区年度综合考评第一，被评为先进开发区。

5 月 9 日，龙潭港集装箱码头开工建设。

5 月 15 日，南京长江第二大桥与八卦洲连接线建成通车。

5 月 30 日，镇乡区划调整，尧化、马群、迈皋桥、燕子矶四镇改为街道办事处，摄山镇并入栖霞镇，营防、长江二乡合并为靖安镇，龙潭镇和八卦洲乡不变。

9 月 2 日，千佛崖、明征君碑被确定为国家级文物保护单位。

9 月 16 日，中共中央政治局常委、全国政协主席李瑞环到区视察南京长江第二大桥。

9 月 19 日，中共中央政治局常委、国务院总理朱镕基到区视察南京长江第二大桥。

10 月 20 日，首届南京栖霞山红枫艺术节开幕。

11 月 11 日，中共中央政治局常委、中央纪委书记尉健行考察南京经济技术开发区。

12 月 14 日，区委部署党政机构改革工作，确定全区党政机构由 40 个精简为 31 个，行政编制由 641 名精简为 539 名。

是日，撤销栖霞镇，设立栖霞街道办事处；撤销八卦洲乡，设立八卦洲镇。自此，全区共设 3 个镇、5 个街道，乡的建制消亡。

12 月 15 日，由总书记卡莱马·莫特兰蒂率领的南非非洲人国民大会代表团一行 11 人到区参观月牙湖花园小区。

12 月 21 日，栖霞区编创的话剧小品《女大学生宿舍的钟点工》获全国第十一届“群星奖”金奖。

第一编　建置　地理

栖霞区位于北纬32°02′50″～32°14′41″，东经118°45′42″～119°14′50″，地处南京市东北郊，南依钟山，北临长江。早在7000年前，龙潭地区已有农业氏族聚落。约公元前20世纪至前17世纪，区内出现两大原始聚落，其一为玄武湖聚落，北起上元门及幕府山南麓，经北崮山、迈皋桥至太平门外岔路口；其二为东北沿江聚落，西起幕府山和燕子矶，北临长江，东北至龙潭东南之花山。春秋时期，栖霞地区先属吴，继属越、再属楚。至秦代，置江乘县（今栖霞区地域时在江乘县境内），历时800年，至隋开皇九年（589）废。此后，领属频频变化，民国时期，曾分别隶属江宁、句容等县。民国38年（1949）4月23日，南京解放，政区建置先后发生9次重大变化，直至1965年5月，燕子矶、栖霞和中山陵园三区合并为栖霞区，辖10个公社及6个镇，区域总面积301平方公里。此后，栖霞区经过多次区划调整，至1999年底，辖7镇3乡，区域总面积381.88平方公里。栖霞区地质构造属宁镇褶皱带，矿藏丰富。境内低山丘陵与洲圩平原交错，山丘、平原、水面、滩涂资源丰富。区境属北亚热带气候区，四季分明。区内土壤分为低山丘陵区土壤、岗地区土壤和平原区土壤三大类。区内植物区系属泛北极植物区中国—日本森林植物亚区的华东地区和华北地区，具有起源古老、植物种类丰富、南北成分兼有、亚热带植被性质显著等特点。区内动物属东洋界中区的东部丘陵、平原亚区区系，系亚热带林灌、草地—农田动物群。

第一章　建置　区划

历史上，栖霞地区区划多变，领属多元。建区前，其境域曾长期属相邻区、县、市管辖。民国23年（1934），始为市辖乡区。之后，区划迭有变化，所辖乡镇或公社亦历经市统管和区分管的变更。1965年5月，燕子矶、中山陵园和栖霞三区合并成立栖霞区，基本形成今栖霞区的建制和区划格局。1987年4月，原属江宁县的长江、营防、花园三乡划入。1995年4月，南京市进行区划调整，原辖小市、玄武湖、孝陵卫3个建制镇及迈皋桥镇五塘、藤子、小营、红山4个村分别划归下关、玄武和白下等城区。1999年，栖霞区辖7镇3乡。区政府驻尧化镇。

【建置】

秦始皇三十七年（前210），置江乘（后讹为“嵊”）县，为区域内最早县级行政建制，治所在江乘村（今摄山镇西湖村）。其时，县境辽阔，西起石头城、白石垒沿江而东，至句容下蜀镇，再转向南达江宁淳化镇一带。隶属会稽郡。今区域皆在古江乘县境内。高祖六年（前201），刘邦立刘贾为荆王，自会稽郡析置鄣郡，江乘县归属鄣郡，隶于荆。汉元朔元年（前128），割江乘县东境分设句容、胡孰（后汉时改为湖熟）两县，今区境东部归句容县。汉元封二年（前109），改鄣郡为丹阳郡，郡治设在宛陵（今安徽宣城），江乘县改属丹阳郡。新莽天凤元年（14），改丹阳郡为宣亭郡，江乘县改为相武县，属宣亭郡。至淮阳王刘玄更始元年（23），始恢复丹阳郡、江乘县旧称。汉建安十七年（212），孙吴废江乘县改设典农都尉。西晋太康元年（280），恢复江乘县，至南北朝时仍沿袭县建制。东晋元帝大兴三年（320），在江乘县金陵乡置琅琊侨郡县。至隋开皇九年（589），废临沂等侨县及江乘县，并入江宁县。唐肃宗上元二年（761），江宁县更为上元县。五代十国时期，于杨吴天祐十四年（917），析上元置江宁、上元两县，今区域分属上元、句容两县，至宋、元、明、清，区境大体属上元县石步镇（后称石埠）和钟山、慈仁、开宁、北城、清风、宣义、长宁诸乡及句容县琅琊乡。民国元年（1912），废上元、江宁两县，改设南京府，民国2年（1913），废南京府重置江宁、句容两县，今区境仍属之。民国23年（1934）9月，江宁县燕子矶和孝陵卫地区划归南京市，10月，设南京市燕子矶（第九区）和孝陵（第十区）两个乡区，治所分别在燕了矶镇和孝陵卫镇苜蓿园。中山陵园则隶属国民党中央总理陵园管理委员会。区内其他地域仍属江宁、句容两县。民国28年（1939）1月，日伪国民政府改第九区、第十区为燕子矶区和孝陵卫区。民国31年（1942）4月，燕子矶区改为乡区自治实验区。民国34年（1945）9月，恢复第九区、第十区。民国38年（1949）1月，燕子矶区析出八卦洲，单设南京市第十四区。是年4月23日，南京解放；5月，中共南京市委和南京市人民政府接管国民政府南京市第九区和第十区；6月，成立第九区、第十区人民政府（1955年5月，改设区人民委员会，简称“人委”），治所未变。1950年6

月，第九区改称第八区，第十区改称中山陵园区。1953 年 7 月，江苏省人民政府调整南京市与邻近三县地界，将句容县的龙潭镇和江宁县的尧辰、石埠、衡阳、仙女、新合、栖霞 6 个乡镇及摄山乡、三阳乡部分划入南京市，建新第九区，区政府驻栖霞镇。同年 7 月，南京市第八区的八卦洲划归六合县。1955 年 8 月，第八区改称燕子矶区，新第九区改称栖霞区。1956 年 2 月，江宁县牌楼、沧波 2 乡划归中山陵园区，江宁县龙永乡、三阳乡、句容县东阳乡划归栖霞区，六合县八卦洲区复归燕子矶区。1958 年 11 月，撤销燕子矶、栖霞、中山陵园三区建制，成立南京市郊委。1960 年 9 月，南京市郊委撤销，原辖地域分属鼓楼、玄武、下关等区。1962 年 7 月，归南京市郊区办事处管辖。1963 年 4 月，南京市郊办撤销，燕子矶区、陵园区（7 月复称中山陵园区）和栖霞区建制恢复，治所未变。1965 年 5 月 28 日，燕子矶、栖霞、中山陵园三区合并，成立栖霞区人民委员会，治所在栖霞镇（1968 年迁至板仓镇，1971 年迁至尧化门）。1967 年 4 月，成立南京市军事管制委员会（简称“军管会”）栖霞区分会。1968 年 3 月，区军管会撤销，成立栖霞区革命委员会（简称“革委会”）。1970 年 1 月，南京市革委会决定将栖霞区所辖马群、紫金山、玄武湖三公社和孝陵卫镇划出，加上中山陵园管理处，成立南京市钟山区，治所在灵谷寺（1973 年 4 月，迁至孝陵卫镇）。1975 年 4 月，钟山区建制撤销，除中山陵园管理处划归市城建局外，其他镇、公社仍归栖霞区。1980 年 10 月，恢复栖霞区人民政府建制。至 1999 年底，区政府建制及治所未变。

【侨置郡县】

侨置郡县之制，始于东晋初年，侨立怀德县、琅琊郡于京邑所在地区，大致定型于刘宋，延之齐、梁，至隋开皇九年（589），隋灭陈统一全国而废止。西晋“永嘉之乱”后，在阶级与民族矛盾双重压迫下，晋人纷纷“南向而泣”“北顾而辞”，越淮渡江南下者 90 万人以上，而以侨寓今江苏省为最众，约 26 万人。东晋之初，朝庭遂以侨置政区（州、郡、县）为对策，即在北来流民集中之地，设置以其原籍为名的行政机构，着眼于使南渡者有安身、复苏之处所，以利王朝政权之稳定与生产之恢复。然而，“版籍浑淆”，北来侨民已安定日久而“优复”不改，对朝廷日见不利，于是，从东晋咸和年间（326—334）到南朝末期的陈天嘉年间（560—566），一共进行了 10 次“土断”“籍检”，结果，实郡领实县兼领侨县，侨郡领侨县兼领实县，形成侨郡侨县与本地郡县交错的政区辖隶系统。

（南）琅琊郡　东晋初侨置于江乘。琅琊本秦汉旧郡，属徐州。晋元帝司马睿袭封琅琊王，治于开阳（今山东临沂北）。永嘉丧乱，大批琅琊国人随元帝南渡，侨寓江左，在建康者千余户。东晋大兴三（320）年七月，元帝侨立怀德县以安琅琊国人，寄治京邑；又置琅琊郡于江乘。初时郡、县，有守、令而无实土，此为江左侨立郡县之始。东晋咸康元年（335），成帝允琅琊郡割江乘县地，始有实土，置郡城于金城。晋时，琅琊郡先后领怀德（后改为费县）、阳都、即丘、临沂、开阳等侨县。南朝宋永初元年（420），改琅琊郡为南琅琊郡，领江乘和临沂、费、阳都、即丘诸县，其中，江乘本秦置古县，以实县隶侨郡，而费、阳都、即丘并割临沂及建康为土。后并费县于临沂，并即丘于阳都，并阳都入临沂、江乘。南朝宋大明四年（460），南琅琊郡隶王畿；大明五年（461），南琅琊领临沂、江乘二县。南朝齐永明元年（483），以临江郡之谯县改属南琅琊郡。永明年间（483—494），迁郡治白下城；又省南兰陵郡，所领兰陵、承两县并入南琅琊郡。梁改南琅琊郡复为琅琊郡。南朝陈太建十年（578）十月，废琅琊郡，置为建兴郡。

怀德县　东晋大兴三年（320）七月，晋元帝诏立怀德县，属丹阳郡，安置随行近千户之琅琊国人。后割建康、江乘地成实土县，改名费县（本治在今山东费县西北），属琅琊郡。南朝宋元嘉十五年（438），省费县并入建康、临沂。

临沂县　本治在今山东临沂北、费县东。东晋咸康元年（335），析江乘县西境侨立临沂县，有实土，县地在今栖霞镇甘家巷一带。县城在独石山，北临长江，在今笆斗山东北。临沂县，晋、宋、齐、梁属（南）琅琊郡，南朝陈太建十年（578），改属新置建兴郡。隋开皇九年（589），隋灭陈，县废，并入江宁。

即丘县　本治在今山东郯城东北。东晋咸康六年（340），割江乘西界侨立，属琅琊郡。刘宋元嘉八年（431），并入阳都侨县。

阳都县　本治在今山东沂南县南。东晋咸康六年（340）侨立于江乘西界。南朝宋元嘉八年（431），即丘并入。南朝宋大明五年（461），省阳都并入临沂、江乘。

开阳县　旧为琅琊本郡治所，在今山东临沂北。晋元帝侨立，寄治处所未详，当与琅琊侨郡所距不远。晋安帝时，改属彭城侨郡。

兰陵县　本治在今山东苍山西南兰陵镇。晋初侨置兰陵县，原属南兰陵郡，无实土，后南兰陵郡移于武进一带，并入南琅琊郡，兰陵侨县随而改属。

承县　本治在今山东枣庄市东南。侨置承县原属南兰陵郡。南朝宋元嘉十二年(435)以侨置合乡县(本治在今山东滕县东)并入承。后承县随郡并入南琅琊郡。南朝齐建武三年(496)省承县。

谯县　本治在今安徽亳县。南朝齐建元二年(480),以平阳郡(今山西临沂汾西南)流民在南豫州临江郡者,立宣祚县,寻改为谯。南朝齐永明元年(483),以侨置谯县改属南琅琊郡。

(南)兰陵郡　本治在今山东枣庄峄城镇。东晋初侨置于江乘,寄治无实土。领兰陵、合乡、承三县。后徙治于武进一带,并入南琅琊郡。齐、梁萧氏皇族皆兰陵人氏,视为本籍,故齐世诸帝皆"归葬"南兰陵,即今丹阳一带。

(南)东海郡　东晋初侨置于江乘,无实土。后移至海虞(今常熟),再移至京口(今镇江)。隋开皇九年(589),隋灭陈而废。

(南)东平郡　本治须昌,在今山东东平西北。东晋元帝侨置东平郡于江乘,刘宋初省并。

【区划】

民国元年(1912),废上元、江宁两县,设南京府。次年,废南京府,重置江宁县。今区境大部为江宁县域,东隅为句容县域。民国16年(1927),国民政府定都南京,成立南京市政府,今区境内燕子矶、迈皋桥、尧化等镇与八卦洲乡属南京市,其他地域仍属江宁、句容县。民国23年(1934)9月,南京市划定市界,今区境内燕子矶、孝陵卫地区从江宁县划归南京市。10月,在燕子矶地区设立第九区,区公所驻燕子矶镇,下辖乌龙、笆斗、太平、万山、和平、燕子矶、栅栏、金固、七里(包括八卦洲、尼滩洲)等乡镇;在孝陵卫地区设立第十区,区公所驻孝陵卫镇,下辖尧化、仙鹤、马群、孝陵、海新、谷秀等乡镇。中山陵园区域,时由国民政府直接管辖。今区境栖霞、龙潭等地域,时仍属江宁、句容两县。民国28年(1939),第九区、第十区正式改称燕子矶区、孝陵卫区,辖地不变。民国31年(1942)4月,汪伪国民政府改燕子矶区为南京特别市乡区自治实验区,仍辖原1镇8乡,设89保、765甲。孝陵卫区辖孝陵、牌楼、马群、仙鹤4镇及太平乡,设53保、468甲。民国34年(1945),国民政府废除汪伪区划,仍以燕子矶区为第九区,辖区扩大到下关车站、东炮台、煤炭港铁路线北侧,设25保、383甲;以孝陵卫区为第十区,辖区北扩以京沪铁路为界,设37保、355甲。民国37年(1948)3月,江宁县之汤水(今汤山)、麒麟、古泉、东流4乡镇划归南京市,成立第十三区,为乡区,设10保、161甲。时麒麟乡属今栖霞区。民国38年(1949)1月,原第九区之八卦洲划出,成立第十四区。同年4月23日,南京解放,仍沿用原第九、第十、第十三区、第十四区建制;6月,撤销第十四区,仍归第九区。1950年6月,重新划片设区,第九区改称第八区,第十区改称中山陵园区。第八区划出宝塔桥地带,增加旧六区一部分即中央门外地带,辖上坝、中桥、下坝、巽离、七里、笆斗、兴武、藤子、吉祥、尧化、万寿、迈皋桥、大庙、小市14乡和燕子矶镇。中山陵园区辖蒋王庙、高桥门、马群、牌楼、沧波5乡和孝陵卫镇。1953年7月,由江宁县划归南京市的尧辰、石埠、衡阳、仙女、新合、栖霞6个乡镇,加上摄山乡二村至六村5个村和三阳乡便民村及句容县管辖的龙潭镇,新建南京市第九区。同时,第八区八卦洲七里、上坝、中桥、下坝、巽离5个乡划归六合县。1955年8月,第八区改称燕子矶区,新第九区改称栖霞区。1956年2月,江宁县的牌楼、沧波两乡划归中山陵园区;江宁县龙泉乡、三阳乡、句容县东阳乡划归栖霞区;六合县八卦洲5个乡划归燕子矶区。1958年11月,撤销燕子矶、栖霞、中山陵园三区,原燕子矶区燕子矶、小市镇和迈皋桥乡划归下关区,其它12个乡合并为燕子矶、八卦洲、尧化3个公社,原栖霞区5个乡3个镇合并为十月、龙潭2个公社,原中山陵园区5个乡1个镇合并为紫金山公社,6个公社统归同时成立的南京市郊委管辖。1959年12月,尧化公社撤销,尧化大队并入十月公社,兴武、笆斗、柳塘、万寿、下庙、兴卫等大队并入燕子矶公社。1960年9月,南京市郊委撤销,十月、龙潭、紫金山3公社及龙潭、栖霞、孝陵卫3个镇划入玄武区,燕子矶公社划入鼓楼区,八卦洲公社划入下关区。1961年6月,小市镇转划鼓楼区。1962年7月,除小市镇仍归鼓楼区外,原划入城区的公社和镇,划归南京市郊办。1963年4月,撤销市郊办,燕子矶、中山陵园和栖霞区三区建制恢复,7月,将所属5个公社划小为34个公社和栖霞、孝陵卫、龙潭、迈皋桥、燕子矶5个镇。燕子矶、八卦洲两公社划为上坝、中桥、巽离、下坝、七里、下庙、迈皋桥、藤子、燕子矶、柳塘、笆斗山、兴武12个公社;十月、龙潭两公社划为三阳、东阳、东花、龙泉、摄山、十月、长林、衡阳、乌龙、尧辰10个公社;紫金山公社划为蒋王庙、孝陵卫、石门坎、高桥门、牌楼、沧波门、马群、百水桥、仙鹤门、岔路口10个公社。1965年3月,鼓楼区小市镇重新划归栖霞区,中山陵园区孝陵卫镇石门坎居委会划归雨花台区七里镇。1965年

5月28日,燕子矶区、中山陵园区、栖霞区合并成立栖霞区,下辖燕子矶、迈皋桥、紫金山、玄武湖、马群、尧化、十月、摄山、便民河、八卦洲10个公社及小市、迈皋桥、燕子矶、栖霞、龙潭、孝陵卫6个镇。1970年1月,栖霞区所辖马群、紫金山、玄武湖3个公社和孝陵卫镇划出,加上中山陵园管理处,成立南京市钟山区。1974年3月,便民河公社并入摄山公社。1975年4月,钟山区撤销,除中山陵园管理处划归市城建局领导外,其地域社镇划归栖霞区。1981年12月,成立尧化镇。1983年4月,十月公社并入栖霞镇,栖霞区下辖燕子矶、迈皋桥、紫金山、玄武湖、马群、尧化、摄山、八卦洲8个公社和小市、迈皋桥、燕子矶、栖霞、龙潭、孝陵卫、尧化7个镇。1983年9月,栖霞区撤销8个人民公社,改设8个乡人民政府。1984年6月,小市镇建宁路、大庙、水关桥、金陵村4个居委会和迈皋桥乡的大庙等村划入下关区,7月,玄武湖乡玄武湖村、锁金村和小市镇韶山路居委会以及火车站、新庄、岗子村、板仓一线划入玄武区。此时,栖霞区下辖迈皋桥、燕子矶、玄武湖、紫金山、马群、尧化、摄山、八卦洲8个乡和栖霞、迈皋桥、燕子矶、孝陵卫、龙潭、小市、尧化7个镇。1987年4月,江宁县的长江、营防和花园3个乡划入栖霞区。1993年底,栖霞区对所辖乡镇进行撤乡并镇调整,撤紫金山乡并入孝陵卫镇,燕子矶乡并入燕子矶镇,迈皋桥乡并入迈皋桥镇,尧化乡并入尧化镇,花园乡并入龙潭镇,撤销玄武湖乡、马群乡和摄山乡,建立玄武湖镇、马群镇和摄山镇。此时,区辖八卦洲、长江、营防3个乡及孝陵卫、马群、尧化、摄山、栖霞、龙潭、燕子矶、迈皋桥、玄武湖、小市10个镇。1995年4月,南京市行政区划调整,区辖小市镇(整建制)及迈皋桥镇五塘村划入下关区,玄武湖镇(整建制)及孝陵卫镇一部分划入玄武和白下区,迈皋桥镇小营、藤子、红山3个村划入玄武区。1999年,栖霞区辖马群、尧化、摄山、栖霞、龙潭、燕子矶、迈皋桥7个镇和长江、营防、八卦洲3个乡。

第二章 自然环境

1999年,栖霞区边界:东,北起长江乡马渡村东长江中心航道,与丹徒、句容两市接界,自马渡沿便民河至龙潭镇,转青龙山,以东阳至漳桥一线,与句容市接界,再绕西岗果牧场南端,以灵山与江宁县接界;南,以马群镇与江宁县、玄武区接壤;西,以迈皋桥镇十字街、幕府东路、晓庄村一线与玄武、下关两区毗邻;北,从燕子矶镇渡师石起,以长江中心线为界,绕八卦洲北,与大厂区、六合县及仪征市隔江相望。全区东西长43公里，南北宽22.5公里，总面积381.88平方公里(含长江水面)。栖霞区地质构造属宁镇褶皱带。地势起伏大，地貌类型多，低山、丘陵、岗地、平原、洲地交错分布。地形大势南高北低。南部丘陵、岗地连绵起伏，海拔多在50～300米之间。北部沿江平原及江中洲地，地势低平，海拔在10米以下，汛期常受洪水威胁。土壤类型，大致可分低山丘陵区、岗地区和平原(含洲地)区三类。属北亚热带湿润气候带和季风环流的海洋性气候区，季风显著，冬冷夏热，四季分明，日照充足，水资源充沛。长江横贯东西，江岸线长达81.2公里(含八卦洲环江岸线)。

【地质构造】

栖霞区地质构造基底固结于晚元古代末期的晋宁运动，由浅变质岩系组成，距今约8.64亿～10.31亿年。盖层厚8000～9000米，由震旦系至第四系物质组成。震旦系至三迭系以海相地层为主，侏罗系至第四系地层为陆相地层。中生代印支运动和燕山运动，奠定地质构造基本格局，形成北东及北东东向构造格骨，属宁镇褶皱带次一级构造幕府山复背斜和钟山—射乌山—金子山大向斜一部分。幕府山复背斜系宁镇山脉的北带，出露在城东北上元门到燕子矶一带，长约6公里，宽1～2公里。受长江断裂带的影响，西北翼断陷于长江河谷之下，仅保留东南翼构造。栖霞山长约2.5公里，宽约1.5公里。北坡为侏罗系火山岩覆盖，南坡被下中侏罗统象山群覆盖，轴部有古生界岩层出露。复背斜北翼断失，仅保留南翼。钟山—射乌山—金子山大向斜系宁镇山脉中带构造。其北翼抵达栖霞山、龙潭一带，而南翼则抵达青龙山、孔山、九华山一带。大向斜的轴线由西段的北东向，向东延伸转为北东东向。向斜内部鼓起一个背斜，即宝华山背斜(在句容县)，从而将大向斜的东段分为北支的范家塘向斜和南支的射乌山—金子山向斜。栖霞区主要断裂构造有北东向的长江断裂，北北东向的小丹阳—龙潭断裂，由北断裂、中断裂和南断裂等组成的东西向长江断裂带和北西向的鼓楼—定淮门断裂。

【地貌】

栖霞区地形大势为南高北低。紫金山海拔448.9米，1999年划入玄武区，境内再无海拔300米以上低山。南部丘陵与岗地呈连片分布，北部为沿江平原及江中洲地，地势低平。

丘陵 区内丘陵分布较广，有幕府山、直渎山、南象山、北象山、栖霞山、灵山、青龙山等几十座，以山体单薄，山势和缓低矮为特征。

栖霞山 位于尧化门东北11公里处，呈孤峰之势，形如伞，古称繖山（“繖”同“伞”），山中多药草可以摄生，又称“摄山”，南朝时建栖霞寺于此，始名“栖霞山”。山体自南而北有三条山岭组成，南为景致岗，中为千佛岭，北由黑石硙、平山头、三茅峰组成，面积约4平方公里。主峰三茅峰，海拔284.7米。山体主要由石灰岩、砂岩等组成，北麓由带状花岗岩分布，地质学上的“栖霞灰岩”源于此。满山广布枫香、乌桕、槭树等阔叶树，每到深秋，层林尽染，丹霞一片，素有“秋栖霞”之美称。栖霞山蕴藏丰富的铅、锌、银、石灰石等矿藏资源。

幕府山 位于尧化门西北10公里处，北临长江，属宁镇山脉北支西段。东晋丞相王导建幕府于此山，故名。山体呈东北—西南走向，面积10平方公里左右。山体北侧为断层线，成峭壁，多溶洞。南坡平缓，沟谷发育。主峰北崮峰，偏于山体西南部，海拔204米。幕府山盛产白云岩和石灰岩。

直渎山 位于尧化门西北9公里处，西连幕府山，北临长江，属宁镇山脉北支。曾名岩山、严山、观音山、西十里长山。主峰海拔187米。山体北侧为断层线，呈北陡南缓之势。北坡悬崖上，多溶洞，有“严山十二洞”之说，以头台洞、二台洞、三台洞著名。直渎山和燕子矶相互辉映，构成南京北郊风景区。直渎山多松、槐等林地分布，北坡有大型采石场多处，1998年始，全面禁采复绿。

南象山、北象山 位于尧化门东北8公里处。南、北象山山形似象，故名。南象山面积约2平方公里，西南—东北走向，主峰海拔110.8米。北象山略呈方形，面积约1平方公里，主峰海拔80.7米。主要由象山群的长石砂岩、粉砂岩及页岩组成。山区有疏林分布。

灵山 位于尧化门东南6公里处，清代称林山，后相传有仙人在此给百姓送灵芝而改称灵山。山体平面略呈方形，面积约4平方公里，主峰海拔155米，山体由石灰岩组成，有少量松林分布，山北部有灵山煤矿。

青龙山 位于尧化门东北约19公里处，地处龙潭镇南。原名蟠龙山，因所产之石为青色，故亦名青龙山。东西走向，面积约1.5平方公里，主峰海拔166米。山体由石灰岩组成，是三叠系下统地层下青龙组和中统地层上青龙组的命名地。

岗地 岗地广布，约占全区面积的一半左右。岗地的高度一般在海拔10～50米间，从组成物质上看，主要属黄土岗地。岗地的分布，分为两大片，北片由中央门外经迈皋桥、尧化门至栖霞镇、龙潭镇，南片由中山门经卫岗、孝陵卫到马群。岗地宽1公里到数公里、数十公里不等。岗顶覆盖的下蜀黄土，在流水切割下，形成岗丘傍冲交替排列特点，岗顶平坦，冲地宽阔。北片岗地，大部分成为工业用地，南片岗地主要开辟为林业用地，少量开辟为菜地。

平原与洲地 沿江平原主要分布在长江、营防、花园3乡及龙潭、摄山2镇北部地区，燕子矶东北侧的新生圩、栖霞山东北侧和西北侧亦有少量分布，总面积为55.36平方公里。沿江平原由长江泥沙在沿岸堆积而成，海拔在4～7米之间，地势低平，处于长江汛期洪水位以下，全靠堤防挡住洪水，多辟为农田。八卦洲地处栖霞区西北部，四面环江，由长江泥沙堆积而成。清代，长江南北两支流量变化，形成南塌北淤，整个沙洲在向下游移动中。洲地东西长7公里，南北宽近8公里，面积约56平方公里，海拔5米左右，地势低平，处在长江汛期洪水位以下，全靠堤防挡住洪水。八卦洲水网密布，大部分土地已开辟为粮田，一部分土地辟为蔬菜基地。

【气候】

四季特征 栖霞区地处中纬度，受冬、夏季风的交替影响，形成冬寒、夏热、春温、秋暖四季变化明显的气候特征。

春季 大致从3月下旬至5月下旬，历时60天左右。气温逐渐升高，天气寒暖、晴雨多变，经常出现“倒春寒”，形成晚霜灾害。平均降水量280毫米左右，约占全年降水量的27.3%。

夏季 大致从5月下旬到9月中旬，历时110天左右，分为初夏梅雨天气和盛夏伏旱天气。初夏（约到7月上旬），有一段连阴雨天气过程，称为“梅雨”。常年6月中旬至7月上旬20余天为黄梅期，降水量300毫米左右。黄梅期结束，进入盛夏，有时出现38℃以上的晴热高温天气，有时出现雷暴、暴雨、冰雹、阵性大风、龙卷风等强对流性天气，给农业生产和人们生活带来一定灾害。平均降水量450毫米左右，约占全年降水量的43.62%。

秋季 大致从9月中旬到11月中旬，历时60天左右。初秋天高气爽、风和日丽、温湿宜人。进入10月，寒潮过程时有出现，气温突降，伴有早霜，对农业生产危害甚大。平均降水量减少至180毫米左右，约占全年降水量的17.45%。

冬季 从11月中旬至翌年3月下旬,历时110天左右。冬季常受寒潮或冷空气的影响,平均7~10天就有一次,伴有大风、雨雪的降温过程。进入1月,气温多在0℃以下。降水一般在120毫米左右,约占全年降水量的11.63%。

气候要素

气温 年平均气温约为15.3℃,1月平均气温2℃,7月平均气温28℃,一年中,最低气温≤0℃的日数平均55天,最低气温≤-10℃的日数平均1天,一般出现在12月或1月。一年中,最高气温≥30℃的日数平均75天,最高气温≥35℃的日数平均16天,以7月、8月出现的机率最高。

湿度 月平均水汽压,以7月最高,1月最低。日极端最大水汽压以7月出现的机率最高,8月次之;日极端最小水汽压以1月为多。相对湿度,春季在75%左右,夏季在80%左右,秋季在77%左右,冬季在74%左右。

日照 年日照时数约为2100小时,年日照率在47%左右。夏季6—8月,约占年日照时数的32%;冬季12月至次年2月,约占年日照数的20%;秋季的日照多于春季。月日照率,7月、8月一般在50%~60%之间,2月、3月一般在40%左右。

蒸发 年均蒸发量为1585.2毫米。全年中,7月蒸发量约占年蒸发量的14.7%;1月的蒸发量仅占年蒸发量的3.3%。

降水 年均降水量1000毫米。6—9月的汛期降水量约占年平均降水量的56.05%,其中,7月降水量约占年平均降水量的18.36%。12月降水量仅占年平均降水量的2.94%左右。降水日数年平均在110天左右,以降液态雨水为主,占年降水的90%以上。

【江河】

长江栖霞段 长江从下关区流入栖霞区境,西起渡师石,东迄长江乡大道河口,江段岸线长约84公里(含八卦洲江岸)。长江栖霞段河道宽窄相间,形似藕节,江流至八卦洲后分为左、右两汊,右汊为主汊,分流长江水量80%~85%,在洲尾与左汊汇合后,经两坝头、乌龙山东窄段折至南岸,贴栖霞、龙潭镇而下。长江凹岸的侵蚀作用和凸岸的淤涨作用,使长江栖霞段江岸消长情况明显。水位常受下游入海口的潮汐影响,最高水位往往出现在有7月、8月上游洪水与下游大潮汛遭遇之时,低水位一般发生在冬、春季,以每年12月至次年2月居多。长江入区境后平均流速每秒1米左右，年平均流量28200立方米/秒，最大流量92600立方米/秒，最小流量4620立方米/秒。主航道全年自然水深超过10.5米，最深处50米左右，可终年通航万吨海轮。长江栖霞段全年各月含沙量和输沙量差异较大。输沙量主要集中在汛期(5—10月)，占全年输沙量的81.2%，其中以7月为最多，约占年输沙量的22%左右。长江栖霞段两岸多大型化工企业，水质污染较为严重。划有上元门至燕子矶、龙潭上游0.5公里至下游3公里两个一级水源保护区，水质目标为二类。

便民河 起点为七乡河，汇积东山河，连接三江河，中途汇入句容市境内4条泄洪河，与大道河相通，全长17公里，流域面积近110平方公里。河床平均宽约40米，最窄为4米左右，摄山境内源头段河床较窄，平均宽20米，龙潭、营防境内中段河床渐宽，平均25米，在长江入江口附近河床宽约100米。新中国成立后，虽经多次疏浚，但整体河床的淤积情况仍很严重。

九乡河 古称江乘浦，源头在江宁县汤山镇琐石村、青龙山一带，至栖霞镇石埠桥村汇入长江。又称琐石溪、运粮河。因流经琐石、东流、西流、其林、仙林、长林、衡阳、栖霞、石埠9乡而得名。全长23公里。区内段长7.8公里，流域面积29.6平方公里。新中国成立后，多次对河道疏浚拓宽、理直，逐年逐段实施护砌。现排灌流量为200~250立方米/秒。

七乡河 源于江宁县汤山、孔山，因流经汤山、骆墅、孟塘、孟北、龙泉、东阳、三阳7乡而得名。1974年，重开新河将水直接导入长江，全长约18公里。区内长7.5公里，流域面积34.5平方公里。

南十里长沟 位于玄武湖北，承受北崮山、劳山、老虎山、魏家山及红山一带来水，过韶山路入玄武湖，汇水面积约12.92平方公里。主流源于小营，入玄武湖，长约6.25公里；一支源于劳山，经和燕路小市桥入主流，长约3.65公里；二支亦源于劳山，在黄家圩桥附近入主流。三支在长营村以上汇集两条水沟，于高家村附近入主流，长3.25公里。长沟两岸地带狭长，地势平坦，是城北主要工业区。

北十里长沟 分为东、西两支。西十里长沟集南京北郊迈皋桥以北山岗之水，至燕子矶附近入长江，全长4.6公里，流域面积7.8平方公里；东十里长沟源于钟山北麓，纳北郊诸岗之水，与西十里长沟汇合，统称北十里长沟，入长江。新中国成立后，两沟分流，在下游另开新河，长9.6公里，流域面积28平方公里，至笆斗山附近入长江。

百水河 亦名白水河，源于紫金山东麓，汇积附近诸岗之水，沿南西向穿马群镇至花岗圩段汇入运粮河，长约8公里，汇水面积近20平方公里。河道上口平均宽18米，平均深4.5米。

三江河 源于便民河楠江桥，全长7公里，是龙潭圩及靖安场一带排涝主干河，也是便民河水系泄洪的一个入江水道。控制面积近25平方公里，行洪流量在100立方米/秒左右。

八卦洲河流 50年代，八卦洲乡开挖拓宽自然河道，形成贯通全洲的3条主河道：小江河，全长8.6公里；跃进河，全长5.8公里；大沟，即双柳河，全长5.2公里。70年代中期，结合产业结构调整和农田水利基本建设，先后开挖拓宽自然河沟，形成中沟21条，完成八卦洲乡农田水网化建设。

【土壤】

分类 土壤分为低山丘陵区土壤、岗地区土壤和平原（含洲地）区土壤三大类。低山丘陵区土壤多分布在海拔50米以上地区，其成土母质为基岩风化的坡积和残积物，发育土壤以普通黄棕壤为主。低山丘陵区土壤面积有3693公顷，约占全区土壤面积的20.82%。岗地区土壤多分布在海拔10~50米地区，其成土母质一部分为下蜀黄土，另一部分属基岩的风化物，其上发育土壤有水稻土和粘盘黄棕壤。岗地区土壤面积有9489公顷，约占全区土壤面积的53.48%。平原区土壤多分布在海拔5~8米的低平地区，其成土母质为江河冲积物，绝大部分自然土壤经人类长期耕垦后已成为耕作土壤，以水稻土和灰潮土为主。平原区土壤面积有4561公顷，约占全区土壤面积的25.7%。

分布

地带性土壤 地带性土壤为黄棕壤土类，有岗黄土、黄刚土、黄土和黄砂土、粗骨土等土属。岗黄土、黄刚土、黄土分布于低丘岗地，面积为8199公顷。岗黄土分布在海拔50~70米的岗上部，多为自然植被所覆盖；黄刚土分布在海拔20~50米的低坡地上，坡度较缓的岗低部多发展为茶园、果园，坡度较陡或岗地中上部多为旱作地或林地；黄土分布在海拔20米以下缓岗坡地上，多开垦为水耕地。黄砂土分布于马群镇大庄村至花岗村、十月村至仙林农牧场象山和丁山一线以及尧化镇乌龙和尧辰的砂岩丘陵地带，从丘顶沿缓坡向下及坡底，呈薄、中、厚依次分布。粗骨土主要分布在山顶或陡坡无土及少土地段，多被茅草等自然植被所覆盖。

岩性土壤　区内山地为低山丘陵，一般海拔100～250米，其岩石组成是砂岩、页岩、石灰岩、玄武岩、角砾岩等。分布在青龙山、龙王山、栖霞山、幕府山丘陵地带的石灰岩土，面积约467公顷。分布于周家山丘陵地带的岩性土为黑色土，分布于尧化镇三元祠附近丘陵上的岩性土为灰白土，面积约24公顷。分布于紫金山东坡马群及靠近岔路口的坡地上的岩性土为紫色土，面积约614公顷。老红岩性土，在栖霞山北坡有少量分布。

耕作土壤　菜园土分布在马群、迈皋桥、燕子矶、尧化一带，面积为2479公顷。1998年，八卦洲、摄山等乡镇部分地区大面积改粮种菜，时间较短，土壤仍以水稻土或旱作土特征为主。水稻土及潮土分布在丘陵山区。水稻土多为马肝土和石灰性马肝土土属。马肝土主要分布在中远郊的冲沟和七乡河、九乡河流域的河谷小平原区，石灰性马肝土集中分布于栖霞镇长林村的“七百亩”小盆地范围。经多年耕作熟化形成渗育型水稻土，主要分布于长江南岸的摄山、栖霞、尧化、龙潭镇的部分地区。旱地灰潮土，主要集中于长江、营防、花园等乡的长江沿岸洲地及八卦洲乡外圩地区。分布于八卦洲及长江、营防、花园乡中部地区的水稻土，仍归为马肝土属，亦属于潮土土类。

【矿藏资源】

白云石矿　幕府山灯影组的白云石矿，镁的含量达20.12%～20.62%，70年代开始大规模开采。

石灰石矿　是分布广泛的矿种之一。龙潭、栖霞等地的石灰石储量丰富，已大规模开采使用。

石膏矿　属含钙硫酸盐矿物，主要矿物为硬石膏和石膏，分布在栖霞山、龙潭等地。

黏土矿　黏土矿以下蜀黏土为主，分布广泛，储量大。

脉石矿　脉石矿物主要有石英、方解石、玉髓、重晶石等。

煤矿　煤层形态呈鸡窝状、藕节状，规模小，且不稳定，只宜小规模开采。

铅锌矿　铅锌矿位于栖霞镇西北部，是以铅、锌、银为主的大型金属矿床，矿体位于栖霞山复背斜的东南翼。原生铅、锌矿体，属盲矿体，主要分布在黑石磁到北象山间的地下深处。已探明铅锌矿石量为1653.7万吨，折合铅锌金属量为123.8万吨。在栖霞山同一控矿构造带上的甘家巷—尧化门地段，发现富含银、金、铜的铅锌矿体，折合铅锌量约 45 万吨。

银矿 银矿属栖霞山和甘家巷—尧化门铅锌矿的伴生矿，含银量约 1600 吨左右。

金矿 金矿为栖霞山铅锌银矿的伴生矿，初步探明含金量约 14.7 吨。

锰矿 分布在栖霞山一带，有含锰矿石 591 万吨，已基本采完。

【水资源】

地表水资源 年降水量约 4.45 亿立方米。因多丘陵和岗地，径流系数按 26% 计算，径流量为 1.16 亿立方米。

地下水资源 长江南岸漫滩区，含水厚度为 25～30 米，地下水丰富，其水质与长江水有关，龙潭至仙鹤门是地下水出水量最大的地区，可用作大、中型供水水源开采地区。

客水资源 长江在区内年均过境水量为 8690 亿立方米，是栖霞地区径流量的 7490 倍。

【生物资源】

野生植物资源 区内低山、丘陵、岗地、平原、洲地兼有，野生植物资源丰富。

药用植物 野生药用植物达 790 多种。

纤维植物 有柳、化香、榆、桑、构、苎麻、野葛、紫藤、南蛇藤、茶条、蓉麻、芦竹、芦苇、白茅、蒲、野灯芯草等。

淀粉植物 有栓皮栎、麻栎、白栎、菝葜、芡、菱、括楼、野燕麦、百合、土伏苓、山慈姑、石蒜、贯众等。

油脂植物 有山胡椒、乌桕、白叶野桐、野梧桐、木腊、算盘子、狭叶山胡椒等。

芳香植物 有山胡椒、狭叶山胡椒、石竹、藿香、薄荷黄花蒿、艾蒿、茵陈蒿、野菊等。

树酯树胶植物 树酯植物有马尾松、黑松、枫香、野漆树等，树胶植物有臭椿、皂荚、乌蔹莓、石蒜等。

保健植物 有野山楂、悬钩子、金樱子、胡颓子、牛奶子、君迁子等。

野生动物资源 动物区系属东洋界中印亚界华中区东部丘陵平原亚区。在生态地理动物群方面，属亚热带林灌、草地—农田动物群。

鱼类 有鱼类18种。长江干流或支流中,有中华鲟、鲥鱼、长颌鲚、白鲟、刀鱼、银鱼、鳗鲡、棒花鱼、蛇鮈、南云马口鱼、青鱼、草鱼、短尾鱼白、翘嘴红鱼白、银飘鱼、逆鱼、大鳞泥鳅、刺鳅。

爬行类 有大头乌龟、乌龟、黄喉水龟、鳖、石龙子、北草蜥、赤链蛇、双斑锦蛇、黑背蛇、虎斑游蛇、乌梢蛇、蝮蛇、丽效蛇、扬子鳄。

哺乳类 有大蹄蝠、菊头蝠、黄鼬、鼬獾、猪獾、狗獾、大灵猫、豹猫、狐、田鼠、豪猪、河狸、野兔、牙獐、江豚、白鳍豚、刺猬。

【自然灾害】

洪灾 栖霞区地处长江沿岸,洪涝灾害多发。新中国成立前,历史上有记载的重大洪涝灾害有10次,分别发生在汉高后八年(前180)夏,三国吴太元元年(251)八月,晋大兴三年(320)六月,明弘治十五年(1502)七月,明嘉靖元年(1522)七月,清道光二十八年(1848)二月,清光绪二十七年(1901)五月,民国20年(1931)7月下旬,民国32年(1943)7月18日,民国38年(1949)7月。新中国成立至1999年,重大洪涝灾害有13次,其中20世纪50年代2次,60年代1次,70年代2次,80年代3次,90年代5次。形成洪涝灾害原因大体有三:集中降雨引起山洪爆发,长江上游洪峰过境引起水位上涨,江堤自然坍塌。

旱灾 新中国成立前,历史记载的旱灾共3次,分别发生在汉惠帝五年(前190)夏,三国吴赤乌五年(242)4月,民国23年(1934)6月。新中国成立至1999年,严重旱灾共4次,分别发生在1959年7—9月,1978年1—10月,1981年5—6月上、中旬,1994年6月—9月。形成旱灾主要原因是天气晴热,降雨稀少。

虫灾 民国34年(1945),境内太平、仙鹤、尧化、龙潭等地蝗蝻成灾。新中国成立初,蝗害仍很严重。1952—1953年,八卦洲乡、燕子矶乡蝗虫孽生地,采取"治早、治小、治了"、"药剂防治为主,人工拍打相结合"等措施予以扑灭,50年代末基本控制住蝗虫。至1999年,已基本控制各种虫害。

风灾 平均每年受台风影响1~2次。受台风影响的季节为6—10月,其中,8月最多。新中国成立前,历史记载的风灾2次,发生在三国吴太元元年(251)八月和明弘治十五年(1502)夏秋间。新中国成立后,重大风灾有8次,分别发生在1956年8月1—2日,1962年7月4日晚8时半,1967年7月20—21日,1974年6月17日,1977年4月23日下午3时55分至4

时20分,1985年5月5日晚7时10分,1988年6月29日凌晨1时许,1990年6月27日凌晨4时20分至5时。风灾多发生在局部地区,造成灾情影响有一定地区限制。

雹灾　每年3—6月有降雹记录,3月和5月出现机率为33%,降雹范围和强度较小。新中国成立后,共发生5次雹灾。1964年4月5日凌晨,营防公社降冰雹;1974年6月17日19时10~20分,花园公社降冰雹;1976年6月10日下午3时左右,花园、营防公社降冰雹;1977年4月23日下午3时55分,花园、营防公社遭冰雹袭击;1983年4月26日夜11—12时,花园乡降冰雹。

冻灾　平均每年发生5.5次寒潮入侵天气,24小时气温骤降10℃左右,常造成雨雪天气。三国吴大帝嘉禾二年(233)九月,天寒霜重,农禾遭冻害。1963年4月6—8日,强寒潮入侵,降温12.8℃,三麦、油菜被冻伤。1987年11月27日,寒潮袭击持续22天,绝对低温-7.7℃,小麦、油菜受冻缺苗。

雪灾　三国吴赤乌四年(241)正月,平地覆雪三尺,鸟兽冻死大半;三国吴会稽王太平二年(257)正月,降大雪,气温骤降。新中国成立后,雪深在30厘米以上的有三个年份:1954年12月31日,雪深50厘米;1955年,雪深51厘米;1984年1月17—19日,雪深为37厘米。期间,全区倒塌民房108间,死亡2人、砸伤6人,死亡耕牛2头,直接经济损失60万元。1998年3月20日,降大雪,康乔农贸市场坍塌,2人死亡,多人受伤。

震灾　历史记载的地震共6次,分别发生在晋大兴三年(320)五月,明弘治十五年(1502)九—十月,明万历三十三年(1605)八月初四,明天启四年(1624)二月十日,清咸丰三年(1853)正月至四月,清咸丰四年(1854)五月。

第二编 人 口

早在7000年前,栖霞地区就有先民活动。公元前17世纪,境内出现两大原始聚落。历史上,栖霞地区无完整人口资料,新中国成立后,方有人口统计资料。1949年11月,第九区和第十区合计总人口为86724人。此后,社会稳定,经济发展,人民生活不断改善,出现第一次人口持续较快增长。1965年5月,燕子矶区、中山陵园区、栖霞区三区合并为栖霞区,总人口为245746人。1976年,全面提倡和推行计划生育,全区人口自然增长率遂逐年下降,由1965年的32.48‰降至1989年的8.1‰。进入90年代,全区人口呈现低生产率、低死亡率和低自然增长率的态势。1999年,全区总人口为325421人,人口出生率为7.77‰、死亡率5.07‰,自然增长率为2.7‰。栖霞区人口密度较大,是年,每平方公里为852人。人口以汉族居多,是年,汉族人口占总人口的99.23%。人口老龄化步伐趋快,是年,65岁以上的老年人口为28504人,占总人口的8.76%。人口城市化进程加快,是年,城市人口186186人,占总人口的57.21%。人口文化结构不断改善,2000年,文化人口中,受过高等教育的4.42万人,比重为11.7%,文盲、半文盲2.94万人,比重为7.78%。

第一章 人口规模

新中国成立后,除因区划调整人口总量骤增骤减外,全区人口规模不断扩大。1953年,第八区、第九区和中山陵园区分别为42862人、37020人和28741人。1965年5月,三区合并为栖霞区,人口总数为245746人。1987年划入三个乡,人口总数猛增至433153人。1995年,小市、玄武湖、孝陵卫等乡镇划出,全区人口减为319749人。1999年,全区人口总数为325421人。

【人口总量】

南宋景定年间(1260—1264),上元县人口为24542人,平均每平方公里20.4人。明洪武二十四年(1391),上元县人口253200人,平均每平方公里211人。康熙六年(1667),上元县人口为133795人。今栖霞区大部分地域时属上元县,人口密度与上述情况相近。民国时期,栖霞地区为南京市人口密度最低地区。民国16年(1927),八卦洲仅有13户、120人。民国19年(1930),栖霞镇有144户、1218人。民国23年(1934),八卦洲增至1064户、5792人。民国25年(1936),第九区有12722户、58361人。民国37年(1948),第九区有68554人。新中国成立后,人口不断增加。1949年11月,第九区和第十区合计有86724人。1953年7月,第八区、中山陵园区和第九区合计有93026人。1965年5月,燕子矶区、中山陵园区、栖霞区合并为栖霞区,共有245746人。1975年4月,栖霞区和钟山区重新归并,有306957人。1982年,全区有94990户、382410人,其中女性181759人。1990年,全区有127085户、491228人,其中女性228265人。1995年,全区人口降至99995户、319749人,其中女性151015人。1999年,全区有103889户、325421人,其中女性154166人。

【人口分布】

栖霞地区每平方公里人口密度,1954年为611人,1964年为695人,1979年为1187人,1989年为997人,1999年为852人。1999年,全区10个乡镇中,迈皋桥镇人口密度最高,每平方公里2874人,八卦洲乡人口密度最低,每平方公里573人;燕子矶镇人口最多,有53759人,占全区人口总数的16.52%,长江乡人口最少,仅15598人,占全区人口总数的4.8%。

历史上,栖霞地区农业人口居多。1953年,第八区、第九区和中山陵园区分别有农业人口30992人、15929人、16633人,分别占总人口的72.31%、43.03%、57.87%。1964年,燕子矶区、栖霞区和中山陵园区分别有农业人口45800人、39064人、40762人,分别占总人口数的60.19%、55.99%、51.66%。进入80年代,全区经济迅速发展,驻区企业不断扩大生产规模,新建企业不断增加,一批农业人口因征地安置而转为城镇居民人口,农业人口逐年下降。1982年,全区农业人口比重降为43.05%,1990年降为41.16%,1999年为42.79%。

【人口变动】

自然变动　60—70年代,栖霞地区人口自然增长总体呈下降趋势,1965年,人口自然增长率为26.91‰,1969年为22.74‰,1972年为11.18‰,1979年为8.97‰。进入80年代,全区人口呈低增长态势,1989年为8.1‰,1998年为0.92‰,1999年为2.7‰,年均人口自然增长率为8.36‰。

机械变动　新中国成立后,栖霞地区人口持续机械增长。1955年,人口机械增长718人,增长率为8.85‰。1965年,三区合并后,人口净增1312人,机械增长率为5.34‰。1968—1970年,青年学生、知识分子和工人,到边疆和内地支援建设,区内人口机械变动连续出现负增长,1970年,机械增长率为-17.05‰。1974年,南京城区和外地知识青年到区内农村插队落户,区内有知识青年到新疆、内蒙古、黑龙江、江西、安徽和省内农村(场)、生产建设兵团安家落户,累计迁入20487人,迁出26682人,人口机械变动再次出现负增长,机械增长率为-26.47‰。1980年上半年,安置插队知青,1987年,花园、营防、长江三乡划入,区内人口大幅度增加,机械增长率分别为5.33‰和15.87‰。1995年,小市、孝陵卫、玄武湖三镇及迈皋桥镇的4个村划出,人口总数发生变化。之后,年均增长率保持在10‰左右,人口机械增长趋于平稳。1999年,区人口机械增长率上升到17.99‰。

第二章　人口构成

20世纪50年代,栖霞地区人口性别比(女性=100)稳定在106左右;人口文化层次偏低,从业人员以农业人口居多。60年代,人口性别比在110~118之间;从业人口以农业、工矿业为主,文化层次有所提高。70年代,人口性别比在110~114之间;开展计划生育,人口性别比有所下降;从业人口以农业、工矿业和服务业居多。80年代,人口性别比在111~115之间;从业范围除农业、工矿业、服务业外,扩大到商业、金融业、建筑业等;人口文化程度明显提高,受过初中教育人口占32.26%,受过高中(含中专)教育人口占17.85%,受过高等教育人口占6%。90年代,全区人口性别比稳定在110左右。1990年,文化人口中,受过高等教育人口占8.63%,受过中等教育人口占19.89%。2000年,文化人口中受过高等教育人口占11.7%,受过中等教育人口占21.63%;从业范围分布在农业、工矿业、金融保险业、建筑业、社会服务业以及科教、文卫、体育、广播、电视等行业。

【自然构成】

年龄构成 1959年,栖霞区(不含燕子矶、中山陵园区)0~14岁儿童占40.7%,15~29岁青年人占24.2%,30~49岁中年人占23.68%,50~70岁老年人占10.95%。1964年,栖霞、燕子矶、中山陵园三区0~14岁儿童92099人,占41.56%;15~29岁青年人57555人,占25.97%;30~49岁中年人50164人,占22.63%;50岁以上老年人21816人,占9.84%。1989年,全区0~14岁儿童约占19%,15~29岁青年人约占32%,30~49岁中年人约占30%,50~79岁老年人约占18%。随着生活水平提高、医疗卫生条件改善,老年人口比例呈逐年上升的趋势。1953年,60岁以上老人占4.89%,1964年占4.91%,1975年占5.47%,1982年占6.32%。1989年后,全区老年人口平均年增长3.6%。1999年,全区60岁以上老年人为4.31万人,占12.91%,其中,80岁以上4000人,90岁以上227人,95岁以上23人,百岁老人2人。

性别构成 除个别年份外,人口中历来男多女少。1953年,第九区性别比(女性=100)为105;60年代,性别比稳定在110上下;1990年,性别比为115,为历年最高值;此后,性别比逐渐恢复到110左右,趋于正常;1999年,性别比为111。各年龄段中,59岁以下低、中年龄段,均为男性多于女性,以15~59岁年龄段尤为明显,60岁以上高年龄段,则女性多于男性,年岁越高,性别比越小。1975年,25~29岁年龄段性别比为141,45~49年龄段性别比为138,65~69年龄段性别比为83,75~79年龄段性别比为51,80岁以上性别比为35;1982年,25~29岁年龄段性别比为107,45~49岁年龄段性别比为118,65~69年龄段性别比为89,75~79年龄段性别比为50,80岁以上性别比为39;1990年,25~29岁年龄段性别比为127,45~49岁年龄段性别比为108,65~69岁年龄段性别比为104,75~79岁年龄段性别比为64,80岁以上性别比为43;1999年,95岁以上老人共25人,性别比为5;2000年,25~29岁年龄段性别比为126,45~49岁年龄段性别比为111,65~69岁年龄性别比为105,75~79岁年龄段性别比为83,80岁以上性别比为56。

民族构成 人口中绝大部分为汉族。1953年,第八区、第九区、中山陵园区分别有汉族42555人、36911人和28559人，占总人口百分比分别为99.28、99.71和99.37。1964年，燕子矶、栖霞、中山陵园三区共有汉族223678人，占三区总人口99.51%。中山陵园区有10个少数民族，共444人；燕子矶区仅有6个少数民族，共292人。1982年，全区有汉族378936人，占99.09%；21个少数民族共3474人，其中，回族3130人，满族220人，蒙古族24人，壮族29人。1990年，全区有汉族486348人，占99.01%；有30个少数民族共4880人，其中，回族3973人，满族364人。1999年，全区有汉族322910人，占99.23%，22个少数民族共3191人。

【社会构成】

文化构成 新中国成立初，人口中绝大多数人为文盲、半文盲。1953年，第九区六周岁及其以上的文化人口中，受过高等教育63人，仅占0.25%；受过高中（中专）教育89人，仅占0.35%；受过初中教育的678人，占2.66%；受过小学教育的860人，占3.38%；而文盲、半文盲人数占93.36%。1964年，燕子矶区有76097人，文化人口中，受过高等教育的占2.08%，高中文化程度（含中专）占6.25%，初中文化程度占15.30%，小学文化程度占43.28%，文盲、半文盲占33.09%；栖霞区有69773人，文化人口中，受过高等教育的占1.32%，高中文化程度（含中专）占4.71%，初中文化程度占12.75%，小学文化程度占41.73%，文盲、半文盲占39.49%；中山陵园区有78910人，文化人口中，受过高等教育的占9.94%，高中文化程度（含中专）占7.51%，初中文化程度占13.11%，小学文化程度占40.58%，文盲、半文盲占28.86%。1982年，全区有382410人，文化人口中，大专以上文化程度占6%，高中文化程度（含中专）占17.85%，初中文化程度占32.26%，小学文化程度占27.38%，文盲、半文盲占16.51%。1990年，全区有491228人，文化人口中，大专以上文化程度占8.63%，高中文化程度（含中专）占19.89%，初中文化程度占33.88%，小学文化程度占24.04%，文盲、半文盲占13.56%。2000年，全区有395388人，文化人口中，大专以上文化程度占11.7%，高中文化程度（含中专）占21.63%，初中文化程度占36.05%；小学文化程度占22.83%；文盲、半文盲占7.78%。

职业与行业构成 1953年，第九区在业人口为14813人，从事农、林、牧、渔业9845人，工人3142人，职员571人，个体人员1079人，文艺工作者17人，宗教人员33人，其他行业126人，学生3990人，家庭主妇5490人，无业人员10870人。随着区划调整和社会经济发展,从事农业生产人员仍然居多数,新出现金融保险、私营企业、交通运输等行业、职业。1982年,在业人口为229667人,各类专业技术人员占7.83%,国家机关、党群组织、企事业单位负责人员占1.91%,商业工作人员占4.26%,服务业工作人员占8.02%,农林牧渔劳动者占24.84%,企业生产、运输工人和有关人员占52.77%,其他劳动者占0.38%。1990年,在业人员309048人,其中,各类专业技术人员占7.83%,国家机关、党群组织、企事业单位负责人员占1.7%,商业工作人员占5.34%,服务业工作人员占3.93%,农林牧渔业劳动者占22.02%,企业生产、运输工业和有关人员占59.08%,其他劳动者占0.11%。1999年,无统计资料。2000年,在业人员20969人,其中,各类专业技术人员占8.92%,国家机关、党群组织、企事业单位负责人员占2.38%,商业工作人员占17.92%,服务业工作人员占6.34%,农林牧渔劳动者占24.38%,企业生产、运输工作和有关人员占40.05%。

第三章 人口普查

1953年、1964年、1982年、1990年和2000年,由国家统一组织,开展人口普查。第一次及第二次人口普查,分别由当时的第八区(燕子矶区)、第九区(栖霞区)和中山陵园区进行。

【第一次人口普查】

1953年7月至10月底,第八区、第九区和中山陵园区进行第一次人口普查。普查项目为人口的姓名、性别、年龄、民族、住址、与户主关系6项。普查汇总,第八区有8391户、42862人,其中女性18156人,性别比为136,乡村人口30992人;第九区有8545户、37020人,其中女性17279人,性别比为114,乡村人口15929人;中山陵园区有5691户、28741人,其中女性13144人,性别比为119,乡村人口16633人。

【第二次人口普查】

1964年5月下旬至8月上旬,栖霞、燕子矶、中山陵园三区进行第二次人口普查。普查内容增加出生年月、文化程度、出身成分、职业4项,同时,登记1964年上半年人口出生、死亡、迁入、迁出4项变动情况。普查汇总,栖霞区有14016户、69773人,其中,女性32049人,户均人数4.98人,人口性别比118,非农业人口30712人;燕子矶区有15108户、76097人,其中,女性36788人,户均人数5.04人,人口性别比107,非农业人口30297人;中山陵园区有14423户、78910人,其中,女性37843人,户均人数5.47人,人口性别比109,非农业人口38148人。

【第三次人口普查】

1981年9月,启动第三次全国人口普查。普查内容分为按户和按人统计两大类共19项,包括户别、人口数、姓名、性别、年龄、籍贯、与户主关系、文化程度、1981年出生死亡人数和行业职业构成;人口的地区分布和民族构成,以及家庭、婚姻生育、预期寿命等项目。普查结果显示,至1982年7月31日24时,全区有94990户、382410人,其中,女性181759人,性别比110,人口密度为每平方公里1067人,家庭户均人口4.03人。

【第四次人口普查】

1989年9月初,启动第四次人口普查。1990年7月1日零时,全面开展普查登记工作。按人填报登记项目,增加"1985年7月1日常住情况"和"迁来本地原因"2项,按户填报项目与1982年普查项目相同。普查结果,至1990年7月31日24时,全区有127085户、491228人,家庭户均人口3.5人,其中,女性228265人,性别比115,非农业人口283304人。

【第五次人口普查】

1999年6月24日,启动第五次人口普查。普查项目分按户和按人登记两大类,按户登记填写21个项目,包括户编号、户别、每户普查登记人数、户籍人口中外出半年以上人数、过去一年中出生和死亡人数、住房间数、住房建筑面积等;按人登记填写的内容包括姓名、与户主关系、性别、年龄、民族、户口登记状况、户口性质、出生地、户口迁移、文化程度、婚姻状况、行业、职业、不在业状况、全年收入、无工作者主要生活来源等28项,比第四次人口普查增加8项。普查结果显示,2000年11月,全区有131219户,其中家庭户119338户;总人口395388人,其中女性185193人,性别比114,户均人数3.13人,非农业人口324953人,少数民族2917人,65岁以上老人28742人。

2000年栖霞区第五次人口普查统计表

表2－1 单位:人

单位	总人口	男	女
尧化街道(原尧化镇)	59027	34352	24675
马群街道(原马群镇)	21318	11107	10211
迈皋桥街道(原迈皋桥镇)	63011	33944	29067
燕子矶街道(原燕子矶镇)	80874	41456	39418
龙潭镇	27602	14065	13537
栖霞镇(含摄山镇)	79944	42807	37137
靖安镇(原营防乡、长江乡)	29772	14568	15204
八卦洲乡	29353	14723	14630
南京经济技术开发区(虚拟街道)	4487	3173	1314
合计	395388	210195	185193

第四章 人口控制

【生育政策】

20世纪70年代,按照《关于做好计划生育工作的报告》精神,开展节制生育宣传,鼓励晚婚,要求每对夫妇只能生两个孩子,生育间隔时间为4年以上。1983年始,实施《南京市计划生育试行细则》,提倡晚婚晚育、少生优生,对一对夫妇只生一个孩子实行奖励,严格控制生育第二个孩子,杜绝生育第三个孩子。1990年开始,实施《江苏省计划生育条例》,继续鼓励晚婚,奖励只生一孩,控制生育二胎。并对部分确有困难的夫妻,报经区计划生育主管部门批准可以再生一个孩子。至1999年10年间,仅1990年和1992年,计划生育率分别为98.61%和93.69%,其余各年度计划生育率均在99%以上,其中1996年、1997年超过99.9%。

【晚婚】

1975年,全区女性初婚2042人,其中,符合晚婚条件1797人,晚婚率88%。1979年,女性初婚12579人,符合晚婚条件11875人,晚婚率94.4%。1989年,受到区划调整影响,女性初婚22050人,符合晚婚条件17748人,晚婚率下降为80.49%。1990年11月,实施《江苏省计划生育条例》,计划生育工作纳入法治轨道,晚婚率开始回升。1990—1994年,女性初婚累计21029人，符合晚婚条件17484人，年均晚婚率为83.14%。1995—1999年，再次受到区划调整影响，晚婚率逐年下降，女性初婚累计10951人，符合晚婚条件6961人，年均晚婚率仅为63.56%。

【优生优育】

婚前检查　1986年8月，由区卫生局指定钟山医院、栖霞区医院和栖霞区妇幼保健所为婚前检查定点单位。1996年7月，区卫生局指定龙潭医院对长江、营防、龙潭3个乡镇未婚青年进行婚前检查。至1999年底未变。

入院分娩　70年代前，农村妇女分娩，主要由接生婆沿用旧法接生，产妇和新生儿的生命安全得不到保障。1992年7月开始，产妇全部入院分娩，并发放江苏省卫生厅和公安厅联合印制带有婴儿属相的出生证。1997年1月，按有关规定，换发卫生部监制的出生证，一直延用到1999年底。

【避孕节育】

1975—1979年，区计生办承担输卵管粘堵、口服长效避孕药、外用避孕药科研项目试点。1984—1987年，推广育龄妇女放置宫型和"T"型宫内节育器。1990—1992年，推行产妇生产42天后放置宫内节育器，要求已有一孩的妇女以上环为主，农村已有二孩以上（含二孩）的夫妻以一方结扎为主。1998—1999年，向已婚育龄妇女宣传推广4种以上避孕方法，由育龄妇女自主选择。1991年、1995年、1999年，节育率分别为91.99%、91.28%、89.14%。

【计划生育服务】

1993年前，计划生育服务工作主要由村计划生育干部送已婚妇女到医院采取上环或结扎手术，或送药具上门。1993年8月，全区推行计划生育"双月查"，每两个月为已婚育龄妇女查环查孕一次。1997年，"双月查"改为"月服务"，重点在3月和9月，采用胶乳试剂、B超检查、见经发纸等多种服务手段。10月，区计生委和卫生局联合组织医疗队，深入乡村为患有妇科疑难杂症的育龄妇女进行健康检查和诊疗咨询。1998年6月，在7个乡镇安装育龄妇女服务系统，有针对性地指导育龄妇女，按自己意愿采取长效避孕措施，并对采取上环措施或变更措施的育龄妇女进行跟踪服务，在术后第1、3、6、12月随访4次，其中，至少做两次B超检查。

第三编　风景名胜　文物古迹

栖霞地区名山盘曲，大江依偎，素以自然风光旖旎多姿、人文景观星罗棋布、历史积淀和文化底蕴深厚而蜚声海内外。早在新石器时期，先民们便在这里繁衍生息，创造农业文明。秦汉后，栖霞地区逐步繁盛，晋元帝司马睿从区境西北幕府山渡江登岸，称帝后，在栖霞山附近建立琅琊郡，安置南随士族。东晋士族将幕府山视为归属之地，王导、谢安等皆族葬于此。幕府山临江矗立，风景秀丽，化龙亭、五马渡、达摩洞、渡师石等景点遍布。南朝历代帝王青睐栖霞秀色，作古后也要占尽这片风水宝地，留下众多墓葬胜迹，其中，南朝墓道石刻尤享盛名。明僧绍面对高官厚禄，屡征不就，选择摄山（栖霞山）弘扬佛业；出生在摄山东阳的宝志公，为宝华山隆昌寺开山鼻祖，后归隐钟山。明清时，嘉善寺、弘济寺的香火鼎盛，帝王贵族、文人雅士纷至沓来，佛教文化影响日深。新中国成立后，区境内文物古迹得到保护。50年代后，对下沉的南朝墓道石刻进行提升，断裂之处均作黏接，其他文物古迹也陆续得到修复。“文化大革命”期间，栖霞寺、千佛崖佛像遭到破坏。70年代末，市、区多次拨款修缮，寺院得复旧观。1982年，区文化部门开展文物普查，由区政府公布一批区级文物保护单位。至1999年，计有国家级文物保护单位11处，省级5处，市级5处，区级8处。栖霞区风景名胜主要集中在栖霞山、龙潭和幕府山、燕子矶沿江一线，在“金陵四十八景”中占有七景，向为南京市旅游胜地之一。

第一章　栖霞山风景名胜区

栖霞山层峦叠嶂，连绵起伏，风光优美，尤以枫叶著称天下，享有“第一金陵明秀山”美誉。清乾隆年间（1736—1795），“栖霞胜境”被列为古金陵四十八景之一。1983年4月，新评金陵四十景，“栖霞丹枫”亦列其中。栖霞山佛教文化积淀深厚，艺术精品丰富，栖霞寺、舍利塔、千佛崖、明征君碑等在国内外享有盛誉。栖霞山是栖霞地区乃至南京市历史文化的一个重要组成部分，在史学界素有“一座栖霞山，半部金陵史”之说。

【栖霞山】

栖霞山位于南京城东北栖霞镇，北临长江，面积4平方公里。南朝齐永明元年（483，一说永明七年），明僧绍舍宅礼佛，创建“栖霞精舍”后，始名栖霞山。凤翔峰为栖霞山主峰，孤峰独峙，卓立天外。凤翔峰西南山峦，形如卧龙，名为龙山；西北山坡，状若伏虎，名为虎山。栖霞山秀丽风光，引得古往今来帝王名士、文人骚客驻足流连。秦始皇统一中国后，多次出巡，最后一次途经栖霞山，渡江北归。明僧绍子明仲璋任临沂县（侨县）令，在栖霞山石壁上鸠工镌造无量寿佛，齐梁两朝王公贵族纷纷仿效，凿窟雕造佛像。南朝末年，陈后主在尚书令江总陪护下，曾游历栖霞山。唐代高僧鉴真大师第五次东渡日本，返途中住在栖霞寺。南唐词人高越和林仁肇主持修造栖霞山舍利塔，徐铉、徐锴兄弟在千佛崖石壁用“螺篆体”题刻。清乾隆皇帝六次南巡，五次驻跸栖霞山，题诗百余首。民国时期，宗仰法师重建栖霞寺，孙中山率先捐献1万银元。自南朝诗人江总之后，历代文人不绝于途，游历栖霞，赋诗咏怀，留下无数脍炙人口的诗篇。民国时期，蒋介石、林森、冯玉祥等人均光顾过栖霞山。栖霞山古迹文物众多，景点密布，除栖霞寺、舍利塔、千佛崖、明征君碑外，景点胜迹还有品外泉、飞来石、纱帽峰、明月台、春雨桥、白鹿泉、青锋剑石、试茶亭、白乳泉、陆羽精舍、天开岩、一线天、太虚亭、德云亭、叠浪岩、珍珠泉、般若台、乾隆行宫、碧云亭、霜红苑、彩虹明镜、桃花涧、桃花扇亭、李香君墓、徐铉宅、禹王碑亭、玲峰池、功德泉、紫盆峰、畅观亭等。

【栖霞寺】

栖霞寺位于栖霞山主峰凤翔峰西麓，坐东朝西，环境幽静，终年香客游人络绎不绝。南朝刘宋泰始年间（465—471），山东鬲县居士明僧绍（号“栖霞”）在摄山结庐而居20余年。刘宋末年（479），明僧绍在到此讲授《无量寿经》的法度禅师影响下，于南齐永明元年（483，一说永明七年）舍宅礼佛，名为“栖霞精舍”，即栖霞寺。自唐至明初，约700年间，先后更名为功德寺、隐君栖霞寺、妙因寺、普云寺、栖霞禅寺、严因崇报禅院、景德栖霞寺、虎穴寺。直至明太祖洪武二十五年（1392），得以恢复栖霞寺名称，沿用至今。南朝时期，王公贵族大多崇神佞佛，对栖霞寺大加营构，并开凿千佛石窟，栖霞寺成为“南朝四百八十寺”中著名寺庙。梁时，僧朗及其弟子弘扬“三论”,栖霞寺因而被视为“三论宗”祖庭。隋文帝立诏建塔置舍利,栖霞寺列为榜首。唐初,扩建栖霞寺,增加殿宇,“楼阁延袤,宫室壮丽”,成为天下名刹,并与山东临清灵岩寺、湖北江陵玉泉寺、浙江天台国清寺,并称四大丛林。明代,栖霞寺为灵谷寺统辖下的次大刹,有山门一座,天王殿等七殿堂共36楹,僧院31房,僧众百余,寺基7.99万平方米。明洪武二十五年(1392),朱元璋诏赐赡僧田山86.6万平方米,统辖小刹衡阳寺。明万历二十八年至三十四年(1600—1606),住持明通对栖霞寺进行历时七年的大规模修复,山门、天王殿、大雄宝殿、祖师殿、伽蓝殿、藏经楼、韦驮殿、接引殿、三圣殿、地藏殿、鹿野堂、碧霞元君殿等建筑鳞次栉比,金碧辉煌。清顺治五年(1648),高宗南巡,建栖霞行宫,栖霞寺因帝王驾临而增辉添色。清咸丰年间(1851—1861),寺院遭战火毁坏。民国初,宗仰、若舜相继修缮庙宇,使栖霞寺重现生机。1966年,“文化大革命”开始,栖霞寺经书法器亦多遭破坏,寺僧散于四方。70年代末,市、区人民政府屡拨巨款对栖霞寺进行修缮。寺前有千禧钟楼、白莲池;寺内有弥勒殿、毗卢宝殿、藏经楼、玉佛楼、鉴真纪念堂、宗仰上人纪念堂;寺后有舍利塔、千佛崖等。栖霞寺建筑皆依山势,层垒而上,殿宇楼阁极其宏伟,殿西摄翠楼,遥对栖霞山东峰,凭栏远眺,风景如画。

【景点胜迹】

舍利塔 位于栖霞寺藏经楼南侧。隋文帝杨坚偶遇神僧,得佛祖舍利数百颗。登基后,重兴佛法,两次下诏,令天下八十三州,各选一处依山傍水清静寺院,建塔收藏佛祖舍利,特别诏令首送蒋州(今南京)栖霞寺。隋仁寿元年(601)建成的舍利塔,原系木构,因岁月剥蚀而毁于唐会昌年间(841—846)。南唐时(937—975),佛教又兴,复修舍利塔,仿旧日木塔,改建石塔,竣工后,高越曾为之撰写《舍利塔记》,叙述始末。建塔选用石灰岩和大理石两种石料,先雕凿配件,后接榫安装,垒砌而成,至今,历经千余年风雨兵燹而仍基本完好。塔高18.04米,塔身为八面五级密檐式,立于八角形须弥座式塔基上。塔基上下两层:第一层雕刻缠枝莲纹,第二层镌刻飞凤、莲花等图案。塔基之八面刻海水纹,并雕有龙、凤、鸟、兽、鱼、虾、蟹、鳖等图案。须弥座为仰莲花座,上为束腰基坛,角柱上各雕金刚、力士、立龙、怪兽,以承塔身。基坛八面浮雕刻有释迦牟尼八相成道图。须弥座与塔身之间,雕以莲花露盘三叠,花瓣上阴刻宝相花纹。塔身由五层密檐式塔室构成。第一层塔室，八面刻有四大天王等众神雕像。第二层到第五层塔室，四层八面，每面均雕两石龛，每龛中坐一佛，计有小佛像64尊。塔顶密檐成筒瓦状，叠石六重饰以莲瓣、束缨、云纹，意为覆钵、相轮和火珠。1988年，被列为全国重点文物保护单位。

千佛崖 位于栖霞寺东北纱帽峰的山崖上。千佛崖石窟始凿于南北朝时期。1956年，被列为江苏省文物保护单位。“文化大革命”期间，千佛崖受到严重摧残，致无一尊完整之佛像。2001年，被列为国家级文物保护单位。千佛崖中以无景殿、石窟群、石匠殿、栖霞飞天壁画为最。

无量殿 据传，明僧绍生前曾梦见栖霞西峰石壁有如来佛光，乃立志在此岩壁上开凿佛像。南朝齐永明二年(484)，其子临沂令明仲璋出资鸠工，于西峰石壁上开凿佛龛镌刻佛像，殿中主佛为无量寿佛，故名无量殿。大佛造像由齐梁高僧僧佑设计，连底座总高近13.3米。观音、势至菩萨像各高11米，分侍左右。三尊佛菩萨，合称“西方三圣”，因此又称三圣殿，俗称大佛阁。无量殿前左右有两尊接引佛，是隋代遗物，民国时从舍利塔前移至此处。

石窟群 南朝王公贵族，相继于栖霞山凿窟造像，遂形成石窟群。无量殿东西两侧，岭上岭下，依岩石高低，就石壁凿窟造像，上下共五级，佛龛满布，远望如蜂房鸽舍。石窟佛龛平面多呈马蹄形，单室无前壁，穹窿顶，三壁环坛或正壁起坛，敞口无门。龛中佛像有立有坐，大小各异，或五六尊一龛，或七八尊一窟，有十来尊一室者，亦有二十余尊一殿堂者。龛内布局，或一佛二菩萨，或一佛一弟子。窟门两侧有天王力士雕像，佛座下蹲有双狮，称“狮子听道”。佛像大者高数丈，小者仅盈尺。石窟群因年代久远，风化剥蚀严重。民国14年(1925)12月，著名考古学家向达先生调查统计，共有石窟佛龛294个，造像515尊，号称千佛，遂名千佛崖。山崖中道有南唐书法家徐铉、徐锴题名石刻及明代重修佛龛的题名石刻。1994年12月，实地调查，存大小石窟佛龛250个，造像520尊。

石匠殿 无量殿东侧最后一个佛龛，龛额有“石匠殿”三字，龛内有一个石匠雕像，一手握锤，一手执凿，神态憨厚朴实。相传，在雕凿千佛工程限期的最后一晚，石匠们数来数去只有九百九十九尊石佛，而最后一佛像屡凿不成，为免众石匠遭误时杀戮之祸，这位石匠急中生智，奋身跳进洞龛，化身为像，立地成佛。另据祝世禄《重修栖霞寺记》记载，有一位栖霞山著名凿佛匠人王寿，和许多石匠一起参与千佛崖镌刻佛像工程，工作认真，技艺高

超，赢得僧俗爱戴，并得到清乾隆皇帝赏识，后人为纪念王寿等人的功绩，就在他工作的地方，开凿此石匠殿，以示缅怀。

栖霞飞天壁画　栖霞飞天壁画位于千佛岩“中102号”洞龛中，据考证，栖霞飞天绘于隋末唐初。壁画长80厘米，宽约40厘米，在石壁上涂丹后，用彩绘手法画出“飞天”飘逸的形态，左右各一个。在同一洞龛的近口左壁上还有一小“飞天”。栖霞飞天人物饱满，线条飘洒，带如临风。

明征君碑　位于栖霞寺前右侧御碑亭内。明征君即明僧绍。明僧绍的五代孙明崇俨以擅长“方外之术”而得到唐高宗李治和皇后武则天的宠信，特意向李治提出要为世祖明僧绍树碑立传，高宗慨然应允。全碑制作精丽，保存完好。碑高2.74米，宽1.31米，厚0.36米。碑额雕刻有云龙拱额图案，碑侧有狮首绶带，西番莲纹饰。碑文33行，行74字，全文共2376字，书体为行书，通篇是四六韵文，后用十首铭词结束，为唐高宗李治所撰，高正臣敕书，王知敬篆额，唐上元三年(676)建。碑阴有高宗手书“栖霞”两个饰金大字。石碑是用2.8亿年前的上石炭统船山组灰岩雕刻而成。碑面上有许多豆粒状白色斑纹，恰如朵朵含苞欲放的梅花，故有“梅花石”之称。经考证，这种斑纹是2.8亿年前浅海中的动物海百合茎化石和腔肠动物中国孔珊瑚化石，碑体上约有梅花状海百合茎化石22000多个。1982年，被列为江苏省级文物保护单位。2001年升格为国家级文物保护单位。

乾隆游栖霞山诗碑　该碑长0.87米，宽0.3米，青石质，镶在中国佛学院栖霞山分院院内，为乾隆行书御题，出于清乾隆二十二年(1757)。诗曰：“第一金陵明秀山，所欣初遇足空前。画屏云庵紫峰阁，乳窦春淙白鹿泉。梵业镌碑尚隋代，净因舍宅自齐贤。更谁凿壁名纱帽，只恐平原意未然。”

乾隆游摄山栖霞寺仍叠尹继善沈德潜倡和韵诗碑　碑长2.18米，宽0.7米，灰岩材质，镶在中国佛学院栖霞山分院内。碑文由六首五言诗组成，落款为“乾隆丁丑首夏游摄山栖霞寺用尹继善偕沈德潜倡和韵即书以赐之”。碑文50行，行12字，为清乾隆二十二年(1757)乾隆皇帝二次南巡驻跸栖霞行宫时所书。

毗卢宝殿　栖霞寺毗卢宝殿雍容典雅，富丽堂皇。迎面正中供奉一尊毗卢遮那佛，佛像高约5米，连须弥座在内高达8.6米，左右侍立着梵天、帝释两天王。大殿两庑，分列20座诸天王木雕像，均高2米以上。毗卢遮那佛背后，是海岛观音群塑，为观音普渡众生的32应身。海岛中央是巨大的南海观世音菩萨，其左右胁持为善财童子和龙女。大殿后两侧各有一座雕刻精细、妆金涂彩的大型豪华佛龛,分别供有石刻观音像和阿弥陀佛像。

藏经楼 从栖霞寺方丈室入内,上台阶,是藏经楼,为全寺最高处。楼下为住持和尚起居办事的法堂,也称狮子座,供宣讲佛法之用。法座后挂有白龙山人所绘的达摩画像,画像两旁悬挂赵朴初先生题写的对联:“创业溯南朝想当年花雨六时朗公讲席弘三论,分身还故国喜此日海天一色鉴师行踪重千秋”。法座前面设有讲台,台上供小佛坐像,台下设香案,两侧置听法席。楼上为藏经之处,正中佛龛内供奉一尊释迦玉佛,为缅甸僧人所赠。两侧放置着整齐的经柜,按《千字文》字序,存放经、律、论三大类佛教经典著作8000余册,其中一本“贝叶经”,是在娑罗树叶上烙印梵文,为唐代高僧玄奘西天取经带回。此外还有一本“血经”,系清末一位女信徒滴血抄写而成。

鉴真纪念堂 位于藏经楼前北侧补助堂二楼,又称“过海大师堂”,1963年,为纪念唐代高僧鉴真和尚返回途中,在栖霞寺留住而设。纪念堂正中佛龛内供奉一尊鉴真和尚干漆夹塑像,为日本奈良招提寺八十一代森木孝顺长老亲自塑造,于鉴真和尚圆寂1200周年之际,由日本文化界、佛教界、医药界联合赠送。纪念堂内,陈列鉴真和尚生平事迹文献及外宾赠送的礼品。

纱帽峰 千佛崖之巅,有一方形巨石,即为纱帽峰。据明朝盛时泰《栖霞小志》载:“山势自中峰而下,乱石岈,其色苍黑,人称为叠浪岩。岩尽处,一方龛,四面皆可上,上复有一小洞,内凿以佛,远望之如纱帽”,纱帽峰一名由此而来。清乾隆皇帝游历至此,嫌纱帽峰名称鄙俚,改名为玉冠峰。

乾隆行宫 位于栖霞寺东北。清乾隆十六年(1751),乾隆第一次南巡,栖霞行宫正在赶造中,有殿堂馆舍2000余间,包括春雨山房、太古堂、武夷一曲、精庐、话山亭、有凌云意、白下卷阿、夕佳楼、石梁精舍、醉石等胜迹。当时,品外、白鹿、白乳诸泉,畅观、话山、待月诸亭和天开岩、御花园、纱帽峰、紫峰阁均在乾隆行宫范围内。乾隆二十二年(1757),乾隆二次南巡,首次驻跸栖霞行宫,赏玩紫峰阁、万松山房、三圣殿、千佛崖、品外泉、白鹿泉、三茅宫、幽居庵、太虚亭等景观,面对山川秀色,写下《游栖霞山》,赞栖霞山为“第一金陵明秀山”。随后,去宝华山隆昌寺,返程再次驻跸栖霞行宫。又游玩了玲峰池、石梁精舍、叠浪岩、德云亭、九株松、玉冠峰等景观。首次驻跸栖霞行宫,乾隆留下诗词25首、佛赞一篇、匾联17处。乾隆帝六次南巡,五次均驻跸栖霞山行宫,共题诗119首,书写楹联、匾额50余幅,御碑3

块。乾隆第五次游栖霞山后，还为栖霞山万松山房、紫峰阁等十大景观命名。清咸丰五年(1855)，乾隆行宫毁于战火。至今，乾隆行宫断壁残基错落有致，其宫墙排水涵沟仍有遗存。

彩虹明镜　位于栖霞寺前虎山和龙山之间，原是桃花涧、中峰涧两水流的汇聚地。彩虹明镜为栖霞山风景区第一景，于清乾隆二十二年(1757)，乾隆皇帝南巡驻跸期间兴建。湖心建有六角亭，九曲桥状若彩虹，曲曲弯弯直达亭中，有“长桥卧波，不雾何虹”之境界。湖中有莲，每到仲夏，荷花盛开。湖水澄澈鉴人，恰似明镜。每当湖水盈盈之时，涟漪乍起，波光浮动，寺门及两侧岗丘古枫、银杏倒映水中，故清高宗赐桥名曰“彩虹”，湖名曰“明镜”。原桥于太平天国时被毁，民国10年(1921)，由栖霞寺住持若舜重建，1981年6月，突然地层塌陷桥断水枯，佳景顿失。1990年，经南京市人民政府批准复建，于当年9月竣工。复建后的明镜湖近正方形，面积3000平方米。湖边竖有一碑，高2米有余，正面刻有“彩虹明镜”四字，背面有复建明镜湖碑记。彩虹亭上悬有“彩虹亭”匾额，两根楹柱题有“满天星斗落明镜，十地圣贤来摄山”楹联一副。

桃花涧　位于栖霞山西峰，是一处兼容山水的胜迹。涧水“源出最高峰与西峰之间，凡中峰北麓、西峰南麓之水，悉归之。逶迤而下，势若游龙；过叠浪岩，怪石林立，涧水冲其上，浪花喷薄，若鸣雷卷雪，至寺门右，潴为明镜湖”。相传桃花涧旁葆真庵系明末秦淮名姬李香君出家为尼之地。出家后的李香君，情根尽绝，独守此庵，青灯古佛，聊度日月，在此期间，浣纱濯足，不离此涧，死后亦葬涧畔丛林之中。乾隆皇帝驻跸栖霞山期间，曾作《题桃花涧诗》。今葆真庵已无存，香君墓得以重建。由于水源枯竭，涧水干涸，只在雨季来临时，方见涓涓细流，略现旧观。近年，沿涧植桃树1.2万株，辟桃园9.9万平方米，尽力恢复古貌。桃花品种有紫叶桃、碧桃、五宝、寿桃、蟠桃等20多种，花的颜色有白、绿、粉红、朱砂红等，每临清明前后，桃花绽放，灿若云霞。

桃花扇亭　位于桃花涧西侧。1980年，根据秦淮名姬李香君在栖霞山出家故事在葆真庵遗址附近建亭，并以清孔尚任剧作《桃花扇》名之。全亭为砖混结构，长约10米，进深5米，扇形，面南，后墙窗户亦为扇形，两边小窗则用桃花瓣造型，东西面各一门，仿明清建筑风格，白墙黑瓦飞檐。

第二章 幕府山—燕子矶风景名胜区

幕府山—燕子矶风景名胜区，指幕府山、燕子矶及其周围沿江山川名胜，包括幕府山、乌龙山和八卦洲地区。幕府山、燕子矶沿江山岗构成南京城北的一道天然屏障。明代修建外城郭，从上元门、佛宁门、观音门到姚坊门(今尧化门)，基本上是利用沿江的山脉为屏障。这里北瞻辽阔长江，南倚幕府层林，江边燕矶拥翠，山间古洞幽邃，是南京市又一游览胜地。明清之际，幕府山—燕子矶沿江风光名胜最受游客青睐，帝王和达官贵人亦争相在燕子矶江畔揽胜。清代选定“金陵四十八景”，该地便占了六处，分别是“燕矶夕照”“永济江流”“幕府登高”“达摩古洞”“嘉善闻经”“化龙丽地”。清末，幕府山、燕子矶风景名胜区受到冷落，沿江岩山十二洞，仅剩三洞。明代史料所记载的水云亭、大观亭、寿亭侯庙、关王殿等已废圮不见。新中国成立后，幕府山累遭破坏性开采。1998 年，市、区人民政府明令禁止开采山石，并斥巨资补山补绿，幕燕风景名胜区逐步得到恢复。

【幕府山】

幕府山位于南京市西北郊的长江之滨，西起上元门附近的老虎山，东至燕子矶，呈东北—西南走向，全长约 6 公里，其西北侧，濒临长江，南侧，缓坡徐徐，毗邻市郊，地理形势险要。从高空俯视幕府山，大致呈直角三角形：临江一侧为斜边；南侧，上元门至迈皋桥可视为底边；东侧，迈皋桥至燕子矶，则为对边。其最高峰，偏向西侧，即北崮山，海拔 204 米。其北侧，两峰夹涧对峙，合称为夹萝峰，亦称夹骡峰、翠萝峰。两峰海拔分别为 186 米和 130 米。自夹萝峰之东北到燕子矶之西，即幕府山东北角较低的山峦，古称直渎山，俗称严山或岩山。东晋建武元年(317)，司马睿称帝后，丞相王导建幕府于此山，始称幕府山。幕府山的胜迹景点，多集中于山阴临江的陡崖之间，尤其在岩山一带，洞景最为集中。清阮宗瑗曾写《游燕子矶沿山诸洞记》一文，并给各洞命名，遂有“岩山十二洞”之谓。今岩山十二洞很难一一查考，只有头台洞、二台洞、三台洞、观音阁，弘济寺遗址、达摩古洞、五马渡、夹萝峰等景点胜迹，常有游人攀援观赏。

【燕子矶】

燕子矶位于南京城北燕子矶镇北端，西、北、东三面临长江，面积约 1 万平方米，矶头海拔 36 米，峭壁悬崖陡立江水之上，基础部分由紫红砾岩与砂岩组成，矶顶由黏土堆积，艳阳高照时，红岩绿树，壮丽无比。矶丘地层陡立，江涛持续冲击，以致在临江一面山崖壁立，乱石穿空，成为居高临下险要地势。远眺燕子矶，“一石吐江，三面悬绝”，形若飞燕凌空，故名。燕子矶与安徽采石矶、湖北赤壁城陵矶并称长江三大矶。清人潘次耕有“临江峭壁不知数，第一玲珑燕子矶”诗句，燕子矶因之被称为“万里长江第一矶”。清金陵四十八景中有“燕矶夕照”一景，1983 年 4 月，“燕矶临流”又被列入新金陵四十景之中。燕子矶自古就是军事要地和有名的渡口，历史上许多来往于此的帝王将相、名人雅士，无不对景抒怀。明太祖朱元璋称帝前曾经登矶，留下了一首尽显王者之气的“打油诗”，现已刻石；清顺治二年（1645），明末南京兵部尚书史可法曾登临矶顶，写下《燕子矶口占》一诗；龚贤亦到过燕子矶，借景抒发情怀。南京市鼓楼畅观楼《圣谕》碑上记载着康熙皇帝游燕子矶的盛况。乾隆皇帝六下江南，五登燕子矶，留下诗作。近代教育家陶行知曾在矶头上竖立两块木牌，劝诫轻生者。新中国成立后，国家领导人刘少奇、邓小平、陈毅曾先后游览过燕子矶。

【景点胜迹】

观音阁　弘济寺石刻　观音阁位于燕子矶公园西 400 米处，初建时由七根柱子凌空托起，又名七根柱。明洪武三十一年（1398），依山筑阁，名观音阁，明正统初，就阁建寺，名弘济寺，后于清乾隆年间（1736—1795）避乾隆皇帝讳更名为永济寺。观音阁院内，一泓清池，顺池边曲径直上，便可到观音阁，大殿门额书“永济江流”，为古金陵四十八景之一。永济寺西侧有一青砖台子和一条铁链，相传明皇后马娘娘及军师刘伯温曾到这里，留下“铁链锁孤舟”“马娘娘梳妆台”等传说。弘济寺遗址上，有乾隆御题碑石刻 3 处、石刻观音像 1 处、游记碑 1 块、摩崖石刻 3 处，保留至今。游记碑为长白觉罗雅尔哈记，江南拙老人蒋衡书，石刻观音像为吴道子所画。崖壁上还有“悬崖撒手”“觉岸”及清道光六年（1826）黄文涵题名石刻。1992 年，弘济寺石刻被列为南京市文物保护单位。

头台洞　头台洞距观音阁西约 500 米。进入头台洞大门，迎面便是凤凰峰，又称石观音，沿石阶攀登便到观音洞。头台洞以大地为平台，洞深12米，宽10米，洞内又有可容3~4人的六祖洞。头台洞入口在山脚，出口在山腰，洞中蜿蜒曲折，洞中有洞，洞中套洞，亭台楼榭，汀廊曲折，有“龙牙滴水”“犀牛望月”“象鼻洞”“明代武士”“仙女出浴”等景观。头台洞洞口有佛殿，建于明代，洞外岩壁上有一巨型“寿”字，传为明太祖朱元璋手书。

二台洞　东距头台洞里许，依岩构屋，内凿观音龛，洞中有洞，深不可测。洞内原有明万历年所刻吴道子绘童子拜观音及秀岩山人李言恭所写《般若经》石刻，其中，童子拜观音石刻于清咸丰年间（1851—1861）被毁，后由湖南人按拓片捐资重立，现存于三台洞洞口右侧。

三台洞　位于头台洞西500米，原门额为清光绪甲辰两榜进士探花商衍鎏书写。入公园门，为一园林空间，左侧危崖丛树，上接云天，下有一大穹窿岩洞，即三台洞。洞顶钟乳下垂，一泓清泉适当洞内，泉瀑水满，水底石脉，历历可辨，池后洞回泉转，泉上架有石桥，桥端为一木雕观音像。洞顶右侧有一点天，南京方言“点”与“碟”同音，故又名一碟天。中午时分，太阳从洞顶直射观音泉上，恰似碟子大影，古人便称“碟子大天”。三台洞洞口右侧，有一石碑，上刻唐代吴道子所绘童子拜观音图，人物形象健硕、丰满。碑左有一小洞，其顶有两个相并的洞口，似天窗，可见洞内之古人摩崖石刻。循洞中蹬道攀登，豁然有便室二间，依崖而筑，前部宽如榭，设木栏，此即中台玉皇阁。再循磴道依崖迂回而上，攀至上台，上台有似燕巢贴在峭壁上的半边小阁，名望江亭，额题“江天一览”四字。

夹萝峰　达摩古洞　南朝梁天监年间（502—520），萧衍佞佛成癖。当时，南天竺国（印度）圣僧菩提达摩，万里飘游抵中国广州。萧衍得知，派特使诏达摩赴建康（今南京），并邀高僧宝志、法师云光，与其共论因果。达摩以为非佛旨，故忤萧衍，遂连夜北去。情急之下，梁武帝令人乘健骡追赶，至幕府山夹萝峰，天色破晓，晨鸡齐鸣，突然，两峰合拢，夹住骡身，进退不得，追赶者眼看着达摩“一苇渡江”北去。夹萝峰因此又名夹骡峰。夹萝峰旁，有一穹窿状古洞，达摩渡江前曾在此洞休息，故称达摩洞。

御碑亭　清乾隆二十七年（1762），地方官员为纪念乾隆第三次南巡，在燕子矶矶头上建御碑亭。御碑正面为乾隆御书“燕子矶”三个行书大字，北面及两侧为乾隆于辛未年（1751）、丁丑年（1757）、壬午年（1762）三次游燕子矶所赋之诗，其中，碑阴四句诗为：“当年闻说绕江澜，撼地洪涛足下看。却喜涨沙成绿野，烟村耕凿久相安。”御碑亭名曰“大观亭”，为两层重檐,亭中翘角下附铜铃。清道光二十二年(1842),英国侵略军在燕子矶抢滩登陆,时御碑被折为两截,后于同治年间(1862—1874)修复,已失原貌。民国26年(1937),御碑亭被侵华日军炮火摧折,至南京解放后修复,改为四角砖亭。“文化大革命”中,此亭又险遭厄运。1998年,加以翻建,恢复二层重檐原貌。碑亭高12.5米,由6根粉红色石柱支撑,基座用花岗石围成组合花坛,以白色火烧板作底,亭中石碑经油漆出新,呈墨绿色。

“死不得”碑 在燕子矶矶头险要处有一块劝诫碑(原为木牌),为近代教育家陶行知所立。民国时期,陶行知在晓庄师范任教,有一次登临矶头,得知许多人由于种种原因在此轻生,就立了两块木牌,并亲题“想一想,死不得”六个大字,还分别写了两行小字,一行小字是“人生在世,酸甜苦辣寻常事,人在遇到困难时,要想得开,看得远”;另一行是“人生为一大事而来,应当完成一件大事而去,你年纪轻轻,有国当报,有民当爱,岂可轻死,死有重于泰山,有轻于鸿毛,与其为个人的事投江而死,何不为乡村教育、为三万万五千万同胞做一件有意义的事呢?”,此碑曾挽救了不少意欲轻生者,其中包括陈白尘和陈之展两位近代知名教授。

吞江醉石 燕子矶矶头有一尊巨石,形似酒樽。唐开元十四年(726),大诗人李白游燕子矶时亲题“吞江醉石”四字,后人将李白所题字刻于巨石上,遂成一景。

第三章 文物 古迹

栖霞地区历史遗迹星罗棋布,过往名人不胜其数,除与佛教有关的文物古迹外,还有很多古代墓葬、陵墓石刻、古镇、古井、古桥和庵庙宫观等。古代墓葬以汉代与南北朝居多,尤以南朝士家大族墓著称。在墓葬出土大批珍贵文物中,南朝陵墓墓道石刻更是举世闻名。南朝陵墓石刻共13处,主要分布在甘家巷附近,雕刻精美、形象生动,1988年,其中8处被列为全国重点文物保护单位。在南朝陵墓石刻中,萧景墓神道东辟邪石刻造型最为雄浑瑰丽,被南京市政府选作市徽图案,萧景墓神道石柱,为南朝陵墓神道石柱中保存最为完好的一座。萧秀墓神道石刻存留3种8件,在诸王侯墓中保存最多。萧憺墓神道石碑碑文至今尚有1400余字可识,是南京地区南朝陵墓碑文留存最多的一通墓碑。区内出土的六朝墓志,除反映我国文字书法的发展演变外,还印证了文献史料中所载事物具体的地理位置和地望关系，据此，萧融夫妇墓、明昙墓在今张家库附近，燕子矶人台山（亦称象山）一带在东晋时属建康县管辖等，均得以确认。

【文物】

西晋青釉瓷扁壶　1958 年，在栖霞镇张家库出土。壶为西晋器物，瓷质，灰白色胎，青釉略闪黄，高 26 厘米，口径 6.6 厘米，底径 15.8 厘米。壶口微侈，圆唇，直颈弧肩，扁形圆腹，椭圆形高圈足，圈足外撇。壶肩、下腹有横系，可供系绳携带，壶肩部是菱形网格饰带，壶腹两边为联珠纹饰带，作心形环绕，中心上方贴倒置铺首。现藏南京市博物馆。

东晋玻璃杯　60 年代，由象山 7 号墓出土，为东晋器物，共两只，形制相同，玻璃质，色淡黄、透明。杯口稍外侈，圆唇，杯身作筒形，平底，杯身磨花，纹饰运用椭圆形大小错落的变化，组成花形图案。现藏南京市博物馆。

东晋陶牛车　60 年代，在象山 7 号墓出土，为东晋器物，陶质。陶牛体形略瘦长，躯干匀称，脖子上架车衡，躬背俯首，全力拉车，缓步向前。现藏于南京市博物馆。

南朝青釉莲花瓷尊　1972 年，于灵山出土，为南朝器物，一对，胎色灰白。全尊分作盖与尊两部分，盖弧形，尊以莲花为主要装饰，集中浮雕、模印、刻划等多样装饰手法，将莲花纹恰当地装饰在各个部位，或高或低，巧妙穿插，上下呼应，渗透着浓厚的佛教色彩。现藏于南京市博物馆。

清代包锡刻书画紫砂壶　1972 年，从燕子矶张化村出土。为清代器物，以紫砂为胎，外包锡皮，端把和钮嵌玉。方盖，矩形钮，平口，壶身形似方斗，壶嘴与器口相平，端把弯曲，成简化螭形。壶身一面浅刻牡丹花卉，另一面阴刻隶书。现藏南京市博物馆。

【墓葬】

栖霞山汉墓群　位于栖霞山附近上梅墓村。1956 年，清理发掘古墓 29 座，其中，汉墓 22 座，六朝墓 3 座，宋墓 1 座，明墓 3 座。出土器物 309 件，另在工地征集、采集文物 219 件。出土随葬品以陶器为主，铜铁器次之，另有少量石器和钱币。陶器有罐、壶、垒、瓿等，铜器有洗、镜、刷等，铁器有剑、刀、戟、斧等，钱币以五铢钱居多。出土器物现藏南京博物院。

柳塘西晋墓　位于燕子矶镇柳塘村，1986 年 10 月发现，墓主姓王，卒于太康五年（284）。墓为一凸字形双室双墓，全长 7.03 米、宽 2.1 米、高

2.28米。墓壁砖面饰放射状钱纹，个别砖端面有“玄武”图案装饰，还发现有“大康六年八月十五日王氏□壁千年”及“大康六年”的铭文砖。墓中葬品以彩陶明器为主，另有铜熨斗、瓷洗、铅地券等计18件。出土器物现藏南京市博物馆。

象山王氏家族墓 位于燕子矶幕府山西南麓象山。1965—1970年，先后发掘7座墓葬，除2号墓为南朝墓外，其余均为东晋墓。据墓志记载，此处是东晋尚书、左仆射王彬的家族墓葬群，但未发现王彬墓。其中，1号墓为王彬第四子王兴之夫妇墓，3号墓为王彬长女王丹虎墓，5号墓为王兴之长子王闽之墓，6号墓为王彬继室夫人夏金虎墓。已发掘的王氏族葬区面积达5万平方米以上。7座墓共出土随葬品230余件。出土器物现藏南京市博物馆。

甘家巷六朝墓群 位于栖霞镇甘家巷。1974年10月至1975年1月，发掘一批六朝墓葬，共38座，除2座残破外，计有东吴墓7座，西晋墓6座，东晋墓17座，南朝墓6座。38座墓葬中，两座为前后室砖墓，其余均为单室穹窿顶或券顶。其中，比较大的是4号、6号和30号墓，均为椭圆形单室穹窿顶室墓，有石墓门和石门拱，门额上浮雕人字拱。墓前有排水沟。据考证疑为萧梁安成康王萧秀家族墓。墓葬大部被盗掘破坏过，7座墓葬无出土器物，其余墓葬共出土器物278件。其中，青瓷器107件、陶器38件、滑石器45件、石器20件、铜器39件、金银器28件、铅器1件。出土器物现藏南京博物院和南京市博物馆。

王德墓 位于燕子矶镇下庙村伏家桥。王德为南宋抗金名将。绍兴二十五年(1155)卒。墓前现存石碑一、石马二、石虎和石羊各一。石碑为青石质，面西，高4米。碑额浮雕螭龙，下衬云纹，中阴刻楷书“宋故赠检校少保王公神道碑”12字。碑身正面刻王德生平事迹，楷书，55行，满行98字，剥蚀严重。龟趺残缺。石马作站立状，高1.4米。石虎前腿弯曲，作蹲踞状，高1.2米。石羊作跪卧状，高1米。1956年，被列为江苏省文物保护单位。

邓廷桢墓 位于仙鹤门外灵山下。邓廷桢是中英鸦片战争中力主禁烟抗英的民族英雄，与林则徐齐名。清道光二十六年(1846)卒。墓前原有邓廷桢夫妇两块墓碑，1958年兴修水库时湮没。现墓碑高1.6米，系1962年10月重立，正面刻“清两广闽浙陕甘总督邓廷桢之墓”，背面刻“重立碑记”，记述邓廷桢的简历和功绩。碑后即墓冢。1982年，被列为江苏省文物保护单位。

陈作霖墓 位于迈皋桥镇奋斗村坟头山自然村。陈作霖是近代著名史学家、文学家。1955年,因建设需要,该墓从清凉山古林庵后迁至现址,为陈氏家族墓地。“文化大革命”期间,墓被毁。1987年,该墓得以整修,由陈作霖的曾孙立碑。墓呈圆形,上下二层均为水泥质,不封顶。底层直径约4.2米,高0.55米,上层直径约2.6米、高0.6米。青石墓碑,通高1.6米。墓东南面山坡砌有挡土墙。1992年,被列为南京市文物保护单位。

陶行知墓 位于中央门外晓庄劳山。陶行知是中国近代著名人民教育家,坚强的民主战士和大众诗人,南京晓庄师范创办人,民国35年(1946)7月25日,患脑溢血在上海逝世,遗嘱归葬南京晓庄。墓丘直径约8米,高2.8米,墓前台阶7级。墓道立有墓碑和牌坊等。墓碑高2.88米,正面刻沈钧儒题“陶行知先生之墓”七字,下署“中国五十三人民团体公葬”。牌坊立于民国35年(1946)12月,高约5米,宽4米,横额上镌刻有陶行知先生遗书“爱满天下”四个大字,两边坊柱上是郭沫若手书的陶先生遗教:“千教万教教人求真,千学万学学做真人。”新中国成立后,该墓经多次整修绿化,供人凭吊。1982年,被列为江苏省文物保护单位。

【南朝陵墓石刻】

萧憺墓石刻 位于栖霞镇甘家巷。萧憺为梁文帝第十子,南朝梁普通四年(523)卒。墓前现存石辟邪二,石碑一,龟趺一。东石辟邪长3.75米、高2.92米、宽1.6米,腹部置一小辟邪,高1.04米、长1.04米,西辟邪仅存后胯。石碑高5.61米,宽1.6米、厚0.32米,碑首浮雕蟠螭,额下有圆形穿孔,额题:“梁故侍中司徒骠骑将军始兴忠武王之碑”。碑文略有剥蚀,长达2800余字,东海徐勉撰,吴兴贝义渊楷书,为六朝墓碑刻中存字最多、最完整的一块。龟趺高1.16米、宽1.6米,双目凸出,昂首伏地,雕刻传神。1957年,建碑亭予以保护。1988年,被列为全国重点文物保护单位。

萧恢墓石刻 位于栖霞镇甘家巷。萧恢为梁文帝第九子,南朝梁普通七年(526)卒。墓前现存石辟邪二,东西对立。东辟邪长3.2米、宽1.75米、高2.81米;西辟邪长3.45米、宽1.2米、高2.87米。两辟邪周身纹饰已风化漫漶。1988年,被列为全国重点文物保护单位。

萧秀墓石刻 位于栖霞镇甘家巷小学内。萧秀为梁文帝第七子,南朝梁天监十七年(518)卒。神道石刻设置四碑,在南朝较为罕见,因当世高才王僧孺、陆倕、刘孝绰、裴子野各制雄文而不相上下，遂四碑并建。墓前现存石辟邪二，石柱二，石碑四，共3种8件，东西对立。自南起，第一对为二辟邪，东辟邪长3.58米、宽1.55米、高2.94米；西辟邪长3.28米、宽1.55米、高3米、座高0.1米。第二对为石碑，现仅存龟趺2，残碑1，东龟趺高1.02米、宽1.43米、长3.54米；西龟趺高1米、长2.7米、宽1.49米。第三对为石柱，东石柱仅存柱座，高0.66米，四周雕有纹饰；西石柱高4.62米，柱表作瓦楞纹，上部饰绳索纹和交龙纹，柱础裂为两半。第四对为石碑，东碑高5.16米，碑侧浮雕已漫漶不清，中部有裂缝；西碑高5.12米，碑顶饰双螭交互盘绕，额面浮雕腾跃双螭，碑侧浮雕珍禽、瑞兽等图案，碑额上书“梁故散骑常侍司空安成康王之碑”，碑身剥蚀严重，碑文难辨。萧秀墓石刻不仅遗存最丰，而且布局最完整，堪称南朝陵墓石刻中的代表作。1974年10月至1975年1月，在甘家巷发掘大小墓葬38座，经考证，其中六号墓为萧秀墓，因遭严重破坏，出土文物甚少，两块墓志已漫漶难识。1988年，被列为全国重点文物保护单位。

萧景墓石刻 位于栖霞镇十月村。萧景为梁武帝堂弟，南朝梁普通四年(523)卒。墓前现存石辟邪一，石柱一。辟邪长3.08米、宽1.55米、高3.8米，体形硕大肥短，各部分比例适当，昂首挺胸，两翼振奋，雕饰精美，为同期辟邪中佳作。石柱是南朝石柱中保存最完整一件，柱身高4.2米，雕刻精细。柱为衔珠双螭座，表刻怪兽纹饰；柱表下段刻24道瓦楞纹，上段刻瓜楞纹；柱额矩形，上刻反书“梁故侍中中抚将军开府仪同三司吴平忠侯萧公之神道”，楷书；柱额右侧浮雕持花僧像，其下刻绳索纹及交龙纹，盘绕柱身。柱顶覆宝莲盖，盖上蹲踞一只仰天长啸的小辟邪。1988年，被列为全国重点文物保护单位。

萧融墓石刻 位于栖霞镇张家库村西南，有神道石辟邪1对。1980年9月，在基建施工中，于该辟邪西北方向约1000米处，发现一处墓葬，根据出土墓志，知为南朝梁武帝萧衍之第五弟、桂阳简王萧融与其妃王慕韶夫妇合葬墓，从而确定该对辟邪为梁桂阳王萧融墓神道石刻。东辟邪长3米，胸宽1.45米，高3.92米。西辟邪残缺严重，现已修复，长2.95米、胸宽1.1米、高2.6米。1988年，被列为全国重点文护保护单位。

萧宏墓石刻 位于尧化镇仙林农牧场张库村。萧宏为梁文帝第六子，南朝普通七年(526)卒。墓道现存石辟邪二、石柱二、石碑一、龟趺二，并排对立。西辟邪仅见残块；东辟邪臀残，长3.2米、前宽1.48米、后宽1.38

米、高 3.05 米，奋首挺胸，张口垂舌，环目怒视，气势剽悍，在南朝陵墓石辟邪中最为精美。西石柱高 4.96 米，扁圆形，表面刻 28 道瓦楞纹，上刻铭文："梁故假黄钺侍中大将军扬州牧临川靖惠王之神道"；东石柱高 6.41 米。石碑两侧浅刻羽人、凤鸟、行龙、异兽等纹饰，碑文剥蚀，无法辨认。1988 年，被列为全国重点文物保护单位。

萧暎墓石刻　位于栖霞镇甘家巷北董家边。萧暎为始兴王萧憺子，南朝梁大同十年(544)卒。墓前仅存神道石柱一。部分柱身及柱础埋在土中。地上部分高 2.1 米，刻有 24 道瓦楞纹。柱额上镌："梁故侍中仁威将军新渝宽侯之神道"，刻字正书，逆读。额下有浮雕，中为一力士以手承额，左右各一力士蹲踞，呈举手承额状。1988 年，被列为全国重点文物保护单位。

陈蒨永宁陵石刻　位于栖霞镇甘家巷东南狮子冲。南朝陈文帝陈蒨，在位 7 年，陈天康元年(566)葬于此。陵已平，陵前仅存天禄、麒麟各一，东西相对，距陵 200 米。东为天禄，长 2.6 米、高 2.75 米；西为麒麟，长 3.1 米、胸宽 1.45 米、高 2.85 米。两兽眦目张舌，舌尖上翘，颏须下垂，耳如削竹，状极獠戾，振爪欲攫。兽额镌螺旋纹，翼膊及冠刻鳞纹衬以鸟翅纹，遍身饰花瓣纹和云纹，从造型到技法均达南朝石刻的高峰，堪称南京地区现存南朝陵墓石兽中最为矫健玲珑一对。1988 年，被列为全国重点文物保护单位。

南朝失名墓石刻

北家边失名墓　位于尧化镇北家边。1978 年发现，出土柱础二、神道柱二、覆盖一，小石兽一。

徐家村失名墓　位于燕子矶镇徐家村。仅存神道石柱一，柱身饰 24 道瓜棱纹，上端长方形柱额刻文剥落，柱额下饰有绳辫纹和交龙纹，柱座纹饰已漶失。1988 年，被列为全国重点文物保护单位。

太平村失名墓　位于燕子矶镇太平村太子凹。1984 年 10 月 26 日出土，石辟邪，头部略残，尾巴亡佚，通长 1.75 米、宽 0.5 米、高 1.45 米，体型较为矮小，后移厝至南京市博物院陈列大厅。

狮子坝村失名墓　位于马群镇狮子坝村旁。现存石辟邪长 1.54 米，残高 1 米，腹围约 1.3 米，四足已残，因风化剥蚀，身上纹饰全无，两翼依稀可辨。

张库村失名墓　位于尧化镇仙林农牧场张库村，在梁临川靖惠王萧宏墓神道西侧。1997 年 5 月发现。现存石柱 2。北侧石柱仅存柱座，上镌双螭,张口衔珠,头上双角,有翼,足五爪,抵首交尾,脊部隆突,栩栩如生;南侧石柱柱身断为两截,横卧田中。

六朝墓志 墓志是六朝墓中出土的重要遗物之一。1965年,在燕子矶镇象山王氏墓出土王兴之夫妇墓志,石质,两面镌刻志文共203字,有阴刻细线方格,为王兴之及其夫人墓志,文字形体方正,已具楷书规模,但笔致似有隶书意味,古拙纯朴,沉稳厚重,引起学术界的重视。1972年3月,在甘家巷出土明昙憘墓志,石质,志文记载明昙憘身世,并详细列举明氏世族渊源以及与平原、清河、渤海世家大族通婚情况。1980年9月,在张家库,出土桂阳简王萧融夫妇墓志两方,石质,志文分别记述萧融夫妇传略和后人对其赞颂,并且肯定了传世梁永阳敦王萧敷夫妇墓(甘家巷西)墓志拓本的可靠。南朝宋代在今甘家巷附近出土现已亡佚仅存拓本的萧敷夫妇墓志,志文所记葬地在"琅琊临沂县长干里黄鹄山",解开了"长干里黄鹄山"地名所在之谜,即今甘家巷西蔡家塘附近。至1999年,南京地区出土六朝墓志共27方,其中栖霞区占13方。字数最多、尺幅最大的墓志均出在栖霞区。

【遗址】

徐铉宅 位于栖霞镇西。元至正《金陵新志》载:"徐铉宅,摄山栖霞寺西,今曰陶庄是也。"

金陵驿 位于今马群镇蛇盘,即今"文天祥诗碑亭"处。景定《建康志》载:"金陵驿在上元县长乐乡蛇盘市"。宋元之际的金陵驿建有华丽楼舍。南宋大臣、文学家文天祥在被俘押解途中至此,写下以《金陵驿》为题的著名诗篇。

龙潭水马驿站 位于龙潭镇镇区内。南宋淳熙十二年(1185),句容县县令钱良臣建龙潭水马驿,其规模宏壮,有正厅5间、后堂5间、穿堂2间、门楼3间、厢房14间、厨房6间、公廨6间、马房10间。龙潭驿站从公元12世纪末建立,到20世纪初,前后经历700多年,至民国年间,渐至消亡。

龙潭会师亭 位于龙潭镇黄龙山北麓。民国16年(1927)8月,国民革命军李宗仁、何应钦、白崇禧三部会师龙潭,挫败企图阻止国民革命军北伐的孙传芳统领的北洋军阀联军。民国34年(1945),为纪念"龙潭之战"及阵亡将士,国民政府建造龙潭会师亭。会师亭高4米余,呈六角形,飞檐翘角,"会师亭"匾额三字由白崇禧题写。会师亭甬道尽头为龙潭战役阵亡纪念碑,碑高8米,后有拱壁,壁墙镌有铭文。"文化大革命"中,会师亭被拆毁,今尚存入山台阶、甬道栏杆及铭文拱壁。

东阳驿　位于摄山镇东阳村(旧为东阳镇)。明弘治《句容县志》载:“东阳马驿在县治西北六十五里琅琊乡东阳镇,宋淳熙十二年(1185),县令钱良臣建,明永乐十三年(1415),知县徐大安建,后归并龙潭水驿,房屋虽废,基址尚存。”

五马渡　位于燕子矶镇西沿江处。栖霞区境内古渡之一。西晋永嘉元年(307),琅琊王司马睿、西阳王司马羕、汝南王司马佑、南顿王司马宗、彭城王司马纮南下,在此渡江。《晋书》载:“太安之际,童谣云:‘五马浮渡江,一马化为龙’。及永嘉中,元帝登大位,乃其符云,五马之名取也。”

黄天荡　位于栖霞山和龙潭之间的冲积平原上。经专家考证,黄天荡故址,应在栖霞山以东摄山湖一带,即今栖霞镇至龙潭镇沿江之间,原为大江支汊湖荡,今已为陆地。南宋建炎四年(1130)三月,浙西制置使韩世忠与金完颜宗弼(即金兀术)会战于此。

明城郭外门　明洪武二十三年(1390),明王朝修外城,共建十八门,其中四门在栖霞区境内。

尧化门　位于尧化镇尧化村。原名姚坊门,借用姚坊村名。清光绪二十九年(1903),英国人筹建京沪铁路,拆除姚坊门,误将姚坊门译为尧化门,一直沿用至今。姚坊门有外瓮城一座,城门及瓮城均由城砖砌就,两侧城墙用泥土堆筑,俗称土城头。今“尧化门”“土城头”“门里”地名仍存。

仙鹤门　位于仙麒公路仙鹤门中学门前,因附近有仙鹤观而得名,建有内瓮城一座。民国时,仙鹤门共有东西两个城门,西门有铁制大门,东门无门,有砖砌城墙,现已无存。

观音门　位于燕子矶镇燕子矶村,因附近有观音庙而得名。观音门建在两山凹处,为砖石结构,有门券,门径窄约3米余,新中国成立初,观音门尚存,后为方便公交车行驶,被拆除。

佛宁门　位于燕子矶西幕府山,相传达摩祖师曾经过此地,故称佛宁门,现无存。1983年,文物普查时,发现门址基石及散落四周的明代城墙砖。

明龙潭十景　清乾隆《句容县志》载,明代龙潭为江滨胜地。当时太医院判蒋用文家居龙潭,乐于龙潭佳山丽水,将龙潭及其周围名胜概括为十景:石屋、旗山、华麓(今宝华山)、柳湾、七星山、三江口、驿舍、三茅君兄弟及王荆公遗迹、道家礼斗之宫。明殿阁大学士杨士奇作《“龙潭十景”序》,

称赞龙潭胜地“山可以游，可以牧；水可以梁，可以舟；驿舍可憩过使，丽谯可骋眺望；有三茅君兄弟及王荆公遗迹，可以慨想古人；又有道家礼斗之宫可以游神于清净，而最胜者，夜籁俱寂，月上潮涨之际，可坐观造化盈虚，消息之机也”。

龙潭行宫 位于龙潭镇之西，《南巡圣典》载：“句容县西北八十里，背倚大江，京口金陵适中之地，圣祖仁皇帝南巡恭建。”行宫背北朝南，共分五进，内设茶膳房、书房、垂花房、止殿、照房、大殿、寝宫、便殿、戏台、厂厅等殿房馆舍。乾隆驻跸龙潭行宫时曾题匾额“胜揽龙蟠”“江声潭影”，有联句“冈峦萦绕桑麻富，洲渚参差帆桨通”及“三茅天际青莲声，二水云龙白鹭飞”。今已无存。

乌龙山炮台 位于尧化镇乌龙山上。清同治十三年(1874)，清政府在乌龙山顶，建造乌龙山炮台。民国《首都志》载：长江南岸乌龙山有滨江暗炮台七座，安炮七尊；明炮台三座，安炮四尊。山矶头暗炮台四座，安炮四尊；明炮台二座，安炮六尊。国民政府定都南京，乌龙山炮台更名为乌龙山要塞炮台，受南京江宁要塞司令部指挥。民国26年(1937)12月中旬，炮台在阻击日军进攻南京时发挥重大作用。日军侵占南京后，乌龙山炮台全部被毁。至今，炮台遗址尚存。

【古城镇】

古邑江嵊 江乘遗址在今摄山镇西湖村，秦时为江乘县治所在。明《〔万历〕上元县志·沿革表》载：“始皇二十五年，改金陵邑为秣陵县，三十七年东游，自江乘渡江，置江乘县。隋时撤江乘县，其地乃分入丹徒句容江宁三县。”“文化大革命”时，江乘村更名为西湖村。1999年，村西建有“古邑江嵊”(“乘”讹为“嵊”)石碑坊一座，今村北尚有土垣遗址。

金城　琅琊郡城 在摄山镇东阳村及句容县宝华乡西部一带。金城因是琅琊郡治所在，故又称琅琊郡城。《南齐书·州郡志》载：“南琅琊郡，本治金城，永明徙治白下。”《图经》云“琅琊郡城”“在县东北六十三里，今句容县有琅琊乡，亦其地也。”清至新中国建立前，句容县有琅琊乡，乡政府设在东阳镇南，历史上龙潭镇和东阳镇所在区域曾隶属琅琊乡管辖。

龙潭镇 龙潭素为水陆交通要地，宋时设巡检司。南宋淳熙十二年(1185)设龙潭水马驿站，该驿站屡建屡毁，多次迁徙，至清光绪三十四年(1908)京沪铁路线开通，龙潭驿站才归于终结。清康熙、乾隆二帝上宝华山隆昌寺曾多次经过龙潭,康熙年间在(1662—1722)龙潭建造"龙潭行宫"。历史上,龙潭镇寺庙宫观众多,号称"九庵十八庙"。明初永乐帝在登基前的靖难之役中,曾与建文帝的使臣在龙潭大觉寺内谈判。现存的龙潭老街为民国时期所建。民国10年(1921)创建的中国水泥厂,是中国水泥行业最早的五大厂家之一。龙潭又是南京传统工艺金箔的发源地。此外,还有多家石灰窑、煤窑。街上老字号商店有益美酱品店、锡泰祥杂货店、均益食品店、天丰绸庄、义泰绸庄、晋纶布店、三义菜馆、华宏园饭店等。龙潭镇向为战略要地。较有影响的战事有南宋建炎四年(1130)的"黄天荡之战"和民国16年(1927)"龙潭之战"。

东阳镇 东阳镇旧址即今摄山镇东阳村。东临宝华山。相传吴王之母埋葬于宝华山,称此地为秣陵。楚汉之际,改秣陵为东阳郡。明洪武年间(1368—1398),东阳改为竹里,不久又称为东阳。东阳附近曾是东晋琅琊侨郡所在地。新中国成立前后,属句容县东阳乡,1953年7月,划归南京市,隶属栖霞区,1958年10月撤乡,改为东阳大队,1983年改村,隶属摄山镇。南朝梁代高僧宝志公,出生在东阳镇。东阳自古就是商贾云集的地方,水码头从东阳的蓬桥至现在的西沟,长约1公里。东阳在历史上多次设立驿馆马站。至清末,成为东阳、汤山、龙潭、东流、石埠桥五镇之首,时有大小茶馆20多家。

燕子矶镇 燕子矶镇,自古就是重要渡口。元代时,意大利著名旅行家马可·波罗在他的游记中便记录到燕子矶渡口。晋元帝司马睿南渡称帝、明太祖朱元璋南下应天府、清乾隆皇帝巡视江南,均从燕子矶登岸。鸦片战争中,英国侵略军也在燕子矶附近登陆,直趋迈皋桥,迫胁清政府签订《中英南京条约》。明清以降,成为南京著名风光旅游胜地。

【古桥】

寒桥 位于燕子矶南京化工厂内,亦名韩桥,建于元代。今桥下河流淤塞,已成为旱桥。寒桥为单拱青石质桥,浅灰白色,长约12米,宽约5米,桥体保存完好,桥两端略呈喇叭口状,里窄外宽,桥护栏大青石上雕有扇形方形空格。民国3年(1914),募资修建寒桥,在桥两侧栏板上各镶一块刻石,中间为"寒桥"两个正楷大字,上款是"甲寅年仲春",下款是"常州孙复瑞募捐重建"。桥旁有覆顶石碑,题"江宁赈恤会重修寒桥碑记"。

御龙桥 位于栖霞镇南九乡河上,系乾隆皇帝南巡时建造,故名御龙桥。民国时,御龙桥是九乡河上最大的石桥,是当时到甘乘乡必经之路。桥西侧原有清同治七年(1868)乡民捐修记事之碑,现无存。新中国成立初,地图注该桥为玉龙桥。“文化大革命”期间,原石桥改建成钢筋水泥桥。

漳桥 位于摄山镇漳桥村,跨越七乡河,与村同名。此桥西边临近张山(今名龙王山),加上村民张姓多,故又名张桥和张家桥。此桥原为木桥。南宋建炎二年(1128),木桥被洪水冲毁,由留守官员钱良臣组织工匠重改为青石单孔桥,因而被乡民称为钱公桥。民国 24 年(1935),桥址北移 500 米,改建成水泥桥。1968 年扩建时,改回现名。

百水桥 位于马群镇,在宁杭国道 12 公里处,桥下为百水河,故名。又因桥下河水大部源自白龙山,故又名白水桥。该桥已有 700 多年历史。清末,桥为单孔青石拱桥,桥面宽约 8 米,顶端两边有青石栏板,每根石柱上有蟠龙浮雕,石桥两端外侧各有两尊石雕狮子。民国 20 年(1931),修建京(宁)杭国道时,拱桥上端被拆除,改建成公路平桥,桥东西两端用不同颜色的石方料各砌一段石板路,乡民称作“十样彩色路”。60 年代,宁杭国道再次修建,随路改成柏油桥面。1973 年,在桥西 1 公里处,开挖一条宽 20 米、长 10 多公里的新百水河,新建一座桥,名新百水桥。

【古井】

西库古井 位于栖霞镇钱家渡村,已有 800 年历史,至今仍有部分村民饮用该井井水。西库古井青石质,井圈内壁有被井绳磨成的绳沟 25 道,绳沟深度大多在 2 厘米以上,有的深达 5 厘米。

官井 位于马群镇黄马村,因村旁有个小山叫官山,故名。当年马群一带牧养军马和贡马,朱元璋在此巡视养马时,见黄马村北面有官山,地脉兴旺,令刘基在此打一口井,名官井,供马饮。井围直径 1 米,井壁用红岩石干砌,井水清澈甘醇。水位一直高于地面,久雨水位不升,久旱井水不枯。黄马村一带村民饮用此井水。

刘军师井 位于摄山镇西湖村,明代刘基曾饮用此井水,因而得名。井口不大,因凿井之初,主要供村上周、李两家使用,故又名周李井。井内壁有 20 道深绳痕。至今井水清澈,附近居民仍饮用。

东阳双井 相传清朝时,东阳镇有大小水井 70 多口,今仅存许家井和高家井,井沿上绳子磨出来的一道道凹沟足以说明其历史久远。即使在干旱年份,双井水量也很充盈,至今村民仍饮用。

大士阁井　位于龙潭镇龙潭公园西端山脚下，因附近有大士阁而得名。该井井栏为石质，内圈有被绳索磨勒之深痕。井水清洌，水量充沛，从未干涸过，附近居民多饮用该井井水。1963 年，镇政府开建自来水厂，以大士阁井作为水源，在井上建造泵房，在山顶砌建水塔，将井水抽至水塔内，加压后输向全镇 6 个供水站。至今，该井保存良好，每日向镇上居民供水 200 多吨。

龙潭双井　位于龙潭镇定水庵附近，因有两个井圈石栏，故名。建造年代不详。两个井圈东西向排列，东边略大，井圈由青石砌就，井台用青石铺成。西边的井栏有 16 道桶绳磨痕。龙潭民间有“一步两井”之说，即指该双井。双井附近定水庵是宝华山隆昌寺下院，紧靠江边码头，为南来北往僧人挂单住宿及接运粮食货物之地，清代香火较盛，该井供定水庵及过往僧众饮用，至迟应建于清代。

观音泉古井　位于燕子矶三台洞，井紧依三台洞观音塑像，故名。井栏为青石质，呈六边形，井径约 1 米，井栏微裂，井栏内口有 20 道绳痕，井水源于观音泉，至今仍清澈可饮用。观音泉古井建造年代与三台洞景点同。

冯玉祥井　位于燕子矶晓庄村。民国 25 年(1936)，冯玉祥在南京国民政府任职期间到晓庄“儿童自动学校”视察，发现许多儿童头上生癞疮，得知是饮用脏水所致，于是献大洋 320 元派人在晓庄挖了一口井，并特意叮嘱：“要将井台修高一些，别让小孩掉进去。”井台上刻有冯玉祥题字“请别临渴掘井”。当年，陶行知、晓庄学校师生以及当地乡民都在这口井取水饮用。1983 年，该井被列为栖霞区文物保护单位。1989 年，拓宽和燕路，该井被废。

受降井　位于栖霞寺明征君碑前，已干涸。民国 34 年(1945)八月，日军战败，国民政府将日俘一部集中在栖霞寺，听候遣送。日俘自凿一井，专供饮用，因名受降井。

【古树】

区内树龄超百年的古树名木近 40 株、其中列为国家二级保护古树名木有 4 株。

江南水泥厂古银杏树　江南江南水泥厂有两株古银杏树，皆列为国家二级保护树木。一株位于家属区，树高 17 余米，成伞状，树干周围 7.25 米，冠径 20 米，遮荫面积约 400 平方米。银杏树为唐代所植，迄今已有千余年历史，明代曾遭雷劈。1993 年，银杏果产量超千斤。该树至今仍枝繁叶茂，连年结果。另一株位于花房内，树高 25 米，树干周围 2.15 米，冠径 18 米，估计树龄300以上。

向前古银杏树 位于摄山镇向前村,树干直径约有1米,树形奇特,犹似盆景,树干南侧有火烧的痕迹。树龄已有数百年。

【古寺庵宫观】

衡阳寺 位于栖霞镇衡阳村北。南朝齐创建栖霞寺后,曾在附近衡阳山设下院,即衡阳寺。衡阳寺初名为宝城寺,初建于齐梁之际,唐天祐之前曾废。唐天祐二年(905),徐温重建,改名衡阳寺,栖霞寺下院创建者为僧朗。明万历六年(1578),倪公甫、吴先兆游衡阳寺时,寺门外仍有二石幢,南唐时所立,殿内石炉,镌"宋宣和五年癸卯造"诸字。朱偰曾于民国21年(1932)至民国23年,多次登临栖霞山,考察栖霞寺及其下院衡阳寺,并拍摄、搜集一系列照片,可见,衡阳寺在民国时期仍保存着较为完整的规模,非一般小寺可比,现无存。当地乡民皆称衡阳村为"衡阳寺"。

永丰寺 位于尧化镇太平山,始建于唐代。清代末,寺舍包括佛殿三间、正殿三间和厢房多间。据茅山道院负责人言:永丰寺早期为佛教用,中期由道教管理,更名为太平观,后又归佛教用。明清时期,寺内香火极盛,南京城里很多人也到太平观焚香拜佛。歌谣曰:"出了太平门,走过太平路,过了太平桥,上了太平山,烧上太平香,一年得太平。"现无存。

定水庵 位于龙潭镇湾河街西首。该庵是宝华山隆昌寺下院,濒临江边,供外地僧尼上宝华山隆昌寺受戒挂单歇脚及为隆昌寺接运粮食货物之用。定水庵建于清初。新中国成立后,定水庵改建为龙潭米厂,80年代初,米厂大门内有碑一块,碑文几被磨尽,仅在末行可见"道光六年立"字样。现定水庵遗址存一块定水石,相传长江水涨到此处便被定住。

武圣庵 位于龙潭镇与句容县宝华乡交界处山坡上,因庵中有孔子、孟子、关公、朱熹、岳飞五个圣人的塑像,又称"五圣庵"。相传,武圣庵为明时龙潭儒子叩拜先儒之地。清代,武圣庵下有一牌坊横联"山城毓秀"四字,为乾隆皇帝亲题。民国年间,该四字碑石被砌在龙潭南街炮楼上,保留至今。现庵已无存,仅留武圣庵地名。

仙鹤观 位于南京亚东开发区仙鹤山山顶,始建于汉代,是南京地区最早一处道观,明代万历年间(1573—1620)重建。仙鹤观属中观,为朝天宫大观所领,同时下领东流神庙、沧波门萧公庙、瘟司庙及孝陵卫萧公庙等4座小庙。其时,仙鹤观有三茅殿一楹、三清殿三楹、道院一房、基址五亩。新中国成立初，观中道徒仍开展宗教活动。

大士阁 位于龙潭镇锥子山街，清《宝华山志·宝华山北向图》绘有大士阁图，其时，阁门朝北，直对大江。民国时，阁门改朝南，前进为三开间平房，正厅供奉观音大士像，两厢房系僧众宿舍，天井中有石香炉一座，西边灶墙旁竖石碑一块。后进为一间楼上下，楼下供奉弥勒佛，紧靠后背是护法神韦陀，两旁有四大金刚；楼上为文昌阁，供奉文昌帝君像。1990 年，大士阁地基碑被发现，该碑为光绪二十一年（1895）立。碑文告知，原大士阁礼台自兵燹后被毁，阁的建造应早于太平天国。

龙王庙 位于摄山镇西湖村龙王山上，建于明代正统九年（1444），原名为张山龙王庙。明正统八年大旱，村民张忠认定山上之洞必为龙之所居，便率众礼拜，并于次年建庙，故名。后，庙宇年久失修，嘉靖十年（1531）秋收之后，有江城（乘）社沈氏兄弟七人率众在各社募捐，命工匠依旧修建，并于明嘉靖十二年秋立《重建张山龙王庙碑记》石碑。龙王庙有正、副厅，正厅供有观音、如来、八大金刚等佛像，副厅亦供奉多尊菩萨塑像。“文化大革命”时，龙王庙被拆除，上述二碑现存于村委会。

【纪念性建筑】

陶行知纪念馆 原馆位于晓庄师范内。1951 年 10 月，晓庄师范复校时，为纪念创办人陶行知而建。“文化大革命”中被封存。1980 年 3 月，重新开放，展出陶行知照片 120 幅，遗物、遗著 200 余件。后江苏省、南京市政府拨款在晓庄劳山脚下陶墓旁扩建新馆，于 1985 年 9 月 10 日第一个教师节落成开放，馆名“犁宫”由陆定一题写。新馆展厅面积 200 平方米，分 8 个部分，展出陶行知遗著、手稿、遗物等 420 件，照片、图表 429 张。厅内悬挂毛泽东、朱德、周恩来、宋庆龄、何香凝等人题词。1994 年，中共中央总书记江泽民为该馆题写“行知园”，被镌刻于陶行知纪念馆入口处牌坊上。

毛泽东塑像 位于栖霞镇十月村。1956 年元月 11 日，毛泽东主席视察十月初级农业生产合作社。1967 年，由十月人民公社农民在毛泽东当年站立过的土坡顶上竖立水泥塑像，塑像左手持帽，右手高举过头作挥动状。1983 年，塑像被列为栖霞区文物保护单位。

侵华日军南京大屠杀燕子矶江滩遇难同胞纪念碑 民国 26 年（1937），侵华日军将聚集在燕子矶江边设法渡江的难民和已解除武装的中国士兵共 5.7 万余人围禁在沙滩上，用机枪疯狂扫射，尽数杀戮，制造亘古未有的惨案。1985 年,市、区人民政府于燕子矶矶头处树立“侵华日军南京大屠杀燕子矶江滩遇难同胞纪念碑”一块,以警示后人,勿忘国耻。

文天祥诗碑亭　位于马群镇蛇盘村南山坡古金陵驿旧址上。南宋时,文天祥被解送元朝大都(今北京)途中,羁留金陵驿两个多月。期间,文天祥先后写诗近 20 首,大部分流传至今,成为中国古诗词珍品,其中七律《金陵驿》中“从此别却江南路,化作啼鹃带血归”,更是千古传唱的佳句。1991 年,南京市政府斥资 10 万元建成文天祥诗碑亭。碑亭用褐色花岗岩建造,亭名由原中共南京市委书记柳林题写,碑亭柱上刻有文天祥《过零丁洋》诗句:“人生自古谁无死,留取丹心照汗青”。碑上七律《金陵驿》诗由书法家凌文铨书写。

【文物古迹维护】

民国前,区内文物古迹几乎无人过问,尤其是南朝陵墓石刻,大多沉陷地下。民国时期,南京成立文物保护所,但无具体维护措施。新中国成立后,政府重视文物古迹维护工作。1955 年开始,多次斥资对南朝陵墓石刻进行提升、加固,并先后对栖霞寺、舍利塔、明征君碑等进行维修,使之旧观尽复。

南朝陵墓石刻维护　1955—1956 年,先后将萧憺墓石碑、萧景墓东辟邪和石柱、萧宏墓辟邪等提升出土,置于水泥基础之上,并涂刷赛璐珞保护液;将萧景墓石柱顶断裂的小石兽黏合,并安装避雷针;整修萧秀墓石刻,用锡水灌入石碑榫眼,再用水泥封口,以稳定碑身,同时用水泥将东龟趺断落的龟头黏合。1957 年,建萧憺墓碑亭,安装避雷针,遮覆保护;整修萧恢墓石刻,用水泥树酯将纵断裂开的东辟邪黏合,再以铁箍加固,另用铁箍加固西辟邪断裂处。1977 年,整修陈文帝永宁陵天禄石刻,在其头部、足部及底座断裂处,用叉形钢板连接,填塞片石,再以高标号水泥黏合。1991 年,拆去铁箍,用机械和化学材料相结合加固方法再次整修萧恢墓石刻。

舍利塔维护　1931 年,复建四周石栏杆,修补基石缺损,重刻仰覆莲石刻,补建相轮。1957 年,安装避雷针。1977 年,修复受损石栏杆。1993 年,将坠落的 8 块石构件黏接到断 口处,并用环氧树酯对塔身裂缝进行勾缝补平。

明征君碑维护　1962 年,建亭护碑。至今,全碑保存完好。

陶行知墓维护　“文革”期间,“造反派”扬言要砸毁陶行知墓,周恩来总理指示予以保护,在当地农民守护下,终免劫难。1990 年,省、市、区出资维修,陶行知墓面貌一新。

第四编 城乡建设

民国以往，境内仅有几条由古驿道改建的崎岖泥结碎石路，纵是位居水陆交通要道、人口比较稠密的古集镇，也仅有狭窄的弹石路或石板路。百姓住房多为结构简单的土坯茅草房，人畜混居，间或有明清式楼房或本瓦砖木平房点缀道旁。居民饮水靠河塘，照明靠小油灯，外出靠步行，公共设施极少。新中国成立后，尤其在改革开放后，栖霞区城乡建设步伐逐渐加快。1978 年，完成绕城公路以外 6 个乡（镇）总体规划，"居民建房进点、工业项目进区、商业网点进场"，小城镇和中心村建设全面展开，城乡基础设施建设成绩显著。至 1999 年，栖霞区内道路总长 841.22 公里（含区境内国道、省道及企业专用道）；下水管道 93.14 公里；镇乡自来水厂 6 座，日供水能力 1.2 万吨；镇乡变电所（站）6 个，总电力负荷 96.67 千伏安；公共交通线路 21 条，长 201.6 公里；液化石油气和管道煤气用户 71300 户；城镇道路绿化面积 7.73 万平方米，城镇公共绿地面积 248.48 万平方米。一个经济繁荣、人民富裕、社会文明，融现代工业、港口贸易、都市农业为一体的江滨新区已现端倪。

第一章 城乡规划与建设

民国 18 年（1929）底，国民政府曾编制《首都建设计划》，把燕子矶、马群、边皋桥及 1995 年划出的孝陵卫、玄武湖地区建设纳入其中，后因战乱频仍，建设计划多半废止。新中国成立初，区政府致力于恢复经济，尚无能力顾及城乡规划与建设。"文化大革命"中，城乡规划建设处于停顿状态。改革开放后，栖霞区始设规划建设管理机构，城乡规划建设有序展开。1983 年 10 月，区政府首次召开农房建设规划会议。完成 17 个大队（村）居民点的规划。1985 年，编制出乡（镇）总体规划。1995 年 1 月，栖霞区纳入南京都市圈，加快小城镇和中心村建设步伐，拓建一批新集镇、居民小区和农民新村。至 1999 年，调整尧化、栖霞、摄山、龙潭、营防和长江 6 个乡（镇）总体规划，完成绕城公路以内马群、迈皋桥、燕子矶和八卦洲 4 个乡（镇）规划，全区城乡建设发展跨入全面规划建设时期。

【城乡规划】

村镇规划　1985 年完成《南京市栖霞区村镇总体规划》。规划分为等级结构（划分为城市规划区——中心镇——小城镇——中心村——基层村五个层次）、功能结构（划分为综合型、工业型、旅游型、港口型、农业型五大类）、乡（镇）域规划（包括集镇中心位置，村镇居民点布局，水、田、林、路、村综合治理，人口和用地规模，基本农田分布，经济、社会发展目标等）、集镇规划（包括集镇风貌特色和环境保护，人口规模，集镇布局结构等）、村庄规划（包括中心村、基层村的总体布局，人口指标，生态保护，旧村改造，新村建设等）五个部分。

总体规划　1991 年完成《南京市栖霞区城乡建设总体规划》。规划分为规划年限（近期为 1998—2005 年；远期为 2006—2015 年）、规划性质（建设以港口运输、石油化工、建材工业、风景名胜、生态农业为主要职能的现代化江滨新区）、功能分区（划分为迈燕地区、尧栖地区、马群地区、龙潭地区和八卦洲地区五个功能区）三个部分。

专项规划　规划内容涉及铁路、公路、港口、排水、供电、电信、生态环境、河流水质保护、大气环境保护、降低噪音污染、绿化、文物保护、防洪、人防、抗震等各方面。

【村镇建设】

城镇建设　民国时期，燕子矶、龙潭、迈皋桥、尧化门、栖霞、摄山、马群、东阳等集镇仅有小街，两旁几无树木、路灯。沿街多为砖瓦平房，集镇排水以沟河为主。新中国成立后，迈皋桥、燕子矶、龙潭、栖霞等镇陆续建起供销社、粮管所、卫生院、中小学校、电影院等公共建筑，排水设施逐步改善。50 年代，居民开始用上电灯、电话。60 年代起，居民陆续用上自来水。进入 80 年代，村镇建设加快步伐，市政公用设施不断完善。

栖霞镇　1995 年，被建设部列为小城镇建设试点。以建设园林化城镇为目标，在保留栖霞老集镇格局同时，开辟新镇区，建成商贸房、住宅房、办公楼、电信大楼等近 10 万平方米，新建道路 5 公里、排水系统 3000 多米、排洪沟 450 米、垃圾中转站 1 座、水冲式公厕 3 座，安装路灯 40 盏，建成红枫广场和河滨公园。

迈皋桥镇　列为南京市七大商贸副中心之一。至1999年,金港大厦、迈皋桥大市场、北银桥市场、国贸商城、红枫宾馆、南地园宾馆、邮电大楼等公共建筑鳞次栉比,迈皋桥市民休闲广场、文化步行街、农贸市场等公共设施相继建成,迈苑、长营村、红枫、东井村、高家村、华电、南砖新村等住宅小区开发完成,中、小学和医院得到改造扩建。

马群镇　20世纪90年代,结合绕城公路、沪宁高速公路和宁杭公路的建设和改造,建成开发区道路1.8公里和商业街2.4万平方米。1999年5月,占地100万平方米、建筑面积45万平方米的太阳城居住小区开工建设,配置游憩广场、影视文化娱乐中心及中小学、幼儿园等公用设施。

尧化镇　区政府所在地,规划为全区政治、经济、文化中心,占地681.74万平方米。公共活动中心用地10万平方米,北、南、东三个居住区用地157万平方米,公共设施用地70万平方米,道路广场用地132万平方米,绿化用地90万平方米。1999年,占地42.16万平方米的太平山公园、3.41万平方米的市民广场在建,2.5万平方米的复建房和二号路、三号街、农贸市场等公共设施陆续建成。

龙潭镇　原镇区存在面积狭小、铁路阻隔、厂居混杂、空气污染等弊端,90年代,在改造老镇区同时,辟建新镇区。新镇区位于沪宁铁路以北,占地1.3平方公里,其中,便民河东工业区0.28平方公里,便民河西主干道两侧公建区0.21平方公里,居住区0.71平方公里,工业区0.1平方公里。1998年,新镇区至312国道12.6公里连接线建成。

燕子矶镇　80年代,镇区政治、文化中心渐次南移,自1995年起,围绕全市"经五纬八"道路建设框架,结合南京经济技术开发区及纬一路、尧新路、长江二桥连接线、城北水厂建设,沿和燕路晓庄至太平村段开发建设幕府山庄、胜利新村、金燕新村和晓庄新村,形成商贸和居住新镇区。

八卦洲中心集镇　八卦洲向无中心集镇,居民散布各处。1997年,以南京长江第二大桥和绕城公路连接线建设为契机,八卦洲启动在洲南地区中心集镇建设,总用地6.81平方公里。至1999年,已建成商住房2.4万平方米,道路2公里,街区已现雏形。

小区建设　民国以往,栖霞区居民均散居于集镇及周边地区,栖身苇席草棚内。新中国成立初,驻区中国水泥厂、江南水泥厂、南京电瓷厂、南京灯泡厂(今华东电子管厂)等大型企业,建有砖木结构的排式平房职工住宅,俗称“生活区”。60—70年代，驻区大中型工矿企业，建成一批2~3层，间有4~5层混合结构楼房的生活区。生活区内设有商店、浴室、幼儿园、中小学、医院等职工公共福利设施。至1979年，区内企事业单位的生活区共33个。规模较大的有化工新村、伯乐花园、石油新村、尧石新村等。1979年后，区政府统筹建设五塘村、东井亭、安怀村、双拜岗等居民小区，部分居民居住条件改善。1984年后，市、区房地产开发公司结合棚户区改造，开发建设一批住宅小区。至1999年，栖霞区累计建成住宅小区95个，住宅建筑面积552万平方米，居住人口22万人。

东井村小区 位于南京市城北商业副中心，毗邻红山森林动物园，1995年建成。占地20万平方米，分为6个组团，总建筑面积26万平方米，其中，1~5组团为多层住宅建筑，6组团为A、B两幢28层金港大厦，是集商业、娱乐、居住为一体的综合性大厦。

花园路小区 位于312国道南侧，南京长途汽车东站旁，1994年竣工。占地12.9万平方米，建筑面积15.2万平方米。小区内建有多层住宅、东方花园别墅区，配套建设小商品市场、招待所、新华书店发行中心，幼儿园、小学和中学。1995年，被建设部授予“全国城市物业管理优秀住宅小区”称号，1996年，小区东方花园被建设部评为全国城市物业管理优秀示范住宅小区。

月牙湖花园小区 位于中山门外，东临苜蓿园大街，西依月牙湖，1999年10月竣工，占地10.3万平方米，建筑面积12.9万平方米，总投资3.3亿元。小区4个组团分别命名为珍珠苑、樱洲苑、紫霞苑和菱洲苑。住宅建筑面积10万平方米，由31幢4~5层高档公寓和21幢沿湖别墅组成；公共建筑面积2.9万平方米，包括社区中心、幼儿园、地下停车库及游泳池等。1999年9月，小区被南京市评选为“建国50周年南京城建十项标志性工程”，同年11月，建设部、科技部组织“国家小康住宅示范小区”验收，12月，被授予“国家首批小康住宅示范小区”称号。

幕府山庄 位于和燕路中心村至吉祥庵段西侧。用以安置南京经济技术开发区和南京长江第二大桥建设征地拆迁的农户。占地13万平方米，建筑面积15.6万平方米。一、二期工程建筑面积6.12万平方米，1999年建成。山庄内建有小学、幼儿园、商业网点，水、电、道路等公用设施配套齐全。

村庄建设

农房建设 民国时期，农民悉以茅草房为居。新中国成立后，农居条件

逐步改善。50年代，以维修旧房为主。60年代中后期，结合兴修水利、平田整地和国家基本建设征地拆迁，开始兴建居民点，大多为砖（石）木结构平瓦房。70年代，农民竞相翻建瓦房，一般以三间两厢，外加猪圈、厕所最为普遍。80年代后，农房建设开始讲究规格、质量和外观装潢。进入90年代，农村建房多为二层小楼。至1999年，全区有40752户新建农房，占村镇总户数92%，新建面积364.73万平方米，其中，楼房221.27万平方米，砖瓦房143.47万平方米。是年，全区农房总面积达415万平方米，其中，楼房254万平方米，砖瓦房161万平方米。

农民新村建设　60年代，结合国家基本建设征地拆迁，开始兴建排排式民居。1984年，区城建局在迈皋桥乡藤子村过街二队和万寿村丁家庄试点建设文明村，统一为二层楼格式，集中安置零星住户。随后，一批公用设施齐全的农民新村陆续建成。戴家库新村，位于栖霞镇，1990年，因金陵石化建设征地，拆除原戴家库村易地而建；用地4.44万平方米，其中，住宅用地2.57万平方米，公共建筑用地0.21万平方米，绿地0.56万平方米，道路用地1.1万平方米；新村住宅以两层为主，总建筑面积1.61万平方米，村内建有幼儿园、老人和少儿文体活动室、综合服务部、商店、公厕、垃圾中转站等，供电、供水、排水设施俱全，为南京市村镇建设样板之一。西湖村，位于摄山镇，1990年开建，村内分为文教公建区、农民住宅区、商贸服务区、观光农业区和工业小区；建成中心道路2万平方米，架设路灯45盏，改造电路5万米，自来水和有线电视到户率100%，安装农户电话150门；建有卫生所、小学、计划生育站、文体活动室，并建成西湖山庄，供游人垂钓、娱乐、休闲，为市、区中心村建设示范点。尤山新村，位于摄山镇，占地面积2.4万平方米，1994年10月动工建设，1999年，完成建筑面积1万平方米，入住居民105户，村内绿化面积1200平方米，闭路电视入户率100%，电话通户率70%。

第二章　市政公用设施建设

栖霞地区市政公用事业历史可追溯至春秋末期。秦始皇二十七年（前220）修驰道，专供官方行驶车马。东吴黄龙元年（229），修筑通往燕子矶和金城的驿道，用于军事通讯。东晋建武元年（317），在江乘县地域开辟竹里路，经龙潭通镇江。南朝宋、齐、梁、陈在区境内筑江乘大路。唐代驿道一改秦汉时专供帝王所用旧规,向民间开放,为旅游和货物运输所用。明代道路布局从军事着眼,东起燕子矶,西至上新河,沿江联结营垒,以通江道,加强京畿江防。清代沿用明制,在龙潭设水马驿。民国5年(1916),区境内有神策门至观音门、太平门至龙潭等6条出入城区道路。新中国成立后至1999年,区境内新建、扩建城市道路26条,总长213公里,业已形成城乡大交通网络。桥梁同道路发展紧相关联,初始,在河沟上搭设石板和木质便道,后出现石拱或木质桥梁。民国时期,陆续增建、改建一批跨河桥,跨度扩大,荷载增加,其中,有燕子矶小清河进仙桥、龙潭便民河黑桥和河北桥、栖霞九乡河入江处石埠桥、马群百水河百水桥等。新中国成立后,开河修渠、治水泄洪,陆续改建或兴建一批桥梁,多为钢筋混凝土结构。60—70年代,以修建农用桥居多;80年代,整治南十里长沟,建有长营村桥、十字街桥;90年代,太新路工程建桥6座,宁镇公路工程建桥12座,栖霞大道工程建桥7座。至1999年,全区各类桥梁达120座,其中,以栖霞大桥最具代表性。同时,市政公用事业与经济建设和科学技术同步发展。80年代初,区内市政公用设施尚不普及。进入90年代,公交、供水、供电、供气、电信相互配套,基本满足群众生活之需。

【道路　桥梁】

道路建设　1953年,市政部门将区内集镇街巷土路改造成弹石路、碎石路。1963年,龙潭、栖霞、摄山、东阳和燕子矶镇有集镇街巷道路4.75公里。1972年,小市镇东门街弹石路作沥青表面处理,至80年代末,全区集镇道路实现“沥青化”。1982年,和燕路拓建,成为全区第一条城市主干道。随后,黄家圩路、宁杭公路卫岗段得以拓宽;太龙公路尧化门段分三期拓宽,增设下水管道。90年代初,和燕路二期、太新路相继建成。1996年,区内相继开工建设红山路、幕府东路、栖霞大道。至1999年,区内集镇道路总长623.6公里,城市道路交通网络基本形成。

和燕路　始为古驿道,原起点在神策门(今中央门),终点为观音门(燕子矶)。民国5年(1916),全线整修。民国12—15年(1923—1926),铺装片石路面。民国20年(1931),路幅拓宽至7米,并降低观音门高坡。1957年,中央门至迈皋桥段摊铺沥青路面。1982—1995年,和燕路分三期进行拓宽改建。今和燕路南起中央北路,北至燕子矶镇,全长8.05公里,境内长6.11公里。东井亭至太新路口,为三块板路型,路幅45米,太新路路口至

燕子矶镇为一块板路型,路幅7米。

栖霞大道 西起晓庄,东至栖霞寺,全长14.23公里。大道依次横穿和燕路、迈化路、燕尧路、尧新路,并跨越4条铁路专用线和2条河渠,沿线建设桥梁7座和绿化广场4处。道路总投资4.55亿元,分两期进行。一期工程全长7.49公里,1997年8月28日开工,1998年9月20日建成通车。二期工程全长6.74公里,1999年2月22日开工建设,当年10月23日建成通车。全路按城市主干道标准建设,设计车速60公里/小时,路幅为26~60米。

幕府东路 西起五塘广场,东至晓庄,连接栖霞大道。全长3.65公里,路幅50米,沥清混凝土路面,设计车速60公里/小时。1997年1月开工,当年9月建成,概算投资3600万元。

环陵路 始建于民国时期,因环中山陵园景区而得名,其中,黄马水库至马群丁字路口段在栖霞区境内,长6.06公里,路幅11米。1970年前为泥结碎石路面,1970—1975年改建成沥清贯入式路面。

桥梁建设 至1999年,区内集镇桥梁约30座,其中跨便民河桥2座,跨九乡河桥3座,跨七乡河桥2座,跨南十里长沟桥3座,跨北十里长沟桥9座,跨黑神巷河、滨江河桥各1座,道路高架桥5座。

栖霞大桥 西起栖霞大道迈化路交叉口,跨过三条铁路专用线和燕尧路、新十里长沟,东接南京长江二桥南岸引线柳塘立交,由主跨、东、西引桥三部分组成。主跨上部结构采用3×80米下承式系杆拱,主梁采用200×250毫米空心断面用40号混凝土浇制。主跨下部结构采用机械钻孔灌注桩和柱式墩。西引桥为13×25米预应力空心板简支梁桥,宽度为26米;东引桥为4×25米+27.77+30+6×25米预应力空心板简支梁桥,宽度为26~48.94米。设计车速为60公里/小时,1998年1月开工,同年11月建成,概算投资1.06亿元。

和燕路高架桥 位于晓庄。桥宽18米,双向四车道,上部结构采用九跨一联钢筋混凝土等截面连续箱梁,九跨箱梁全长222米。箱梁为单梁斜腹板三室结构。桥面铺装6.5~15厘米钢筋混凝土和3厘米细粒式沥青混凝土。引道接坡全长308.27米。下部桥墩采用直径1.8米钢筋混凝土双柱式墩2组,独柱式墩6根,U型重力式桥台,大直径人工挖孔桩基。1998年1月开工,同年12月建成,概算总投资1663.83万元。

【城市防洪】

排水管道 1953年,龙潭、栖霞、燕子矶等镇和街巷铺设管径为300毫米排水管道;摄山、东阳等镇街巷两旁的土明沟改建成方沟。至1963年,全区直径300毫米以下排水管道和明沟总长2.62公里。1969年底,区市政养护部门,逐年对水淹严重的街巷设置排水设施,至1975年,集镇排水设施总长度增至6.19公里。1981年开始,尧化门街分三期拓宽,增设排水设施。1983年,和燕路、黄家圩路、太新路等城市道路工程施工,排水管网同步铺设,管径普遍增至600毫米以上。1995年,全区排水管道为43.47公里。至1999年,红山路、幕府东路、栖霞大道等市政道路工程相继开工建设,同步铺设排水管道,部分路段主管管径为1800毫米。全区纳入市政管养体系的排水管道计93.14公里。其中管径大于1000毫米管道6.2公里,管径601~999毫米的管道6.12公里,管径小于600毫米的管道39.14公里,连接管19.26公里,方沟11.47公里,明沟11.05公里。

河道整治

南十里长沟 长沟一流二支,全长18公里,汇集北崮山、劳山、老虎山、魏家山及红山一带来水,向南穿过沪宁铁路和龙蟠路,经城北护城河、外金川河入长江,汇水面积12.92平方公里,是南京市城北地区重要排水渠道。1958年,投资25万元,进行整治,沿红山山麓新挖河道1200米,将高家村至东井亭段主流改道至和燕路南侧。1976年5月,华东电子管厂至沪宁铁路218号桥段,由14家沿沟单位分段包干整治,排水状况稍有好转。1984年,对长沟进行专项治理,主流和支流分别按14.5~86.6立方米/秒和31.3~34.5立方米/秒流量疏浚拓宽,砌筑驳岸或护坡共5086米,改建全线束水桥涵,挖土方22.53万立方米,河底标高分别为17.5~7.7米、10~8.2米,底宽分别为4~21米、6~8米,1985年完成。1995年,又对长沟主流及一支进行清淤。排洪效能大为改善。

北十里长沟西支 南自和燕路晓庄广场,北至燕子矶入长江,全长6.03公里,汇水面积9.3平方公里。多年来沿沟大量兴建工厂、住宅,原先蓄水的河塘被填,工业废水、废渣淤积河底,行洪断面缩小,常常遭受洪涝之苦。按照南京市建委"一次规划,分期实施"意见,1999年,实施晓庄广场至胜利村小桥段一期整治工程,2月21日开工,5月底完成。完成浆砌块石盖板沟454米、浆砌块石护底320米、4~6米宽钢筋混凝土盖板沟545米、浆砌块石护坡墙758米、钢筋混凝土挡墙198米，新建小桥7座，清淤9.2万立方米，建设拦污栅8处，并在和燕路1号桥至2号桥段盖板沟两侧安装钢丝网防护栏，种植树木。一期工程总投资1300万元。

燕子矶小清河　源于燕子矶公园西侧，沿和平街东侧至和燕街处改向，东流入张家沟。原为燕子矶镇内唯一受水明沟，全长800米。沿河居民乱倾乱倒，河道淤塞，70年代初，渐成“臭水沟”，每至汛期，河水倒灌居民家中。1972—1974年，区市政管理部门逐段进行整治，或加盖板，或砌毛石拱沟，将其改为暗沟，泄洪能力逐渐改善。

泵站建设　1974年，在燕子矶小清河上建农用兼城市排涝泵站一座，装卧式机泵1台。1981年，在龙潭镇便民河南侧，建农用泵站1座，装机泵4台。1993年10月，拆除燕子矶老泵房，按1.5立方米/秒流量设计改造，装轴流泵2台。1996年，按城市排涝泵站标准设计改造龙潭泵站，装卧式轴流泵3台，流量2.4立方米/秒，收集、排放汇水范围0.7平方公里。

【供气　供水　供电】

供气　60年代开始供应液化石油气，70年代开始供应煤气。

液化石油气　1965年，南京炼油厂建成，次年8月，供应液化石油气，区内首批居民用户2000户，年供气0.1万吨。1989年起，国家、地方、企业乃至个人集资办气，居民在交纳2500元集资费后即可领取液化石油气票证。1999年，全年供气量达5.64万吨。区内用气户增至64603户。

煤气　区内居民使用管道煤气的气源来自南京市煤气公司制气分厂。分厂位于迈皋桥镇合班村，1987年9月18日建成投产，日产煤气26万立方米。此后，又分别于1992年、1996年、1997年，相继开工建设油制气工程（日产气20万立方米）、机炉煤气工程（日产气15万立方米）、轻油制气工程（日产气50万立方米）。1999年底，区内有煤气管道8.48公里，调压站2座，用户5397户。

供水

公共供水　1961—1964年，南京市自来水公司与南京化纤厂合建燕子矶水厂，供水能力为5万立方米/日，敷设直径700～800毫米出水总管，并沿和燕路敷设直径500毫米输水管，向中央门外、燕子矶地区供水。1974年，上元门水厂部分建成供水，次年，从五塘村往和燕路敷设直径1000毫米水泥输水管。1981—1985年，敷设迈皋桥至华东电子管厂直径600毫米输水管。1986—1990 年，敷设长营村至万寿村直径 700 毫米输水管。1994 年，南京市政府在燕子矶开工建设城北水厂，一期工程为 25 万立方米/日，同时，北河口水厂至中山门外大口径输水管道全线贯通，区内供水状况得以改善。1998 年 7 月，改造中山门至马群 8.04 公里供水管网，从宁杭公路接通直径 1000 毫米供水干管，沿环陵路、马栖路、亚东新城区一号路、宁镇公路及绕城公路至尧化门，敷设直径 800 毫米输水管，与建设中的城北水厂出厂水管连接，全长约 10 公里，形成供水环网，实现北河口水厂、城北水厂双路供水。1999 年，区内供水管网长达 38.67 公里，管径为 500～1200 毫米。

单位供水　1962 年，龙潭镇开凿孔径 1 米的深井，利用吊装机泵取水。1965 年 4 月，南京炼油厂建成设计能力为 36 万立方米/日的自备水厂，日供水 2.5 万立方米。1979 年，南京烷基苯厂建成日供水 20 万立方米水厂，水质达到生活用水标准。1981 年 4 月，中国水泥厂建成一口 356.59 米深井。1992 年 8 月，南京港务局四公司建成船上水厂，供给新生圩港区及附近单位生活用水。1996 年 5 月，江南—小野田水泥有限公司自备水厂投产，日供水 1.5 万立方米。1999 年，全区有深井 6 座，日供水 0.5 万立方米；有工矿企业自备水厂 7 座，乡镇水厂 6 座，日供水 120 万立方米。

供电　民国 24 年(1935)5 月，建成西华门配电所至汤山镇 28 公里供电线路，以 13.2 千伏送电。民国 25 年(1936)6 月，中央门 66 千伏变电所建成，同时，至龙潭的输电线路竣工，全长 39.6 公里，可输送 8000 千瓦电力，经漳桥开关站，分别向龙潭中国水泥厂变电所和栖霞山江南水泥厂变电所送电。民国 26 年(1937)11 月，从中央门经迈皋桥至燕子矶 13.2 千伏输电线路建成，主线长 13 公里，供迈皋桥、燕子矶一带企业用电。同年 12 月，日军侵占南京，区内电力线路多毁于战火，南京至龙潭供电中断。民国 36 年(1947)，江南、中国水泥厂分别与首都电厂重订用电协议，筹建 66 千伏输变电工程。1950 年 5 月，建成宁栖供电线路，长 25.68 公里，采用铁塔和裸铜导线。江南水泥厂变电所同期安装 2 台三相变压器。是年，由南京市政府投资、农民集资和银行贷款计 42 万元，在笆斗山建 13.2 千伏变电所，安装 13.2/4 千伏变压器 1 台，从笆斗山至八卦洲天河口放一条 4 千伏过江电缆，再从天河口至下坝放一条 4 千伏架空线，当年 5 月送电。1951 年起，市供电部门对八卦洲、龙潭镇等地实行电力趸售。1958 年，扩大到燕子矶、迈皋桥等地。1970 年 6 月 4 日，八卦洲过江输电线升压为 10 千伏。1972 年 8 月，栖霞山变电所、江南线、栖龙线同时由 66 千伏升压至 110 千伏。1975 年，在乌龙山安装 560 千伏变压器,供十月、尧化等地灌溉农田。1976年,栖霞地区除保留八卦洲公社、龙潭镇、栖霞镇三处电力趸售外,全部改为直供。同期,农民生活用电也日渐普及。初期,一般每户仅装一、两盏白炽灯,用电量占农村总用电量的3.14%。之后,农民收入增加,家用电器增多,用电量大增。1987年,区内农民生活用电量比1962年增长61.13倍,占农村用电总量的8.39%。1999年12月,输配电线路电压等级分别为110千伏、35千伏、10千伏,有线路150条,长1045公里,设变电站17座,全年用电量25.41亿千瓦时,用电户数为95400户。

【路灯　公共交通】

路灯　抗日战争前夕,燕子矶地区始有少量照明设施。侵华日军占领南京期间,燕子矶地区路灯设施尽毁。新中国成立后,栖霞区域内道路、桥梁、广场和居民区路灯数量不断增加,光源和灯具也历经更新。自1959年至1999年,先后试用日光灯、高压汞灯、氙灯、碘钨灯、镝灯和高压钠灯、钪钠灯等新光源。路灯线路由电力线路同杆架设,逐年改为地下埋设。路灯启闭控制由早期的人工操作发展为使用电子钟和光电相结合的控制器。1999年,燕子矶、迈皋桥、尧化门、栖霞、龙潭、马群新区等集镇街道,以及和燕路、红山路、幕府东路、栖霞大道、太新路、尧新大道等主干道均安装路灯。

公共交通　民国37年(1948)4月,江南汽车公司开辟由淮海路通往燕子矶的北郊线,栖霞地区首通公交车辆。新中国成立后,北郊线改为市区8路线。1956年3月20日,开通汉中路至栖霞山郊区公交车。此后,区域内公交线路逐渐增加,但因城市道路狭窄,发展受到制约。1981年11月24日起,南京市公交公司在区内相继开辟101、102、103、104高峰线路车。进入90年代,区城市道路交通网络基本形成。1998年,公交线路由南京市公交公司、中北巴士汽车有限公司和雅高巴士汽车有限公司三家经营。至1999年,有21条公交线路覆盖栖霞区域。区客运公司、第二运输公司投入小公共汽车87辆,运营线路201.6公里,企业及个体出租轿车逾200辆。

第三章　国土资源管理

【土地利用】

1999年,栖霞区利用土地370.88平方公里,占总面积97.12%。农业用地162.37平方公里,占总面积42.52%,其中,耕地127.23平方公里,包括灌溉水田49.82平方公里，旱地58.88平方公里，菜地18.42平方公里，“望天田”0.11平方公里；园地9.85平方公里，包括果园2.81平方公里，桑园0.54平方公里，茶园2.71平方公里，其它园地3.79平方公里；林地面积24.54平方公里，包括密林地17.73平方公里，疏林地3.13平方公里，造林地3.06平方公里，苗圃0.62平方公里；牧草地0.75平方公里。建设用地100.65平方公里，占总面积26.36%，其中，建制镇用地5.8平方公里，村庄用地25.39平方公里，工矿用地46.8平方公里，铁路用地3.63平方公里，公路用地5.64平方公里，农村道路用地3.32平方公里，港口码头用地0.6平方公里，特殊用地9.47平方公里。水域面积107.85平方公里，占总面积28.24%，其中，河流78.6平方公里，水库0.54平方公里，坑塘11.75平方公里，苇地3.11平方公里，滩涂5.13平方公里，沟渠5.34平方公里，水工建筑物占地3.38平方公里。未利用土地11平方公里，占总面积2.88%，其中，荒草地3.13平方公里，沙砾裸岩地1.23平方公里，田坎5.47平方公里，其他土地1.17平方公里。

【农田保护】

1995年5月，基本农田保护区划定，其中，一级基本农田376片、632块，保护面积11221公顷，保护率65.33%；二级基本农田321片、436块，保护面积6667公顷，保护率41.2%；2000年前建设预留地1180公顷。1998年，修订土地利用总体规划，农业用地分为基本农田和一般农田，基本农田为11333公顷，一般农田为1833公顷。

滩涂开发 滩涂分布在八卦洲、长江、营防乡和龙潭镇。新中国成立后，组织群众利用农闲季节，开发滩涂，扩大耕地。至1993年，区内滩涂围垦开发的耕地8667公顷，约占全区耕地总量的60%。1995—1999年，全区共开发滩涂683公顷。

荒地开发 新中国成立后，组织农民开发荒地。1950年，第九区和第十区有荒地581公顷。1955年，燕子矶区开荒93公顷种植瓜果。1989年，摄山乡开垦荒山59公顷种植茶树，1990年，摄山乡东湖村开荒4公顷栽植桃树，工农村、红梅村开发荒山8公顷种植板栗。1995年，已无荒山荒地。

土地整理复垦 1981年，迈皋桥公社征收红光砖瓦厂挖废土地16公顷，供作南京第二毛纺厂建设用地。1992年，马群乡撤销青马村窑厂，复垦挖废土地19公顷。至1994年，全区复垦挖废土地达100公顷。1985年，长江乡在江边围垦低洼田 20 公顷,建大棚养殖场,变放荒田为良田 11 公顷,开挖渔池 8 公顷,建造猪舍 40 间。1989—1997 年,区土地部门完成土地开发复垦 800 公顷,增加种植地 333 公顷、养殖水面 467 公顷。各乡(镇)、村、单位、个人累计开发复垦 333 公顷,其中,栖霞镇石埠桥村建设 20 公顷高标准示范田,衡阳村建设千亩示范田,马群镇开发复垦 70 公顷,净增耕地 23 公顷。1999 年,长江乡外公记 80 公顷滩地整理工程全面展开,当年开发复垦 72 公顷。

【建设用地】

国家建设用地

港口　1954 年,南京化工厂征地 2.3 公顷,建专用码头,之后,南京炼油厂、长江油运公司南京基地、南京市交通港务处大件公司、南京市粮食局等单位相继修建专用码头,共占地 49 公顷。1978 年,在燕子矶镇新生圩村征地 133 公顷建新生圩外贸港。1999 年,区内沿江港口码头用地约 193.33 公顷。

公路　1987 年,新建宁镇公路,共征地 87 公顷。80 年代,拓宽宁杭公路,用地约 9 公顷。90 年代后期,再次拓宽宁杭公路,征地 6 公顷。1982—1991 年,两次拓宽改造和燕路,共征地 42 公顷,建设绕城公路征地 102 公顷,建设沪宁高速公路征地 45 公顷。1995—1999 年,建长江第二大桥及纬一路、栖霞大道、红山路、尧化二号路等干道道路,共征地 296.69 公顷。1999 年末,区内公路占地 564.41 公顷,农村道路占地 332.41 公顷。

铁路　新中国成立后,中国水泥厂、江南水泥厂、南京化工厂、白云石矿、南京炼油厂、南京化纤厂等 18 家单位先后修建自备铁路专线。至 1996 年 6 月,自备铁路总长 16.9 公里,征地 47 公顷。1999 年,区内铁路共占地 363 公顷。

工业　民国时期,区内先后建成中国水泥股份有限公司龙潭工厂(中国水泥厂)、江南水泥股份有限公司栖霞工厂(江南水泥厂)、电工器材三厂(南京有线电厂)、中央电瓷公司南京厂(南京电瓷总厂)、南京电照厂(华东电子管厂),征地 317 公顷,1999 年,上述五厂共占地 636 公顷。新中国成立后,陆续兴建南京炼油厂、南京烷基苯厂等工矿企业数百家。1999 年,工矿企业用地总计 4680 公顷。

开发区　1992 年 6 月,南京市政府在区内燕子矶镇新生圩地区征地

9.73 平方公里,设立南京新港工业区(南京经济技术开发区)。1999 年,用地增至 18.13 平方公里。

乡镇村集体建设用地 1989 年,乡镇村企事业单位占用土地共 410 公顷,其中,乡镇企业占地 218 公顷,村办企业占地 129 公顷,联营企业占地 28 公顷;机关单位 31 个,占地 5 公顷;社会福利事业单位占地 30 公顷。1992—1994 年,共审批乡镇村非农业建设用地 71 宗,用地总面积 84 公顷,1999 年,全区乡镇村企事业单位用地累计 687 公顷。

住宅用地

农村宅基地 新中国成立初,农民主要在私人所有土地上建房。农业合作化以后,农民建房用地由农户申请,村(大队)批准即可。70 年代中期,改由人民公社批准。1988 年 10 月至 1989 年 6 月,对农村新老宅基地开展清查丈量,全区村民 47044 户,共使用宅基地 781 公顷。1993 年,农村居民点占地 2763 公顷,占全区集体所有土地 10%。1999 年,全区村庄用地计 2540 公顷。

城镇居民建房用地 新中国成立后,城镇居民主要利用私人宅基地建房。无宅基地需建房者,要提出用地申请,经居民委员会会签,报镇政府批准。1969 年 6 月,区内城镇土地均归国家所有,由房地产管理部门统一管理。城镇居民建房,先提出申请,由区房地产管理部门与镇政府派员现场勘察,经同意后方可建房。1985 年 12 月,对区内城镇居民住房屋进行普查。全民单位自管住宅占地面积 238 公顷,区房管部门直管住宅占地面积 22 公顷,集体单位自管住宅占地面积 6 公顷,私有产住宅占地 60 公顷。1990—1999 年,区土地部门审批城镇居民建房 10514 户,宅基地总面积 64 公顷。

第四章 房产管理

新中国成立前夕,区内房屋总面积 46 万平方米,瓦房和草房分占 30% 和 70%。贫民住房低矮、简陋,富户多建造砖木结构之平房或二层楼房。新中国成立后,栖霞区逐步成为工业密集地区,大规模建设厂房和职工生活用房,但是,文教事业迅速发展,人口急剧增加,住房紧张状况日益突出。1965 年,全区房屋总面积 236.5 万平方米,仅有 6 层楼房 1 幢,5 层楼房 3 幢,绝大部分为砖木结构平房。1976 年,全区人口增至 31 万人,人均居住面积仅 3.5 平方米。改革开放后,房地产业蓬勃发展,旧城改造与新区开发相结合，以每年10万~40万平方米的速度建房，时称“栖霞速度”。昔日农村的茅草屋已荡然无存，取代的是一幢幢砖瓦平房、砖混楼房和别墅楼，全区五至七层住宅楼建筑面积占城镇住房面积的75%。1999年，全区房屋面积1506.9万平方米，居住面积932万平方米；城镇乡村人均居住面积18平方米；城镇住宅成套率为75%。

【公房管理】

直管公房　新中国成立后，区内公房先由南京市房管部门总管，后改由市、区兼管。1965年5月，交由区管。1999年末，直管公房面积48.29万平方米，其中居住用房43.35万平方米。

租赁　新中国成立初，区内可出租的直管房屋供大于求，租户可任意选租。随着人口增多，出租公房供不应求，需先登记求租，再等待分配。承租人须提出书面申请，经批准后订立租约，按照租额支付租金，即可入住。50—80年代，公租房租金包括折旧偿还金、保养费、保险费、房捐、管理费、地租等每平方米月租金一般不超过0.3元。1995年，推进住房租金改革，每平方米月租金平均提高到0.84元。在提租的同时，对离休干部、退休职工、特困企业的特困职工和社会救济户等适当减收。

维修　50年代，公房维修原则先是“维持不倒、不塌、不漏，以安全为准”，后改为“一般维持、重点保养、局部改善、少数翻建”和“狠抓抢险，加强维修，重点改建，量力恢复”。60年代，贯彻“管修合一”原则，实行定人、定点、定责，分片包干，负责小修养护，并结合维修加层接长、搭阁放坡，缓解部分住户的居住困难。70年代，震情频传，维修采取“抢险和抗震加固为主，加强小修养护”。80年代，直管公房维修推进“定期轮修，巡回养护”的原则，做到“定案有记录、施工有预算、变更有核定、竣工有决算”。90年代，注重住户居住条件的改善，增设厨房、卫生间，实行维修成本核算和维修经费包干。1982—1992年，栖霞区直管公房修缮面积累计28.04万平方米，修缮费用累计624.74万元。

单位自管房　50年代，驻区大型厂矿自建自管公房，设有房屋管理专职机构，负责单位房屋的基建、维修、住房分配调整及租金的收取等。80年代，驻区大型企业将原房管专职机构改为三产开发公司，专事房屋基建、房产管理和物业管理。各单位分房多按工龄、职称、人口、有无特殊情况进行打分，职务高、工龄长及苦、脏、累工种人员分值高，双职工、独生子女、劳动模范另行加分。按分值高低依次排队分房。单位自管房的住房租金由单位自订。单位自管房的维修,由单位根据财力另列开支,大型企事业和行政单位有专业维修队伍,大、中修则招标发包。

【私房管理】

1999年,私房面积524.46万平方米。房管部门除对集镇街面上私房出租实施管理外,其余由私房主自行管理。

私房租赁管理 1956年4月起,区房产管理部门会同居民委员会对民房租赁的主客双方逐案进行审查、协调、评租、换约,取缔一批"二房东",并确定一般住房每间(按22平方米计算)每月租金1.5~9元。1988年3月,区成立非居住房屋租赁管理领导小组,管理全区非居住房租赁市场。1995年,规定区内私有住房出租方须持房屋产权证明文件,到区房产局登记,签订《南京市私房租赁合同》,领取南京市居住房屋出租许可证,缴纳有关税、费。因房屋租赁而产生纠纷,租赁双方当事人均可向房屋所在地的房产纠纷仲裁委员会申请仲裁,或向有管辖权的人民法院起诉。1999年,全区私房出租计2662户,累计征税663万元,收费80万元。

落实私房政策 1982年,落实私房政策工作由房管部门负责,落实政策的主要对象有"接管产"(接管国民政府人员遗留的房地产,土改和镇压反革命宣判中由国家接管的房地产)、"经租产"(对私人出租房屋用赎买的办法进行社会主义改造,由国家统一经租,以固定租金来逐步转变其所有制的房地产)、"文革产"("文化大革命"期间,私房主迫于形势交公的房产,或以继续改造的形式挤占的私房)、"下放产"(下放和"遣送"人员被房管部门低价收购的私房),房屋还在的,产权归还私房主,房屋被拆除的折价赔偿,补自留房给私房主,低价收购的补差额款等。1999年,全区"经租产"处理结案81户,占"经租产"总户数46%;"文革产"处理结案540户,占"文革产"总户数99%;"下放产"处理结案989户,占"下放产"总户数91%;补差价款64万元。

【住房制度改革】

建立住房公积金 1992年,全区29家具有法人地位、独立核算、独立发薪资格的区、镇、乡属单位,由在职职工及所在单位按月工资各交5%,逐月存入中国人民建设银行房改信贷部,在职职工1.98万人,月公积金归集数23万元。1996—1998年,公积金基数调整到单位与职工各交6%。1999年,全区住房公积金缴存单位有159家,汇缴职工人数1.05万人,月公积金归集数66.5万元,公积金缴存率90%以上。住房公积金按照“个人存储、单位资助,统一管理、专项使用”的原则,用于职工个人购、建、大修住房的支取。职工退休时,本息余额一次结清退还给本人。

公有住房出售 1995年,栖霞区开始出售公有住房。购房者凭户口簿、公房租赁合约、工龄证明等有关证件,向售房单位提出购房申请,由售房单位按《南京市优惠出售公有住房暂行规定》对申请人进行资格审查,经审批后,依据市房改办规定的核算价格,出售给购房人。1995—1999年,售房的成本价格逐年提高,一次性付款的优惠条件逐年减少,但每年房屋2%折旧率和每年工龄1.2%折扣率则保持不变。至1999年末,全区共出售公房6879套,面积37.27万平方米。公有住房售后的维修及管理仍由售房单位负责。

【城建拆迁安置】

至1999年,全区完成19个地区的拆迁任务,拆迁住户3069户、居民10127人,拆除房屋30.3万平方米。合同履行率、拆迁安置补偿协议签订率均为99%。

房屋拆迁 1981年,区内和燕路拓建一期工程征地21.7万平方米,拆迁居民516户,拆迁企业单位34个,拆除房屋4.2万平方米,1985年,和燕路拓建二期工程征地20万平方米,拆迁居民206户,拆迁企业单位27户,拆除房屋1.9万平方米。1987年,发生拆迁案14件,拆迁居民1622人,拆除房屋2.2万平方米。进入90年代,旧城改造、新区建设、路桥建设力度加大,房屋拆迁量随之增大。1991年,小市街危旧房改造,拆除房屋0.46万平方米,拆迁164户。1996年,红山路建设拆迁房屋2.3万平方米,拆迁居民210户。1997年,实施纬一路中段一、二期工程和纬一路东段工程拆迁,玄武湖镇刘王井金陵汽车运输公司货场拆迁,胜利村拆迁,太平村一期拆迁,计拆迁住户769户,拆迁居民2398人,拆迁建筑面积8.81万平方米。1998年,实施合班村拆迁、太平村拆迁、幕府山庄拆迁、仙林农牧场南师大新校区工程拆迁,计拆迁住户531户、居民2076人,拆除建筑面积6.4万平方米。1999年,栖霞大道二期工程拆迁、何家村复建房拆迁、侯家村道路工程拆迁、合班村拆迁、迈皋桥高家村拆迁,计拆迁住户268户、居民544人,拆除建筑面积4.02万平方米。

补偿安置 1950年，征地房屋拆迁补偿，采取“自拆自建、包拆包建、以房换房、估价收购、统筹新建”等多种形式。1959年3月，规定拆迁私人房屋补偿价款在300~500元以上，1000元以下；1969年，拆迁房屋收购价按南京市房产交易所规定价格估价。1974年2月，规定城镇私人房屋原则上一律折价收购，按不低于原居住面积的原则安排公房，让其承租居住，对于不愿意折价收购的拆迁房屋指定在岔路口、尧化门等处按其原面积付给合理补偿；农村居民房屋根据农村建设规则，选适当地点，按原面积给予恢复或付给合理补偿，由拆迁户自建。1976年，实行“统一规划设计，统一投资，统一拆迁，统一施工，统一分配，统一管理”新方针。拆迁户安置按“分得开，住得下”的原则分配住房。1982年12月，拆迁公有房屋，以被拆迁户的安置面积偿还产权单位；拆迁私有住房按房屋作价收购，安置拆迁户住房标准以常住户口人均7平方米居住面积分配。次年，重新调整房屋拆迁折旧收购价，平均补偿价格提高近一倍。1991年4月1日，房屋拆迁补偿按所拆房屋原建筑面积的重置价格结合成新结算。拆迁住房安置标准控制在人均使用面积10.6平方米的水平。1996年2月，拆迁补偿按南京市物价局、拆迁办关于调整房屋拆迁补偿安置标准补充规定执行，至1999年未变。

【小区管理】

物业管理 1997年4月，新欣物业管理有限责任公司成立，为全民所有制企业，物业公司直接从事小区地上建筑物、基础设施及周围环境的管理和维修，提供日常生活、商业、金融、中介以及委托性的特约服务，按照《南京市物业管理服务收费暂行办法》规定标准收费。至1999年底，全区有南京新欣物业管理有限责任公司、南京金盛物业管理公司、南京栖霞建设集团物业有限公司、南京诚信物业管理公司、南京港桥物业管理公司、南京金桥城镇物业管理公司、栖霞区城乡开发物业管理分公司7家物业管理公司通过资质审查，管理新老住宅小区85万平方米。

小区出新 1997年前，新建住宅小区内的公共设施不完备，环境卫生、设备、道路、绿化等常规项目达不到物业管理标准。1998—1999年，开展住宅小区出新达标活动，在迈苑小区、北苑小区和伯乐花园小区3个小区进行整治出新，共计拆除违章建筑290处、2469平方米，拆除违章无烟灶台28个，粉刷外墙34690平方米，新建休闲广场和运动场7054平方米，新砌窨井

277座，整修下水道2444米，维修屋面400平方米，整修路面19222平方米，新砌路牙3208米，新砌围墙3193米，种植树木花草99149株，种植草皮12400平方米，新建花坛8个，检修和新增照明灯271盏，修建车棚3979平方米，新建停车场800平方米，设置垃圾箱56只，清运垃圾3200吨，达到管理规范有序、居住安全舒适、设备设施完好、环境美化绿化、服务优质及时、卫生干净整洁的目标。

第五章 建筑安装

民国以往，栖霞地区建筑行业无固定组织形式，多以师承、宗族结成工帮，沿袭传统工艺，主要有木、瓦、石、漆、篾、茅等工匠，行无定所，聚散无常。新中国成立后，区建筑业得以振兴和发展。1956年，组织零散瓦木工匠集体生产，至1963年8月，区内相继组建10个建筑合作社，建筑施工力量和技术水平在全市区县同行业中位居前列。1970年3月，撤销区修建合作联社，成立区建筑工程大队，后改称区建筑公司，列为区属企业。1976年1月，设立区建筑安装管理站，加强对人民公社建筑队伍的管理。1978年5月，成立区建筑民兵团，各公社分散的建筑队伍和零星的建筑工人得到组合，各种类型的建筑企业相继成立，涉足土建、设备安装、机械土石方、桥梁、装饰、地基与基础、构配件等门类。1986年12月，南京市建筑安装工程质量监督站栖霞区分站成立，与区建管站共同承担建筑市场法制化、规范化和制度化管理。1987年底，全区有建筑企业91个，构件生产企业14个，勘察设计企业1个。90年代后，政府包投资、包建设、包分配任务的计划性管理渐为市场竞争机制所取代，多种经济成分的建筑企业相继产生。1999年底，全区建筑企业已形成区、乡镇（含村、街道）、驻区单位自办和私营多元化结构，共有建筑企业84个，其中，具有资质等级的建筑施工企业45个、混凝土构件生产厂家18个，勘察设计企业1个。

【建筑业管理】

资质审定 1984年6月，首次对建筑企业进行资质审查。1985年8月，根据《建筑业营业管理条例》，对建筑企业资质套改定级为一、二、三、四级，时有四级资质建筑企业3个，等外级建筑企业25个。1989年6月，根据《施工企业资质管理规定》，建筑企业实行归口管理，建筑企业资质等级审定情况为3级4个,4级13个,级外甲等25个,级外乙等36个。1990年,对混凝土构件生产企业生产的预制空心板和大型屋面板实施生产许可证制度,有25个构件企业取得建设部颁发的预制空心板生产许可证。1991年始,栖霞区开展建筑企业资质年检和施工许可证年审工作,实行资质动态管理。1999年,全区施工企业中,有资质二级1个,三级20个,四级22个,五级2个,吊销施工许可证4个。

质量监督 1986年12月,区质监分站,对建筑工程实行第三方认证,各建筑企业均建立质量监控网络。1989年后,建筑工程质量评定,由区质监部门主持,市质监部门核准。先由建筑企业按工程质量检验评定标准自查,自评等级,再由建设(监理)单位旁站实测审查工程技术资料,签署质量等级认定意见。1997年8月中旬至11月底,南京建筑业开展建筑工程质量创优治劣活动,抽查区内在建工程5项,面积18690平方米,混凝土构配件生产厂15家。区内一住宅工程因砌筑砂浆标号配制不足等问题,被列为全市“五差工程”之一,受到南京市通报批评。

【建筑安装工程】

区建工程 新中国成立初,区域内建筑工匠零星分散,只能承建一些砖木结构的民间住宅。60年代,钢筋、水泥在工程中广泛使用,施工工艺向砖混结构发展,涌现出金陵玻璃厂生产车间、中国水泥厂粉尘技术措施改造、金丝岗水泥厂钢筋混凝土圆筒仓、燕子矶小学二层教学楼等一批质量较好的建筑工程。70年代,建筑工程以混合结构为主。逐步推广钢筋混凝土带型或杯型基础,外墙面转为水泥拉毛、干粘石粉刷。屋面工程开始推广现浇和预制混凝土平板屋面、油毡防水屋面、架空隔热板保温柔性屋面、刚性细石混凝土防水屋面等,并逐步推广使用先张法预应力施工工艺混凝土预制构件。80年代后,区建工程向高层大跨度群体方向发展,普遍采用钢筋混凝土框架结构。新建房屋内墙普遍采用石膏吊顶,墙面弹涂,墙裙油漆和贴瓷砖等工艺,外墙装饰采用马赛克、陶瓷锦砖、釉面砖、彩色涂料、天然大理石和人造大理石等新材料,大面积彩弹喷涂料技术开始推广应用。1978—1999年,全区建筑企业共完成建设工程投资额9.05亿元。

优良工程 50—60年代,建筑工程依据《施工验收规范》验收,1968年,区修建合作联社从各基层社抽调100名技术工人,参加南京长江大桥南铁路引桥预制钢筋混凝土大梁制作会战。1976年,区建筑公司承建太平村菜场工程,混凝土震捣密实,头角方正,砖墙灰浆饱满,横平竖直,内外搭接牢固,是区内被市评定的首项优良工程。同期,区农机厂车间工程采用土胎地模预制构件,多层叠浇,工型柱、薄腹梁、行车梁被评为市优良构件产品。1980年开始,连续七年参加南京市建筑行业创全优工程竞赛活动。1981年,区建筑公司承建东井村27号点式住宅工程首创区内全优工程,成优面积1231平方米。至1987年,全区建筑施工企业共创全优工程50项,成优面积67859平方米,全优构件产品7278立方米,优良设计25项,优良设计面积87580平方米,优良勘察5项。至1999年,评定优良工程21项,总计建筑面积52500平方米。

第六章 环境保护

民国时期,区域内环境呈自然状态,污染较少。新中国成立初,区境内仅有少量化工、水泥等工业企业,建设规模较小,工业废水、废气、废渣(简称“三废”)排放量有限,农业生产中也很少使用化肥和化学农药,环境自净能力较强,生态系统基本平衡。50年代后期至70年代初期,全区工业发展较快,“三废”排放量激增,尤其是化工企业的发展,对水环境造成污染和危害,全区生态平衡开始受到破坏。80年代后,区内乡村工业迅速崛起,但大多设备陈旧、工艺落后,无“三废”处理能力,加之市区内一些重污染企业陆续迁入,加重了污染负荷。农业生产中化学农药和化学肥料大量使用,工业废弃物的随意处置,土地、河流的不科学使用,致使环境污染日趋严重,生态环境失衡。区政府贯彻环境保护基本国策,开展全区环境综合整治和各类污染源治理,严格执行南京市区(县)长环境保护目标责任制,连续9年考核获优秀,同时利用“6·5”世界环境日,宣传环保法律法规,提高全民环境意识,促进地区经济社会事业的可持续发展,环境质量逐年改善。

【江河水质保护】

江河水质监测

长江栖霞段水质监测　1964年前,长江栖霞段水质处于良好状态。1965—1967年,多次检测发现,南京化工厂排污口下游水体中酚的浓度达0.03毫克/升,近岸水域检出微量苯胺和油类。70年代后期,检测发现长江栖霞段近岸水质均受到酚、氰、汞、铬、砷和石油类等污染物的影响,1977

年，石油类和酚的检出率分别为100%和55%，挥发酚的最大检出浓度达3.2毫克/升，超标259倍，沿江工厂排污口附近的水域，酚的污染范围一般为1.2～2.5平方公里，在南京炼油厂入江排污口上下游水域形成20多公里长的污染带，上游至尧化门水厂，下游越过龙潭。80年代初期，检测发现长江栖霞段燕子矶镇至栖霞镇局部区域污染严重，水体中溶解氧、化学耗氧量和氨氮的污染带长度达500～2000米，宽度在200～300米之间，但均不超过长江中泓线。污染带水质感官性状变差，径污比约为194∶1。经多年治理，至1985年，入江排污口附近污染态势减缓，油污染程度不断减轻，范围不断缩小，但近岸水质污染仍然存在，以化学耗氧量、氨氮和挥发酚污染最为突出。1986年后迄今，长江栖霞段主流水质基本处于良好状态，断面污染物年平均值均符合国家地面水二类标准，但近岸水域水质中溶解氧、氨氮和挥发酚出现超标，燕子矶镇段和栖霞镇段氨氮污染加重，呈有机型污染态势。

入江河流水质监测　主要入江河流是七乡河、便民河和九乡河。九乡河水体水域功能为Ⅳ类，七乡河和便民河水体水域功能为Ⅲ类。便民河横穿龙潭镇，大量生活污水和生产、经营性废水污物浸入，水质恶化较早；80年代后期至90年代初期，水体中溶解氧降低，化学耗氧量、石油类及高锰酸钾盐指数超标严重，河流水质达不到Ⅲ类水体功能要求；1995—1996年，便民河水质恶化趋缓；1997—1998年，除水质中化学耗氧量与生化需氧量超标趋于严重外，其余超标项目有好转之势。七乡河贯穿摄山镇，水质优于便民河。九乡河流经仙林农牧场和栖霞镇，水质又优于七乡河。三条河流污染变化趋势相似，超标项目相对集中。1990—1998年，三条河流化学耗氧量平均超标率分别为90%、90%和80%；石油类平均超标率为100%、80%和56%；生化需氧量平均超标率为70%、50%和30%，石油类、有机性污染严重。经治理，上述污染得到遏制。1999年，便民河化学耗氧量达标，生化需氧量超标率降为65%，石油类污染仍存在。七乡河化学耗氧量达标，生化需氧量超标率降为37%，石油类污染亦存在。九乡河化学耗氧量超标率降为13%，生化需氧量及石油类污染指数均达标。

废水污染治理　1984年，对污染企业、事业单位进行污染源调查，排出重点污染企业64家。其中，摄山乡热管厂、栖霞镇第七毛纺厂等污水超标排放的4家企业被责令停产治理并处罚款。1984—1986年，对28家医院污水治理情况进行调查，布置含菌污水治理改造工作，污水排放基本合格。1985

年，区申请环保治理低息贷款，用于钟山医院污水处理、锅炉更新及紫金山电镀厂搬迁。1986—1989年，对南京便民助剂厂、栖霞废油加工厂等7家企业进行废水限期治理，使其废水排放基本达标。1989年开始，对全区19家重点企业工业废水治理项目实行厂长（经理）环境保护目标责任制，重点治理项目列入区长环保责任目标。1989年，全区废水处理率提高到50%，处理后的废水达标率70%。1993—1995年，完成水治理项目8个，全区工业废水处理率分别为50%、61%、55%。1995—1997年，责令南京金光石化有限公司削减污染物排放量55%；分别关、停兴隆化工厂、三江化工厂、西化电镀厂、营防磁性材料厂和钟山精细化工厂间硝基苯胺车间，全区工业废水处理率达71%。1998年，对30个废水排污口进行规范化整治及立标、建档验收工作，水污染处理设施运转率达100%。1999年，完成南京金陵化工厂等5家省控重点企业及南京汽车制造厂车厢厂等9家市控重点企业的废水治理工作，并通过废水达标排放验收，对66个废水排污口进行规范化整治。

【大气保护】

大气环境质量与监测　1980年，燕子矶—栖霞镇地区发展成为化工、石油、化纤等基础工业区，在该区域100平方公里的上空，检测发现大气中二氧化硫和氮氧化物全年平均浓度分别为0.097毫克/立方米和0.044毫克/立方米，处于相对下风向一侧的燕子矶地区二氧化硫年均浓度、日均最大含量及一次最大浓度分别达0.104毫克/立方米、1.267毫克/立方米和4.970毫克/立方米，分别超标0.7倍、7.4倍和8.9倍。栖霞山东侧，重污染区面积占13.5%，中度污染区面积占60.7%，轻度污染区面积占25.8%。1983年，大气环境例行监测中发现，区内大气环境总悬浮微粒浓度达标率仅43%，最高浓度达1.546毫克/立方米，超标4.2倍。同年，首次监测酸雨，酸雨出现频率高达22%。1984年，中央门点的二氧化硫五日均值浓度达0.093毫克/立方米，一次最大浓度值为0.263毫克/立方米，分别超标0.6倍和3.4倍，与当时的对照点中山植物园相比，五日均值为2倍，一次最大浓度值为4.7倍。1989年，大气中降尘为12.37吨/平方公里·月，超标0.05倍，成为降尘含量最高的年份。二氧化硫年平均浓度，除1988年超过0.06毫克/立方米的二级大气质量标准外，其余各年份的年均值均达标，达标率为85.7%。1990—1998年，区内大气环境二氧化硫年平均浓度，除1992年略超过0.06毫克/立方米外，其余各年份年均值达标，氮氧化物及悬浮微粒无下降趋势，降尘仍居高不下。1991 年，栖霞区出现近年最大的降水量，全年降雨量达 1545. 1 毫米，致使降尘量减少至历年的最低值，为 8. 45 吨/平方公里 · 月，优于 10. 84 吨/平方公里 · 月标准，酸雨出现率达 15. 7%，1998 年高达 27%。1999 年，区内大气环境降尘为 9. 77 吨/平方公里 · 月，酸雨出现频率为 11. 3%，二氧化硫浓度及悬浮微粒污染下降，分别为 0. 02 毫克/立方米和 0. 19 毫克/立方米，而氮氧化物的污染上升，为 0. 05 毫克/立方米，大气污染综合指数呈下降趋势。

废气污染治理 1981—1984 年，对区内 154 台锅炉和工业窑炉下达限期治理指令，占全区锅炉总数的 53. 9%。1985 年，治理重点是工业窑炉改造和消烟除尘，全区工业燃料的消烟除尘率为 90%。1986 年，创建孝陵卫镇（1995 年划入玄武区）无黑烟控制区，对 22 台锅炉进行更新改造，淘汰除尘效果差的 PW 型除尘器，翌年，孝陵卫镇 16 平方公里无黑烟控制区建成，49 台锅（窑）炉、242 眼炉灶的烟尘、烟气林格曼黑度达到国家控制标准。是年，全区有锅炉 362 台，其中，6 吨以上 70 台，2 ~ 5 吨 148 台，1 吨及 1 吨以下 144 台，全年工业燃煤量为 40. 32 万吨。1990 年，全区 218 台 1 吨以上手烧锅炉已全部更新改造为卧式链条锅炉并配置高效除尘设备，90% 以上的窑炉烟尘排放达到国家标准。1991—1993 年，相继建成小市镇（1995 年划入下关区）、迈皋桥镇、马群镇烟尘控制区，全区烟控区面积达 50. 4 平方公里。1995—1996 年，建成燕子矶、尧化门地区 15 平方公里烟尘控制区，更新改造消烟除尘锅炉 7 台、窑炉 1 台。1997 年，建成 312 国道两侧 3000 米范围内的无黑烟控制区。1998 年，建成烟尘控制区面积 31. 25 平方公里，占全区总面积 10%，是年，全区工业锅炉 154 台，共 1020 蒸吨，烟尘达标排放达 130 台，占总数 84%。1999 年，全区共有锅炉 271 台，窑炉 193 台，工业废气排放总量 563. 7 亿标立方米，废气烟尘排放量 10770 吨，二氧化碳排放量 20562 吨。

【噪声控制】

声环境质量与监测 1981 年始，对噪声状况进行定量反映，噪声值级呈稳中有降趋势。

交通噪声 1983 年，9. 4 公里主干道交通噪声均值达 73. 4 分贝，比国家标准高出 3. 4 分贝，且有 90% 的路段超过 70 分贝。1983—1989 年，所有路段交通噪声超过 70 分贝，最高值年份为 1987 年，车流量仅 815 辆/小时，而噪声级高达80.4分贝，超过国家标准10.4分贝。1991—1994年，全区主干道增至27.9公里，车流量增至920辆/小时，而超过70分贝声级的路段比有所下降，降幅最大年份为1993年，仅42%的路段超过70分贝，下降58个百分点。1995—1998年，全区交通噪声基本稳定在70分贝左右。1999年，全区21.5公里主干道平均车流量1116辆/小时，交通噪声为67.7分贝，符合国家标准，比1983年降低5.7分贝，所有道路交通噪声均未超过70分贝。

功能区噪声及区域环境噪声 1986—1990年，反映栖霞区功能区昼间等效声级有工业集中区和混合区两类，期间，仅1988年，工业集中区的昼夜等效声级略超国家标准，其余各年份的功能区等效声级均符合国家标准。1991年，南京市划分区域环境噪声标准适用区域，时辖中山陵片和蒋王庙片为居民文教区，燕子矶、栖霞片为工业集中区，东井村和马群片为混合区，至1995年，工业集中区的昼间等效声级，仅1991年和1995年优于国家标准，其他年份，各功能区等效声级无一达标。经治理，至1999年，全区各功能区噪声的昼、夜等效声级均优于国家标准。

噪声污染治理 1981年，区执行《南京市噪声管理暂行条例》，规定企业周边5米处噪声级必须符合国家标准，否则不准在21时至次日6时生产。1982年，全区用于治理工业噪声污染资金1.2万元，当年建成噪声治理项目8个。1985年起，实施《南京市环境噪声管理条例》，扰民严重的工业噪声治理有较大进展。1986—1990年，企业用于工业噪声治理资金12万元，完成16个固定工业噪声源治理，全区工业噪声治理达标率52%，搬迁噪声严重扰民的马群通用机械厂，通过治理，南京电视机厂喷漆车间引风机和二车间冷却塔噪声污染由81分贝降至50分贝。1992年，投入治理资金14.2万元，建成孝陵卫镇14.3平方公里噪声达标区，限期治理24家工业噪声源，责令噪声、烟尘污染严重的南汽制动器厂铸造车间搬出居民区，固定工业噪声治理达标率达92%。1993年，投入治理改造资金35.66万元，建成小市、迈皋桥镇18.61平方公里噪声达标区，限期治理33家工业噪声源，治理达标率93.9%，受益人口9.25万人。1994年，城区范围内禁放烟花爆竹，噪声达标区成果得到巩固。1995年，区噪声达标区仅有迈皋桥镇的3.15平方公里。对建筑施工噪声，实行施工申报和许可证制度，在高考、中考期间发布公告，严格控制夜间施工。至1999年，共查处无证违法夜间施工单位80家。

【环保监管】

环保目标责任制 1989年，对南京金陵化工厂等19家企业实行厂长环境保护目标责任制。目标责任包括污染物排放的定量考核、重点污染源治理、污染处理进度及排污费交纳情况等。1991年起，实行区长环境保护目标责任制，目标责任包括烟尘控制区、噪声达标区的建设，民用型燃煤的推广，重点污染源治理，“三同时”（新建、改建、扩建项目，防治污染的设施，与主体工程同时设计，同时施工，同时投产使用）审办，排污费征收等。至1999年，连续9年在南京市政府考核中获优秀等级。

执法检查 1981年，开展区内电镀厂调查、监测，对污染严重又无治理能力的电镀厂实行关、停、并、迁。1982年，开展锅炉烟尘污染防治执法检查，责令南京塑料四厂、六华春饭店等26家单位的锅炉限期治理。至1984年，共有32家企事业单位完成锅炉治理改造任务。1987年，开展农业生态保护工作，先后建成周家山农场、西湖养殖场、营防乡养殖场等农业生态点。1989年，对48家企业进行“三同时”执法检查。1995年10月底，完成对燕子矶地区小化工企业污染情况调查，区政府向南京金桥化工厂、宁燕化工二厂、新燕化工厂、隆燕化工有限公司4家单位下达限期治理通知书。1996年9月，根据国家取缔关停“十五小企业”要求，对金胜精细化工厂等7家企业下达限期治理决定，对摄山化工厂下达停产整改通知，先后关停三江化工厂、兴隆化工厂和西花电镀厂。1997年，关停钟山精细化工厂和营防磁性材料厂。1998年4月，对区内建设项目环保“三同时”的执行、污染治理设施的运转、限期治理项目的落实、污染源排污申报登记、环境违法案件查处等进行执法检查，同年6月，开展建设项目环境管理执法检查，对1996年8月后开办的372家企事业单位进行“三同时”检查，为150家企事业单位补办“三同时”手续。1999年，对省控长江流域水污染5家重点企业和大气污染2家重点企业实施限期治理，实现污染物达标排放。

第七章 城市管理

新中国成立后，区内城市管理工作由城建、公安、工商、卫生等职能部门各司其职，分工管理。“文化大革命”中，城市管理呈无序状态。1979年底，栖霞区始建“三整顿”（整顿市容卫生、交通秩序、违章建筑和占用道路）办公室,城管工作得到恢复。1984 年,全区城管工作的重点是治理“脏、乱、差”,净化、绿化、美化城市容貌,解决群众吃水难、行路难、乘车难、如厕难等问题。1991 年,设立专职机构,全方位开展城市管理工作。至 1995 年,在全区开展的“栖霞市容杯”竞赛已连续 5 年,共评出优胜单位 8 个,先进集体 130 个,市容市貌达标单位 111 个,先进个人 346 人和市、区、镇三级市容卫生星级单位和居委会共 195 个。至 1999 年,全区建成 7 条“门前三包”(沿街单位和居民包门前卫生、绿化、秩序)示范街,创建市、区、镇三级市容卫生星级单位和居委会共 195 个。

【市容管理】

门前三包　1985 年,在燕子矶镇进行“门前三包”试点。次年,全面推行“门前三包”,与责任单位(户)签订责任书,全区各镇主干道“门前三包”挂牌 1200 户。1987 年,新增楼群单元“门前三包”签订户 619 户,挂牌 368 户;院落签订 114 户,街巷签订 430 户,挂牌 1138 户。1988 年,突击整顿小市天桥、黄家圩、板仓、孝陵卫等“窗口”地区“门前三包”工作。1989—1993 年,开展主干道“门前三包”先进一条街活动,签约率 100%,达标率 95%。1995 年,对“门前三包“实行百分制考核,达标分值为 90 分。1996 年,重签“门前三包”责任书 2500 份。1997—1999 年,建成尧化门一条街、和燕路迈皋桥段、和燕路燕子矶段、栖霞一条街、马群一条街、龙潭解放街、太龙路摄山段 7 条“门前三包”示范街。

创星级单位、居委会　1996 年 5 月,7 个镇对所辖单位和居委会,开展市容卫生星级检查、评比活动,评选市容卫生一星级单位和居委会,并分别向区、市申报市容卫生二星级和三星级单位及居委会,1996—1999 年,各镇命名市容卫生一星级单位和居委会 126 个,区政府命名市容卫生二星级单位和居委会 48 个,南京市政府命名市容卫生三星级单位和居委会 21 个。

综合治理　1985 年,以工商部门为主,城管、卫生等部门配合,共同管理摊点经营。夏季瓜果市场实行区、镇两级管理。至 1994 年,清理违章占道经营摊点 23264 户次。1997 年,取缔广场、窗口地区占道西瓜摊点。1998 年,早点餐车管理实行统一垃圾桶、统一着装、统一地板革、统一使用消毒碗筷、统一收市时间;修旧摊点限在次干道路边、巷口和居民区内设置;书报摊点统一使用书摊车,早设晚收;摊点群所有店招、遮阳棚、垃圾桶统一设置。1999 年,建成十字街、康乔、栖霞南街、龙潭解放街标准摊点群,引导

70 多户摊贩入室经营，全区主干道实现白天无摊点，夜间无排档。

户外广告管理　1984 年，仅在法定节假日期间，清理整顿主干道、广场影响市容的横幅、标语及气球。从 1994 年 5 月开始，在区内设置路牌、电子屏墙、护栏、电动翻牌等户外广告标志，悬挂过街横幅、充气标准气球以及其他大型标牌，均要办理相关手续，并收取广告空间占用费。至 1999 年，审批户外广告标志牌 476 块，面积 4150 平方米，审批店招店牌 517 户。

清理违法建筑　1984 年 6 月 15 日，在小市镇 3 个居委会进行违章建筑调查试点，对 522 户（次）违章建筑分别作出处理。1995 年，禁止主干道摆摊设点。1996 年，燕子矶镇政府组织联合执法行动，强行拆除新联机械厂新联新村内 98 处违章搭建。1984—1999 年，共查处各类违法建筑 14238 起，拆除违建 12.38 万平方米，违法建筑处理率 98%、结案率 100%。

【道路保洁】

主干道保洁　1979 年，区环卫所负责 6 个镇区和韶山路、建宁路两条道路的保洁，面积计 15.51 万平方米，每天上、下午各清扫一次。1985 年，三、四类道路每天清扫两次，五类道路每天清扫一次。公路每周清扫三次，保持无垃圾、路面净。1994 年 7 月，配备一辆 8 吨“东风”牌洒水车，定时冲、洒路面，1995 年，主干道保洁面积增至 52.97 万平方米。1998 年 4 月起，试用手扶扫路机，主干道保洁面积增至 109.46 万平方米。1999 年 10 月起，试用转盘扫路机。是年，全区保洁主干道长 41.4 公里，面积 143.78 万平方米。其中，A 级道路 4.22 公里、6.14 万平方米，每天清扫两次；B 级道路 26.57 公里、111.22 万平方米，每天清扫一次；公路 10.61 公里、26.42 万平方米，每周清扫三次。

街巷保洁　1994 年始，7 个镇共设立保洁员 630 名，分段负责街巷清扫工作，保洁街巷 263 条，面积 205.36 万平方米。1995 年，区划调整后，保洁小街巷 191 条，面积 83.01 万平方米。

保洁设施　1979 年，主要设施有高台垃圾箱、地摊垃圾箱和少量铁制垃圾桶，居民生活垃圾、道路清扫垃圾倒入垃圾箱和垃圾桶，由区环卫所清运。1980 年，韶山路、建宁路等主干道和部分街镇设有果皮箱。1986 年，区内首座电动斗式垃圾中转站——小市垃圾中转站建成投用。1997 年 7 月，拆除华东电子管厂道路上 3 座砖砌垃圾箱，至此，全区主干道不再设垃圾箱。1999 年，主干道两侧和闹市区公交站牌旁，按 80～100 米 1 个果皮箱标准，计设置铸铁制果皮箱21个，陶瓷果皮箱99个，玻璃钢果皮箱36个；在迈皋桥、燕子矶、尧化、栖霞四镇和主要居民小区设有垃圾中转站共7座。

【垃圾处理】

清运 1979年，居民生活区、小街巷垃圾由镇保洁员收集运至中转站点，再由区环卫所派车运出。企事业单位和所属生活区垃圾，部分由企事业单位自备车辆运至垃圾场，部分倒入区环卫所设置的中转站点，由区环卫所有偿运出。1981年，区环卫所有垃圾运输车2辆，1985年增至6辆，1988年3月，环卫所建立环卫车队。1999年末，有垃圾运输车13辆，年清运垃圾近50万吨。燕子矶、迈皋桥、尧化、小市4镇生活垃圾由区环卫所负责清运，各镇清洁队协助装卸。

处理 1979年前，生活垃圾在区内租用农村土地露天裸堆，形成垃圾肥后计划供应农村使用。1983年，环卫所在迈皋桥乡小营大队租用1亩荒地建设第一处垃圾场，供小市、迈皋桥、燕子矶3镇生活垃圾弃置。栖霞、尧化、孝陵卫3镇另选荒地露天堆放。当年，垃圾肥销售利用停止。1993年底，区内城郊结合部生活垃圾场星罗棋布。区政府发布《关于加强废弃物弃置管理的通告》，规定废弃物堆放场地由区环境卫生管理单位统一设置，并按卫生标准实行收费管理。1994年8月，在尧化镇三元祠大山凹里设置工业废弃物弃置场，占地7亩。1999年11月，在尧化镇尧辰村废弃的采石场内设置渣土弃置场地。配备推土机和高压喷雾器，对垃圾定期推平、覆盖黄土，定时消毒、灭蝇。

【公厕建设与管理】

公厕建设 新中国成立初至70年代，仅龙潭、燕子矶等居民密集的集镇有一、二座简易公厕，由私人承办粪便清运。80年代初，区环卫所接管公共厕所36座。新建成公厕4座。1982年起，分布各镇的公厕共55座，陆续交区环卫所管理。1985年，区建自动水箱冲水和三格化粪池的高标公厕2座，为区内首批收费公厕。1996年起，建成一批二类和三类公厕。1999年，区环卫所管理公厕34座，其中，二类9座，三类22座，四类3座；8座二类公厕和2座三类公厕为收费公厕。

公厕管理 新中国成立初，公共厕所归区环境卫生清洁队管理，60年代后，划归区房管组，1979年底，移交给区环卫所。1980年前后，每天上、下午由专人各清扫公厕一次,粪便运向农村。1982 年,归由环卫所公厕专业队伍管理,两人(男、女各 1 人)为一管理组,每天冲、扫 4 ~5 座公厕。1983 年底,普通公厕每天上、下午按统一要求各全冲全扫一次。1986 年,执行南京市环卫处制定的文明公厕要求和卫生质量标准,人均每天清扫 32.5 个蹲位。1989 年,区内有 2 座公厕被列为南京市首批收费公厕。1998 年开始,对区内公厕进行达标考核,当年达标 14 座,1999 年达标 9 座。是年,收费公厕增至 10 座,分布在游览点、广场、集市商场和主干道两侧。

粪便处理 新中国成立初,区清洁队组织附近农民有偿清运粪便以作肥料。60 年代后,改由生产队按厕所包干,无偿清运粪便及清扫。1980 年,城镇居民住房条件改善,抽水便器增多,粪便经水冲流入化粪池。一些室内没有卫生设施的居民则将粪便倒入公厕和下水道。1981—1986 年,区环卫所用自备吸抽粪汽车或租用农用吸抽粪拖拉机收集粪便,直接运至生产队,用作菜地肥料。1987 年后,公厕改造,储粪池减少,化粪池逐年增多,区环卫所自备两辆吸粪汽车,逐步扩大对驻区企事业单位厂区和生活区化粪池清掏清运工作,实行有偿服务。

第八章 园林绿化

栖霞地区绿化造林始于东晋建武元年(317)。明清时期,区内诸山均被森林所覆盖,鸦片战争后,内乱外患频仍,森林遭受破坏。新中国成立后,栖霞区在丘陵山区造林绿化,河网地区营造水土保持林带。以道路绿化为前导,公共绿地、小区绿化、厂区庭院绿化趋步相随。1983 年,栖霞区被评为江苏省绿化先进单位,1986 年,被评为全国绿化先进单位,1989 年,进入“全国平原绿化达标”先进区县行列。1995 年,被评为全国“三荒”(荒山、荒地、荒滩)绿化达标先进单位,有 8 个乡镇达到省绿化标准。至 1999 年,全区育苗 123.87 万株,造林 45.74 万株,栽植乔灌木 762.03 万株、藤本植物 10.53 万株,培植绿篱 154.75 万米、草坪 105.16 万平方米、盆花 22.44 万株、草花 40.82 万株。

【道路绿化】

城镇道路绿化 60 年代前,区内只有和燕路、太龙路、马栖路等主要道路有绿化树木,树种杂乱,排列稀疏。“文化大革命”期间,道路绿化受到人为损坏，损失严重。1978年，绿化道路有建宁路、龙蟠路、板仓街、和燕路、龙岗路等，植有行道树3103株，多为法桐、枫杨、青桐。1979年，区成立园林绿化队，城镇道路绿化开始专业管养。1984年初，大规模开展道路绿化，尧化镇政府组织驻镇工厂、部队、单位1150人次，用5天时间，完成建宁路430株法桐树移植任务，成活率达98%。1985年，在和燕路实施绿化工程，4440米道路两侧栽种香樟1500株，建交通绿岛8400平方米，种植中山柏400株、海桐球530株，培植爬根草坪7500平方米。次年，和燕路交通绿岛绿化改为海桐球与大花石榴间种，边沿栽种双排小石榴作为绿篱，葱兰作为植被满栽，同时，在中央门铁路桥以北500米高坡挡土墙上栽植木槿、迎春，实施垂直绿化。1995年，实施太新路绿化，两侧间种高干女贞与法桐，交通绿岛中央栽种紫叶李，边沿密植小叶女贞为绿篱。1997年，实施红山路绿化，行道栽种法桐，交通绿岛边沿铺0.3米宽马蹄筋草皮，中间每间隔8米满栽金叶女贞、紫叶李、法青。1998—1999年，栖霞大道四个交通广场的绿化则分别以蜀桧、雪松、水杉、广玉兰、高干女贞为主，配以红枫、海桐、桂花、洒金桃叶珊瑚、杜鹃、红叶小蘗等花灌木，铺马蹄筋草坪。1999年，全区绿化主干道12条，绿化集镇道路14条，栽种行道树9670株。

乡村道路绿化　70年代后期，乡村道路营造一行式、两行式绿化林带，一般栽植柳树、枫杨、法桐、榆树、刺槐等树木，全区绿化乡村道路105.6公里。80—90年代，区内水网地区乡村道路普遍改种水杉、意杨、池杉等优质速生树木，并且按“同一条道路，树种相同，苗木规格相同，株行距相同”要求栽植。从1996年开始，建设农业现代化示范片、示范带，乡村道路绿化采取用材树木与观赏树木和花卉相结合，乔木与灌木相结合方式栽植，绿化树种多为香樟、广玉兰、蜀桧、月季、茶花等。1999年，全区共绿化乡村道路450多公里，乡村道路绿化率为74.84%。

高等级公路绿色通道　1996年开始，开展高等级公路绿色通道建设，当年，完成绕城公路马群段5.76公里绿化带建设任务，植树面积16公顷，栽植各种苗木42411株。1997年，完成沪宁高速公路马群段2.35公里绿化带建设任务，共栽植铅笔柏5700株。1999年，完成绕城公路东杨坊至柳塘立交桥3.5公里绿化带建设任务，植树面积16.6公顷，共栽植各种苗木23908株。是年冬，在成活率、保存率较低地段补植各类树木15079株。

【居民小区与单位绿化】

公共绿地　新中国成立初，区境内主要道路两侧见空盖房，未安排公共绿地。1985 年，从和燕路拓宽一期工程开始，区内城市主干道按三板四带设计，设置交通绿岛，配以花灌木，与两侧人行道乔木高矮呼应。1996 年，和燕路实施二期工程，预留空地建设迈皋桥市民休闲广场。广场绿地面积 3247 平方米，种植有金叶女贞、瓜子黄杨、洒金柏、紫叶李等花灌木 2200 株。1998—1999 年，相继在栖霞大道沿线建设 5 个交通广场，绿地总面积 23224 平方米，其中草坪总面积 17750 平方米，种植乔木和花灌木共 101254 株，并在晓庄广场两侧辟建市民休闲的街头绿地。1999 年，全区公共绿地总面积计 248. 48 万平方米，人均 7. 6 平方米。

居民小区绿化　1986 年前，住宅小区内，公用绿地甚少，草坪稀疏，多为住户私搭乱建的棚屋挤占。1986 年后，新建住宅小区，均按规定面积比例，建设绿地。1998 年起，对历年建成的住宅小区开展出新达标管理，创建美化、绿化的人居环境。至 1999 年，各住宅小区广植花草树木、草皮、绿篱，较大的小区还建有凉亭、假山、雕塑、廊架，配有游园绿地。1999 年，幕府山庄、迈苑小区、红枫小区、龙潭新村、金宁新村等 12 个住宅小区绿化总面积 10. 05 万平方米，栽植各类乔灌木 3. 4 万株、培植绿篱 5236 平方米，培植草坪 3. 6 万平方米，建设花坛 2763 平方米，绿化覆盖率平均为 25% 。

单位内部绿化　新中国成立初，工矿企业忙于生产，忽视绿化。60 年代后，区内陆续新建一批石油化工、化纤、机械、建材企业，比较重视厂区绿化。早期绿化以乔木为主，见缝插绿，树种随意，不讲究配植，没有系统规划。1986 年，江苏省规定新建单位绿化用地不低于总面积 30% ，改建单位不低于 25% 。是年，区内工厂栽植乔灌木 2. 47 万株，绿篱 18. 56 万米。其中，江南光学仪器厂、南京塑料厂、华东电子管厂、南京烷基苯厂、南京炼油厂等单位还建有公园、小游园，内建假山、楼台、亭、阁、长廊、水榭，引进名贵花卉和南方观赏植物。1998 年，金陵石化公司烷基苯厂、炼油厂及晓庄师范学校、中国药科大学被评为江苏省园林式单位。至 1999 年，全区企事业单位育苗 123. 87 万株，造林 45. 74 万株，有绿地面积 1080. 92 万平方米，栽植乔灌木 762. 03 万株、藤本植物 10. 53 万株，培植绿篱 154. 75 万米、草坪 105. 16 万平方米。有 59 个单位达到省绿化标准，186 个单位获市绿化先进单位称号，8 个单位被评为市绿化合格单位，6 个单位被评为花园式单位。

第五编 经济综合管理

民国时期,栖霞地区现代工业企业零星分布,均为官僚资本举办。商业管理多由商会自行协调。农业呈自然经济状态,官府除催收公粮外,对救灾、扶助等管理活动,概不负责。新中国成立后,社会主义公有制逐步形成,经济管理主要运用行政手段,实行高度集中的计划管理模式。1958年,盲目追求大规模、高速度,造成生产水平下降,经济效益下滑。"文化大革命"期间,经济管理处于停顿状态。改革开放后,经济管理发生根本性变化,市场调节比重不断扩大,指令性计划大幅减少。进入90年代,按照社会主义市场经济要求,区政府经济管理职能机构相继建立、健全,开始综合运用计划、统计、标准、计量、物价、工商行政、审计等手段,依法对全区各种经济行为进行规范、监督和管理,经济管理逐步走上法制化轨道。

第一章 计划 统计

新中国成立后,栖霞地区实行计划经济管理模式,覆盖国民经济和社会事业各个方面,包括工业、农业、商业、投资、交通运输、物资、公用事业、物价、文化、教育、卫生、人口、环境保护等。60年代后期,栖霞区根据南京市政府统一编制的"五年计划"指标要求,编制年度经济、社会事业发展计划。年度计划与"五年计划"存有脱节现象,以实施年度计划为主。1985年,计划管理体制发生重大变化,指令性计划大幅度减少,实行以年度国民经济和社会发展奋斗目标为核心的宏观导向性计划指标。1990年起,依据南京市政府总体要求,区政府独立编制第八、第九个"五年计划"。1992年,按照社会主义市场经济体制要求,逐步取消计划经济管理模式,转为宏观目标管理。1993年始,统计职能逐步强化。1997年,区统计局成立,全面实行新国民经济核算体系。至1999年,全区统计工作涵盖经济建设和社会发展各方面,主要内容有农村经济、工业交通、商业外贸、基建投资、新国民经济核算、劳动工资、人口统计和社会科技统计,并突出统计教育和统计执法。

【计划编制与管理】

1953—1990 年,栖霞地区未独立编制"五年计划",执行南京市下达的计划指标,以编制年度计划草案为主。进入 90 年代,区政府独立编制第八个和第九个国民经济和社会发展五年计划。"五年计划"的编制,由区计划部门按照南京市政府的总体要求和规划框架,综合各部门和镇乡提出的计划要点,合编形成《计划建议草案》,提交区人民代表大会审议通过后,由区政府发布实施。

"一五"计划(1953—1957)　主要任务是着重发展现代化工业生产,发展农业和手工业生产合作社,完成农业和手工业社会主义改造,把资本主义工商业纳入国家资本主义轨道。发展交通运输业、邮电业、文化教育和科学事业;在发展生产、提高劳动生产率的基础上,逐步改善人民的物质和文化生活。1957 年,实现工业产值 300 万元,农业总产值 650 万元,粮食总产量 1650 万公斤,社会商品零售额 500 万元,年均增幅分别为 15%、15.66%、14.86%、12%。

"二五"计划和三年经济调整(1958—1965)　开始时,栖霞、燕子矶、中山陵园三区均提出脱离实际的高指标。1962 年后,贯彻中共中央"调整、巩固、充实、提高"的方针,调低"二五"计划各项指标,重新编制 1963—1965 年三个年度计划,经济得到恢复和发展。1965 年,实现工业总产值 600 万元,粮食总产量 3045 万公斤,社会商品零售额 1900 万元,年均增幅分别为 7%、7.96%、6%。

"三五"和"四五"计划(1966—1975)　期间,正值十年"文化大革命",南京市没有明确下达计划指标。1966 年 11 月,全区农业生产贯彻为城市服务方针,以菜粮为主,全面发展多种经营。1970 年,区革委会提出,经济建设以备战为纲,地方工业总产值年均递增 15%;在一两年内实现农业机械化,粮食亩产超千斤;推行"以粮为纲、农林牧副渔全面发展"的方针。1975 年,实现工业总产值 2031 万元,农业总产值 3775 万元,粮食总产量 3440 万公斤,社会商品零售总额 3500 万元,年均增幅分别为 12.96%、4.5%、1.23%、6.30%。

"五五"计划(1976—1980)　期间,南京市未正式下达五年计划。区革委会提出农业要实现粮食、副食品基本自给和农业机械化,兴办社队企业,建设四通八达的交通网络,加强科学研究,相应发展文教卫生事业。"文化大革命”结束，计划管理贯彻“调整、改革、整顿、提高”方针，按照“服务城市、富裕农村”总体要求，区国民经济进入较快发展时期。1980年，实现工业总产值1.1亿元，农业总产值5269万元，粮食总产量3062万公斤，社会商品零售总额5845万元，年均增幅分别为40.28%、6.90%、-2.36%、10.80%。

“六五”计划（1981—1985）　主要任务是以提高经济效益为中心，提高商品竞争能力，促进产业结构进一步合理化；继续改善农业生产结构，在稳定粮食生产前提下，争取林、牧、副、渔全面发展；稳定农村各种形式生产责任制，并不断完善和提高；促进经济、科技和社会事业发展，加快社会主义物质文明和精神文明建设；合理组织城乡经济网络，广泛开展经济技术协作，搞活经济。1985年，实现工业总产值2.73亿元，农业总产值6334万元，粮食总产量3480万公斤，社会商品零售总额1.02亿元，年均增幅分别为19.89%、3.75%、2.59%、11.78%。

“七五”计划（1986—1990）　指导思想是坚持改革，立足开放；集中力量，加强基础设施建设，增强城市吸引力和辐射力；确保重点工程建设，大力发展地方经济；加速人才培养，适应经济发展和对外开放需要；坚持两个文明一起抓，使物质文明建设和精神文明建设齐头并进。1990年，实现工业总产值6.05亿元，农业总产值7406万元，粮食总产量6904万公斤，社会商品零售总额2.76亿元，年均增幅分别为17.24%、3.17%、6.24%、22.03%。

“八五”计划（1991—1995）　目标是经过五年努力，把栖霞区建设成基础设施配套、产业结构合理、商品生产发达、市场经济繁荣、社会服务完善、科教事业兴旺、生态环境优美、社会秩序稳定、人民生活富裕的新型郊区，实现小康。1995年，实现工业总产值43.02亿元，农业总产值4.55亿元，社会消费品零售额10.73亿元，财政收入1.52亿元，全社会固定资产投资总额4亿元，年均增幅分别为48.70%、21.96%、26.64%、24.16%、31.80%。农民人均纯收入2677元，年均增幅32.03%。

“九五”计划（1996—2000）　发展战略是按照“点线结合、板块连接、分层推进”的战略构想，坚持改革驱动，外向带动，科教兴区，依港兴区，至2000年初步实现现代化。1999年，实现工业总产值28.30亿元，农业总产值4.71亿元，社会消费品零售额13.85亿元，财政收入2.42亿元，全社会固定资产投资总额12.50亿元。农业总产值、社会消费品零售额、财政收入、全社会固定资产投资总额年均增幅分别为-1.24%、2.91%、18.80%、

5.02%。农民人均纯收入4441元,年均增幅9.1%。出口创汇1478万美元,年均增幅6.75%

【统计管理】

统计报表 新中国成立后,栖霞地区开始建立统计报表制度。50年代,先后建立工业、农业、建筑、交通、物资、劳动、文化教育、卫生、广播、体育、政法、人口等统计报表。60年代,经济和社会事业主要统计报表均已建立。“文化大革命”时期,统计报表制度基本中断。至1973年逐渐恢复。80年代,增加能源、对外经济贸易、科技、综合平衡等报表。90年代,建立新国民经济核算报表制度。至1999年末,全区统计报表分为农村经济、工业交通、商业外贸、基建投资、新国民经济核算、劳动工资、人口统计和社会科技统计8大类。

统计调查

工业普查 1950年、1986年、1996年,全区先后进行三次工业普查,此后,工业普查纳入国情国力调查,每10年进行一次。

农业调查与普查 1984年,开展对农村住户和农作物产量的抽样调查。1997年,进行第一次农业普查,历时两年。1999年,开展农村住户收支状况百户抽样调查。

第三产业普查 1993年,开展第三产业普查,历时一年。1994年12月编辑出版《南京市栖霞区第三产业普查资料汇编》。此后,第三产业普查纳入国民经济发展状况常规普查,每10年开展一次。

人口普查 1953年7月1日零时开始,第八区、第九区和中山陵园区分别开展第一次人口普查。1964年7月1日零时开始,栖霞区、燕子矶区、中山陵园区分别开展第二次人口普查。1982年7月1日零时开始、1990年7月1日零时开始,栖霞区分别开展第三次和第四次人口普查。1995年,栖霞区在5个乡镇23个村与居委会中抽取1800户,开展1%人口抽样调查。

专项调查 1995年起,区统计部门就房地产开发、私营工业企业、私营个体餐饮及贸易经营情况,开展专项调查。

统计分析 1981年起,按月编辑《栖霞统计月报》。1984年后,对全区国民经济和社会发展年度计划执行情况进行统计分析,撰写统计分析报告120余篇。1996年,根据第三次工业普查资料,撰写统计分析文章9篇,其中《适度从紧控制负债、提高企业经济效益》等3篇被编入《南京市第三次工业普查分析选编》。至1999年，累计编发《栖霞统计月报》228期，编辑发行《栖霞统计信息》28期，为区委、区政府决策和指导经济工作提供依据。

第二章　质量技术监督

新中国成立后，栖霞地区的标准、计量工作由南京市度量衡检定所、江苏省计量管理所兼管。1978年后，由南京市标准计量局直接管理。1987年10月，成立栖霞区标准计量局，行使管理职权。至1999年，累计培训标准化、计量管理人员2599人次；制定、修订产品标准417个，发放企业产品标准执行证书977个，办理组织机构代码证书4410个，产品标准覆盖率提高到100%；验收计量合格企业432个，检定计量器具累计13.73万台（件），抽查监督产（商）品1214批次。

【标准化管理】

标准备案　1985—1989年，区内企业制定、修订产品标准共52个。1989年4月，区属及其以下企业产品标准报区标准计量局备案。至1999年底，在区技术监督局备案的区属及其以下企业、“三资”企业、私营企业、民营企业产品标准共365个，其中农业标准1个。

消灭无标准生产　1984年10月，区计经委对区属企业和乡镇企业的标准化工作进行普查，共调查141个企业，229个产品，其中，执行国家标准30个、部颁标准62个、企业标准67个，无标准70个，产品标准覆盖率69.43%。通过整顿，到1985年6月底，区属企业和乡镇企业的产品标准覆盖率分别达90.5%、87.1%。1986—1990年，消灭无标准生产工作列入区经济和社会发展奋斗目标。1990年后，乡镇企业发展较快，产品标准覆盖率有所下降。1994年6月，区政府批转区标准计量局《关于进一步加强标准化工作的意见》，全区产品标准覆盖率逐步提高，当年达86.8%，1995年达95%，1996年达95.7%，1997年达94.45%。1998年3月，区政府成立消灭无标生产工作领导小组，提出当年实现消灭无标准生产的目标。至8月26日，经江苏省、南京市技术监督局联合检查验收，确认全区标准覆盖率为100%，成为“消灭无标生产区”。当年，区政府被评为南京市消灭无标工作先进单位。

【计量管理】

计量标准管理 1988年初,区标准计量局筹建区计量检定站。4月,四等砝码标准器组通过南京市标准计量局考核。1989—1990年,相继建立木直尺、压力表、量具等4个社会公用计量标准装置。1990—1998年,金陵石化公司炼油厂等8个工厂授权在厂内开展压力表的强制检定。

工业计量管理 1986年,栖霞区开展计量工作"五查"。至1990年,全区计量"五查"验收合格企业共199家。1986—1987年,全区有5家企业通过市标准计量局的三级计量验收,取得合格证书。1988年,有13家企业取得三级计量合格证书或计量验收(等同三级)合格证书。1990年7月,区标准计量局在省内率先对计量定级企业进行计量数据管理,全区有66家企业列入管理。1991年10月至1997年底,企业计量定级升级工作经历由暂停到恢复再到暂停的过程。1997年底,全区累计有140家工业企业获得计量合格证书,计量验收114家。

计量器具管理 1988—1990年,向6位个体秤工颁发木杆秤制造许可证。1988—1992年,经区标准计量局考核,向南京建邺衡器修配厂(栖霞修配站)、栖霞衡器修配厂以及2位个体秤工颁发衡器修理许可证。1994年3月,南京进相机厂制造的水泥定量包装机获制造许可证。1997年底,区技术监督局停止对制造修理的杆秤进行检定,杆秤逐步淘汰。

民生计量管理 商业贸易用秤属强制检定计量器具,区计量检定站对其实行6个月为一周期的检定制度(简称"商贸周检")。1988年5月始,商贸周检按计划开展。1989年2月1日,区政府发布推行千克制秤通告,是年,有证摊贩使用千克制秤的比例达85%以上。1990年5月,区计量检定站装备精密压力表标准装置,将压力表表面单位由标准大气压、公斤/平方厘米,改成法定单位帕斯卡,至1994年底,力学计量器具改制工作基本结束。

【质量管理】

产品质量监督检验 1988年,区标准计量局从生产厂家抽取4个优质产品和其他14个产品送检,合格率为100%。1989—1990年,区标准计量局从生产厂家抽取化工、紧固件、砖、瓦和饲料等58批次样品,送南京市质检所检验,38批次合格,合格率为65%。自1993年起,区标准计量局逐年下发年度产(商)品质量定期监督检验计划,抽取农药、饲料、电线、眼镜、食用油、奶制品、酒类、化工品等工业产品样品,送南京市质检所检验。至1999年,抽取445批次,372批次合格,合格率83.6%。

商品质量监督检验　1988—1989年,区标准计量局从商场抽取皮鞋、羽绒制品、眼镜、面粉、食用油等商品共103批次,送南京市质检所检验,49批次合格,合格率48%。1990—1991年,区标准计量局从市场抽取复合肥、饮料、酒、罐头等商品67批次,经检验,16批次合格,合格率24%。1992—1999年,区标准计量局累计抽取商品759批次,378批次合格,合格率为49.8%。至1999年,区质量技术监督局开展执法检查,累计现场处罚2113件,立案数206件,罚没款80.34万元。

第三章　价格管理

新中国成立后,随着计划经济的建立与发展,相应的计划价格管理模式逐步形成,长期坚持"稳定物价"的方针,实行"基本不动、个别调整"的价格政策,价格形式单一,管理权限集中在国务院和省、市政府,栖霞区没有专门价格管理机构,由区供销社和工商部门代行内部价格调整职能。60年代初,栖霞地区农产品供应严重不足,社会购买力与社会商品可供量矛盾十分突出,集市贸易价格成倍上涨,形成新中国成立后第一次涨价高峰。区政府根据江苏省、南京市的统一部署,及时采取有效措施,控制生产资料价格上涨,稳定居民基本生活必需品价格,对部分商品实行高价政策,回笼货币,加强市场管理,打击投机倒把,市场价格迅速趋向稳定。"文化大革命"期间,商品全面实行计划供应,物价基本冻结。80年代,商品经济快速发展,价格管理随之发生根本性变化。1980年,区内设立专职物价管理机构,逐步放开商品和服务价格,实行市场调节价。1988年,实行蔬菜零售价目标责任制。1988年后,相继放开粮食价格和棉花购销价格;工业消费品价格,从小商品实行协商定价,逐步扩大协商定价和实行浮动价格的范围;工农业生产资料价格,从实行代理作价、双轨制价格、浮动价到并轨放开,在放开价格初期,仍实行差率控制,以后逐步放宽差率限制,最终完全由市场调节,由企业自主定价。至此,市场价格管理由管价格水平、差率为主转向规范价格行为为主,同时对行政事业性收费管理不断强化,进行清理整顿。在1987—1989年和1993—1995年二次通货膨胀期间,栖霞区加强市场价格监测,建立化肥价格调节基金、粮食风险基金，调节农村化肥供求关系，稳定市场价格。1995 年，区政府实施物价调控目标责任制，与区工商、商业、粮食、网点办公室等 6 个职能部门签订物价目标责任书。1996 年，将乡镇政府物价工作纳入目标考核。1997 年，建立物价目标管理行政责任制，将影响物价总水平的各种因素分解到乡镇和职能部门，缴纳价格风险抵押金，个人缴纳价格责任保证金，并把物价管理纳入区国民经济和社会发展目标考核。1998 年，区政府将价格调整目标责任制范围扩大到行政事业性收费职能部门，有 22 个职能部门和 10 个乡镇参与其事。1999 年，价格管理职能发生重大变化，开始由价格水平管理转为价格行为管理，价格目标管理部门增至 35 家。

【商品零售批发价格管理】

新中国成立初，区内物价实行按货计价。区供销社价格管理范围仅限于系统内部外采农资商品价格的制定。1978 年后，部分定价权下放到经营者，政府定价、政府指导价、市场调节价三种形式并存，市场调节成为新的价格机制主体。80 年代初，先后提高烟、酒价格，降低涤棉布价格，大幅度降低化纤织物价格，提高纯棉布的价格，逐步取消票证，分期分批放开工业小商品、小医药商品和修旧服务价格。1984 年，物价管理简政放权，在全区财贸系统进行价格管理改革试点，除少数列入政府管理的品种外，其他工业商品价格全部放开。同年，对转手倒卖、哄抬物价现象进行打击。1986 年，所有从事批发、零售和服务的企事业单位、个体工商户实行明码标价，并一律使用由市物价检查所监制的红、蓝、绿三种统一标价签。1988 年，查处价格垄断、价格欺诈、牟取暴利行为，稳住“菜篮子”价格。1989—1994 年，价格管理由直接定价、调价为主转向间接调控价格总水平为主，由单纯的行政干预为主转向以经济、法律手段为主。1997—1999 年，长期存在的短缺经济向买方市场转变，市场商品供大于求，零售物价指数出现连续 3 年负增长。价格管理重点放在规范价格行为，反暴利、反低价倾销、反价格欺诈，维护正当竞争等方面。

【农副产品价格管理】

粮油价格 新中国成立初，不法奸商抢购农副产品和日用品，哄抬物价。时第八区和中山陵园区政府一方面组织粮源，保障供应，一方面打击不法奸商，平抑粮价，保证人民生活安定。1953 年 12 月，粮食实行国家统购统销,取消批发环节和自由贸易,购销价格由国家统一制定,城市居民的口粮、食油凭票定量供应。1964 年 5 月,提高居民食油定量供应标准,同时提高统销价格。是年,允许农民自产花生进入集市贸易,并规定最高议购价每公斤 1.5 元。1965 年 4 月,提高粮食统销价格。“文化大革命”期间,全区粮、油价格基本冻结。1979—1989 年,多次提高粮食、油料的定购价格,供应城镇居民的口粮、食油价格一直未作调整。1992 年,粮油购销价格再次大幅调升。1993 年,取消粮油票券,粮、油价格放开,同时建立粮食储备制度和粮食风险调节基金。1994 年,凭证限量供应粮、油,实行挂牌控价销售,并适当提高挂牌价,将粮、油价格列入监审管理,实行行业议价、提价申报和经营差率控制。1999 年 6 月,粮、油价格全面放开,退出监审管理。

蔬菜价格　新中国成立后,蔬菜价格随行就市。1966 年 5 月,全市统一对蔬菜实行计划生产、计划价格、计划收购、计划分配,由蔬菜公司制定所有品种蔬菜的收购、批发、零售价格。1979 年 6 月,对占上市量 80% 的 17 个大宗蔬菜品种实行定购包销,全市统一收购、统一批发、统一零售价格。1988 年 1 月,为稳定市场,平抑菜价,对部分蔬菜实行最高限价。1994 年 3 月,将青菜等 10 种蔬菜和 3 种豆制品,列入监审,蔬菜实行批零差率管理。1997—1999 年,市场菜价稳中有降。1999 年 6 月,蔬菜和豆制品价格退出监审管理。

肉、禽、蛋价格　新中国成立初,肉禽蛋价格随行就市。1950 年,肉禽蛋价格实行控制。1951 年 11 月,肉价纳入计划价格管理。1954 年 4 月,家禽、鲜蛋实行统一价格。1956 年,肉店实行公私合营,价格集中管理。1959 年,猪肉供求矛盾突出,对城镇居民实行凭票(证)限量供应,执行统一价格。“文化大革命”期间,肉、蛋价格基本冻结。1973 年起,零售猪肉分前腿、后腿、肋条等不同部位计价。1979 年 11 月,提高肉禽零售价格。1981 年 5 月,放开家禽价格,对光、活、熟的鸡、鸭、鹅及副产品实行最高限价。1984 年 7 月,鸡蛋价格放开,由企业自主定价。1985 年 7 月,放开猪肉销售价,取消对城镇居民定量供应办法。1986 年,将猪肉、鲜蛋价格列入物价调控目标。1987 年 12 月,猪肉制品及副产品再次凭票限量供应。1993 年,为抑制市场物价过快上涨,区物价局对主营公司的猪肉、禽蛋实行提价备案制度。1994 年,猪肉、禽蛋等副食品价格列入监审,实施价格行业管理控制差率。1999 年,猪肉、禽蛋价格退出监审,由区物价局定期公布市场实际批发成交价和零售价。

棉花价格 1954年，棉花价格纳入计划管理。9月，执行江苏省商业厅制定的统一价格。60年代初，开始使用絮棉票之后，并于1963年、1971年、1978年，三次提高棉花销售价格。1983年，调整棉胎和公用絮棉销价，提高民用絮棉价格，实行免票敞开供应，至1999年未变。

【工业品价格管理】

日用消费品价格 新中国成立后，日用消费品除食糖外，价格在较长时间内基本稳定，价格管理权限集中在国务院、省政府价格主管部门。1978年后，部分轻工小商品实行工商双方协商定价，品种范围逐步扩大。80年代，纺织品、烟、酒、家用电器等日用消费品，实行浮动价格，并逐步放开烟酒、部分纺织品和家用电器价格。90年代初，绝大部分日用消费品价格放开，政府定价和政府指导价范围进一步缩小。90年代后期，价格管理的重点转向制止低价倾销，规范价格行为。1999年底，除食盐、药品等极少数品种仍实行政府定价外，其他日用消费品均实行市场调节价格。

食糖价格 新中国成立至1952年，市场食糖价格由企业自定。1953年，政府对食糖价格实施管理。1955年1月，白砂糖零售价由每500克0.54元调整为0.72元，赤砂糖由0.4元调整为0.53。1959—1961年，食糖实行定量凭票供应。1963年8月，定量白砂糖零售价每500克0.87元，古巴砂糖零售价每500克0.83元。定量以外的白砂糖、古巴砂糖、冰糖实行高价敞开供应，白砂糖零售价每500克2.6元，是平价的3.61倍。同年11月，提高平价食糖零售价格，降低高价砂糖价格，白砂糖每500克2.2元。1965年1月，再次降低高价糖价格，11月，降低食糖零售价格。此后23年，食糖价格长期稳定。1992年，食糖价格放开，实行市场调节。1993年8月，食糖价格列入监审管理，实行提价前备案制度。1998年，食糖价格退出监审管理，完全实行市场调节，零售价格稳中有降。1999年，白绵糖市场零售价每500克2元左右。

煤炭价格 新中国成立后，原煤出矿价执行部颁价格，煤炭供应价格由省管理。1954年，实行私商用煤凭证限额购买，工厂用煤定额供应，机关、部队、团体用煤凭计划采购卡定额供应等办法，控制煤炭销量。1957年，工业用煤增加，实行平衡包干，分期凭卡记录供应；集体伙食单位凭证定量供应；居民生活用煤则采取不限量、不定点、凭证（粮食证）记录供应。1963年2月，执行江苏省计经委规定，工业、手工业和交通用煤企业单位，每月用煤量（包括焦炭）在30吨以上者，可享受代理调拨价。1967年7月，对供应工业企业的煤炭实行代理调拨价。“文化大革命”中，民用煤基由每百只3.3元降为3元。1978年，对居民生活用煤，实行凭煤票和购煤证购买。1983年10月，民用煤基每百只由3元调为3.3元。80年代前期，适当提高煤炭出矿价，同时对超产和自销部分实行浮动价格。80年代中期，取消价格上浮限制，实行市场调节，计划内由国家定价，计划外企业自行定价。90年代，逐步放开煤炭价格，计划价与市场价并轨。1992年8月，除保证城镇居民生活用煤以及部队、大专院校的饮食用煤外，其他用煤改按市场调节价供应。1993年1月，放开统配煤炭出矿价，城镇居民生活用煤原煤供应价按煤炭出矿价（或调拨价）+合理运费+不超过10%的综合差价计算。民用煤炭价格按原料煤成本+加工费制定，每吨35~45元。此后，居民使用煤气、液化气逐年增加，民用煤基不再使用票证，价格基本放开。1997—1999年，市场煤炭价格逐年下降。

农药、化肥价格　1950年，第九、十区供销社试销硫酸铵，出厂价格由企业按“低价薄利”政策自行定价。硫酸铵每吨出厂价360~380元，零售价424元。1954年，滴滴涕零售价每吨4120元。1955年起，化肥、农药实行国家统一价格，继续执行“低价薄利”政策。1962年后，栖霞山化肥厂和附近各小化肥厂相继建成投产。化肥出厂、销售价格不分批发、零售，执行全国或全省统一价格。1962—1975年，多次降低化肥价格。1982年，化肥供需矛盾突出，协作购进的化肥价格混乱，11月，区商业部门对地产碳酸铵和协作化肥实行最高限价，每吨最高不得超过174元。1983年，化肥价格实行多轨制，尿素有计划分配的平价、国家计划外进口的高价和省分配用高价油加工的特价等三种价格。同年，对农药价格进行大幅度调整。1984年2月，提高尿素出厂价格，将计划内平价尿素和计划外高价尿素，实行综合作价，每吨平均零售价560元（尼龙编织袋包装）。1987年，化肥供应趋紧，多头经营，互相争购，价格上涨较多，尤其是计划外组织的化肥价格既高又乱。1988年1月，提高地产碳酸氢铵出厂、销售价格。同年4月，重点整顿计划外化肥价格。1989年1月，计划内化肥严格执行国家规定的出厂价和省规定的统一零售价格。农药出厂价不实行计划内、外两种价格，省管品种执行省定价格，区供销社自行组织的外地化肥、农药一律按规定的综合零售价格执行。1993年6月，尿素、农药最高批发限价按最高出厂限价加运杂费加6%综合费用制定，每吨最高零售限价。1994年9月，实行化肥专营，对化肥出厂价实行分级管理。栖霞山化肥厂生产的化肥出厂价由国家或江苏省物价部门制定。1996年2月，对计划外调拨的进口尿素和自采国产尿素，实行综合作价管理和差率、价格水平双重控制，严禁多次转手，层层加价。1997年，进口尿素价格下降，国产尿素及高效复合肥产量增加，供大于求，价格大幅度回落。1999年4月，化肥生产、经营由直接管理改为间接管理，化肥出厂价由政府定价改为政府指导价。

金属材料价格 新中国成立初，钢铁等生产资料不作为商品经营，价格由物资部门按“以收抵支，保本经营”原则制定。1965年，金属材料供应价格由省管理，按统一出厂价加综合定额费制定。1978年，价格管理有所松动，国家允许地方制定临时价格。80年代初，钢材实行市场调节，计划内由国家统一定价、计划外由企业自行定价。1988年，钢材计划外比重扩大，价格大幅度上升。1988年，对23种计划外钢材实行最高限价。1989年5月，对供求矛盾突出的计划外黑色、有色金属实行最高限价。90年代，逐步放开钢材价格，计划价与市场价并轨。1994年9月，对基本建设、生产用的螺纹钢等钢材实行国家指导价。1998年至1999年，实行价格调控，制止低价倾销。

【房地产价格管理】

1990年8月起，对利用中方企业原有场地的中外合资、合作企业，收缴土地开发费和土地使用费。1991年1月，农村非农业建设用地实行有偿使用。1993年9月，农民用地取消收费。1994年12月起，对区属开发企业实行法人登记制度，开发经营建筑面积2万平方米以下的普通商品住宅实行(预)销售申报制度。1995年2月起，对各类非农业用地以及新占用国有土地的单位和个人，征收国有土地有偿使用费。1996年，物业收费管理纳入价格管理轨道，至1999年未变。

第四章 工商行政管理

民国时期，栖霞地区工商企业由南京市社会局登记并发放营业执照。新中国成立后，区工商行政管理部门历经建立、撤销、合并、恢复、变更等几次大的调整，职能随之转变。50年代，工商企业登记数量较少，由区商业科负责。“文化大革命”期间，管理机构瘫痪，企业登记基本停办。与此同时，区内市场经济监督工作有所加强，重点是打击投机倒把，查处转手倒卖粮、棉、油等生活资料以及金属材料、木材等生产资料的行为，严禁倒卖票证和雇工、包工现象。80年代，个体、私营企业加快发展，企业登记恢复，国家监督管理经济的法律、法规逐步健全，个体工商户和私营企业从事的经营范围不断扩大，区工商部门主要任务是把好市场准入关，查处无照经营和不正当竞争，保护消费者合法权益，打击商标侵权、广告违法、合同欺诈等行为。1999年3月，区工商分局从区政府部门中划出，归南京市工商行政管理局垂直领导，执法监管效能、服务水平得到提高。

【企业登记管理】

登记　1949年7月，区内工商企业由南京市工商局统一登记，后改由南京市商业局登记发证。“文化大革命”开始后，企业登记工作一度停顿。1979年，重新开展企业普查登记工作。1980年，区工商分局对全区企业进行清理整顿和换证。是年，普查企业270户，在普查登记的基础上发证116户。1985年，新发展企业491户。1990—1991年，全区2820户工商企业，经过审查，有2129户重新登记并换发营业执照。1993年，全区新发展企业1081户（含外资），1994年，新登记企业442户。外资企业的登记工作，开始由江苏省工商局负责，后改在南京市工商局进行。至1999年，全区注册内资企业2292户、外资企业107户。

管理　1979年，恢复企业登记核证工作。1980年，开展工业普查，着手建立经济户口，按行业、地区分别建卡，编号归档。1982年，企业登记管理步入正轨。1983年，实施企业年检制度。1989年，开始填写年检报告书，当年年检独立核算企业2524户。1994年，调整办照程序，由工商所受理代办。1997年、1998年，加大对市场主体经营行为监管力度，查处企业违章违法行为。1998年，区属及乡镇企业改制，175家企业重新登记。1999年，查处企业违章违法案件4件，罚没款额5.2万元。

【个体私营经济管理】

1949年末，个体经济主要是经营旧货、蔬菜、日用杂货的固定摊贩、流动摊贩和小店。1956年，小商小贩逐步走上合作化道路，个体摊贩数量急剧下降。“文化大革命”期间，个体摊贩被当作“资本主义尾巴”砍掉。改革开放后，个体私营经济得以恢复。1979年底，个体工商业恢复登记，得以发展。1984年,允许长途贩运农副产品、雇工经营、农民进城务工经商,个体私营经济快速发展。1985年,新发展个体工商户1030户。1988年7月,《中华人民共和国私营企业暂行条例》施行,全区发展私营企业63户。1992年,新发展个体工商户1552户。1999年,全区有个体工商户5313户,私营企业504户。

【集贸市场管理】

1953年,粮食实行统购统销,其他农副产品亦多为国营商店经销,集市贸易数量少,规模小。1957年,集市贸易逐步为国营、集体商业代替,各类商贩受到限制。1958年,恢复集贸市场经营,增加粮油食品供应。“文化大革命”期间,农民自留地和家庭副业等被当作“资本主义尾巴”割掉,集贸市场濒于灭绝。改革开放后,集市贸易逐步恢复,允许农民将多余粮食和农副产品在集市上出售,但取缔转手贩卖行为。工商部门管理集贸市场的主要内容是:划分摊位,办理证照,查处短斤少两、以次充好、以假乱真行为,调解购销纠纷。80年代,增加服务内容,1983年开始,为经营者提供市场动态信息,开展义务复秤、代换零钞等助销活动。1999年,实行市场管办脱钩,栖霞工商分局将迈皋桥集贸市场等交给区商业网点办公室经营,工商部门对集贸市场由直管改为监管,主要是证照管理,市场安全、市场经营行为的管理,进入市场的禽肉、蔬菜、豆制品、食品的检验与检查。

第五章 审 计

民国时期,江宁县政府配备专职审计人员,负责对栖霞地区财政收支的审计。新中国成立初至80年代,审计工作一直由区财政部门负责。根据《中华人民共和国宪法》“县以上地方各级人民政府设立审计机关”的规定,区审计局于1983年10月筹建,1984年2月成立,按照国家审计署“边组建,边工作”和“抓重点,打基础”的方针,对企业、行政事业单位进行审计工作,审计的范围和内容逐步拓展。至1987年,形成比较健全的国家审计、内部审计及社会审计的组织体系。国家审计机关、内部审计机构和社会审计组织分别在不同的领域对全区的经济活动实施审计、监督,审计工作渗透到社会、经济、事业的各个方面。1994年4月,《中华人民共和国审计法》颁布,审计工作逐步走上法制化、规范化轨道。区审计局依法对全区行政事业单位财务收支、企业资产负债、领导干部经济责任、基本建设实行有效监督。至1999年，共完成审计项目645个，查出违规金额6471.81万元，上缴财政821.39万元，发现违法犯罪线索4条，有3人被司法机关追究刑事责任。

【国家审计】

工业企业审计

区属企业审计　1984—1988年，区审计局对29个单位进行财务收支审计，查出1个单位虚报利润32万元，4个单位违纪金额共22.47万元。1990年，对市、区属14家企业进行财务收支审计，查出10个单位有挤占成本、销售收入不入账等违纪现象，金额共52.54万元。1991—1992年，完成企业18项财务收支审计，查出违纪金额73万元。1993年开始，加大对财政财务隶属关系在区内的市属集体企业的审计力度，审计指导思想由查处为主转为查处与帮促相结合。1993—1994年，对9个企业的财务收支进行审计。1995年，对企业资产、负债及其损益的真实、合法性提出审计要求。1996年，完成8项企业财务收支审计，并开始尝试对2家企业进行资产负债损益审计。1997—1999年，完成企业财务收支审计2项，处理企业"预收账款"、长期挂账等问题，补缴税金24万元。

中外合资企业审计　1993年始，区审计局对中外合资企业开展审计，当年完成2家企业经营情况审计，发现2家企业均处于亏损状态，总额达26.95万元。1994年，对1家中外合资企业进行审计。1995—1998年，完成6家中外合资企业财务审计，发现一些企业中方职工养老保险等权益得不到保障，查出漏欠税金7.74万元。1999年，对15家中外合资企业注册资金到位情况进行审计调查。

行政事业单位审计

财政审计　1993—1995年，区审计局对花园等5个乡镇进行财政决算和预算内、预算外资金收支情况审计。1996—1998年，对长江等7个乡镇进行财政决算审计，发现燕子矶镇汽车燃修费过大。后经司法机关认定，该镇驾驶员侵占集体资产53万元，并由此追查出镇原党委书记受贿案件。1996—1999年，每年对栖霞区财政局实施同级审计。

财务收支审计　1986年，区审计局会同区财政局对区交通局等7个单位开展财务收支审计。1987年，对39个行政事业单位开展财务收支审计。1989年4月，对区属24个单位实行半年审计。1990年，审计25个单位。

1991—1992年,审计13个行政事业单位。1993—1994年,对3个区属单位进行审计。1995年开始,重点对普教经费、卫生经费等进行审计。1998年,对4个行政事业单位开展审计。1999年初,区审计局制定对30个行政单位三年轮审一次的计划。当年,对区法院等3个部门开展审计,查出个别单位漏欠税金10万元。

经济责任审计 1990年,区审计局对区商业网点办公室、土地局等4个单位负责人实施离任审计。1998年,完成对5个乡镇党政负责人和13个部门负责人离任经济责任审计。在对某局审计中,发现某驾驶员22个月内竟报销燃料、修理费17.6万元,后移交司法机关查实,其侵占集体资产1.8万元,被追究刑事责任。1999年,完成6个乡镇、6个部门负责人的离任经济责任审计工作。

农业水利城建专项资金审计 1988—1991年,区审计局完成9个专项资金审计项目。1992年,对1991年农业发展基金、1988—1991年的土地征用费开展专项审计。1993年,对八卦洲乡146.97万元改造排涝站专项资金和工程决算专项资金收、支、管情况进行审计,对5个乡镇水利站进行延伸审计。1985—1996年,围绕财政同级审,安排4个专项资金审计项目。1998—1999年,对财政资金投入较大的城建、水利专项资金以及部分农业现代化建设项目资金进行审计。

基本建设项目审计

开工前审计 1990年4月,区审计局对8项工程实施开工前审计。1991年,对南京市钟山医院住宅楼等9个项目进行开工前审计。1995年,完成2项工程开工前审计。从1996年开始,开工前审计纳入工程建设专项治理审计。

竣工决算审计 1992年,区政府下发《关于对我区审计监督工作制度的意见》,规定的基本建设项目预决算须经过区审计局审计,凭审计报告方可与工程队结算。当年,区审计局对南京第二电磁线厂厂房基建工程决算进行审计。1993年,区审计局制发《关于加强基本建设工程预决算审计的通知》,明确"未有审计部门的审计预决算通知书,基建单位不得付款",当年完成19个工程项目的预决算审计。1994—1995年,完成对八卦洲乡投资90.4万元的110千伏变电所等16个基建项目决算审计,核减工程款580.17万元,平均核减率18.9%。

工程建设专项治理审计 1996年初,区审计局与区纪委联合下发《关于加强对基建领域执法监察和纪律监督的意见》，明确投资在5万元以上的基建项目，必须经区审计局进行竣工决算审计，否则不予决算付款。同年7月，区审计局下发《关于开展全区工程建设专项治理审计工作的通知》，明确审计对象、范围和处理依据。当年，清理1994年后竣工和在建项目116项，对已竣工的64项工程安排审计计划，完成决算审计27项，核减工程造价80.5万元。1997年，完成余下的37项竣工决算审计，核减工程款568万元。1998—1999年，完成52项专项治理审计，核减工程款1048万元。

审计调研　1984—1985年，区审计局完成《关于支持、服务、促进供销社经济体制改革的调查意见》等8篇审计调研文章。1987—1989年，完成《关于农业生产资料调查报告》等7篇调研文章，其中1篇对1782万元逾期呆滞贷款的内容、成因进行分析，并提出对策和建议。1994年，对全区股份合作制企业的调查报告被区委采用，被中共南京市委政策研究室调研内参全文刊登。是年，共完成8项审计调查。1995—1996年，完成11项调研项目，其中《对区内联营企业经营状况的调查》等3篇调研文章被《栖霞调研》刊用。1997年，完成4项调研任务，其中，对全区136户行政事业单位银行开户情况的调查报告被南京市财政审计部门内部刊物《财会审》刊用。1998—1999年，对全区企业改制情况以及企业改制后公有资产保值增值情况开展审计调查，在全区企业改制会上做了交流。

【内部审计与社会审计】

内部审计　1988年1月，区审计局制定《栖霞区乡镇内部审计试行办法》，经区政府批转执行。当年，区内审机构对348户乡(村)镇企业承包经营进行期终审计。1988—1991年，共完成审计项目628项。1992年，区审计局对内审机构实行项目计划管理，年初分别对乡镇、部门下达审计项目计划，年末检查考核。到1999年，先后开展承包经营责任、财务收支、干部离任、基本建设、清产核资等审计活动，共完成审计项目2133个，纠正违纪金额1245万元，其中查实贪污金额9.6万元。

社会审计　1987年至1999年，区内社会审计工作由区审计事务所承办，1999年7月以后改由南京中盛联合会计师事务所承办。期间，共完成社会审计项目3941项，核减基本建设工程款2685万元，调整企业不实利润总额1018万元。

第六编 交通 邮政 电信

栖霞地区交通、邮政事业历史悠远。早在秦代，邮传线路即从都城咸阳沿东南驰道经江乘延伸至苏杭以远。其后，六朝建都南京，加强京师交通，在今栖霞区境内，修筑多条车马通道，使之成为交通枢纽。明代，在龙潭至京口（今江苏镇江）驿道上设龙潭水马驿，使龙潭市面繁盛一时。清光绪三十四年（1908），穿境而过的京（宁）沪铁路建成通车。民国初年，撤除驿站，改造驿道，先后在境内建成太龙、和燕两条公路。民国19年（1930），经过马群地区的京（宁）杭国道建成。民国24年（1935），过境的京（宁）芜铁路全线贯通。民国27年（1938），龙潭电报局建立，开办电报、电话业务。新中国成立后，区内交通、邮电事业全面发展。50年代，各镇乡陆续建立邮电支局或代办所，开办邮政电信业务。60—70年代，尧化门列车编组站、沪宁铁路复线改造、宁芜铁路西延、栖霞山石油中转港、燕子矶危险品专用码头以及镇乡公路等交通工程相继建成。80—90年代，沪宁高速公路、绕城公路、312国道、宁杭公路栖霞段拓宽、新生圩外贸港、宁芜铁路南延、马群互通立交、柳塘互通立交、和燕路拓宽、太新公路、尧新公路、栖霞大道等一批现代化交通设施陆续告竣。1999年，区内长江岸线有港口2处、码头28座，其中，万吨级泊位6座，千吨级泊位7座。尧化门编组站完成编解列车475.66万辆。沪宁高速公路、312国道、绕城公路等十数条国道、省道以及总长755.69公里的区、镇（乡）级公路，纵横交织。全区设邮政支局5个，邮政所7个，邮政代办所5个，电话端局5个，电话模块局7个，光环交换点3个，交换机容量17.04万门，拥有用户12.8万户。

第一章 交 通

全区9个乡镇北靠长江“黄金水道”，岸线绵延84公里，长江航道面宽、水深、流缓，航泊条件优越，沿岸有中国内河第一大港——新生圩外贸港，省内靠泊能力最大的地方港——栖霞山石油中转港以及危险品、石油、化肥等专用码头。国家重点建设项目龙潭深水港工程建设方案业经国务院批准。华东地区最大货物列车编组站——南京东站坐落在尧化、栖霞两镇之间，沪宁、宁铜皖赣两条铁路在此交汇。华东地区最大公路互通立交桥坐落在马群镇，使通过境内的沪宁高速公路、312国道、宁杭公路、绕城公路、和燕公路、栖霞大道等十数条高等级公路，与总里程755.69公里的区、镇（乡）级公路紧紧相连，形成区内陆上交通网络。南京长江第二大桥，从燕子矶、尧化两镇之间，经八卦洲乡跨越长江，与境外公路干线相通，可直达上海、杭州、铜陵、苏州、无锡、扬州等大中城市和皖、浙、赣、鲁四省。距南京禄口国际机场40公里，通过绕城公路、机场高速公路，半个多小时即可抵达。

【铁路】

沪宁铁路栖霞段 清光绪三十四年（1908），沪宁铁路建成通车。自南京至上海，全长311公里，境内长27.2公里。区间设有兴卫村站、尧化门站、南京东站（尧化门枢纽编组站）、栖霞山站、栖霞山北站、龙潭站。1958年，尧化门站至龙潭站改线，新建栖霞山隧道，增建南京西站至尧化门站7.7公里新线。1978年，完成复线工程。1986年，南京站至南京东站建成第三线。

龙潭站 位于龙潭镇（沪宁线K275+464处），清光绪三十三年（1907）建成，东邻石榴园站，西接栖霞山站，为三等中间站，办理客货运业务。1958年，沪宁线修建复线时车站有较大扩展，占地面积34.46万平方米，有到发线6条，调车线4条，走行线、牵出线、煤水线各1条，中国水泥厂专用线1条，电动道岔24副，手动道岔14副，候车室393平方米，货运室310平方米。1999年，到发旅客17.55万人次，货运日均装车40辆，货物发送58.49万吨。

南京东站 位于尧化镇高庙，是沪宁、宁芜（宁铜皖赣）两条铁路干线汇合点，西邻兴卫村站，北接栖霞山北站，东傍栖霞山站，南连紫金山站。1966年，改尧化门站为南京枢纽编组站后扩建而成。1968年，建成直通场，办理通过南京长江大桥直通货物列车的中转技术作业。1973年5月，建成纵列式三级四场双推单溜枢纽编组站。1978年，改名为南京东站，1989年末，下行五场建成。至此，南京东站有站线126股，总长120多公里，占地202.3万平方米，为单向三级五站型，到达场有11股道，下行场设两个车场12股道，上行场有12股道，调车场有31股道，担负沪宁、宁芜二线货物列

车到发、编解和中转技术作业以及枢纽内的小运转作业，兼办少量客货业务，为南京铁路分局特等网络性编组站。1983年，南京东站日均编组车辆数10201辆。1988年，日均编组车辆数13155辆，增加28.96%。1992年，日均编组车辆数为14962辆，比1983年增加46.67%。1992年，车站电子计算机系统21个终端投入使用，列车预确报的传递、出发列车编组表的生成及现在车的管理等均由计算机操作。1999年，南京东站自动化建设工程完工，日均编组车辆14853辆。

宁芜铁路栖霞段 民国24年(1935)，宁芜铁路建成。东起南京中华门，西至安徽省芜湖市，全长113.3公里。民国25年(1936)2月，宁芜铁路尧化门至中华门间连接线建成，与京沪铁路沟通，长22.05公里，区间设紫金山站。1958年，复建尧化门至中华门铁路线，年末铺通运行。1971年，宁芜线西延至安徽省铜陵市，1981年，再向南延至江西省景德镇，改称为宁铜皖赣铁路。

南京城北铁路环线 1988年1月，南京城北铁路环线正式立项。环线全长16.9公里，一期工程从栖霞山北站接至兴卫村站丁家庄，长12.5公里，1990年底建成通车。二期工程由环线DK10+100处出岔通往南京港新生圩区的港口铁路，长4.4公里，1996年9月28日建成通车。南京城北铁路环线由南京市地方铁路总公司承担建设和经营管理，办理城北地区20余平方公里范围内、新生圩港区及沿线各厂矿企业各类货物的发运、到达运输业务。环线设计运量800万吨/年。

【公路】

栖霞地区公路建设历史悠久，秦代筑驰道至江乘县，三国东吴修金城路，东晋建竹里路，明代建沿江联结道和龙潭驿道，清代修“龙潭御道”。民国时期，首建钟汤公路，可通汽车。随着国道、省(市)道的次第兴建，客货运输车辆增多，公路运输业日渐发达。民国38年(1949)初，境内有公路主干道和重要支线10条，长144公里，土路逐渐由碎石、弹石、块石、沙石路替代。新中国成立初，公路运输仍以私营车行和个体人畜力运输为主。在货运总量中，汽车承运占10%～20%，人畜力车占60%左右。60—70年代，区内原有国道、省道、区道不断拓宽改造，路面以沥青贯入。运输业实行专业化，机动车辆在公路运输结构中比重逐年提高。80年代以后，境内相继建成沪宁高速公路、宁镇一级公路、南京绕城公路、栖霞大道等高等级公路，企事业单位自备车辆增多，街道、乡镇汽车运输队和个体运输业户兴起，汽车成为主要运输工具。1999年，区内城乡道路总长841.22公里，其中，国道37.53公里，省道19公里，区道132.09公里，乡村道路623.6公里，企业专用道路29公里。

古（驿）道　秦始皇二十七年（前220），筑驰道，邮传路线从都城咸阳沿东南驰道至秣陵（今南京），经江乘延伸到苏杭以远。三国东吴，筑建业（今南京）至北郊金城的道路；金城是吴末帝孙皓（264—280）建立的军事要塞，又名金陵戍，在今摄山镇东阳南一带。东晋建武元年（317），在江乘县地域竹里开辟竹里路，由栖霞、龙潭通往镇江，时为军事道路，与建康（今南京）北郊道路相连形成防御体系。明代，为加强京畿江防，东起燕子矶，西至上新河，建沿江营垒联结道，构成严密江防。明代，在京师东郊龙潭设水马驿，并建龙潭驿道，东距京口、南距句容均为60里，为长江下游交通江淮之枢纽；清乾隆皇帝下江南，由京口至江宁，即通过此道，有“龙潭御道”之称。

国道

312国道栖霞段　312国道由上海经南京、合肥、西安、兰州、乌鲁木齐至新疆伊犁，南京至镇江段为宁镇公路。宁镇公路原起点在马群，经栖霞、龙潭至镇江，为古驿道。民国21年（1932），栖霞至龙潭段土路改成弹石路面。50年代初，312国道南京段改从太平门经岗子村、尧化门、栖霞至龙潭。1963—1973年，全线改铺沥青路面，路幅由4米增至6～9米。1986年，动工新建312国道南京段，1990年竣工，起点在新庄广场。栖霞段，西起北岔路口，东至龙潭与句容市宝华乡交界处，长17.5公里。其中，一级公路9.96公里，宽30米；二级公路7.54公里，宽20米。

沪宁高速公路栖霞段　沪宁高速公路东起上海，经苏州、无锡、常州、镇江至南京，路幅18米，沥青路面，全封闭，设计行车速度120公里/小时，1996年建成通车。栖霞段东起江宁县其林门与马群镇交界处，跨越九乡河、宁芜铁路至马群互通立交桥，与宁杭、绕城、宁栖公路交接，并通过连接线进入南京市区，全长19.93公里，建有互通式立交桥1座，大桥2座，配套建有管理中心和服务区。

省道

南京绕城公路栖霞段　南京绕城公路起于六合县侯庄，在吴胜利村附近建汽渡过长江，经雨花台区油坊桥、江宁县双龙街、栖霞区马群、玄武区东

杨坊接宁镇公路，再通过南京长江第二大桥，穿越八卦洲，到大厂镇接宁扬一级公路，路幅28.5米，双向四车道，系全封闭、全立交汽车专用一级公路，设计车速为100公里/小时，每昼夜可通汽车4.7万辆次。1997年，长江以南路段建成通车。栖霞段自马群镇经尧化镇、燕子矶镇到八卦洲乡，长17.2公里，并与宁杭、沪宁、宁镇公路交接。

宁杭公路栖霞段　宁杭公路原称京杭国道，从南京至杭州，民国20年(1931)10月，全线通车。栖霞区段西起中山门，东至马群镇与其林门交界处，长7.75公里。新中国成立后，宁杭公路几经改造，1976年达三级公路标准。1995年5月，区段内中山门至柳营段划归玄武区。1999年，宁杭公路全线按二级混凝土路改建完成。栖霞区段1.8公里，路幅由9米增至15米。

区道　主要区道有栖霞大道、和燕路、环陵路、尧新大道、太龙路、太新公路、龙上线、燕西线等。

和燕路、栖霞大道　(详见P95“市政公用设施建设”相关条目)

尧新大道　自尧化门街至新生圩港南京经济技术开发区，全长6.55公里，1978年修建。原为沥青贯入面层，路幅宽7米，交通流量大于5000辆次/日。1998年，改为路幅30米的沥青混凝土路面。

马栖线　自马群镇，经仙鹤门至栖霞镇，旧为宁镇公路一段，全长13.57公里，其中，仙鹤门至栖霞镇段于民国21年(1932)筑建，路幅4~5米，为弹石路。1977年，拓宽改造后路面宽7米，为泥结碎石路面，1981年，马群镇至仙鹤门线改建成沥青贯入式路面，1983年，仙鹤门至栖霞镇段线改建成沥青贯入式路面。1999年，仙林农牧场段改建拓宽，路幅增至14米。

太龙线　自南京太平门经岗子村、岔路口、尧化门、栖霞镇、东阳至龙潭，民国17年(1928)修建。此线原为秦代驰道。区境内长25.75公里，路幅7~12米，为碎石路面，1963年后，逐步改为沥青贯入式路面。1995—1997年，对戴家库、尧化门、三元祠段进行改建，路幅增至14米。

燕西线　自燕子矶太平村经小岗下、尧化门、仙鹤门、其林门至西善桥。线路修筑在明代外城基础上，原为土路，新中国成立初，改为泥结碎石路面。1973年后，逐步改为沥青贯入式路面。区境内长13.9公里，路幅5~7米。

太新公路　西起和燕路太平村，东至南京新生圩港口，是南京市区通往新生圩港口的主要通道，全长5.36公里，路幅45米，西段2.63公里段按城市街道标准设计，快车道为 18 米，两侧绿化带各 2.5 米，慢车道各 8.5 米，人行道各 4.5 米。东段 2.73 公里地段，按交通一级道路标准设计，道路中央有 3 米隔离带，两边快车道各 12 米，快车道边沿绿化带各有 1.5 米，两侧作机动车和人行道 7.5 米，为沥青混凝土路面。1993 年 12 月竣工。

乡村道路　新中国成立前，乡村道路主要为历代存留的古道和自然形成的土路。新中国成立后，按“民需民办，民办公助”及民工建勤的原则，由乡(镇)投资，群众出劳动力，市、区适当补助修建，实行乡建、乡修、乡养、乡管。1987 年，全区有乡村道路 174 条、310.07 公里，其中，路宽超过 6 米的有 61.75 公里，路宽不足 6 米的 248.32 公里；晴雨通车路 297.57 公里，非晴雨通车路 12.5 公里。1999 年，区内有乡村道路 344 条，总长达 623.6 公里。

桥梁　新中国成立前，区境内桥梁多为木台木面或石台木面桥，俗称木桥、石桥。历经战乱和风雨剥蚀所剩无几。新中国成立后，由于河道拓宽，公路扩建，桥梁日益增多，且用材多为钢质或钢筋混凝土。至 1999 年，区内有公路桥梁 39 座，其中，长江大桥 1 座、跨线互通立交桥 10 座。

南京长江第二大桥　位于南京长江大桥下游 11 公里处的燕子矶镇新胜村，全长 21197 米，由“两桥三路”组成。南汊主桥为钢箱梁斜拉桥，桥长 2938 米，主跨为 628 米，跨径在同类桥梁中居“国内第一，世界第三”；北汊大桥为预应力钢混凝土连续梁桥，桥长 2172 米，主跨为 3×165 米，在同类桥型中亦居国内领先地位。南引线长 6754 米，八卦洲引线长 5698 米，北引线长 3575 米，引线中设互通立交 4 座，特大桥 4 座，大桥 6 座。按六车道高速公路设计，路基宽 33.5 米，桥面宽 32 米，设计速度 100 公里/小时，设计荷载汽—超 20，挂—120。全线设有监控、通讯、收费、照明、动静态称重、服务等系统，并建有桥头公园、南汊大桥景观照明和八卦洲服务区。中共中央总书记、国家主席江泽民为南京长江第二大桥题写桥名。2001 年 3 月 26 日，南京长江第二大桥建成通车。

柳塘互通立交桥　位于南京长江第二大桥南引线末端柳塘村，1997 年 9 月开工，1999 年 11 月建成，连接栖霞大道、南京绕城公路、312 国道。占地 24 万平方米，有单向车道匝道 8 条，呈三层立交式，总长 2625 米，桥面面积 2.1 万平方米。

沪宁高速公路南京马群互通立交桥　位于沪宁高速公路起始处马群镇，1996 年 9 月建成通车，时为华东地区最大公路互通立交桥，是沪宁高速

公路连接南京市区、南京绕城公路、312 国道、宁杭公路等国道、省道的交通枢纽。占地 620.71 亩，采用“苜蓿叶”形互通型式，共有 14 条匝道，长 8.19 公里。

万家楼互通立交桥　位于马群镇。在原分离式立交基础上，增设 A、B、C、D、E5 个匝道，使绕城公路和宁杭公路连接起来。匝道总长 1500 米，其中，A 匝道为对向分离式双车道，长度 236 米，其他匝道为单向车道，总长 1264 米。1997 年 9 月建成通车。

【水路】

栖霞区濒临长江“黄金水道”，水上运输历史悠远。秦始皇东巡，从会稽返回时从江乘渡江北上。明朝初年，各州县水运至京师的漕粮卸入新生圩一带转运仓。清末民初，水运业渐以轮船运输为主，木帆船运输次之，多分布在燕子矶、石埠桥、龙潭、三江口一带。新中国成立后，对私营帆船业进行整合，实行联营。1953 年，设燕子矶、栖霞山船民协会。1956 年，栖霞、燕子矶区成立木帆船运输合作社。60—70 年代，新生圩港区、栖霞山石油中转港、燕子矶港区及沿江大中型企业自备码头相继建成。80 年代，区内有水上石油运输线 17 条、矿石运输线 1 条。1999 年，全区水上运输船舶达 108 艘，载重 7020 吨，运量 29 万吨，货运周转量 875 万吨公里，营业收入 438 万元。

航道

长江栖霞段　长江栖霞段西至上元门，东至长江乡，岸线长约 84 公里。上元门至八卦洲尾 11.7 公里，为八卦洲右汊草鞋峡水道，河道顺直，航宽 600 米以上，燕子矶以下维持水深 10.5 米，燕子矶以上 6～7.5 米自然水深，系长江上下行主航道。上元门至天河口 22 公里，为八卦洲左汊宝塔水道，河道呈鹅头型弯曲，不作直航船舶航道。八卦洲尾至营防乡张子港（三江口）22 公里，为龙潭水道，弯曲度小，主流线紧靠南岸，航宽在 1000 米以上，水深 12 米以上。张子港至长江乡为仪征水道，河道顺直，航宽 600 米以上。长江栖霞段航道全年可通行万吨级船舶。

通江河道　区内有通江河道 3 条。七乡河河道，自入江口至西沟桥，全长 3 公里，宽 70 米，水深 5 米；三江河河道，自入江口至龙潭铁路桥，全长 7 公里，宽 50 米，水深 5 米；九乡河河道，自石埠桥至栖霞公路桥，全长 2.5 公里，宽 30 米，水深 6 米。通江河道航道可行驶 50 吨位小机动船。

渡口　新中国成立后,长江栖霞段有渡口6个,开通渡江航线共13条。1999年,有渡口5个,开通渡江航线12条。

燕子矶—八卦洲汽渡　1986年,八卦洲乡筹集资金130万元,购8车位汽车渡船一艘,建成两岸码头,于1987年9月通航。航距2.5公里,每天行驶12个航次。1992年,添置6车位汽车渡船1艘。1993年,全年行驶3600个航次,渡运各种车辆5万辆次。1997年,增置14车位渡船1艘,新建趸船码头1座,全年行驶6120个航次,渡运各种车辆达8万辆次。1999年,全年行驶4410个航次,渡运各种车辆61740辆次。

燕子矶—八卦洲客渡　民国以往,燕子矶至八卦洲往返即有木船渡运,后航线延伸至六合县玉带乡沙洲桥,全长16公里。1958年2月,南京市轮渡管理所接收由集体经营的燕子矶—八卦洲、燕子矶—沙洲桥短途客运线,以机动船替代木帆船,日客运量1000人次。1966年,建燕子矶码头候船室,配有近100米长的水泥引桥和16米长的栈桥。1984年,建成两节60米长、4米宽的漂动式钢质栈桥和“汉口”号趸船。随着农业和乡办工业的发展,燕子矶至八卦洲、燕子矶至六合县沙洲桥客运班次不断增加,并开通燕子矶至六合县通江集的班次。1999年,燕沙线每日12个往返班次,燕子矶至八卦洲、燕子矶至通江集每日2个全线往返班次,日运量约6000人次。

石埠桥—龙袍客渡　民国以往,石埠桥至六合县龙袍乡就有私营木质渡船往返,一次载客10~20人。新中国成立后,渡口客运改为集体经营。70年代,南京市港务管理处第七作业区将木质渡船更换为钢质机动船,一次渡客70~80人。1988年,经南京市交通局协调,石埠桥渡口客运业务交由六合县交通局独家经营,改称六合划子口渡口。1999年,有钢质机动船“栖龙1号”“栖龙2号”“栖龙3号”3艘,每日往返6个班次,日运量3000人次。

三江口轮渡　始建于清光绪十二年(1886),史称“张子港”,属私人渡口,渡船为木质小船,可载客10多人。抗日战争和解放战争期间,渡口曾为中共地下党活动提供帮助。新中国成立后,渡口改为集体经营。1964年,渡船更换为木质机动客船,可载客120人。1978年,木质渡船改为钢质渡船,可载客140人,往返于仪征县青山镇—营防乡杨家沟—仪征县三慢洲—长江大年渡口,交叉航行,每天2个班次。1989年,增置钢质渡船1艘,可载客200人;新建三江口候船室100平方米,大划子候船室100平方米,购置趸船1艘,长17米、宽4米,建栈桥一座,宽2.5米,长10米。1999年,三江口轮渡有钢质船2艘,一次可载客340人。

港口码头 1999年,长江栖霞段有大中小型港口、码头28座,其中,市属6个、区属16个、驻区企业属6个;泊位90个,其中,市属21个、区属48个、驻区企业属21个;日吞吐能力20.6万吨、其中,市属10万吨、区属0.6万吨、驻区企业10万吨。

新生圩港 位于燕子矶镇新胜村。1971年,国家批准建原油中转港一期工程,担负海进江原油中转装卸任务。1975年,建成石油码头4座。1981年12月,国务院批准建外贸港区。1984年11月,建成万吨级码头3座,其中,国际集装箱码头一座。1985年10月,一期工程竣工。1986年6月,建成万吨级顺岸高桩板梁式码头6座,江轮码头7座,工作船码头3座,仓库3万平方米,堆场29万平方米。1987年,建成外贸港区万吨级码头4座。港区货物通过太新公路、尧新公路及港口铁路发运到达。1998年,进出境船舶1471艘次,进出集装箱8.04万标箱,进出货物608.18万吨。1999年,年吞吐量628万吨,成为中国内河第一大港。

栖霞山石油中转装卸港 位于栖霞山西麓,原为南京炼油厂专用码头。1966年3月,“建设27号”万吨油轮在南京炼油厂码头卸载成功,当年10月,交通部决定在南京炼油厂专用码头建海进江石油中转装卸港。港口锚地水域长1270米,宽500米,锚地内设5000吨级浮筒4个,万吨级浮筒2个,可停泊油驳6艘。岸上建工作码头1座、2000~3000立方米贮油罐1座。1971年4月建成投产,南京港务局在此组建第五装卸作业区,主要担负海进江原油过驳中转和南京炼油厂成品油装卸外运任务。1987年,石油吞吐量1081.4万吨。1999年,石油吞吐量1600万吨。

燕子矶危险品专用码头 位于燕子矶镇,有码头3座,泊位5个,担负化工原料、化纤产品等易燃易爆物资的发运到达任务。1984年,建成使用,归南京港务局管理。1999年,通过能力30万吨位。

龙潭港 位于龙潭镇。1998年5月,国务院批准工程建设方案。龙潭深水港规划依港深水岸线8.4公里,陆域纵深1000米,可建深水泊位40多个。一期工程建万吨级和千吨级泊位各5个,吞吐能力达930万吨,建成一个以外贸、集装箱为主的新型现代化港口。

第二章　邮　　政

栖霞地区邮政通信历史悠久。秦代，即有邮传路线通过栖霞。三国吴黄龙元年（229），孙权建都建业（今南京），在境内首建水驿传递文书。宋代，有龙潭水马驿和金陵驿，以后历朝，驿站机构不断完备，清末，近代邮政兴起，宣统元年（1909）十一月，在龙潭设邮政代办所，驿站失去传递公文作用，宣告终结。民国年间，各集镇均设邮政支局或代办所。至南京解放前夕，境内邮政机构锐减，邮政业务萎缩，仅存燕子矶、栖霞山、龙潭3个邮局。新中国成立后，邮政通信事业获得新生，区内新建和改造一批邮电局所，恢复铁道和汽车邮路。80年代后，在发展传统业务同时，努力发展邮政快件、特快专递、邮政储蓄、礼仪电报、长途直拨电话等业务，并增辟航空邮路，加强对邮电技术设备的更新改造。90年代，不断拓宽邮政业务新领域，逐步形成速递、礼仪、广告、金融、集邮、报刊发行6大系列业务。1999年，区内有邮政支局5个，邮政所7个，邮政代办所5个，平均每一局所服务面积22.4平方公里，服务半径2.6公里，服务人口2.4万人。

【服务网点】

宣统元年（1909），在龙潭设立区内第一所邮政代办所。民国12年（1923），区内有笆斗山、尧化门、观音门、上元门、孝陵卫、马群、草鞋峡、摄山渡、石埠桥、龙潭、东阳11处邮政代办所，民国21年，龙潭邮政代办所升为三等邮局。民国35年（1946），在孝陵卫设第12支局，次年，设燕子矶、栖霞山邮电局。南京解放前夕，区内有燕子矶、栖霞山、龙潭三处邮局。新中国成立初，有龙潭、栖霞山、马群、迈皋桥、燕子矶等邮电所。1960年，对邮政网点布局进行调整，设陵园、板仓村、栖霞山、龙潭、小市、燕子矶、八卦洲7个邮电支局及孝陵卫、卫岗、百水桥、江南水泥厂、中国水泥厂、朱庄、吉祥庵、迈皋桥、尧化门、东井亭、林学院11个邮电所。“文化大革命”期间，区内仅保留火车站和龙潭两个邮电支局，下设孝陵卫、卫岗、板仓村、栖霞山、迈皋桥、燕子矶、小市、八卦洲、马群、尧化门、中国水泥厂、吉祥庵12个邮电所。1974年后，栖霞山、尧化门、吉祥庵、迈皋桥、板仓村、小市等邮电所先后恢复为邮电支局，同时撤并或增设一批邮电所。1998年，邮政、电信分设，邮电局（所）均改名为邮政局（所）。1999年，区内有邮政支局5个、邮政所7个、邮政代办所5个。

龙潭邮政支局 建于清宣统元年(1909),时为邮政代办所。民国21年(1932),升为三等邮局。1952年,改为营业处,1954年10月,由句容县划归南京邮局领导,1959年,升为邮电支局,辖长江、营防、花园邮政所及中国水泥厂邮政代办所。1999年,服务范围约119平方公里,服务人口约10万人,业务收入132.9万元。

栖霞山邮政支局 民国36年(1947),合并石埠桥、摄山渡等邮政代办所,成立栖霞山邮局。1952年,改为营业处,是年,由江宁县划归南京邮局领导。1959年,升为邮电支局,1970年,并入龙潭邮电支局,改为邮政营业所。1974年,恢复支局建制,辖南京炼油厂邮政所及西岗邮政代办所。1999年,服务范围约60平方公里,服务人口约12万人,业务收入193万元。

尧化门邮政支局 民国12年(1923),设尧化门邮政代办所。1958年,改设邮电支局,后改为邮电所,1961年撤销,1974年恢复。1979年,尧化门邮电所升为支局,辖马群、八卦洲邮政所及仙林邮政代办处。1999年,服务范围约48平方公里,服务人口约10万人,业务收入173万元。

吉祥庵邮政支局 原为燕子矶邮局,民国36年(1947)设立。1951年,升为自办三等一级局,1952年,改为营业处,1955年,恢复为邮电支局。1966年9月,燕子矶邮电支局并入南京火车站邮电支局,设吉祥庵邮电所。1975年,燕子矶邮电支局降为邮电所,吉祥庵邮电所升为邮电支局,辖太平村邮政所。1999年,服务范围60平方公里,服务人口约7万人,业务收入285.7万元。

迈皋桥邮政支局 1952年,成立迈皋桥邮电营业处,1955年撤销。1959年,复设迈皋桥邮电所,隶属燕子矶邮电支局,1970年,并入南京火车站邮电支局,1974年,复归原建制。1993年7月,设迈皋桥邮电支局,辖北苑、东井亭邮政代办所。1999年,服务范围约40平方公里,服务人口约20万人,业务收入38.6万元。

【邮路　投递段道】

邮路 早在秦代即有驿路通过栖霞。宋淳熙十二年(1185),建龙潭水马驿、金陵驿。明代,增置急递铺,每铺相距10里,接力传送公文。清末,近代邮政兴办,民国初期,随着火车、汽车、轮船、自行车等邮运工具的使用,步班邮路逐步减少。抗日战争胜利后,境内旱班邮路有较大改进,南京至笆斗山改为自行车邮路，南京至仙鹤门步班邮路由2日班改为逐日步班，南京至八卦洲步班邮路改为委办小轮邮路，趟班车与陵园、孝陵卫支局每日交换邮件4次。新中国成立初，境内有南京至燕子矶、尧化门2条旱班邮路。1951年，增加燕子矶至八卦洲、吉祥庵2条自行车邮路。1958年，开办下关至燕子矶到生产队的自行车邮路，以及人民公社到局或指定地点接取邮件的步行邮路。1963年，增加大马路经新街口、栖霞、小营、北京路回大马路和大马路经小市、陵园、中华门车站回大马路的自办邮路。是年，增加鼓楼至小市、栖霞山至江南水泥厂、鼓楼至尧化门、中山陵园至麒麟门、龙潭至东阳5条自行车邮路，以及龙潭至龙潭火车站、栖霞山至栖霞山汽车站、八卦洲至八卦洲码头3条步班邮路。1974年，开办南京市邮局转运处至栖霞山趟班邮路，沿途与板仓村、尧化门、栖霞山等局所交换邮件，1977年5月，栖霞山趟班邮路延伸至龙潭，次年1月，再延伸至花园、营防、长江公社，实现南京市区到公社邮路的专程化，全年趟班邮路总长700公里。1983年3月，增开市邮局转运处至吉祥庵、尧化门、板仓村的往返汽车邮路。1985年4月，陵园的趟班邮路延伸至马群。1999年，境内市(区)趟班邮路有从转运处经吉祥庵、尧化门、栖霞山、龙潭到长江往返邮路，从龙潭经金陵石化炼油厂、栖霞山、尧化门到板仓村重件邮路，从转运处经迈皋桥到燕子矶往返邮路。

投递段道　民国时期，邮件投递，除机关邮件由支局专差投递，其余则采取捎传办法。新中国成立初，境内只有燕子矶1个投递区。1952年，增设迈皋桥投递区。1953年，增设栖霞山投递区。是年，取消代收户、信插户，给据邮件投递到户，平信、报纸投递到农业合作社。1956年，增设小市投递区。1960年，增设八卦洲、板仓村投递区。1979年，增设尧化门投递区。是年起，集镇邮件报刊一律投递到户，农村平信、报纸投递到生产队，给据邮件、杂志投递到户。1988年，增设花园、长江、营防投递区。次年，增设陵园、龙潭、火车站、吉祥庵、马群投递区。1999年，投递局所12个，投递段道46个。

【邮政业务】

函件　清宣统元年(1909)，龙潭邮政代办所开始收寄公众交寄的邮件。民国年间，增办保险信函、航空函件、邮政认知证和存证信函、挂号信函、快递信函等业务。新中国成立后，即恢复办理国内平常函件、挂号函件、平快函件、保价信函和报值函件等业务。1950年1月，恢复办理国际信函业务。1960年10月，开办特种挂号信函业务。1978年，恢复存局候领和邮件回执业务,恢复部队义务兵平信免费寄递业务,增加印刷品专袋业务。90年代,陆续开办商业信函、礼仪信函、电子信函、企业名片、广告明信片、中国邮政贺年(有奖)明信片等业务。1999年,函件业务分为普通函件和商业函件两大类,国内邮件通达各地,国际邮件通达的国家(地区)超过200个。

包件 清末,境内开办保险包裹业务。民国24年(1935)4月,试办轻便包裹业务。之后,增办航空包裹、按址投递国内包裹和保价包裹业务。新中国成立后,恢复办理包裹、小包、保价包裹、保价小包业务。1950年,开办小包邮件、收寄商品包裹、保价包件、快递小包业务,恢复收寄国际包件。

汇兑 邮政汇兑业务始于清宣统元年(1909)。民国20年(1931),增办国内电报汇票业务。民国27年,开办定额汇票。民国38年(1949),恢复办理国内汇兑业务。1951年3月,邮政汇兑改为代理银行业务,分为电汇、票汇、信汇及委托代收款项服务;9月,栖霞山邮电支局试办送汇业务。1961年,栖霞山、龙潭支局办理电报汇款业务。1999年,邮政汇款业务分普通汇款和电报汇款两种。

邮政储蓄 民国8年(1919)7月,开办邮政储金业务,仅办理存簿及邮票储金两种。民国19年,开办定额储金业务。翌年,增办支票储金、特种定期储金、划拨储金和全城通兑业务。新中国成立后,储金业务分为存薄、支票及定期储蓄3种。1953年9月,停办储蓄业务。1986年2月,恢复邮政储蓄业务,分为活期储蓄、零存整取定期储蓄和整存整取储蓄3种。1999年,邮政储蓄有活期、定期、零存整取、整存整取、定活两便和有奖储蓄等业务以及代收移动话费、代发工资、代办保险等中间业务。

报刊发行 新中国成立后,实行“邮发合一”。1950年,开办理报刊发行业务,至1999年未变。

电信 民国27年(1938),邮政部门开办电报业务。新中国成立后,邮局继续兼办电信业务。1998年初,邮政、电信两局分设,电传电路和话传电路取消。

快递 清宣统元年(1909),邮政部门开办国内快件业务。新中国成立后,继续办理快递业务。1953年取消。1984年,开办国内特快票递业务。1987年,各邮电支局逐步开办国内邮政快件业务。1991年,各邮电支局开办国内特快邮件收寄业务,通达全国1338个城市。1994年,5处邮电支局增办国际特快专递邮件收寄业务。1999年,除快件票递业务停办外,其他各项快递业务延续。

第三章 电 信

清末民初,龙潭即通电报线路。民国27年(1938),成立龙潭电报局,开办电报、电话通信业务。1952年,在栖霞、龙潭、燕子矶3镇设立电信代办处,后改称电信营业处。1961年,设有栖霞、龙潭、燕子矶、小市、陵园电报营业点。1976年4月,时处栖霞区域的南京火车站邮电支局首办至北京、天津、上海三市传真电报业务。1978年9月,区内建成第一个电话分局——中央门分局(五分局)。80年代,又建成尧化门六分局、孝陵卫(43)交换局,使市内公众电话网扩展到栖霞镇、龙潭和马群地区。90年代,相继开通吉祥庵(530)、栖霞(576)、八卦洲(520)市内电话交换局,开通无线电数字移动电话网(GSM)及"128"(人工)、"129"(自动)寻呼网并在尧化门设有基站。1995年5月,南京电信局北区局成立,管辖全区除马群镇外的公众电话网及各电话交换局点,先后开展创建"电话小康镇、村""拆机并网""校园网""虚拟网"活动。1998年,邮政、电信两局分设,电信业务归并南京市电信局。1999年,在办理传统普通公众电报、人工长途电话、市内业务电话基础上,开办图文和报纸传真、电视节目传输、数据增值、数据分组交换和DDN网、计算机互联网(163、169)、800业务、语音信箱、校园网、程控新业务、ISDN业务、移动电话、无线寻呼、市内电话放装等服务项目。是年,全区有电话交换局点16个,交换机总容量逾17.04万门,市内电话出局线23.6万对,实装用户12.8万多户,电信服务网点遍及集镇、居民小区及服务行业。

【电报】

电路 清光绪八年(1882),江宁(南京)至镇江电报线路峻工,与津沪电报干线相接,在龙潭附近石榴园建巡房。民国27年(1938),无线电路通达龙潭,设龙潭电报局。新中国成立后,境内有线电路有镇江1路,话传直达电路有龙潭、栖霞、燕子矶营业处。50年代,相继开通至省内主要城市直达电路和至各县的无线电定时电路。60年代后,省际一级直达电报线路陆续开通,1985年,通过南京市中心报房开通除拉萨、银川、台北外,至各省(区)会城市直达电路。1999年,通过南京市中心报房开通尧化门、栖霞山、吉祥庵、迈皋桥、龙潭邮政支局及南京电瓷总厂6条省内二级(至县)电路。

业务 清末,举办电报之初,以军用电报为主,商用、民用较少。民国元年(1912)后,各类电报及特别业务逐渐开办。民国23年,有线、无线电报合并,市内电话收发电报时兴,多为军政商务,平民少有问津。新中国成立初,各邮电支局陆续开办电报业务,以话传方式发报,按邮传电报作信函寄送,投递区域随邮政投递段道延伸、扩大。1976年4月,开办至北京、天津、上海三市传真电报,1986年后,开放用户传真业务。1988年,开办特种电报业务,有特急、加急、邮送3种。1989年开始,长途电话和传真通信发展,电报业务量随之下降。1991年,增办请柬电报业务,1993年8月,开办同城鲜花礼仪电报业务。1999年,办理电报及投递业务的有南京市电信局北区局、郊区局及尧化门、龙潭、栖霞山、吉祥庵、迈皋桥邮政支局。

【长途电话】

电路 民国17年(1928),南京分达句容、武进、丹徒、丹阳等9县长途电话网建成,可达龙潭。民国36年3月,沿京(宁)沪铁路电杆,由南京经栖霞、龙潭至镇江,架设4芯橡皮电缆。次年,长途电话有线直达电路有龙潭、句容各1路,栖霞至市内、栖霞至龙潭、龙潭至镇江均可通话。新中国成立初,修复战争损坏的线路。1956年,开始添建长途线路和载波设备。1963年,龙潭、栖霞各有2条省内二级直达长话电路。1976年后,陆续开通直达全国各地的长途电话电路。其后,长途电话的传输手段逐步采用大通路电缆、光缆及数字微波,架空明线建设渐停。1977年12月,启动南京至扬州60路长途对称通信电缆工程,经区内尧化门、栖霞、龙潭、花园、营防至长江公社飞花村与长江水线相连,埋设4×4对称电缆2条,计80皮长公里,沿线设高庙、花园、飞花3处巡线房及摄山、高庙、花园3处无人增音站。1993年,启动南京至苏州光缆工程,南京段52公里,市区至龙潭镇采用36芯光缆,龙潭镇至桥头采用28芯光缆,架空布放40公里,管道埋设12公里。1999年,区内长途电话与全国长途自动电网汇接,均为自动交换电路。

业务 民国年间,陆续开办普通电话、加急电话、传呼电话、预告电话、特快电话、限时接通军政电话及优待新闻电话等业务。国内长途电话收费标准按通话空间和通话时间计算。新中国成立后,长途电话业务有叫号、叫人、传呼,并分寻常和加急两类,另有特约、定时、特快、新闻4种特别业务。1987年7月,开办国际、港澳长途直拨电话业务。90年代后,公务用户、住宅用户电话均加装长途直拨功能。1999年,区内长途电话可直拨全国各地及世界400多个城市和地区。

【市内电话】

公众电话网 民国年间,市内电话多设于政府机关、官员住宅。新中国成立初,电话用户不多。1956 年,在栖霞、龙潭、燕子矶设置小交换机,1960 年,各人民公社、生产大队可通电话。1978 年 9 月,南京电信局设立中央门市内电话分局(五分局),安装 HJ-921 型纵横制自动交换机 2000 门,“112”障碍测量台 2 席,其交换区域在南京火车站、上元门、燕子矶等地。1981 年 12 月,华东输油管道指挥部、南京烷基苯厂和电信部门共同筹资 274 万元,设立尧化门市内电话分局(六分局),安装 HJ-921 型纵横制自动交换机 1000 门,“112”障碍测量台 2 席,1984 年 10 月,建成尧化门至龙潭镇 50 对市话电缆 1 条,全长 23 皮长公里,至此,栖霞镇、龙潭镇等远郊地区纳入市内电话公众电信网,可直接通话。1985 年 10 月,中央门分局改用 HJ-921J 型 4000 门纵横制城市电话自动交换机。1987 年,尧化门分局交换机增容至 3000 门,“112”障碍测量台增至 4 席。1988 年 5 月,中央门新建 50 局,安装使用 F-150 型数字程控交换机 2000 门,翌年 6 月,孝陵卫新建 43 局,安装使用 F-150 型数字程控交换机 2000 门。1991 年,中央门 50 局改装 S-1240 型程控交换机 1 万门,后扩展至 1.8 万门,另增装 S-1240 型程控交换机 1.4 万门。1995 年下半年,开通栖霞镇 576 交换局,安装通广北电交换机 5000 门;八卦洲 520 交换局,安装 S-1240 交换机 2800 门;吉祥庵 530 交换局,安装 S-1240 型交换机 2 万门。1996 年,拆除龙潭镇小总机,开通龙潭 570 交换局,安装 S-1240 型交换机 5000 门,开设尧化门新生圩港、龙潭长江和营防各 1000 线光环路设备。1997 年,开通樱驼村 547 交换局,安装 S-1240 型交换机 1 万门,开设仙林、月苑小区光环路设备。1998 年,开通新生圩模块局以及下挂在龙潭母局的长江、营防、摄山 3 个模块局,容量各为 2000 门。1999 年,开通南京师范大学仙林分校(580 局向)模块局,容量 3000 门。其间,各端局陆续配置与 S-1240 型交换机设备相匹配的上海欣泰公司的专用测试台及“雄师”系统设备,对资料、修障等工作实行计算机管理。是年,区内共有交换局点 16 个,其中,端局 6 个,模块局 7 个,光环交换点 3 个;交换机容量 170518 门,出局线总数 235900 对,实装电话用户 12.8 万多户,私人住宅电话趋于普及。另有 ISDN(综合业务数字网)896 门。

自办电话 1976 年,有社、镇自办电话,开设小交换机,供生产大队、社镇办企业安装电话单机。至1978年,摄山公社、马群公社、尧化公社相继开设小交换机,多则350门,少则100门。1985年至1992年,栖霞镇、栖霞镇十月村和新合村、八卦洲乡、尧化乡乌龙村、燕子矶乡相继开设小交换机,多则600门,少则50门。期间,驻区各大中型企业也自建小交换机。各小交换机中继线均接入市内公众电话网。1999年,区政府及大型企业的电话纳入"虚拟网",驻区大专院校发展"校园网"。

公用电话 新中国建立后,区内设置公用电话,初始,在邮电局、所设代办制公用电话,1980年以后,在火车站、医院、公园等公共场所设置投币式公用电话,尔后扩至各旅馆等服务行业。1992年,在南京火车站(时辖,1995年划出)首次设置磁卡电话机,不久IC卡电话问市。是年9月起,采取私话公用办法,凡有条件的私人住宅电话,可向电信局申请代办公用电话。1995年后,在主干道、商场、大专院校、医院等公共场所设置磁卡、IC卡电话棚。1999年,区内有公用电话992部,其中,磁卡电话62部,IC电话386部,私话公用354部,邮电自营34部,代办156部。

【无线电通信】

无线寻呼通信 1984年10月,南京电信局初试无线电传呼系统,信号传至燕子矶。翌年11月,正式启用"松下"JB300型5000门寻呼系统,主发射台设在鼓楼电信大楼,辅助台设在尧化门市话分局内,覆盖半径52公里。开放定时寻呼、集体寻呼、代传长途、正常寻呼等业务。1992年底,引进自动寻呼设备,扩建为10万门数字、汉字兼容和人工、自动兼容无线寻呼系统,扩建尧化门基站,寻呼网覆盖全区,可提供汉字寻呼、数字寻呼和语音信箱服务。1994年4月,寻呼系统扩展到20万门。1999年,社会部门自办无线寻呼通信,有公安、天地、苏讯等寻呼台,共有寻呼用户2.5万户。

无线移动通信 1988年,南京开通MASTS-B2型450兆赫兹移动电话,通话半径为30~50公里,辐射区内,用户双方在移动状态或一方在移动状态下,可直拔市内电话或长途电话。1992年,开通尧化门EMX-500型900兆赫兹蜂窝状移动通信A网基站,次年开通尧化门B网基站,实现全省漫游。1994—1995年,相继建成中央门、锁金村、吉祥庵、孝陵卫基站,扩增信道,投入全国自动漫游运行。1995年,开通尧化门A-900型数字移动电话网(GSM)基站,具有模拟移动电话功能,提供呼叫等待、呼叫转移、呼叫限制、三方通话、加密等服务。1999年,区内无线移动电话用户1.2万户。

第七编 工 业

南朝时期,龙潭、花园一带农户有“打箔制线”手艺,尊东晋炼丹家葛洪(一说葛玄)为艺祖,世代相传,素称“金箔故乡”。清末民初,龙潭地区金箔金线生产业户约有100家,年产金线50万支。此外,境内仅在集镇上有零星的小型食品作坊、采石炼灰厂、石磨及砖瓦场。19世纪中叶,区内开始萌发现代工业。清同治七年(1868),清政府在燕子矶建船厂。民国10年(1921),民族实业家姚锡舟在龙潭创办中国水泥股份有限公司龙潭工厂(今中国水泥厂),民国24年(1935),曾任北洋政府总理的颜惠庆,在栖霞山筹建江南水泥股份有限公司栖霞工厂(今江南水泥厂)。20世纪40年代起,国民政府在迈皋桥、燕子矶地区,先后建立南京电照厂(今华东电子集团公司)、中央化工厂(今南京化工厂)和中央电瓷公司南京厂(今南京电瓷总厂)等。后因日本帝国主义侵略,加上内战不断,这些工业企业均长期处于停建、停产状态。新中国成立后,人民政府大力扶持“中国”和“江南”两个水泥厂,1951年,筹建15年之久的江南水泥厂终于投产。50年代,各镇乡兴办一些集体性质的农具厂、竹木器厂、采石场和小型水泥厂等,社会主义改造完成后,逐步成为区街工业和社办工业,60年代后期,逐步升格为区属集体企业,成为地方工业的骨干。与此同时,国家和江苏省、南京市政府在境内大力投资,扩大原有企业的生产能力,使其形成规模,同时不断发展电子、石油化工、汽车制造、采矿、冶金等新兴工业,先后建成南京炼油厂、南京烷基苯厂、栖霞山化肥厂等,并且安排第八九八厂、第九二四厂等一批军工企业进驻,吸引中国建筑第八工程局(以下简称中建八局)第三建筑公司、中国石化集团第二建设公司、中建八局工业设备安装公司等企业落户,使栖霞地区变为声名远扬的现代工业基地。80年代后,引进外国资金、技术、设备,对区内企业进行更新改造,诞生江南—小野田水泥有限公司、南京锦湖轮胎有限公司、南京电子网板有限公司和南京欧文斯科宁挤塑泡沫板有限公司等一批中外合资企业,生产出依维柯客车、烷基苯、汽车轮胎、大屏幕彩色显像管、新型建筑材料等高科技、高附加值产品。地方工业主动接受驻区大中型企业辐射，实施“兴工强农”战略，走“城乡联合”之路，涉足电子、机械、化工、建材、轻纺、包装、印刷等诸多门类，区属工业和乡镇工业迅速发展壮大。1992 年，中共南京市委、市政府决定在燕子矶、尧化门沿江地区建立南京新港工业区(后更名为南京经济技术开发区)，并与栖霞区实行“两区”联合开发。开发区内设工业、保税仓储、金融贸易和综合服务四个功能区，引入日本夏普、新加坡华新藤仓、美国艾欧史密斯、荷兰飞利浦等一批国际知名工业企业入驻。地方工业实施“外向带动”战略，不断拓展开放型经济，1999 年，地方工业中，中外合资、中外合作、外商独资企业发展到 128 家，实际利用外资累计 1.1 亿美元，完成外贸出口 2.01 亿元，创汇 8069 万美元；创办栖霞、摄山、马群三个市级工业园区，进园企业 67 家；乡镇企业发展到 645 家，固定资产原值 12.28 亿元，占全区地方工业固定资产总额 84%，从业人员 41200 人，占全区农村劳动力 52.22%；精细化工、机械电子、新型建材、汽车配件等支柱行业，在地方工业经济中的比重达 65%；三聚氰胺、显像管、电封炉等 33 个产品获部、省、市优质产品称号；年产值 500 万元以上的企业 97 家，其中，超亿元企业 2 家。是年，驻区工业和地方工业完成总产值共 184.55 亿元，其中，驻区工业 156.26 亿元，地方工业 28.29 亿元；实现利税 23.47 亿元，其中，驻区工业 21.7 亿元，地方工业 1.77 亿元。

第一章 工业体制及改革

民国时期，境内工业除国民政府资源委员会创办的中央化工厂、南京电照厂、中央电瓷公司南京厂为官办工业企业外，均为私营。新中国成立初，区内全民、集体、私营工厂并存。1956 年，个体私营企业改造完成，统为国营和集体企业。80 年代，私营企业恢复发展，90 年代，“三资”企业发展较快，逐步形成国有企业、集体企业、联营企业、个体私营企业以及中外合资企业、外商独资企业等多种经济成分相互并存的工业体制。

【企业体制】

区属工业企业 1958 年，出现区街工业和社办工业。60 年代后期，部分街道和社办工业升格为区属工业。70 年代，区属工业企业发展到 18 家。1973 年，8 家区属工业企业上交市管，区属工业企业减为 10 家。1975 年 4

月,钟山区撤销,4家区属工业企业划入。改革开放后,区属工业企业增加到15家。1980年,3家区属工业企业划归南京市一轻局管辖,1999年,包括区民政、劳动、建设、教育、粮食、商业局等系统企业在内,区属工业企业计139个,职工5722人,固定资产原值38775万元,产值21635万元,利税1129万元。

乡镇工业企业 区乡镇工业始于50年代。1956年,农村相继建起农具生产、制扇、金线金箔、采石、炼灰、服装、竹木器等12家合作社。1958年,人民公社办工业企业发展到20多家,主要行业有建材、化工、家具、磷肥、农机、服装、酿酒、粮油加工等。1960年后,一批企业关停并转,1966年,全区社办工业企业仅存7家,1975年,市属大中型企业与区内有关公社联合兴办工业企业。是年,社队工业企业46家。改革开放后,乡镇工业快速发展。1983年,城乡联合创办一批科技含量较高的骨干企业,乡镇工业企业激增至267家。1988年,迈皋桥乡成为工业产值亿元乡。1991年,栖霞镇新合村成为工业产值亿元村。1999年,全区乡镇工业企业总数645家,其中,产值千万元以上的企业4家,职工22543人;固定资产原值12.28亿元,产值26.13亿元;实现利税1.66亿元,占全区利税总额93.79%;工业增加值5.51亿元,占全区工业增加值92.14%。

“三资”企业 创办“三资”企业始于80年代。1983年,中德签订的兔毛纺织实验工厂筹建项目落户栖霞镇。1985年,区属企业南京三福时装有限公司与日商五味渊良幸等共同投资,组建南京山阳服饰有限公司。1989年,南京摄山电炉总厂、中国香港深南公司与泰国峰峙公司合资成立南京港南工业炉有限公司。1991年,新批“三资”企业4家,1992—1994年,新批(合同)外商投资企业52家,1999年,累计批准“三资”企业128家,其中,中外合资企业92家,中外合作企业16家,外商独资企业20家;总投资2.77亿美元,合同外资1.2亿美元,实际利用外资1.1亿美元,外资利用率91.67%;开业投产91家,投产率71.09%,其中投资1000万美元以上企业8家。

个体私营工业企业 民国时期,区内面坊、粉坊、糖坊、油坊、碾坊、铁匠铺、篾匠铺、小采石厂、小炼灰厂、小砖瓦窑零散分布,多为私人开办,规模小,从业人员少。1951年,土地改革后,农村手工业者分得土地,季节性生产的作坊大多歇业。至1965年,区内已无个体私营企业。1978年,对工业企业所有制结构进行调整,区内陆续出现个人创办企业。1999年,全区个体私营工业企业 275 户，其中，个体工业企业 199 户，私营工业企业 76 户，从业人员 2091 人；企业资产总额 8875 万元，年产值 2.83 亿元，利税 1966 万元；个体私营工业企业中，年产值超百万元的 29 家，年产值超千万元的 2 家。

校办工业企业 1978 年始，一些中小学开办工厂。1984 年，有校办工业企业 8 家，完成年产值 160 万元，实现利润 29 万元，其中，用于改善办学条件资金 11.02 万元。1995 年，校办企业发展到 108 家。1999 年，校办工业企业发展到 118 家。其中，中学 10 家，小学 108 家，完成产值 8863 万元，实现销售收入 8981 万元，利税 445 万元，提供教育发展基金 350 万元。

【体制改革】

经营机制改革

集体承包 1984 年 7 月，推行以“一包三改”为主要内容的经济承包责任制，至 1987 年 7 月，有 821 家区属和乡镇企业实行承包。之后，承包主体开始向车间、班组下延，承包对象向后勤、供销、科技、行政人员扩展，承包内容也向全方位承包转变，1989 年，推行包所得税、包固定资产增值和工资总额与经济效益挂钩的“两包一挂”承包责任制，年底，40 家区属工业企业实行“两包一挂”。

风险抵押承包 1988 年底，尧化乡乡村企业开始风险抵押承包试点，承包形式有全员风险抵押、经营班子风险抵押、企业内部风险抵押等。翌年，全区 33 家工业企业实行风险抵押承包，共收缴风险抵押金 94.3 万元。1997 年，全区风险抵押承包企业共 191 家。

租赁经营 1986 年，小型亏损工业企业实施租赁经营。1990 年，实施租赁经营的企业计 63 家。除整体租赁外，还出现房产租赁、设备租赁、无形资产租赁等租赁经营形式。1997 年，实施租赁经营的企业 174 家，1999 年，减为 90 家。

产权制度改革

股份合作制 1992 年，在吉祥化工厂、南京摄新铜合金特种成型制造厂进行股份合作制改革试点。是年，第一家股份合作制企业成立。1993 年，企业股份合作制改革在全区推广，股份合作制企业共 101 家。1997 年，有股份合作制企业 111 家，其中，区属企业 5 家，乡镇企业 106 家。1999 年，股份合作制企业减为 62 家，职工个人股比例上升，超过 55%。

资产出售 1992年开始，在区属小型企业进行“卖、租、包”试点，1993年，有170家小型企业实行“卖、租、包”。时尧化乡南京耀华建材设备厂将机器设备、流动资产出售给个人，厂房、土地实施租赁，1999年底，实施资产出售企业261家，出售资产总额3473万元。

组建企业集团 1993年，开始进行企业资产优化重组工作，以优势产业、名牌产品和骨干企业为龙头，组建企业集团。至1999年，共组建7个企业集团。

南京栖霞建设集团 1993年5月组建。集团核心层为南京栖霞城镇建设开发（集团）公司，紧密层有14家企业，其中，国家二级开发企业4家。1999年，集团有成员单位17家，员工150余人，资产总额8.45亿元，年销售收入3.23亿元，实现利税5000万元。

南京帝豪集团 1993年组建。集团核心层为南京帝豪企业集团公司，紧密层有5家企业。集团公司主要生产中、高档毛料制式套服，兼营室内外装潢、出租汽车、餐饮娱乐等。1999年，有职工100余人。固定资产原值915万元，利税263万元。

南京霞峰集团 1994年6月组建。集团核心层为栖霞山工贸公司、栖霞山拆船厂、栖霞山轧钢厂3家企业，紧密层有9家企业。集团主营轧钢、拆船、化纤制品生产，兼营金属材料、喷胶棉及软棉制品、房屋建筑材料销售。1999年，固定资产原值4520万元，有职工720人，完成工业产值9748万元，销售收入7516万元，利税1231万元。

南京新合集团 1994年组建。集团系跨行业、跨所有制、多法人经济联合体。核心层有南京康保玻璃纤维制品厂、保温厂、钢管厂、钢窗厂、电镀厂等10家全资企业，紧密层有5家控股企业。产品涉及建材、保温、包装、农副、养殖业等领域。1999年，有职工906人，固定资产原值1.3亿元。产值1400万元，利税930万元，人均收入4500元。

南京摄炉集团 1995年组建。集团核心层为摄山电炉总厂，紧密层有3家企业，系全国第一家乡镇电炉行业集团。集团以生产经营热处理工业专用电炉为主。1999年，固定资产原值1216万元，有职工241人，工业产值1838万元，利税136万元。

南京电缆集团 1995年12月组建。集团核心层为原南京电缆一厂改制的南京电缆（集团）有限公司，紧密层有3家企业。主要生产销售电线、电缆、单相两极转片式插头、电源线、金属材料、建筑材料、橡胶及制品、汽车及摩托车配件、五金交电等。1995 年,集团实现产值 9609 万元,销售收入 5157 万元,利税 278 万元。1999 年,企业实行产权制度改革,厂房和设备租赁、出售给私营企业。

南京霞天集团　1996 年组建。集团核心层为南京霞天(集团)有限公司,紧密层有 3 家企业。主要产品有火花塞、电子陶瓷、显像管电封炉、扩散炉加热及高标异型耐火材料等,1999 年,有职工 232 人。固定资产原值 2147 万元,产值 2684 万元,利税 48 万元。

第二章　工业门类

新中国成立后,至 70 年代,南京炼油厂、南京化纤厂、南京汽车仪表厂、南京塑料厂等国有大中型工业企业相继建立,其间,区属工业、社办工业异军突起,一大批工业企业应运而生,地方工业基本形成以石油化工、建材、机械、电子、汽车制造为支柱的工业体系。

【建材工业】

区内有建材工业企业 100 家,主要生产水泥、塑钢门窗、水泥制品、耐火材料、玻璃、砖瓦、石料、石灰等。1999 年,有职工 7251 人,固定资产原值 3. 05 亿元,年产值 3. 62 亿元,占全区工业总产值 12. 8%;利税 994 万元,占全区工业利税总额 5. 62%。

南京水泥厂　1958 年创建,位于栖霞山东麓。原为开采青石、砂子的十月采石炼灰厂,1960 年,建小立窑,购进球磨机,日产水泥 40 吨,更名为十月公社水泥厂。1962 年,与十月陶瓷厂合并,增购球磨机,水泥年产量增加到 1 万多吨。1973—1976 年,先后建成两条半机窑生产线,年产水泥 5. 2 万吨。期间更名为南京水泥厂。1980 年,回转窑生产线建成,是年,生产出高标号 500 号普通硅酸盐水泥 1. 78 万吨。1987 年,对回转窑进行技术改造,年产水泥 8. 96 万吨,产值 890 万元,利润 4. 9 万元。1995 年,两条机立窑生产线建成试运行,但由于负债过重、管理不善等因素,于当年 10 月停产。1999 年,工厂占地 27. 23 万平方米,建筑面积 2. 25 万平方米,有职工 1056 人,固定资产原值 3569. 2 万元。年末,租赁给镇江扬子水泥有限责任公司。

南京栖霞山玻璃厂　1958 年创建,位于栖霞山南麓。原为十月人民公社玻璃厂,主产品为3~5毫米格法玻璃和5号中碱玻璃球。1972年,改为区属集体企业,更为现名。1978年,改为压花玻璃生产线,年产玻璃10万标箱。1982年,工厂易地扩建,主产品为3毫米和5毫米平板玻璃,年产27.74万标箱。1989年5月,8组双滴制瓶生产线正式投产,因供大于求,运行4个月被迫停产。1993年,新建一条年产5000吨位中碱玻璃球生产线,当年盈利40余万元。1999年1月,与南京远盛玻璃有限公司签订格法玻璃生产线租赁合同,8月,又与南京远鸿制釉有限公司正式签订中碱玻璃球生产线租赁合同,期限10年。1999年,工厂占地11.97万平方米,建筑面积2.49万平方米,有职工586人,固定资产原值8000万元,产值2695万元,亏损99万元。

南京康保玻璃纤维制品厂 1978年创建,位于栖霞山西麓。原名南京新合保温材料厂,系南京新合(集团)公司所属村办集体企业,主要生产玻璃棉保温材料。1994年,进入南京市乡镇企业“最佳经济百强企业”行列。1997年,更为现名。1998年,“红枫”牌玻璃棉获江苏省名优产品称号,同年,兴建离心棉制板生产线,开发离心棉喷吹树脂棉项目和轻质镁铝项目的保温材料新产品。是年,获江苏省“科技先进企业”称号。1999年,工厂占地3.5万平方米,建筑面积2万平方米,有职工98人,固定资产原值2577万元,年产值1978万元,利税321万元。

【化学工业】

区内有化学工业企业144家,主要生产三聚氰胺、降解树脂、三氯化铁、氧化钾、苯胺、硫酸、磺酸、聚氨酯、对甲酚、抗氧剂、洗衣粉等。1999年,有职工3649人,固定资产原值3.3亿元,年产值6.6亿元,占全区工业总产值23.33%;利税5875万元,占全区工业利税总额33.19%。

南京新星汽车橡胶厂 1996年,迈皋桥镇兴卫村与七四二五工厂联合经营,位于兴卫村。主要生产汽车用制动软管、空调软管、油封及火车制动软管,年产制动软管280万件,空调软管11万件(套)、各种油封1500万件、铁道软管12万根,与几十家汽车、摩托车厂相配套。产品获国家级奖励32项、全军级奖励3项、军队部级奖励52项、国家部级奖励3项。1999年,工厂占地6.3万平方米,建筑面积1.4万平方米,有职工179人,固定资产原值1792万元,产值2052万元,利税203万元。

南京长江第一化工厂 1977年创建,位于长江乡马渡村。原名江宁县长江合成化工厂，主要生产精细化工产品。1987 年，划归栖霞区管辖，为校办企业。1988 年 3 月，更为现名，开发、生产一氯二乙基铝、三乙基铝和 DDS 系列有机化工产品，当年实现产值 850 万元，利润 51 万元。1990—1995 年，投入办学资金、教学奖金、学生学习费用 300 万元。1999 年，工厂占地 1.48 万平方米，建筑面积 6000 平方米，有职工 76 人，固定资产原值 322 万元，产值 1281 万元，利润 135 万元，税金 74 万元。

南京燕子矶泡花碱厂　1979 年创建，位于燕子矶镇柳塘村，为镇办福利企业。主要生产中性、碱性硅酸钠和三聚磷酸钠，年产量分别为 3 万吨和 1 万吨，与金陵石化烷基苯厂相配套。多样产品被评为南京市优质产品和农业部优质产品。1999 年，工厂占地 1.79 万平方米，建筑面积 6500 平方米，有职工 146 人，其中，残疾人员 93 人，固定资产原值 951 万元，产值 2937 万元，利税 496 万元。

南京金星石化实业有限公司　1992 年创建，位于栖霞镇四板桥，为中外合资企业。公司下辖金光、金达、金美佳 3 个生产型分公司。金光化工有限公司主要生产三聚氰胺、582 树脂、ISM 减水剂、硫酸铵等和防火装饰板专用胶水。其中，“金陵”牌三聚氰胺曾被农业部评为优质产品，推荐为国家级名牌产品。被中国科学院和国家科委等单位联合评为科技成果奖，远销欧美、东南亚等地。金达建材有限公司开发、生产的防火装饰板、高阻燃防火板、高耐磨防火板等系列防火装饰产品，曾获国家科研成果金奖。金美佳木业制品有限公司，主要以防火装饰板和专用胶水为原料二次加工生产办公家具、室内外装潢、厨房用具等。1999 年，公司占地 6.67 万平方米，建筑面积 3.6 万平方米，有职工 769 人，固定资产原值 1.33 亿元，产值 1.19 亿元，利税 244 万元。

【机械工业】

区内有机械工业企业 153 家，主要生产医疗机械、离合器、输送机、运输机、工业泵、省煤器、电炉、电缆、热管、火花塞等产品。1999 年，有职工 6384 人，固定资产原值 2.39 亿元，产值 9.51 亿元，占全区工业总产值 33.62%；利税 4677 万元，占全区工业企业利税总额 26.42%。

南京进相机厂　1958 年创建，位于栖霞镇南象山。前身为十月公社拖拉机站，1970 年，与便民河公社拖拉机站、龙潭农具厂合并，成立栖霞区机电修造厂，生产小型农用机械、家用电机、绞肉机、液化气灶具以及砖瓦生产设备的配套件等。1980年，更为现名，成为定点生产节能产品、建材机械、建材工业自动化装备的国家二级企业。80年代初，与院校合作研制并生产进相机，1985年，开发预加水成球微机自控系统，研发生产的“红叶”牌Fz－2、Fz－3型自激式进相机先后被评为省优质产品和国家优质产品。90年代，与院校合作研制开发微机控制固定式双嘴水泥包装机、立式冲击破碎机、水泥包装机以及微电子控制相位补偿器等产品，行销全国和俄罗斯、东南亚。1999年，工厂占地2.22万平方米，建筑面积1.3万平方米，有职工196人，固定资产原值399.4万元，产值629万元，利税111万元。

南京长江电炉厂　1975年创建，位于长江乡上坝村。原名南京长江电器仪器厂，为乡办企业，1982年更为现名。主要生产工业电炉、干燥设备、高中低温风机波纹管等，产品行销全国各地，并远销联合国粮农组织及美国、法国、马里、印尼、泰国。1989年，引进欧美技术，开发、生产替代进口的电炉产品，被指定为生产工业电炉的定点厂。GC－16A型网带式干燥机，被评为省科技三等奖和省优秀新产品，“彩环”牌工业电炉获江苏省“金牛”奖。1999年，工厂占地4.5万平方米，厂房面积2.2万平方米，有职工200人，固定资产原值656万元，产值1506万元，利税34万元，出口创汇62万美元。

南京锅炉附机一厂　1976年创建，位于八卦洲乡，为乡办企业。主要生产螺旋出渣机、铸铁省煤器。1988年，“古城”牌螺旋出渣机和铸铁省煤器，被南京市评为优质产品。1999年，工厂占地1.25万平方米，建筑面积3800平方米，有职工50人，固定资产原值129万元，产值356万元，亏损13万元。

南京长江交通设施设备厂　1992年创建，位于长江乡上坝村，为校办企业。1997年，与江苏省交通科研所联营专业生产交通设施和交通工程设备。产品行销全国20个省、市。1995年，DD型柴油打桩机获南京市乡镇企业优秀产品“金马”奖，翌年，获中国专利新产品博览会金奖和省科技进步二等奖。1999年，工厂占地1万平方米，建筑面积4000平方米，有职工80人，固定资产原值159万元，产值488万元，利税30万元。

【电子工业】

区内有电子工业企业63家，主要生产电子元器件、热敏电阻、电视机网罩、显像管再利用、电封炉等产品。1999年，有职工1805人，固定资产原值

1.16 亿元,年产值 2.51 亿元,占全区工业总产值 8.87%;利税 2664 万元,占全区工业利税总额 15.05%。

南京霞天电子陶瓷器件有限公司 1965 年创建,位于栖霞山南麓,原名南京栖霞山陶瓷厂,为中外合资企业。主要生产火花塞、电子陶瓷、显像管电封炉、扩散炉加热器和高标异型耐火材料制品等,1987 年,研制开发的显像管电封炉新产品,获省科技进步二等奖和“金牛”奖。被农业部评为优质产品和国家级重大新产品。1995 年,经评定为“三资”企业上缴增值税第 22 强和利润总额第 21 强,并获南京市“明星企业”和“综合实力 100 强企业”称号。1997 年,与比利时平氏有限公司合资组建南京霞天电子陶瓷器件有限公司。1999 年,公司占地 1 万平方米,建筑面积 6000 平方米,有职工 232 人,固定资产原值 2147 万元,产值 2684 万元,利税 48 万元。

南京银山电子有限公司 1993 年创建,位于和燕路 422 号,为民营科技企业。从事开发研制、生产、销售电子工业所需的继电保护和通信设备。主导产品微机故障录波测距装置,年产 450 台,行销全国 26 个省、市的大中型电网。1999 年,公司占地 4400 平方米,建筑面积 4000 平方米,有职工 68 人,固定资产原值 519 万元,产值 3384 万元,销售收入 4560 万元,利税 675 万元。

南京凯燕电子有限公司 1996 年创建,位于和燕路 448 号,为城乡联合企业。工厂与华飞彩色显示系统有限公司相配套,开展彩色显像管及高清晰度监视器的回收加工业务,主要产品有彩管和监视器的玻屏、玻锥、金属元器件以及彩色显示系统配套的化工产品等。1999 年,公司占地 5000 平方米,建筑面积 3600 平方米,有职工 148 人,固定资产原值 1317 万元,产值 2616 万元,利税 363 万元。

【其他工业】

栖霞区有金线金箔、服装、食品、纺织、晒图纸、印刷等工业企业 324 家,主要生产合金箔、铝箔、塑料包装、服装、皮鞋、环保设备、纺织品、纸制品等。1999 年,有职工 9126 人,固定资产原值 6.26 亿元,年产值 6.05 亿元,占全区工业总产值 21.39%;利税 3482 万元,占全区工业利税总额 19.67%。

南京花园金箔厂 1976 年创建,位于龙潭镇六子桥,为镇办福利企业。生产各种型号合金箔和铝箔,行销北京、上海、广州、深圳、香港等地和马来西亚、印尼、美国等国。1986 年,“三龙”牌贴花铝箔获江苏省美术工艺品

“百花奖”。1989年,“三龙”牌贴花铝箔被农业部评为优质产品。1999年,工厂占地1.5万平方米,建筑面积5000平方米,有职工280人,固定资产原值230万元,产值858万元,利税156万元。

南京晒图纸厂　1978年创建,位于马群镇,为镇办企业。主要生产办公用纸,主导产品晒图纸产量跻身全国同行业前列。1984年,“钟山”牌特号蓝线晒图纸被评为江苏省优质产品,1985年,被评为轻工部优质产品。1996年,开发研制的“钟山”牌高速蓝线晒图纸获南京市产品“金马”奖,并出口到朝鲜、越南等国。1999年,工厂占地2万平方米,建筑面积2400平方米,有职工72人,固定资产原值279万元,产值1601万元,利税54万元。

南京科艺服装厂　1987年创建,位于和燕路401号,为村办企业。主要生产中高档毛料制式套服,是武警总部及部分省总队的校尉官制服定点生产厂,公安部、司法部授权生产警服和卫生部生产卫生监督服指定生产厂。1999年,工厂占地3154平方米,建筑面积3514平方米,有职工100人,固定资产原值915万元,产值1407万元,销售收入1125万元,利税263万元。

第三章　驻区工业企业

现代工业始于清同治年间。同治七年(1868),清政府在燕子矶建船厂。解放前夕,工业呈滥觞之势。50—80年代,区内大中型工业企业发展至近百家,成为南京市建材、石油化工、汽车制造、电子等支柱产业生产基地。90年代,驻区国有大中型工业企业面临市场经济大潮的冲击,不同程度地走入低谷。1978年后,驻区大中型企业,抓住机遇,积极寻求所有制的多种形式。江南水泥厂实现外资嫁接,南京摩擦材料总厂实施先股后租,伯乐集团进行低成本扩张等,遂逐步摆脱困境。1999年,有驻区大中型工业企业71家,产值156.26亿元,利税21.7亿元,创汇10489.3万美元。

【建材工业】

1999年,驻区建材工业企业9家,其中,国有企业7家,中外合资企业2家。主要生产水泥、混凝土、硬石膏、混凝土膨胀剂、塑钢门窗、挤塑泡沫保温板等。有职工13247人,固定资产原值35.01亿元,年产值8.44亿元,占驻区工业企业总产值5.4%;亏损3742万元。

中国水泥厂 厂址在龙潭镇。民国10年(1921),姚锡舟与上海金融界、实业界人士集资白银50万两,在龙潭镇创办中国水泥股份有限公司龙潭水泥厂,时为中国五大水泥厂之一。1954年6月,成为江苏省首批公私合营企业,更名为中国水泥厂。1963年,所产"五羊"牌波特兰水泥销往港澳地区和菲律宾、澳大利亚、尼泊尔等国家。1979年,525R(Ⅱ型)波特兰水泥获国家金质奖。1986年,生产水泥50.55万吨,产值3224万元,利税2069.58万元。1987年,"石城"牌水泥获部、省优质产品称号。1988年,国家压缩基本建设投资规模,建材需求量减少,资金、能源、运输全面紧张,水泥产量降至40.41万吨。1990年11月,与江南水泥厂共同作为核心层,组建南京长江水泥(集团)公司,1998年,集团公司改组重建,中国水泥厂恢复法人地位。同年,建成50万吨熟料日产2000吨水泥生产线,年产高标号水泥120万吨。当时,南京长江大桥、南京金陵饭店、沪宁高速公路、南京禄口国际机场等重点工程使用的各种水泥均产自中国水泥厂。1999年,工厂占地317.2万平方米,建筑面积16.43万平方米,有职工3241人,固定资产原值5.64亿元,产值1.63亿元,亏损3733万元。

江南水泥厂 厂址在栖霞山东麓。民国24年(1935)7月,颜惠庆受唐山启新洋灰公司委托,筹建江南水泥股份有限公司栖霞工厂。新中国成立后,在国家和南京市人民政府帮助下,解决资金不足、原燃材料缺乏等困难,生产蒸蒸日上。1954年7月,实现公私合营。60年代初,在全国31个大中型水泥厂26项可比指标竞赛中,有14项名列第一。1979年,"五羊"牌波特兰水泥和"钟山"牌油井水泥分获国家金质、银质奖。80年代,年产高标号水泥57.2万吨。1990年11月,与中国水泥厂共同作为核心层,联合11家企事业单位组成南京长江水泥(集团)公司,水泥生产年均增加4.6万吨。1993年,与日本秩父小野田株式会社、三井物产株式会社等合作,成立江南—小野田水泥公司。1998年1月,南京长江水泥(集团)公司改制重组,江南水泥厂恢复法人资格。同年3月,以40%的资产作价投入,与香港"好易发"公司合资成立南京江南水泥有限公司。1999年,工厂占地160万平方米,建筑面积20.13万平方米,有职工2498人,固定资产原值4.35亿元,产值1397万元,亏损143万元。

江南—小野田水泥有限公司 厂址在栖霞山东麓。1993年3月,由江南水泥厂和日方共同投资经营,期限33年。同年12月破土动工兴建,1996年2月,点火试生产。进口2台电收尘器,分别用于原料磨和熟料冷却机废气收尘,收尘效率达99.99%。实际排尘量均低于100MG/NM3国家环保排放标准,成为无尘化厂区。公司生产实现机械化和自动化,主要经济指标(包括能耗)都达到90年代世界先进水平,全员实物劳动生产率3000吨/人·年,年产高标号低碱硅酸盐水泥134万吨,产品70%外销。1999年,公司占地49万平方米,有职工337人,固定资产原值18.15亿元,产值2.18亿元,创汇2855万美元,亏损1095万元。

【石油化工工业】

1999年,驻区石油化工企业16家,其中,国有企业11家,市属以上集体企业3家,股份合作制企业1家,中外合资企业1家。主要生产汽油、柴油、石油苯、烷基苯、磺酸、洗衣粉、合成氨、尿素、橡胶防老剂、硝基氯苯、聚氯乙烯电缆料、聚酯薄膜、聚丙烯、聚氨酯、复合肥、苯酐和汽车轮胎等。有职工32009人,固定资产原值80.64亿元,年产值77.45亿元,利税18.07亿元,产值和利税分别占驻区工业企业总产值和利税总额的49.56%和83.27%。

南京化工厂 厂址在燕子矶镇。民国36年(1947)3月,国民政府资源委员会中央化工厂筹备处南京工厂在燕子矶创建,民国38年(1949)5月,由南京市军事管制委员会接管,12月,更名为南京化工厂。1952年6月,建成年产48吨防老剂甲生产装置,翌年,建成年产96吨防老剂丁生产装置,结束防老剂产品完全依赖进口的历史。1966年,南京化工厂以生产有机中间体和橡胶助剂为主。当年,工业产值1.07亿元,利税2278万元。1977年底,自行设计的硝基苯加氢还原制苯胺新工艺装置,获全国科学大会奖。至1989年,先后有14个产品获国家、部、省优质产品称号。1998年,实现产值9.37亿元,利税6593万元,产品增加到50多个品种,总量达32万吨,其中,橡胶助剂产量占全国总用量30%以上,“兰花”牌防老剂4010NA和4020市场占有率达80%以上,行销全国各地和美、法、日、意等20多个国家。1999年,工厂占地68.76万平方米,建筑面积29.25万平方米,有职工4968人,固定资产原值6.1亿元,产值9.22亿元,利税4338万元,创汇98.1万美元。

金陵石化公司塑料厂 厂址在迈皋桥镇和燕路390号。1955年创建,时名南京塑胶厂,归属中国石化集团公司。70年代,陆续建立3000吨苯乙烯、1000吨聚苯乙烯、5000吨溶剂法聚丙烯、2000吨改性聚丙烯等装置,成为全国重点塑料加工企业之一。1982年,归属金陵石化公司,更为现名。1983年,“三叶”牌聚氨酯泡沫塑料获省优质产品称号。1984年,聚氨酯铺装材料获化工部优质产品称号。1987年5月,采用国产原料生产出大型一次性注射单面整体塑料托盘,生产能力居全国同行业之首。1988年,苯乙烯获国家银质奖。1989年1月,更为现名。1998年,开发形成“三叶”牌聚醚及聚氨酯、聚丙烯及改性聚丙烯、苯乙烯、聚苯乙烯塑料加工4大系列产品。聚丙烯产品产量位于全国第一,率先开发的聚氨酯产品,用于国家奥林匹克体育中心、首都工人体育场等大型运动场的场地铺装。1999年,工厂占地28.4万平方米,建筑面积13.95万平方米,有职工1224人,固定资产原值2.02亿元,产值3.99亿元,亏损1409万元。

金陵石化公司炼油厂 厂址在栖霞山西麓。1958年创建,是中国石化公司所属炼油骨干企业和石油加工、出口基地。1965年,加工原油23.7万吨,生产汽油、煤油、柴油、石油焦、燃料油19.8万吨。1971年,下放为省属企业,1982年1月,隶属金陵石化公司。1983年,建成3500吨/年三甲苯装置,填补国内空白。1988年,连续12年实现产值增长大于原油加工量增长,利润增长大于产值增长,平均年利税增长2000万元。1989年1月,更为现名。1995年,推进技术改造,一次加工能力增加到1050万吨/年,生产规模位于全国第二。主要产品为“红叶”牌各类标号汽油、煤油、柴油、石脑油、苯类等计48种,27种产品先后获国家、部、省及石化行业优质产品称号。其中,3号航空燃料油获国家金质奖。产品行销全国各省、市、自治区和香港地区,并出口美国、日本、印度等国家。1998年,成功开发无味煤油,填补国内特种溶剂油空白。1999年,工厂占地465万平方米,建筑面积322.7万平方米,有职工10338人,固定资产原值41.4亿元,产值31.03亿元,利税16亿元,创汇2000万美元。

金陵石化公司烷基苯厂 厂址在尧化门。1976年创建,是合成洗涤剂原料生产基地,主要生产直链烷基苯、合成洗衣粉、直链烷基苯磺酸、民用和工业用洗涤剂等。1990年,“加佳”牌烷基苯产品获国家金质奖,年产7.2万吨,满足全国40%合成洗涤剂生产厂家需要;洗衣粉获部、省优质产品称号,年产9万吨;磺酸年产3万吨。产品质量、物耗、能耗等技术指标处于国内领先地位,达到国际先进水平。产品供应全国,远销海外。“加佳”产品成为江苏省名牌产品。1999年,工厂占地98万平方米,建筑面积42万平方米,有职工2002人,固定资产原值6亿元,产值7.58亿元,利税1.13

亿元。

南京锦湖轮胎有限公司 厂址在燕子矶镇和燕路418号。1994年9月创建,为南京轮胎厂与韩国锦湖轮胎集团等多家企业联合组建的中外合资企业。公司注册资本4767.1万美元,投资总额11917.7万美元,1997年3月正式投产,子午线轮胎产量居全国第二。同年12月,获美国DOT、欧共体ECE、沙特SASO、中东GULF等国际权威机构的质量安全认证。1999年,各类汽车轮胎年产223万条,年出口83万条;工厂生产的子午线轮胎获"南京市高新技术产品"称号,锦湖轮胎获"南京市名牌产品"称号。是年,公司占地18万平方米,建筑面积5.8万平方米,有职工1003人,固定资产原值6.43亿元,产值6.9亿元,利税5345万元,创汇1165万美元。

【汽车制造工业】

1999年,驻区汽车制造工业企业9家,其中,国有企业5家,中外合资企业1家,联营企业3家。主要生产汽车仪表、传感器、座椅、线束、锻件、配零件、车厢、底盘以及越野军车和改装车等。有职工4183人,固定资产原值2.76亿元,年产值7.32亿元,利税2407万元,产值和利税分别占驻区工业企业总产值和利税总额的4.68%和1.11%。

南京汽车仪表厂 厂址在迈皋桥镇万寿村。1955年创建,前身为南京标牌仪器厂。1960年4月,更为现名,迁至太平南路,隶属南京市机械局汽车配件公司。1964年并入中国汽车工业公司南京汽车制造分公司,成为部属企业。1969年3月,所产汽车仪表用于"跃进"牌汽车。1993年,与迈皋桥镇联营,翌年,搬迁至现址,并成功开发为IVECO等车型配套的电子车速里程表、转速表、电子速比调整器及各种配套传感器等一系列新产品。1999年,年产各类仪表20万套,各类传感器100万件,各种汽车配套塑料件200余种。是年,工厂占地8.1万平方米,建筑面积2.24万平方米,有职工422人,固定资产原值3174万元,产值4093万元,利税636万元。

南京泰克西铸铁有限公司 地址在迈皋桥街。1996年12月创建,为跃进汽车集团公司与意大利泰克西股份公司共同出资组建的中外合资企业。系列产品有灰铁、球铁和合金铸铁3大类,其中索菲姆发动机汽缸体和缸盖等为高强度、薄壁工艺极复杂的灰铸件。自行研制的QT880－5等一批高牌号球墨铸铁曲轴、后桥壳球铁等产品和采用框架激冷合金铸铁生产的凸轮轴,均达到国际先进水平,获中国铸造协会、中国铸造标准化技术委员会颁发的“金鼎”奖。1999 年，公司进行技术改造，形成年产 40000 吨生产规模，成为国内市场和远东及东南亚市场优质铸件生产基地。是年，公司占地 9.34 万平方米，建筑面积 6.6 万平方米，有职工 1160 人，固定资产原值 9975 万元，产值 4450 万元，利税 1025 万元，创汇 1537 万美元。

南京新迪股份有限公司 地址在迈皋桥镇合班村。1986 年 11 月，南汽制配厂与迈皋桥镇共同投资成立南汽车辆改装厂，是南京跃进汽车集团主管的联营企业。1994 年 5 月，南京汽车制造厂、南汽车辆改装厂、南京康乔实业总公司共同发起成立南京新迪股份有限公司，主营汽车座椅、汽车线束、洗车冲焊件和专用改装车等产品，形成年产 8 万辆“跃进”车和 4 万辆“依维柯”汽车配套件以及 1200 辆改装车的生产能力。1990 年，公司生产的依维柯汽车座椅高弹聚氨酯泡沫塑料，获全国汽车工业科学进步三等奖。1991 年，“跃进”牌 NJ 系列汽车座椅，获南京市优质产品称号。1993 年，依维柯汽车 A40、A10 乘客座椅，获江苏省优秀新产品奖和“金牛”奖。1995 年，豪华万能调节汽车座椅，获全国科技人才技术交流展示会金奖。1997 年，取得英国皇家认可委员会颁发的“UASK”证书。产品行销北京、上海、江苏、安徽、江西、河南、内蒙、广东、福建等省和香港地区。1999 年，公司占地 10 万平方米，建筑面积 4.6 万平方米，有职工 1192 人，固定资产原值 4722 万元，产值 2.19 亿元，利税 1795 万元。

【冶金机械工业】

1999 年，驻区冶金机械企计 7 家。主要生产五氧化二钒、铝合金、高压电瓷、高压开关、汽摩零件、刮板输送机、石化机械、工程机械等。有职工 10574 人，固定资产原值 10.12 亿元。年产值 5.79 亿元，利税 592 万元，产值和利税分别占驻区工业企业总产值和利税总额的 3.71% 和 0.27%。

南京电气（集团）有限责任公司 始建于民国 25 年（1936），原名国民政府资源委员会中央电瓷制造厂。民国 36 年（1947），从湖南长沙迁至燕子矶，更名为中央电瓷公司南京厂。主要生产低压电瓷产品。民国 38 年（1949）5 月，由南京市军事管制委员会接管，改名南京电瓷厂。60 年代，试制成功火花塞、电容套管、钢化玻璃绝缘子等新产品。70 年代，开发生产高压隔离开关、高压互感器、耦合电容器等。1978 年，产品发展为 8 大类 800 多种，电压等级从发展到 220 千伏。1979 年，更名为南京电瓷总厂，1998 年，更为现名。产品有高压线路电瓷、高压电站电瓷、钢化玻璃绝缘子、电容式套管、高压隔离开关、高压互感器、高压熔断器、火花塞、电热塞、高能点火器等11大类1000多种，其中，钢化玻璃绝缘子、电容式套管、火花塞是公司三大优势特色产品和主要出口产品，先后11次获国优、部优、省优称号。70－160KN标准型钢化玻璃绝缘子，被评为“优等品”，填补国内空白。至1999年，累计出口高压电瓷产品19079吨、火花塞7448万只，主要出口英国、美国、瑞典、土耳其、印尼、泰国等国。1999年，公司占地53万平方米，建筑面积25万平方米，有职工4338人，固定资产原值5.83亿元，产值3.6亿元，利税1137万元，创汇813万美元。

南京铅锌银矿 矿址在栖霞街。1956年创建，时名南京采石厂第二分厂，为江苏省重点有色金属矿山，隶属南京市冶金工业公司。1957年，易名为南京栖霞山铅锌锰矿。从1978年起，3次进行采选技术改造，生产规模提高到10万吨/年。1984年，更为现名。1994年，20万吨/年采选矿改造工程竣工，年产铅3699吨，锌7935吨，实现利税115.46万元。1995年5月，以采选生产线及相关辅助设施折股与沈阳冶炼厂、葫芦岛锌厂联合组建南京栖霞山锌阳矿业有限公司。1998年，与中南工业大学合作，采用电化学调控浮选新技术，提高锌的回收率和铅精矿品位，有色铅锌金属采选生产能力达25万吨/年，年增效益约100万元。全员劳动生产率67665元/人·年。1999年，与台商合资组建南京南宝塑胶有限公司，吸引内资组建江苏宁宏锌业有限公司，并先后兼并南京冶炼厂等多家企业，逐步形成多元经营格局。是年，厂矿占地41.73万平方米，建筑面积9.23万平方米，有职工1825人，固定资产原值1.51亿元，产值1.23亿元，利税587万元，创汇180.7万美元。

南京铁合金厂 厂址在和燕路436号。1958年创建，时名红旗联合钢铁厂，隶属南京市冶金控股集团公司。1959年，改名为红旗钢铁厂，除炼铁外，增加土焦、硝酸银生产和金、银、铜、铝回收等项目。1962年，试制出有色合金以及铬铁、钨铁等铁合金产品，同年，划归江苏省冶金局，更为现名。1965年，被冶金部定为金属铬生产定点厂。1969年，划归南京市重工业局，1971—1977年，逐渐形成铬、硅、钒、锰等铁合金生产系列。1980年，工业硅、金属铬、硅铁打入国际市场，成为省、市冶金产品出口创汇重点企业。主导产品“通力”牌铸造硅铝合金锭、H62拉竿天线套管和T2拉制铜管，获冶金工业部有色金属工业优质产品称号，五氧化二钒和金属铬，获江苏省优质产品称号。产品远销韩国、日本、荷兰和美国。1999年，工厂占地39.07万平方米，建筑面积10.01万平方米，有职工2216人，固定资产原值1.56亿元，产值4612万元，创汇875万美元，亏损924万元。

【电子工业】

1999年，驻区电子工业企业计6家，其中，国有企业5家，中外合资企业1家。主要生产电视机、电子束管、节能灯、冰箱、空调器等。有职工12916人，固定资产原值25.03亿元，年产值20.67亿元，利税1.33亿元，产值和利税分别占驻区工业企业总产值和利税总额的13.23%和6.13%。

南京华东电子（集团）公司　始建于民国26年（1937），原名国民政府资源委员会中央电工器材二厂。民国36年（1947）7月，其下属南京电照厂在迈皋桥长营村破土动工。翌年3月，开工生产。民国38年（1949）5月，由南京市军事管制委员会接管。1952年6月，生产出日光色荧光灯。1953年，更名为南京灯泡厂。1958年，试制成功14英寸黑白显像管和“电工”牌莹光灯并大宗出口东南亚地区。1959年1月，南京灯泡厂一分为二，一厂名为第七四一厂，二厂名为华东电子管厂。1963年，隶属第四机械工业部。1982年5月，改隶电子工业部。1985年，“电工”牌荧光灯，获电子工业部质量管理奖。1986年5月，该厂下放南京市直管。1987年9月，以华东电子管厂为主体，以“电工”商标为龙头，与全国61个工商企业、金融机构和大专院校组建电工联合总公司。90年代，与多国企业合作，陆续组建华飞、华浦、飞东、华赛和电子网板等10多家中外合资企业。产品格局向多类别电子应用整机、新型电光源、特种电子管以及品种更为广泛的电子材料等方向发展，与80年代相比，生产规模扩大10倍。主导产品有“电工”牌荧光灯、电子镇流器、节能型光源、示波管、光电倍增管、探测器件、医疗仪器、太阳能热水器、电视机等20多个门类，出口产品数十种，市场遍及东南亚、中东、非洲、欧洲、美洲和中国台湾、香港地区，成为南京市“四十强出口创汇精英企业”。1999年，公司占地69.9万平方米，建筑面积31.8万平方米，有职工4812人，固定资产原值5.93亿元，产值6.84亿元，利税5005万元，创汇191万美元。

南京伯乐电器（集团）公司　地址在和燕路439号。1958年创建，时名新联机械厂，代号为第九二四厂，主要从事电子对抗设备的研制和生产。1963年3月，研制的中国第一代雷达侦察机通过国家级鉴定。至1965年5月，先后试制5个品种、113部雷达侦察车。1978年后，根据“保军转民，以民养军”发展战略，先后开发出制冷设备、卫星电视接收设备、汽车空调等系列产品，成为军产民产相结合企业。1983 年，KC－28 系列空调器获部优质产品奖。1988 年，新建全无氟电冰箱生产线，年产无氟电冰箱 50 万台。1992 年，自行开发、批量生产的无线电电力负荷监控系统，获国家“金箭”奖，年产 1 万台（套），产品市场占全国三分之一。1997 年，通过技术改造，形成年产各种电讯仪器 5000 台（套）和年产蒸凝器、冷凝器 6 万台（套）的生产能力。至 1998 年累计研制、生产通讯侦察、雷达侦察告警和干扰设备 6000 多台（套）。研制的潜艇侦察设备获国家科技进步二等奖，研制的手持式侦察设备获电子工业部科技进步三等奖；“伯乐”牌家用空调产品形成系列化，年产 10 万台，70% 产品出口国际市场；企业进入国家电子百强行列。1999 年，公司占地 56 万平方米，建筑面积 25 万平方米，有职工 3500 余人，固定资产原值 11.5 亿元，产值 4.08 亿元，亏损 128 万元。

八九八厂 地址在金宁新路 8 号。1966 年 9 月创建，隶属第四机械工业部。1978 年后，由单一军工产品配套生产厂逐步发展成多门类、多品种的国内磁性材料企业。1985 年，成立以金宁厂为主体的金宁磁性元器件联合公司。1987 年，与燕子矶镇联合成立南京金燕无线电器材厂。1995 年，与日本 FDK 公司合资组建南京 FDK 公司。企业具有年产 3000 吨软磁铁氧体元件和 2.5 万套软磁铁氧体器件生产能力，主产品有软磁铁氧体元件、软磁铁氧体器件、片式电感器件、金属永磁元件、高频变压器、开关电源及磁性材料专用设备制造等 8 大类。年产各类元器件 2 亿件，其中，软磁铁氧体元件产量、产值和技术水平均居全国首位，“金宁”牌 URF10 型磁芯获国家金奖。产品覆盖全国各省、市、自治区及香港、台湾地区，并出口荷兰、瑞典、德国、日本、美国、巴西等国及和中东地区。连续 11 年被评为全国电子元件百强企业。1999 年，工厂占地 20.41 万平方米，建筑面积 7.67 万平方米，有职工 2030 人，固定资产原值 1.79 亿元，产值 1.67 亿元，利税 678 万元，创汇 177.5 万美元。

【电力工业】

1999 年，驻区电力工业企业 4 家。主要经营电力、蒸汽以及电力工程安装等。有职工 7438 人，固定资产原值 14.7 亿元，完成年产值 10.94 亿元，利税 1.29 亿元，产值和利税分别占驻区工业企业总产值和利税总额的 7% 和 5.94%。

南京第二热电厂 厂址在太新路86号。1985年创建,是国家“七五”期间的重点节能项目。1988年11月,1号机组投产运行,形成10万千瓦发电能力和320吨/时、13±ata供热能力。1991年1月1日起,隶属南京市经济委员会。1997年,划归南京新港开发总公司,成立南京新港高科技股份有限公司新港电力分公司。1996—1998年,连续三年突破6亿千瓦时大关,并向26家企业供热,1997—1999年,供汽量分别为320115吨、360197吨和501994吨。1999年,工厂占地31.6万平方米,建筑面积5万平方米,有职工780人,固定资产原值6.08亿元,产值1.68亿元,利税3759万元。

金陵石化公司热电厂 厂址在栖霞镇新合村。1988年5月创建,为部属国有企业,隶属金陵石化有限责任公司。年发电量64199万千瓦时、蒸汽量135万吨。至1990年,累计发电41亿千瓦时,供热1952万GJ,压油44万吨。1999年,工厂占地42.06万平方米,建筑面积27万平方米,有职工1085人,固定资产原值5.8亿元,产值2.92亿元,利税4816万元。

【建筑安装工业】

1999年,驻区建筑安装工业企业11家。主要从事工业设备、石油化工、码头建设、建筑、基础工程的施工和安装。有职工16427人,固定资产原值4.76亿元,年产值19.46亿元,利税5628万元,产值和利税分别占驻区工业企业总产值和利税总额的12.45%和2.59%。

中建八局第三建筑公司 总部驻尧化镇尧建新村。1952年创建,为国有建筑一级施工企业,前身为中国人民解放军建筑工程部队第四师,1983年9月,集体转业,改编为中国建筑第八工程局第三建筑公司。主要经营建筑、安装、装潢、钢结构制作施工。建有海口财盛大厦、上海通贸大厦、南京禄口国际机场航站楼、酒泉载人卫星发射中心测试厂房等名优工程,跨入全国500家最大建筑企业行列,承建的浓密池工程获中建总公司优质工程金质奖,酒泉载人卫星发射中心测试厂房获甘肃省“飞天”奖、国家“鲁班”奖、国家科技进步一等奖。改编后,共完成施工产值60多亿元,竣工面积227万平方米。1999年,公司占地78万平方米,建筑面积2.5万平方米,有职工2650人,固定资产原值1.04亿元,产值6.22亿元,利税1746万元。

中建八局工业设备安装公司 总部驻尧化镇。1952年创建,为国有建筑一级施工企业,前身为中国人民解放军基本建设工程兵。1983年,改编为中国建筑第八工程局工业设备安装公司,公司具有建筑安装、自动控制、电气仪表、工艺管道、采暖通风、锅炉设备、容器制造多种专业施工能力，在全国15个省市、30多个地区建成大中小型工程项目100多个，其中，1978年，承建的南京烷基苯厂，工程质量优良率90%以上，获国家银质奖。1989年，承建的华飞彩色显示系统有限公司、南京电子网板有限公司、七一四厂地面卫星通讯移动系统、南京金鹰商城和南京禄口国际机场航站楼等工程，一次交验合格率100%，优良率85.6%，优质工程25项次，其中，国优工程1项次，部、省优工程11项次。1992年，被评定为中国建筑施工综合实力百强企业。1994—1996年年，先后承建北海香格里拉大酒店、南京金桐烷基苯、青岛香格里拉大酒店和兰州炼油厂50万吨常减压装置，分别被评为“鲁班”奖和十佳工程。1999年，公司占地10.6万平方米，建筑面积8.21万平方米，有职工2361人，固定资产原值9245万元，产值4.56亿元，利税2100万元。

中国石化集团第二建设公司 总部基地驻尧化镇尧石二村。1954年创建，为国家一级施工企业，隶属中国石化集团公司，前身是燃料工业部石油管理总局东北建设安装工程公司，1978年，改为石油工业部第二工程公司，1983年，划归中国石化总公司，更名为中国石油化工公司第二建设公司，具有建筑、安装、设备制造、大型设备运输和吊装等综合配套施工能力。60—80年代，相继承建抚顺石油厂、南京炼油厂、山东胜利炼油厂、济南炼油厂、湖北荆门炼油厂、青岛石化厂和援建阿尔巴尼亚巴尔什炼油厂，伊拉克基尔库克北方天然气加压站等100多项工程，获国家建设工程“鲁班”奖1项、国家优质工程银质奖2项、全国优秀焊接工程奖5项、部与省级优质工程12项。1990—1997年，承建工程累计1380项，单位工程优良率95.6%；焊缝射线探伤拍片累计541197张，焊接合格率93.6%。1998年，更为现名。1999年，主要在国内11省参加国家和地方的重点工程建设，承接16个中交项目、36套装置检修改造项目、28个新开工项目，均提前或按期实现控制点目标，实现投料试车一次成功。是年，公司占地41.95万平方米，建筑面积28.52万平方米，有职工5266人，固定资产原值8743万元，产值5.27亿元，利税1784万元。

【纺织工业】

1999年，驻区纺织工业企业4家。主要生产粗纺呢绒、精纺面料、粘胶长丝、粘胶短纤、无纺布等。有职工4184人，固定资产原值4.86亿元，年产值4.85亿元，利税5619.4万元，产值和利税分别占驻区工业企业总产值和利税总额的3.1%和2.59%。

南京经天呢绒有限公司　地址在迈皋桥合班村。1958年创建，前身系迈皋桥街道燕迈零件加工厂，1965年，更名为“三八”织带厂，改为区属企业，生产各种鞋带。1969年，更名为南京织带厂，划归南京市一轻局管理。1975年，更名为南京第三毛纺厂，主要生产粗纺呢绒面料。1979年，成为南京纺织工业公司。1986—1989年，“达丽”牌产品获纺织工业部、江苏省优秀产品奖，毛麻粘花呢产品获纺织工业部开发奖。1994年，更名为南京粗纺呢绒厂，多项产品被评为省、市优秀新产品。1997年5月，改为现名。1998年，企业改制，由个人租赁承包。1999年，公司占地8.3万平方米，建筑面积2.73万平方米，有职工1399人，固定资产原值3000万元，产值1400万元，利税47.4万元。

南京化纤股份有限公司　厂址在燕子矶伏家场。1992年9月创建，前身为南京化纤厂，原直属纺织工业部，是中国化纤基地之一，主要生产粘胶短长丝。1993年，实现总产量17000吨，总产值2.8亿元，利润1978万元。1997年底，南京化纤厂资本实施重组，生产经营纳入南京化纤股份公司，主产品“金羚”牌粘胶长丝年产5500吨、“金羚”牌粘胶短丝年产11000吨，行销全国各省、市、自治区和香港地区，并出口韩国。1998年，实现年产值2.64亿元，利润2689万元，分别比上年增长23%和53%，实现减亏5600万元。1999年，公司占地44.3万平方米，建筑面积14.9万平方米，有职工2468人，固定资产原值2.37亿元，产值3.1亿元，利税5966万元，出口创汇12万美元。

【其他工业】

1999年，驻区其他工业企业5家，其中，国有企业4家、市属集体企业1家。主要生产金线金箔、金银线、圆芯线、金属布、挂面和长毛绒玩具加工以及从事地质勘探，原油输送等。有职工3632人，固定资产原值7.75亿元，年产值1.34亿元（不含中石化江苏输油公司），占驻区工业企业总产值的0.86%；亏损429万元。

南京金线金箔总厂　厂址在龙潭镇。1955年创建，前身是原花园乡和三阳乡联合组成的南京民艺金箔社，主要生产真金箔和真金线，现为市属集体企业，隶属南京市第二轻工业局，是中国人民银行定点生产基地。1963

年，研制铜箔成功，行销东北地区和东欧各国，被广泛用于印刷业和日用品、工艺品的装饰装潢。1964 年，试制生产金箔的特有工具“乌金纸”，开发出“药水金线”、扇子边、铝箔、铝金纸等新产品。1966 年，改名南京金线金箔厂。1971 年，成功试制涤纶金银线、涤纶圆芯金银线、金拉线等，基本取代进口产品。1976 年，形成涤纶金银线批量生产，销售量占全国 70% 左右。1977—1986 年，涤纶金银线累计产值 9941. 76 万元，节约外汇 2897. 29 万美元，完税 1046. 72 万元。1985 年，建成年产 150 吨金拉线生产线，除满足烟草等行业所需，被中国烟草总公司确定为金拉线定点生产企业外，还用于军用装备方面。1987 年，金银线、圆芯线获轻工部优质产品称号。1988 年，更为现名。1990 年，与香港永发烟草有限公司合作生产的金拉线获首届轻工博览会银奖。1991 年，涤纶金银线获第二届国际博览会铜牌奖。1999 年，主要产品有金箔、金银线、圆芯线、金属布，其中，真金银线为国内独家产品，涤纶金银线、金拉线等产品生产规模和产量居国内首位。“龙凤”牌金箔和金属布获江苏轻工“世纪精品”称号。是年，厂占地 6 万平方米，建筑面积 2 万平方米，有职工 488 人，固定资产原值 976 万元，产值 3304 万元，利税 307 万元，出口创汇 235 万美元。

南京木器厂　始建于民国 34 年（1945）。是年，上海私营永安木器公司等 3 家家具企业和商店，迁至南京大行宫延龄巷二郎庙，成为高档家具产、销集中地。1956 年 2 月，由永安木器公司等 26 家私营企业、商店组建公私合营南京木器厂。时有职工 260 人，固定资产 3. 87 万元，产值 171 万元，利税 13. 57 万元。1958 年，并入南京锯板箱厂，更名为南京木器厂，时有职工 1110 人，产值 670 万元，利润 80 万元。1959 年，为北京民族饭店、华侨饭店、人民大会堂制作配套家具，被评为全国红旗单位。1974 年，出口 87451 型套装家具，18 项质量指标均达到或超过部颁标准，1980 年，被轻工部评为优质产品。1985 年 8 月，迁至马群镇，项目总投资 3340 万元。1987 年底竣工投产，年生产各类家具 25 万件，成为江苏省现代家具工业基地，隶属南京市第二轻工业局。1996 年后，“白兰”牌家具连续三年获江苏省名牌产品称号，1998 年，获全国家具展销会金奖。产品行销东南亚、美洲、澳洲、东欧等地区。1999 年，以生产宾馆、酒店、写字楼家具为主，并涉及室内外装饰、房地产开发、商业、餐饮业等领域。是年，工厂占地 6. 73 万平方米，建筑面积 3. 92 万平方米，有职工 1132 人，固定资产原值 8149 万元，产值 8407 万元，利税 228 万元，创汇 350 万美元。

第八编　农林　水利

新中国成立前，栖霞地区农田山林多集中于富豪之手，土地贫瘠，耕作原始，水利设施薄弱，加之战事和水旱虫灾频繁，山林迭遭毁坏，农业生态环境恶劣，产量低而不稳，麦类亩产 43～56 公斤，水稻亩产 57～138 公斤，油菜亩产 20～25 公斤，棉花亩产 9.8 公斤左右，经济作物和畜牧、水产业发展缓慢。新中国成立后，实行土地改革，广大农民成为土地的主人。此后，历经互助组、合作社、人民公社，栖霞地区农林业生产由个体经营逐步走上集体经营，广大农民在区人民政府组织和领导下，开挖沟渠、兴修水利、修建道路、平整土地，建设旱涝保收、稳产高产农田，改造老河网、建立新水系，普遍护林、重点造林，改善农林生产条件，推广优良品种和科学技术，使农、林、牧、副、渔业得到全面发展。1978 年，全区粮棉油种植面积 12.31 万亩，常年性菜地面积 2.62 万亩，饲养生猪 10.89 万头，饲养奶牛 467 头。改革开放后，栖霞区适应城市化发展要求，确定“服务城市、富裕农村”的工作方针，全面调整农村生产关系，实行以户为基础的联产承包责任制，在稳定粮食生产同时，大力调整农业产业结构，积极发展多种经营，扩大经济作物种植面积。粮食生产普及省力化栽培、机械化收获，农田道路沟渠成网，新品种、新技术得到大面积推广，设施栽培面积不断扩大，都市农业、旅游农业、休闲观光农业开始起步，生产水平有了质的突破，初步形成以“菜、奶、花”为特色，农、林、牧、副、渔全面发展的产业化格局。1995—1998 年，小麦、水稻单产分别为 300 公斤和 580 公斤，连续四年居南京市五县四郊第一位。蔬菜生产形成特色。栖霞区滨江而居，长江岸线及通江河道长达 184 公里，加上丘陵岗地众多，易旱易涝。至 1999 年，省、市、区人民政府累计投入 4.5 亿元，全面开展堤防建设和节点整治，大大提高抗御特大洪涝灾害能力，农业生产实现旱涝无虞。是年，全区粮棉油种植面积 15.67 万亩，常年性蔬菜面积 5.6 万亩，其中，八卦洲乡芦蒿种植面积 2.91 万亩，成为全国最大的乡级野菜人工栽培基地。以家禽、家畜、水产、茶叶、花果为主的多种经营发展迅速，其中，奶牛饲养数增至 4080 头。

第一章 农村生产关系

新中国成立前,区内土地多为地主富农所有,贫苦农民无地、少地或租种地主土地,备受盘剥。民国38年(1949)4月,南京解放,栖霞地区即组织农民协会,进行减租减息。1950—1951年,进行土地改革,变地主所有为农民所有。1952年起,开始农业互助合作化运动。到1956年,基本完成农业社会主义改造,变土地生产资料农民个人所有为农民集体所有。1958年,实行人民公社体制,形成政社合一、三级所有、队为基础的农村经济体制,延续至1983年。之后,全面推行以家庭联产承包责任制为基础的统分结合的双重经营体制,确立了农户在农村经济中的主体地位。

【土地私有制】

新中国成立前,区内土地为少数地主占有,广大农民无地或仅有少量土地。为了生计,贫苦农民或向地主租赁土地耕种,或为地主做长工。土改前,靖安、临江、靖明、龙梅、龙潭5个乡,65户地主有土地9211亩,占土地总面积的24.3%;2616户贫农有土地10662亩,占土地总面积的28.13%。

【土地改革】

1951年1月,区内土地改革工作全面展开。发动群众,划分阶级成分,清算地主剥削压迫农民的罪行,没收地主多余的土地、农具、耕畜、粮食、房屋,分配给贫苦农民。1952年土改后,营防乡贫下中农571户,分得土地4477亩,人均1.64亩;马群乡贫下中农614户,分得土地2488亩,人均1亩。农村土地占有情况发生根本变化。

【农业互助合作】

互助组 1952年冬,石埠桥乡西河湾、邓庄两自然村30户农民组建区内第一个常年互助组。至1954年下半年,栖霞地区互助组发展到近千个。

初级农业合作社 1953年下半年,石埠桥乡组建区内第一个初级农业合作社,入社农户每户交一定数额股金,作为生产基金,入社的土地分等级评定股数,由合作社统一经营,社员劳动力按体力强弱、技术高低记工分。年终,按土地股占4成,劳动力股占6成进行分配。1954年3月,第八区组建初级农业合作社22个，入社农户8900户，拥有土地38192亩。

高级农业合作社 1956年1月，区内第一个高级农业合作社十月高级农业合作社成立。至1957年下半年，栖霞地区高级农业合作社发展到39个。农民入社后，原私人拥有的大型农机具、生产资料统一折价入社，归集体所有；原私人拥有的果树园、经济林木凡自愿折价入社，实行集体经营，收益分成的办法；统一给社员分配自留田和饲料田，经营权和收益均归个人；生产上实行包工、包产量、包成本和超产奖励的“三包一奖”责任制，组织上以生产队为单位，采取小班作业、小段计划、小段包工的小组责任制和个人责任制。

【人民公社】

1958年8月，长江人民公社成立。9月，区内农村实现人民公社化。人民公社历时24年，其核算与分配大致分为三个阶段。初期，实行以公社为基本核算单位的收益分配体制。这种“有地大家种，有饭大家吃，有钱大家花”的供给制分配方式，持续半年时间。1959年春，实行“三级所有，以大队为基本核算单位”的收益分配体制，取消供给制和工资相结合的分配制度。从1962年2月起，实行以生产队为基本核算单位的收益分配体制，把生产队一切收入、支出、税金和提留全部折成金额，除去支出、税金、提留等，余下部分按社员总工分算出工分值，按个人和家庭所得工分予以结算。

【家庭联产承包责任制】

1979年2月起，全区逐步落实生产队的经营自主权，在经营管理上建立生产责任制。责任制有“小段包工”和联产到组两种形式。1982年，人民公社制度废止，恢复乡村建制。至1983年末，全区90%的生产队实行家庭联产承包，划田方式主要按人分口粮田、按劳分责任田、按猪分饲料田，留有少量集体田或机动田。分配方式为“交够国家的，留足集体的，剩下都是自己的”。90年代，建立起以家庭联产承包责任制为基础的统分结合双重经营机制。

第二章　粮棉油生产

栖霞镇甘家巷出土孙吴时期(222—280)的陶明旋转磨、陶磨及费书索著《麦赋》3件文物,标志当时小麦种植已有规模。西晋时期(265—317),有再生稻栽培,一年两熟。周敦颐《六朝事迹编类》引《南徐州记》称:“江乘县南有半阳泉……民种稻则溉热水,一年再熟”。明洪武元年(1368),朱元璋在金陵建都而会告百姓:“凡民田五亩至十亩者,栽桑麻、木棉各半亩,十亩以上者倍之,不种麻(棉),出麻布、棉布各一匹”。至明弘治年间(1488—1505)《便民图纂》中已有种植油菜等经济作物的记述。清《上元江宁乡土合志》载:“丘陵山区,无雨之岁,则多种芋魁、荞麦、蜀黍、薯蓣,以济其穷。”民国时期,区内农田贫瘠,耕作原始,粮油棉作物产量极低,麦类亩产43~56公斤,水稻亩产57~138公斤,玉米亩产约44公斤,油菜亩产23公斤左右,棉花亩产仅9.8公斤。新中国成立后,区政府提倡改良品种,精耕细作,广施农肥,粮油棉生产发展迅速。50年代,粮食单产不足100公斤;60年代,提高到180公斤;70年代,240公斤;80年代,340公斤;90年代,400公斤左右。同期,全区粮食总产提高到7000万公斤。油料单产由20公斤提高到150公斤,油料种植面积由不足1万亩发展到4万多亩。50年代,区内棉花种植面积仅几百亩,80—90年代,棉花种植面积扩大到1.5~3万亩,皮棉单产提高到40~70公斤。90年代后期,农业新品种、新技术、新农药、新肥料在区内广泛推广应用,粮棉油作物产量、品质大幅提高,在南京市各区县中处领先地位。1994年9月,栖霞镇石埠桥村、营防乡新圩村和长江乡长江村创建为区级高产、优质、高效农业实验村。1997年3月,马群镇被列为南京市农业现代化示范带,营防乡新圩村被列为南京市农业现代化示范片,栖霞镇石埠桥村被列为南京市农村现代化实验村。1998年,长江乡和栖霞镇衡阳村被确定为区级农业现代化示范区。

【粮食生产】

麦类　栖霞地区以种植小麦为主,大麦次之,元麦再次之。50年代,“三麦”面积稳定在4~5万亩,亩产70~90公斤。60年代,开始推广良种和防治病虫害,“三麦”种植年均6.8万亩,平均亩产113公斤。70年代,大麦、元麦面积占“三麦”面积20%左右,之后,面积逐年减少。90年代,继续推广良种，实行免耕机条播、少免耕、群体质量栽培，“三麦”年种植面积在4.16万~8.16万亩之间，平均亩产249公斤。1995年起，区内不再种植大元麦，小麦种植面积5.8万亩，平均亩产296公斤，总产17155吨。1999年，小麦种植面积4.16万亩，平均亩产361公斤，总产15011吨。

水稻　新中国成立后，栖霞地区水稻生产不断选用改良品种。50—60年代，以种植籼稻品种为主。70年代后期，逐步以粳稻品种代替籼稻品种。80年代后期至90年代，区内以种植粳稻为主。50年代，每年水稻种植面积约1.8万~2万亩，亩产在123~187公斤之间。1961年，区内水稻种植面积1.83万亩，亩产122公斤，总产2225吨。1967年，开始旱改水。1969年、1970年、1980年水稻种植面积分别为8.03万亩、8.55万亩、3.61万亩，亩产分别为267公斤、298公斤、338公斤，总产分别为21460吨、25465吨、12193吨。1990—1999年，年均水稻种植面积5.8万亩，平均亩产535公斤。其中，1995—1998年，连续4年水稻亩产超历史，居南京市各县、郊第一位。

杂粮　以种植玉米、大豆为主，面积占全区杂粮作物的95%以上。1961年、1971年、1980年，玉米种植面积分别为2.26万亩、0.54万亩、0.34万亩，亩产分别为125公斤、243公斤、240公斤，总产分别为2835吨、1310吨、816吨；大豆种植面积分别为1.18万亩、0.63万亩、0.93万亩，亩产分别为78公斤、176公斤、53公斤，总产分别为925吨、1110吨、493吨。1990年、1999年，区内玉米种植面积分别为3.79万亩、1.63万亩，亩产分别为434公斤、331公斤，总产分别为16437吨、5400吨；大豆种植面积分别为0.35万亩、1.11万亩，亩产分别为95公斤、139公斤，总产分别为333吨、1544吨。

【油料生产】

油菜　油菜品种有早熟白菜型江宁大黄籽、甘蓝型迟熟品种朝鲜早生、胜利油菜、华油8号、宁杂1号等。1949年，油菜平均亩产25公斤。1950—1952年，平均亩产31公斤。1961年、1971年、1980年区内油菜种植面积分别为0.74万亩、0.50万亩、0.57万亩，亩产分别为29公斤、102公斤、82公斤，总产分别为215吨、510吨、465吨。90年代，油菜生产高速发展。1994年，油菜种植面积增至4.35万亩，为新中国成立后面积最高值，总产4690吨。1997年，油菜种植面积3.89万亩，亩产146公斤，总产5668吨，为新中国成立后总产最高值。1999 年,种植面积为 3.72 万亩,亩产 130 公斤,总产 4818 吨。

芝麻　花生　民国时期,区内零星种植花生、芝麻。1956—1960 年,花生芝麻种植面积剧降。1961 年,基本无花生种植,芝麻面积减至 200 亩,总产量仅 5 吨。1997 年,芝麻面积 0.08 万亩,总产 35 吨,1998—1999 年,基本无芝麻、花生种植。

【棉花生产】

种植的棉花品种有岱字棉 15 号、徐州 142、通棉 5 号、泗棉 3 号等。民国 36 年(1947),植棉 0.38 万亩,皮棉单产 9.8 公斤。1952 年,棉田面积扩大,皮棉亩产 14.5 公斤。1964 年,植棉 0.05 万亩,亩产 23 公斤,总产为 11.5 吨。1969 年、1979 年、1989 年,区内植棉面积分别为 0.01 万亩、2.04 万亩、1.18 万亩,亩产分别为 50 公斤、38 公斤、38 公斤,总产分别为 5 吨、775 吨、454 吨。1992 年,植棉 3.1 万亩,为新中国成立后植棉面积最大年份,总产达 1157 吨。当年,棉花市场产大于销。1998 年,植棉面积降为 0.87 万亩,亩产达 69 公斤,创历史最高值。1999 年,植棉面积下降至 0.15 万亩,亩产 62 公斤,总产 93 吨。

第三章　蔬菜生产

新中国成立前,栖霞地区蔬菜仅有零星种植。区蔬菜的规模生产始于新中国成立后。随着南京城市的不断发展,近郊乡镇种菜面积遂不断扩大。1955 年后,蔬菜生产步入统一计划时期,区政府有计划地在近郊和中郊发展菜地。至 1999 年,全区蔬菜栽培面积近 8 万亩,并逐步形成特色优势,其中,以芦蒿为主的野生蔬菜栽培突飞猛进,野菜生产成为蔬菜生产的主要产业,八卦洲乡芦蒿栽培面积达到 2.91 万亩,成为全国最大的野菜人工栽培基地。

【大宗蔬菜】

直根类与白菜类蔬菜　直根类蔬菜有萝卜、胡萝卜、大头菜、根根菜,白菜类蔬菜有小白菜、大白菜、紫菜薹、结球甘蓝、花椰菜、球茎甘蓝、芥菜。新中国成立后,大白菜在紫金山乡一带有小面积种植。60 年代后,摄山乡逐渐发展成为大白菜生产基地。

茄果类与绿叶类蔬菜 茄果类蔬菜有番茄、茄子、辣椒，绿叶类蔬菜有莴笋、芹菜、蕹菜、菠菜、苋菜、茼蒿、芫荽、生菜、落葵、紫背天葵、豆瓣菜。

葱蒜类与瓜类蔬菜 葱蒜类蔬菜有韭菜、洋葱、大蒜、葱、韭葱，瓜类蔬菜有黄瓜、冬瓜、丝瓜、瓠子、西葫芦、南瓜、笋瓜、菜瓜、苦瓜、佛手瓜、蛇瓜、节瓜。其中，黄瓜、冬瓜、丝瓜、瓠子、南瓜种植历史悠久，分布较广。

【豆类与薯芋蔬菜】

豆类蔬菜有豇豆、菜豆、毛豆、扁豆、蚕豆、豌豆，均种植历史悠久，分布较广。薯芋类蔬菜有马铃薯、芋、豆薯、山药、菊芋。马铃薯、芋种植历史较久，各乡镇均有栽培。

【水生与多年生蔬菜】

水生蔬菜有茭白、藕、水芹、菱角、荸荠、芡实、慈姑等，除水芹外，均种植历史悠久。多年生蔬菜有百合、金针菜、花椒、黄秋葵、竹笋，均零星分布。

【名特优蔬菜】

马群1号冬瓜 果实墨绿色，长圆筒形，单瓜重1.6公斤左右，亩产可达1500~2000公斤。

伏秋-56甘蓝 叶表腊粉厚，耐热性强，结球后能耐-5℃低温，亦耐干旱。结球较紧，单球重约1.6公斤。1999年，通过江苏省品种审定委员会审定。

惊春-893甘蓝 外形紧凑，叶厚，叶球紧，单球重约1.3公斤，生长后期能耐-10℃低温。单产5000公斤左右，可堵春缺。1999年，被南京市蔬菜局列为品种更新首批推广品种。

早红萝卜 抗热，生育期短(45天左右)。8月中旬采收，可堵伏缺。亩产1500公斤。

八卦洲大蒜 属早薹型薹头两用大蒜品系。平均亩产蒜薹约430公斤、蒜头750公斤左右。1997年，八卦洲大蒜品系获南京市科技进步三等奖、江苏省农林厅科技进步二等奖。

【野生蔬菜】

有菊花叶(菊花脑)、香椿(香椿头)、荠菜(磕头菜)、马兰头、苜蓿头(苜鸡头)、枸杞头、茭儿菜(野茭瓜),与芦蒿俗称“野八鲜”。80年代后,陆续开始人工栽培。1999年,菊花叶种植1420亩,香椿种植2000亩,荠菜种植300亩,马兰头种植150亩,苜蓿头种植100亩,茭儿菜示范栽培10亩。

【八卦洲芦蒿】

50年代前,芦蒿为野生状态。1956年,高志春试验人工栽培,80年代中期后,人工栽培面积有所扩大。1990年,有少量地膜覆盖栽培,1993年,有10亩小拱棚保护地栽培,春节前最高售价为每公斤100元。1994年,有大棚栽培,面积为3400亩,上市量210万公斤,产值1350万元,春节前最高售价每公斤40元。1996年,南京市科委立项,由栖霞区蔬菜技术推广站实施,进行芦蒿高产高效栽培技术研究,改芦蒿野生为家种,改多年生为一年生,改露地栽培为保护地栽培,改单一地膜覆盖栽培为地膜加竹木大棚栽培。同年,芦蒿种植面积7300亩,上市量560万公斤,产值3100万元,春节前最高售价每公斤16元。1999年,南京市蔬菜局、栖霞区政府、八卦洲乡三方投资100万元,在八卦洲乡光明村建设1000亩标准化芦蒿地,同年,八卦洲乡种植芦蒿达29100亩,占全乡耕地面积66.5%,芦蒿上市量2913万公斤,产值9014万元。

第四章 多种经营

民国时期,栖霞地区多种经营主要有水产、畜牧、蚕桑、茶叶等。新中国成立初至1978年,多种经营生产发展缓慢,以农户分散种、养为主,主要是传统的地方品种,商品率低。改革开放后,随着城市副食品基地的建设,“菜篮子”工程的实施,区政府在人力、物力、财力上给予扶持,相继建成一批果木、畜牧、水产等种植、养殖基地,多种经营生产迅猛发展,成为区农村经济的重要产业。90年代后,随着新技术、新品种的推广应用以及投入的增加,多种经营品种结构和产业结构优化,生产总量大幅增长,逐步形成具有栖霞特色的多种经营发展格局。1999年,全区多种经营实现总产值1.9亿元。

【水产】

鱼种生产 70年代前，区水产养殖所需鱼苗主要来源于长江捕捞。1972年后，从邻县购买人工繁殖的青鱼、草鱼、鲢鱼、鳙鱼等鱼苗进行养殖。1983年，引进黑龙江方正鲫原种和江西兴国红鲤。1984年，首次进行异育银鲫人工繁殖。1985年，摄山乡西湖渔场建成以团头鲂为主的小品种鱼苗人工繁育基地。1992年，营防乡渔场建成以鲢、鳙、草、鳊鱼为主的鱼苗人工繁殖基地。1999年，全区生产以异育银鲫为主的各种鱼苗1.29亿尾，其中，营防乡渔场生产各种鱼苗1亿尾。

成鱼养殖 分池塘养和河沟养两种。传统池塘养殖的品种主要有鲢、鳙、草、鲤、鲫、鳊等。1976年，开始引进罗非鱼、团头鲂、日本白鲫。1978年后，新建一批商品鱼生产基地。90年代后，通过引进新品种、新技术，加大投入，渔业生产稳步增长。至1999年，全区养殖水面14860亩，成鱼产量3603吨。河沟养鱼主要集中于八卦洲乡。至1999年末，栖霞区河沟养鱼面积4065亩，成鱼产量220吨。

特种水产养殖 栖霞区特种水产品养殖始于1976年。是年，引进莫桑比克罗非鱼。1978年，从扬州引进福寿罗非鱼。80年代后，引进澳大利亚罗非鱼、尼罗罗非鱼、吉富罗非鱼等。1985年，开展河蚌育珠及河蚌人工繁殖。1990年，开展淡水白鲳养殖试验，成功后迅速推广。1991年，长江乡养殖场新建鳖池，进行鳖的养殖。1993年，长江乡食品站、营防乡养殖场等单位开展池塘养殖河蟹。1995年起，一些养殖场和养鱼户开展池塘鱼、虾混养，亩产青虾20多公斤。1996年，龙潭镇水产技术指导站购进鳜鱼苗4.6万尾，在池塘中单养，产商品鳜鱼12吨。1997年3月，原南京汽轮电机厂职工任国华在迈皋桥镇奋斗村养金鱼。1998年初，长江乡特种水产养殖公司购进河豚鱼苗3万尾，进行人工养殖。1999年，区内特种水产养殖面积6204亩，产量514.93吨，其中，罗非鱼养殖水面938亩，产量158吨；珍珠30亩，产量310公斤；淡水白鲳860亩，产量178吨；甲鱼476亩，产量44.25吨；河蟹3032亩，产量92.5吨；青虾267亩，产量8.03吨；鳜鱼502亩，产量8.86吨。同年，奋斗村有4户从事金鱼养殖，养殖面积6000平方米，年产金鱼30万尾。

渔场、养殖场 1999年，全区有商品鱼养殖场20处，鱼塘面积2931亩，总产量1105.3吨，产值1250万元。其中，长江乡特种养殖公司有鱼塘

200亩，产鱼120吨、甲鱼2000公斤；长江乡渔运社有捕捞渔船16条，养殖水面200亩，产成鱼90吨，平均亩产450公斤，总产值375万元；营防乡特种养殖场有水面250亩，产鱼75吨，平均亩产300公斤，产成蟹2800公斤，产值280万元；营防乡渔场有鱼池155亩，产鱼85吨，平均亩产548公斤，产商品鳖1500公斤，稚鳖1万只，产值174万元；西湖渔场有鱼塘400亩，产成鱼120吨，平均亩产300公斤，产值110万元；八卦洲乡养殖场有鱼池269亩，产成鱼70吨，平均亩产260公斤，产值48万元。

【家禽 家畜】

栖霞地区家畜、家禽养殖业一直以猪、鸡、鸭、鹅为主。50年代末，开始饲养奶牛。70年代中期，奶牛饲养业有了发展。生猪饲养量由1961年的3.38万头上升到1998年末的13.6万头，家禽饲养量由1975年的25.4万只上升到1998年末的443万只，奶牛饲养由1976年的441头上升到1998年末的2388头，增长4.4倍。奶产量由1976年的70.24万公斤上升到1998年末的810万公斤，增长10.5倍。特种畜禽养殖也有所发展，有山羊、鸽子、乌骨鸡、山鸡、鹌鹑、孔雀等。此外，养蜂户集中于孝陵卫（1995年划出）、马群、长江、龙潭等乡镇，数量不多，1988年为高峰期，计养蜂872箱。

家禽

鸡 1979年，全区有140个集体禽场饲养肉鸡和蛋鸡，之后，以农户私养为主。肉鸡、蛋鸡的饲养以迈皋桥养鸡公司为“龙头”。1999年，该公司饲养伊沙蛋种鸡1.2万套（按1只雄鸡、10～12雌鸡配套），AA肉种鸡1.2万套（按1只雄鸡、6～8只雌鸡配套），商品蛋鸡8.9万只。

鸭 1980年前，区内饲养高邮麻鸭、北京鸭等品种鸭，以农户家养自食为主，商品量较少。1983年后，引进樱桃谷鸭、芙蓉鸭等肉鸭品种。1985年，八卦洲乡鱼苗场引进肉蛋兼用型康贝尔鸭1352只。营防乡以养樱桃谷肉鸭为主。1994年，兴建营防乡三康食品厂，日加工肉鸭能力达1800只左右。1996年，加工鸭产品20万个，八珍贡鸭产品获农业部“星火计划”优秀产品奖和国家专利产品奖。1999年，全区有樱桃谷种鸭0.4万只，奥百星种鸭0.22万只。

鹅 主要分布在摄山镇、龙潭镇、八卦洲乡、营防乡、长江乡一带，主要品种为太湖白鹅。70年代，先后引进狮头鹅、四季鹅、雁鹅、法国莱茵鹅等品种,主要靠农户饲养。饲养量由 1985 年的 3. 13 万只上升到 1992 年的 22. 69 万只,以后逐年下降,至 1999 年,养鹅数量仅 5. 78 万只。

家禽孵化　70 年代前,家禽种苗主要以农户自孵为主,集体土炕炕孵为辅。80 年代,采用电炕。1999 年,全区有电孵化箱 42 台,平箱 29 个,炕孵量 200 万只。

家畜

肉猪　1957 年前后,肉猪公养与私养并举,1958 年,大办猪场,后因经营管理不善,纷纷停办。1968 年,再次大办猪场。1978 年,全区有集体猪场 866 个,生猪饲养量 10. 89 万头。1986 年后,集体养猪逐年下降,至 1988 年,仅存 30 个集体猪场。90 年代,进行生猪杂交改良,生猪饲养水平提高,饲养期由一年缩短为 3—4 个月,个体重和出栏率、瘦肉率提高。1998 年,全区有养猪大户 142 户,出栏生猪 8646 头。1999 年,集体猪场全部由个人承包。

耕牛　以饲养水牛为主,多饲养在种粮乡镇。随着农业生产机械化程度提高,以机代牛,耕牛数量下降。1999 年末,全区耕牛仅有 264 头。

奶牛　1958 年,迈皋桥公社红光奶牛场开始饲养奶牛 10 头。1980 年,全区有集体奶牛场 7 个,存栏奶牛 547 头,年产鲜奶 109. 2 万公斤。1981 年,马群公社百水桥大队一农民饲养奶牛 1 头。到 1983 年底,饲养奶牛个体 31 户,养奶牛 41 头。1987 年,全区集体奶牛场 23 个,存栏奶牛 1723 头。1992 年,个体饲养奶牛有较快发展,达 840 户,饲养奶牛 2475 头。1996 年,饲料价格大幅上涨,奶价不变,造成饲养奶牛效益下降,个体存栏奶牛降为 1320 头。到 1997 年,集体奶牛场全部关停并转。1998 年,区政府出台优惠政策,完善服务体系,奶牛饲养再次发展,全区个体奶牛饲养户达 975 户,奶牛栏存 2388 头,年产鲜奶 810 万公斤。1999 年底,个体饲养奶牛 4080 头,年产奶 1182 万公斤。

羊　区内羊的饲养主要在燕子矶、栖霞、龙潭、营房、长江等丘陵及牧草丰富的沿江一带。品种有当地山羊、萨能羊、绵羊、淮山羊。1985 年,全区养羊 325 头,1998 年,11200 头,1999 年,4137 头。

【瓜果】

西瓜　香瓜　民国时期,孝陵卫的“卫瓜”(俗称“陵园瓜”)为南京五大名果之一。新中国成立初期,西瓜、香瓜以分散种植为主,品种均为陵园瓜。1956 年,西瓜、香瓜成片种植,面积呈上升趋势。50—70 年代,西瓜品种主要为华东24、华东26。1977年、1978年、1979年，种植面积分别为9929亩、9759亩、8866亩。80年代，西瓜主要品种为苏蜜1号。1984年，西瓜、香瓜产销放开，当年种植面积3176.3亩，产量2638吨，平均亩产830公斤。1985年起，地产西瓜、香瓜生产比较效益下降，面积逐年减小。1999年，从上海引进日本“早春红玉”小果型礼品西瓜，在两镇试种，亩产达1500公斤。香瓜作为搭配品种，面积不大，占常年西、香瓜总面积的10%左右。

果类　有桃、葡萄、樱桃、石榴、银杏等。1982年，马群乡桃树种植面积1627.2亩，其中黄肉桃1298.8亩，为南京市唯一黄肉桃基地，主要供给南京市果品罐头厂作加工原料。90年代中后期，摄山镇发展成片银杏1500亩。

【蚕桑】

新中国成立初期，桑园以种植中高干型实生乔木桑为主。1955年后，从江苏吴江县等地采购湖桑苗在区内种植，1966年，大批调运、栽植湖桑苗，发展桑园700余亩，全区桑园面积达1928亩。1970年，桑园面积1504亩，蚕茧产量29.7吨。1979年，由于比较效益下降，桑园降至81亩，产量1.25吨。1985年，南京市政府拨款250万元，在营防乡兴建南京蚕种场，有生产用房6675平方米，桑园500亩。1987年，长江、营防、花园乡划入，全区桑园总面积增至1590亩，蚕茧产量29.63吨。1988年，营防乡生产蚕茧29.24吨，在南京市乡镇中名列第一名。1990—1992年，长江乡、营防乡从外地调运桑苗，组织农户私人栽植，拓植桑园700亩。1992年，发蚕种1537张。1987—1995年，营防乡、长江乡每年发种量均在500张以上，达到全市蚕区重点乡的标准。1996年，蚕桑比较效益降低加剧，毁桑园近千亩。至1999年，全区有桑园215亩，蚕茧产量不到4吨。

【茶叶】

茶叶种植

品种　60～80年代，区内茶树品种主要有“鸠坑”群体茶种、安徽祁门“槠叶”群体茶种、福建“福鼎大白茶”“福鼎大毫茶”。

面积　新中国成立初期，中山陵园仅存衰残茶园42亩。1966年，全区拓植茶园126.6亩。1967—1978年，每年种植茶园在600亩上下。1979—

1983 年,茶叶生产进入大发展时期。1984 年,茶园面积 3316 亩。1999 年,茶园面积 3200 亩。

产量　新中国成立前,茶叶产量甚少。70 年代初,开园制茶。1971 年,茶叶产量为 0.1 万公斤,亩产 8.33 公斤。1972—1978 年,产量逐年上升。1982 年,茶叶产量突破 1 万公斤。1992 年达到 15.4 万公斤,亩产达 48.89 公斤,为历史最高年份。1999 年,全区茶叶产量 13.02 万公斤,亩产量 40.69 公斤,产值 496 万元。

茶叶制作

采茶　60—70 年代,提倡“采养结合”。80 年代后,推行“早采狠采春茶,夏、秋茶留叶养树,适度嫩采”的方法。

工艺　新中国成立初至 70 年代,一直沿袭手工作坊炒制绿茶。1984 年,各茶场均配置小型绿茶精制设备,从而进入机械化制茶阶段。1985 年后,茶场先后更新大中型机械,添置高档制茶设备并逐步完善配套。至 1999 年,全区茶场有各类炒制绿茶机械设备 306 台(套)。

优质名茶　区内优质名茶主要有雨花、碧螺春、松针和炒青四种。

南京雨花茶　1959 年春研制成功,为纪念南京雨花台英勇牺牲的革命烈士而定名,为全国名茶。特征是形如松针,色泽翠绿,滋味鲜醇,汤色清澈。1999 年,产量 0.35 万公斤,产值 70 万元。

栖霞松针茶　1985 年,区农林水利局、十月茶场联合研制,历经三年而成。特征是形似松针,锋苗秀丽,香气清高、叶底嫩绿匀亮,为雨花茶的姊妹茶。1999 年,产量 0.3 万公斤,产值 36 万元。

茶场　1999 年,全区有中小茶场 18 个,分布在摄山、栖霞、尧化和马群四镇。

十月茶场　位于栖霞镇十月村。1996 年、1998 年,两次被南京市评审为雨花茶质量信得过单位。1999 年,茶园面积 450 亩,厂房 2000 平方米,制茶机械 36 台(套),生产茶叶 2 万公斤,其中,碧螺春茶 0.05 万公斤,雨花茶 0.09 万公斤,松针茶 0.09 万公斤,炒青茶 1.77 万公斤,总产值 80 万元。

长林茶场　位于栖霞镇长林村。1998 年,被南京市评审为雨花茶质量信得过单位。1999 年,茶园面积 252 亩,厂房 560 平方米,制茶机械 31 台(套),生产茶叶 1.32 万公斤,其中,碧螺春茶 0.06 万公斤,雨花茶 0.06 万公斤,松针茶 0.1 万公斤,炒青茶 1.1 万公斤,总产值 90 万元。

朝阳茶场　位于摄山乡朝阳村。1996 年,被南京市评审为雨花茶质量信得过单位,1997 年,机制雨花茶获江苏省“陆羽杯”茶叶质量评比特等奖。1999 年,有茶园面积 150 亩,厂房 330 平方米,制茶机械设备 17 台(套),生产茶叶 0.75 万公斤,其中,碧螺春茶 0.02 万公斤,雨花茶 0.04 万公斤,松针茶 0.03 万公斤,炒青茶 0.66 万公斤,总产值 38 万元。

【花卉　苗木】

1998 年,区内建成摄山镇、长江乡等 10 个 50 亩以上花卉、坪草及苗木基地,面积约 700 亩。1999 年,全区花卉、坪草面积 2000 亩,生产各类绿化观赏苗木 142.5 万株,鲜切花 700 万枝,盆栽植物 63 万盆,年销售坪草 34 万平方米。

花卉　1980 年,摄山公社东阳大队开始培育花卉盆景,1982 年,发展到 150 多万盆,上市量占全市 60% 以上。90 年代,由单一的盆花发展成盆花和盆栽植物并举。盆花有菊花、一串红、金鱼草和大丽花等,盆栽植物有散尾葵、苏铁、橡皮树、发财树等。90 年代初,马群镇小面积生产鲜切花,1995 年,鲜切花发展到马群、摄山和八卦洲等镇乡。1999 年,全区鲜切花面积 350 亩,品种有月季、菊花、非洲菊、百合、鹤望兰和康乃馨等。

坪草　1997 年,长江乡引进并生产坪草。品种主要有高羊茅、马蹄筋、马尼拉、矮生百慕大等,1999 年,全区栽培坪草面积 350 亩。

苗木　1972 年,八卦洲公社建设绿化造林苗圃基地 30 亩,后各大队陆续成立林业队,为江滩造林服务。70 年代末期,长江公社成立林业苗圃。1984 年,玄武湖乡苗圃采用无土栽培法培育五针松等观赏苗木。1985 年,全区大量培育雪松、蜀桧、龙柏等苗木。1984—1998 年,尧化乡、迈皋桥乡、营防乡等先后成立苗圃。1999 年,全区有集体苗圃 7 个,育苗企业、农户 20 多个,苗圃面积 300 余亩,育苗品种达 50 多种。是年,长江、营防、龙潭等镇乡共培育观赏苗木 695 亩,有香樟、马褂木、梅花、樱花等 30 多个品种。

第五章　林业生产

栖霞地区荒山造林始于东晋。宋、明、清历代,植树造林得到重视,紫金山及附近诸山均被森林所覆盖。鸦片战争后,内乱外患严重,森林遭受破坏。清光绪年间(1875—1908),官府鼓励百姓承领官山,营造松、竹、桑、茶。民国时期,曾建有幕府山、乌龙山、栖霞山林场,进行育苗造林示范,组织护林。紫金山北麓、幕府山、笆斗山、乌龙山、栖霞山地区曾拓植一定面积的竹、松、杉、栎、槐、榆、油桐等林木，但多数欠管护，成效不大。新中国成立初至70年代，在“普遍护林，重点造林”方针指导下，全区在丘陵山区造林绿化，栽植松类、柏类、槐榆、竹类、油桐等1.2万亩，拓植各类果园0.4万亩，营造长江沿岸柳树水土保持林带60公里，荒山荒地绿化率达70.5%。1978年，开展山林确权发证，完善林业生产责任制，经济林、用材林基地建设加快，拓植茶果成片经济林0.8万亩，推广湖南等省区“高全垦”去杂经验，开沟撩壕营造杉木和开宕栽植国外松，建设速生丰产林0.3万亩。开展全民义务植树，建设迈皋桥、燕子矶、尧化、仙鹤门南京外环防护林带20多公里，绿化美化太平山森林公园1800余亩。平原圩区广植“四旁”（路旁、村旁、水旁、宅旁）树，绿化河、渠、路、堤750公里，建设农田林网面积87190亩，占可建林网面积的72%。1983年，栖霞区被评为江苏省绿化先进单位。1986年，被评为全国绿化先进单位。1989年，进入“全国平原绿化达标”区县先进行列。90年代后，先后实施长江江滩“兴林灭螺”绿化工程，营造池杉、意杨、杂交柳0.7万亩，形成沿江风光带70公里；实施荒山、荒地、荒滩为主的绿化达标工程，营造侧柏、国外松、果树林0.35万亩；实施绕城公路栖霞段、沪宁高速公路栖霞段绿色通道建设工程，栽植蜀松、铅笔柏、大叶女贞、意杨、水杉、香樟等林木5万余株，面积500余亩。1995年，栖霞区被评为全国“三荒”绿化达标先进单位。1999年，全区林业用地5.31万亩，有林地面积4.4万亩，灌木林地0.04万亩，疏林地0.22万亩，未成林新造林地0.35万亩，苗圃地0.05万亩。全区林业用地绿化率95.3%，森林覆盖率17.2%，8个乡镇绿化达到省级标准。森林病虫害防治、护林防火工作不断加强，林业绿化资源得到有效保护。

【森林资源】

全区森林资源有人工林和部分次生林。林区分为低山丘陵用材林、丘陵岗地经济林、沿江平原防护林三类林区。据1988年森林资源调查，低山丘陵用材林区，包括燕子矶、迈皋桥、尧化、栖霞、摄山5镇38个行政村，有林地面积32766亩，占全区林地75%，其中，有黑松、马尾松等常绿针叶林10416亩；有枫香、白榆、刺槐、朴树、黄檀等落叶阔叶林10373亩；有杉木1500亩；有毛竹447亩；丘陵岗地经济林区，包括马群、尧化、燕子矶、栖霞、摄山5个镇43个行政村，有林地面积8193亩，占全区林地19%，其中，果园面积5139亩，茶园面积3051亩；沿江平原防护林区，包括八卦洲、长江、营防、花园4个镇、乡45个行政村，有林地面积2771亩，占全区林地6%，树种有臭椿、香椿、枫杨、泡桐、苦楝、柳树、水杉、池杉及1993年后发展的意杨林基地。

林地面积 1975年，全区林业用地总面积53945亩，其中，林地39885亩，疏林地1482亩，灌木林地1108亩，新造林地3304亩，苗圃地293亩，宜林荒山荒地7873亩。1988年，全区林业用地面积53834亩，其中，林地41059亩，新造林地3564亩，疏林地1153亩，灌木林地379亩，苗圃地374亩，宜林荒山荒地7305亩。

林木蓄积 1975年，全区活立木总蓄积量60704立方米，其中，林分29252立方米，疏林2069立方米，散生林465立方米，"四旁"树28918立方米。1988年，活立木总蓄积量153249立方米，其中，林分89383立方米，疏林1173立方米，散生林755立方米，"四旁"树61938立方米。

资源种类与储量 1999年，马尾松、黑松为全区主要用材树种，面积11697亩，活立木蓄积量39210立方米；杉木面积1621亩，活立木蓄积量5035立方米；水杉、池杉面积135亩，"四旁"树活立木蓄积量3528立方米；竹林面积2402亩；阔叶林为栖霞区代表性次生林，面积13015亩，活立木蓄积量17462立方米。

【植树造林】

人工造林

农村集体造林 1950年冬，乌龙山、幕府山农民就地进行荒山造林。土地改革后，农民分得山林，人民政府采取"谁造谁有""民造公助"等措施，调动群众造林积极性。1958—1960年，"大跃进"、人民公社化时期，群众造林积极性受挫。1963—1965年，全区掀起荒山绿化高潮，在摄山、栖霞、尧化、燕子矶等地营造山林2000亩，树种以马尾松、黑松为主。1967年，引进毛竹，在摄山、十月、尧化发展竹园1000余亩。70年代，推行"南杉北移，南竹北移"。1977年，推广湖南栽杉经验，在摄山公社27个山头上栽植杉木林2100亩。1983年后，营造速生丰产基地林，推行造林基地化、商品化管理。至1989年，全区完成速生丰产基地林3335亩，主要树种为国外松、杉木、水杉、池杉。

全民义务植树 1982年，响应国家开展"全民义务植树"号召，植树

133万株。1983年，植树1300亩。1984年，按照定任务、人员、面积、质量和包栽、活、管、成林要求，植树1364亩。至1986年，栽种各种树木779万株，完成成片造林1.31万亩、“四旁”植树460万株，绿化覆盖率为19.8%。1995年后，对暂不宜绿化地进行人工造林（石山造林），平均每年造林面积200~300亩，主要树种为侧柏。1996年，栖霞区被评为全国绿化先进单位。

封山育林　50年代前期，对具有自然萌发能力的野生幼树和次生林采取封禁措施。60—70年代，对具有自然萌发能力的野生阔叶幼树，采取封禁措施，平均每年封山育林2000亩。90年代，对病害较轻、野生阔叶幼树郁闭度较好的林地封山育林。1991—1995年，平均每年封山育林5000亩。

农田林网　50年代，农民在宅旁、村旁零星栽植树木。人民公社化后，植树向江滩河旁成行、成带发展，沿江平原圩区重点营造柳树防浪林带。70年代后期，绿化重点放在区、乡公路和乡村道路上。80年代后，围绕农田沟、渠、路、堤、河绿化，形成农田防护林网格化。至1991年，农田林网面积87190亩，占适宜林网面积72%；铁路、河流、堤防、干渠植树854公里，占总长86.18%；“四旁”林木株数3295920株，村庄绿化覆盖率为39.81%。1999年，在江滩造林12189亩。

第六章　农业机具

千百年来，栖霞地区农民一直使用钉耙、锄头、锹、连枷、砻等人力农具和木犁、木耖、石碾等畜力农具进行耕作和农产品加工，劳动强度大，生产效率低。至30年代，始用现代农业机械。民国21年（1932），南京市政府拨专款在八卦洲建立南京市最早的抽水机站。民国35年，江宁县天昌乡五保村（今栖霞区长江乡块子村）农民董椿和购进美制拖拉机1台，配套有两铧犁和28片圆盘耙，进行农田耕作，此为江苏省私人购置的第一台拖拉机。50年代，全区仅3个拖拉机站拥有少量进口拖拉机。60年代，开始使用国产5.9千瓦手扶拖拉机。70年代，国产8.82千瓦手扶拖拉机，取代5.9千瓦手扶拖拉机，成为主要农业机械。随着农村经济发展，生产大队和生产队有能力购买小型拖拉机，全区农机化水平有较大提高。1979年，全区机耕面积8.34万亩，机电灌溉面积10.32万亩，分别占总耕地面积（11.27万亩）的74%和91.57%。80年代后，新机具和新技术得到推广应用。特别是“九五”计划期间，农民逐渐成为农机投资主体，全区农机化水平迅速提高。1999 年，全区机耕面积 11.6 万亩，机电排灌面积 15.66 万亩，分别占耕地面积 16 万亩的 72.5% 和 97.88%；机械植保 6.06 万亩，机械收脱 8.78 万亩，分别占粮食种植面积的 69.3% 和 95.4%；全区农业机械化综合水平达 73.5%，在南京市率先达到基本实现农业机械化标准。

【传统农具】

在漫长的农业发展过程中，区内农民主要依靠畜力和人力，使用传统农具进行耕作。耕整农具主要有钉耙、锄头、铁锹、木犁、木耙、木耖等，收割农具以镰刀为主，脱粒农具主要有连枷、稻床、掼桶、磟碡（石磙）等，扬谷农具主要簸箕、木锨、风扇车等，排灌以脚踏式龙骨水车为主，农副产品加工农具主要有砻、碓、槽碾、石磨、木榨、弹花弓、脚踏式轧花机等，运输工具主要有平板车、脚踏式三轮车、骡马车、农用运输船等。

【农业机械】

民国 21 年（1932），区内始用柴油机为动力进行排灌。至民国 38 年（1949），全区现代农机屈指可数，农机总动力仅 147 千瓦。新中国成立后，农机化发展较快，至 1996 年，已基本实现农业机械化。如今，全区已实现“耕地不用扶犁梢，开沟不再用铁锹，插秧、收割不弯腰，脱粒只需带麻包”，“荷把锄头在肩上，暮归的老牛是我同伴”民谣，已成为历史绝唱。

动力机械

内燃机　区内农业生产使用内燃机从排灌开始。民国 21 年（1932），八卦洲抽水机站使用柴油机做动力。50 年代，使用进口柴油机，数量很少。60 年代始，改用国产柴油机。70 年代后，主要使用 95 系列中小型柴油机和 135 系列大型柴油机及 170、175 等小型柴油机，数量大增。1999 年，全区有内燃机 316 台，53811 千瓦。

电动机　新中国成立前，区内农业生产无电动机械。新中国成立后，农用电动机发展较快，主要用于排灌、脱粒和农副产品加工。1999 年，全区有农用电动机 3307 台，30978 千瓦，占农机总动力 36.5%。

拖拉机　区内农业生产使用拖拉机始于民国 35 年（1946）。1954 年，国营大棚马拉农具站成立，有拖拉机 3 台、78 千瓦。60 年代中期，区开始引进手扶拖拉机。1989 年，有手扶拖拉机 3258 台，大中型拖拉机 70 台。1999 年，受农村产业结构调整的影响，大中型拖拉机减少为 213 台。

耕整机械

犁、耙　民国35年(1946),八卦洲有机引犁24台,使用拖拉机耕田。1954年4月,大棚农具站有机引五铧犁和圆盘耙各1台。50年代后期,区内曾试用电动绳索牵引犁。60年代后期,电犁停止使用。期间,使用过多种类型的犁、旋耕机和水田耙。1999年,全区有大中型拖拉机配套的机引犁56台,旋耕机151台,机引耙53台;手扶拖拉机配套的机引犁1088台,旋耕机1094台。

开沟机　80年代中后期,开始使用开沟机。1990年,有小型开沟机127台。1999年,"三麦"面积减少,大中型开沟机为10台,小型开沟机为94台。

种植机械　1954年,国营大棚马拉农具站有小麦播种机1台。70年代,推广使用"钟山-1型"机动水稻插秧机,因不适用而未获成功。80年代,引进、推广江南"2BG-6A型""三麦"免耕条播机。90年代,引进"2BMG-8型"稻麦免耕条播机和"2BGS-10型"少耕条播机。1996年,试验机动抛秧机,因不适用未能推广。1999年,全区有中型条播机107台,小型条播机226台。

收获机械　1954年,大棚马拉农具站有1台与"小福特"配套的机动割晒机。1959年,该站(改名为长江机务站)有"康拜因"大型联合收割机1台、中型收割机8台。80年代后期,栖霞区引进、推广"4GL-130型"割晒机,至1990年,发展到114台。其后逐渐被联合收割机代替。1998年末,全区共有背负式联合收割机221台。1999年,受农村产业结构调整影响,联合收割机减少到208台。

脱粒机械　1959年,长江机务站有6台开封产机动脱粒机。1965年、1975年和1985年,全区有机动脱粒机分别为212台、1253台和1179台。

排灌机械　区内使用机械排灌始于民国21年(1932),由南京市政府拨专款在八卦洲建抽水机站。1949年,全区排灌机械寥寥无几。1974年,燕子矶公社晓庄大队和马群公社马群大队五棵松生产队建固定喷灌,随后全区蔬菜产区大量推广固定喷灌,同时发展移动喷灌。1979年,全区有自动喷灌机械389套。同年,八卦洲公社建成南京地区最大的柴油机泵排灌站,装机10台套,动力为912千瓦。1985年后,推行蔬菜生产承包责任制,大量自动喷灌设备报废。1999年,仅存103套。同年,迈皋桥镇引进微型滴灌,用于一家一户蔬菜生产。

植保机械

机动弥雾喷粉机　70年代前后，区内开始使用机动弥雾喷粉机。1989年，有植保机械233台，1999年，有656台。

杀虫灯　50年代，区内开始使用燃油杀虫灯。70年代中期，推广电力杀虫灯。80年代中期，逐渐停止使用。

农副产品加工机械　区内使用机械加工农副产品始于50年代末。主要有碾米机、磨粉机、饲料粉碎机和榨油机、轧花机，大多以电动机为动力。90年代中期，出现流动农副产品加工机械，配在专用运输工具上，走村串乡，经营服务。1999年，有农副产品加工机械250台，2809千瓦。

运输机械

农用运输车　1959年，长江公社有"解放"牌卡车1辆。1970年，紫金山公社（1995年划归玄武区）有农用汽车2辆。1989年，全区有农用卡车334辆。90年代，农用机动三轮运输车发展较快，1999年，仅马群镇就有110辆。

拖拉机拖车　1954年，长江乡有拖拉机牵引拖车1辆。70年代后期，与手扶拖拉机配套的小型拖车成为农村最主要的运输工具。1989年，小型拖车增至2901台，随着农用汽车的发展，至1999年，下降为1066台。

农用机动运输船　1970年，区内始有机动农用运输船。1987年，有农用机动运输船130艘，5266吨位。后因陆运发达，水运逐渐萎缩，至1999年，仅有农用机动运输船17艘，704吨位。

第七章　水　　利

栖霞区地处长江下游，岸线84公里。江河沿岸平原洲地田面高程（吴淞零点）多在5.5米至7.5米之间，地势低平，汛期处于江、河高水位下。在集中降水、长江上游洪峰和下游潮汐的夹攻下，常常涝渍为害。冲田坡地田面高程多在12米至30米之间，枯水年往往旱情严重，兴修水利，治理洲地与岗丘，建设堤防与排灌设施，与旱涝斗争，成为栖霞区尤为重要的事业。50年代，以圩洲低洼地区为治理重点，以防洪筑堤为治水中心，建闸并圩，整浚内沟，重建排灌和防洪体系；丘陵地区开展以增加蓄水为内容的多种小型工程。1957年，主要治理圩区内涝、山区干旱。60年代，对涝渍灾害进行针对性治理。70年代，开展以建设旱涝保收、高产稳产农田为中心的"治水运动”,改造老河网,建立新水系。80 年代,农村推行家庭联产承包责任制,国家实行农田水利经费包干。农田水利建设以工程续建配套为主,加强工程经营管理,提高工程效益。90 年代,提高农田水利工程建设标准,提高抗灾能力,迈向农田水利建设现代化。至 1999 年,全区建成防洪、灌溉、除涝、降渍 4 套工程体系,达到灌溉标准的耕地占耕地总面积的 83.6%。

【农田水利工程】

圩洲治理 1949 年汛后,区乡政府组织城乡劳力修复长江堤防。1954 年,龙潭圩以下江岸发生严重崩坍,地方政府抽调山区群众 8200 人,镇江地区调丹阳、句容等县劳力 2500 人跨县支援,至 1955 年 5 月,完成江堤退建,完成土方 155.31 万立方米。1965 年,八卦洲长江大堤加固达到高 10 米,宽 3 ~4 米,累计完成修堤土方约 650 万立方米。1983 年,八卦洲在全洲外围 28.5 公里临水堤防和外滩地建防浪林带,分 3 层栽植树木,共约 1200 余亩,汛期抗风防浪效果显著。为消灭血吸虫,筑外圈堤埂 11.5 公里,垦滩 2403 亩。1997 年,建环洲大堤 26.5 公里,标高达 12.2 ~12.4 米,宽 8 米,全部建成水泥或砂石道路,洲堤治理告竣。

岗丘治理

灌区建设 新中国成立初期,利用山沟挑土围坝,将原有水塘扩大加深或将几个小塘并为一个大塘,以多蓄雨水。从 1952 年冬开始,蓄泄兼施,防洪(涝)防旱并重,开挖集水沟、撇洪沟。利用山沟冲洼分级筑坝建小沟水库,就地拦蓄,使暴雨后洪水少下山、不下岗,增加塘坝蓄水滞洪功能。1965 年,十月公社在杨家库山打洞,沿山开等高输水沟,修筑石渠,建三级扬水泵站,提引长江水,送达高亢山冲仙林大队。1974 年冬,尧化公社自采自运砂石,自筹资金 54.5 万元,国家投资 20 万元,在背靠长江的低山浅丘,穿山打洞,砌筑石渠,建成乌龙山灌区。从 1979 年开始,全区兴建扎根江、河的翻水线工程,将江、河、湖、库联成一体,再以江、河水作补充,至 1999 年,区内基本解决山丘地区灌溉用水不足的问题。

提引江水 50 年代,逐冲挑塘筑坝,用囤水田蓄存雨水插秧。1965 年,十月公社劈山打洞,修建三级泵站提引长江水,成功开辟灌溉水源。1974 年,尧化公社兴建“龙山渠”。1979 年,尧化公社兴建配套工程,延伸主干渠 1693 米,又打山洞 9 个,长 735 米;开支渠 13 条,长 17 公里,将长江水分级送到各个山冲田头。至 1999 年,上述水利工程仍发挥效益。

挡洪治冲　1976年，摄山乡重点治理七乡河，截弯取直，拓宽浚深。开挖西湖河，将岗塬来水导入七乡河，共做土方17.1万立方米。建成蓄水1500立方米和3000立方米高山水池各1座，固定机电排灌站44处，装机泵86台（套）。至1980年，建旱涝保收农田12800亩，占全乡耕地总面积的88%。1994年，摄山镇在上前村修建上前水库。1998年，栖霞镇在九乡河上修建中坝闸站枢纽工程等，基本保证农田灌溉。

机电排灌

内燃机灌溉　新中国成立初期，八卦洲乡有内燃机泵16台（套）、338.1千瓦。1950年，该乡整修柴油机泵10台（套），274.89千瓦。1979年，建起总动力882千瓦的柴油机泵站。

电力排灌站　1952年，八卦洲乡建成钢筋砼座架式电力排水站5处。1967—1976年，圩区基本普及农田机电排灌。至1999年，已形成比较健全的排灌工程体系，农田机电排灌面积达到95%以上。

【堤防建设】

江堤　1951年春，区、乡成立水利委员会，村设塘坝委员会，对圩区堤防和山区塘坝进行全面兴修。1954年特大洪水之后，采取联圩并圩、缩短防线、沿江退堤、防止江岸坍塌等方法，兴建长江堤防工程。1955年春，大规模兴建复堤工程。1958年后，堤防工程转为以维修养护为主，重点消灭险工险段。80年代后期，在长江堤防迎水面用混凝土护坡，并加高加宽堤防。至1999年，建成54.6公里长江干堤标准堤，堤顶标高达11.5～10.3米，顶宽6～8米，初步建成完整的防洪体系。

洲堤　1950—1957年，八卦洲主江堤加高到海拔9米，顶宽3米。1964—1965年，堤顶加高到海拔10米，顶宽3米。1980—1986年，主江堤顶加宽到8米。1996年，实施标准堤防建设工程。1997年5月24日，八卦洲标准堤全线合龙。洲堤修建工作全面告竣。

圩堤　1949年冬至1950年春，修圩堤99公里。1954年，长江发生洪水，圩堤多处漫决，退洪后即复堤固堤。1958年后，圩堤进入维护和提高阶段，重点进行消险。80年代，圩堤标准提高，顶堤均超过历史最高水位1米左右。1999年，便民河堤高9.8米，三江河堤高9米，顶宽3～5米。

【防汛抗旱】

防汛 1954年，长江流域发生近百年来最大洪水。5—7月，降雨892.6毫米，造成山洪暴发，江、河、湖水位陡涨。6月上旬，第八区、第九区成立防汛机构，组织人力抢做堤防加高加固工程。至8月15日夜，5次提高全线江堤河堤标准，江堤堤顶标高达11.6米，河堤达11米。8月12日下午4时45分，大仙堂崩江，江水冲进龙潭火车站，228号桥新筑拦河坝也于13日22时左右崩溃。在中共江苏省委统一领导下，立即发动民工8000名，于13日紧急抢修龙潭小河西堤，铁路部门负责抢修228号桥拦河坝阻挡水源，并在228号桥K279+240间路基两侧抛石护坡，用片石4200立方米。14—17日，730名工人日夜赶工，在规定的工期内完成任务。9月19日，栖霞山马廊圩附近江堤出险，万一崩溃，江水将直冲路基。市区防汛指挥部决定将232号至233号桥间608米路基北侧全部用片石护砌，按9.3米标高修筑防漫子埝250米；在232号桥和河堤间三角地带按江堤标准加筑拦河坝，堵塞涵洞1座；加固232号桥东侧便民河堤，在232号桥北侧两翼砌防冲片石护岸110立方米。20日下午，调集沪宁线装卸工460人，至24日，上述工程全部完成。9月24日下午15时，该地区突遭台风袭击，龙潭站路基浸水地段掀起高浪，防护工程几乎全遭破坏，南京工务段再调集装卸工到龙潭抢修。由于栖霞、龙潭间的马廊圩和三、四段圩江岸崩塌严重，江堤随时有倒塌可能，28日晚，南京铁路分局按照中共江苏省委指示，调集装卸工402人，经29、30日两天奋战，将路基K279-282段全部用片石衬砌完成。1983年，进入梅雨季节后，连续遭到3次大范围暴雨袭击。7月12日，长江花园乡段最高潮位达9.2米，接近1954年水位。翌日2时30分，龙潭圩与龙洲圩间的堤埂坍塌，缺口达20多米，3米多高江水冲进龙潭圩。10多个小时后，圩内外水位持平，决口扩大至60多米，圩内平均水深3.77米。当日清晨，省、市领导及工程技术人员到达现场，分析灾情，制定堵口、救灾方案。堵口历时15天，动员民工3.8万人，抬运土方1.5万立方米，石料1万吨，打桩264根，抛灌土麻包6.5万只，动用船只800吨位。7月23日，第三次洪峰逼近，南京市防汛指挥部决定，成立联防指挥部，确定龙潭圩堵口方案，组织会战。7月30日，堵口合龙。1995年7月10日下午1时30分，龙潭镇团洲圩江滩崩塌，崩塌处长150米，宽80米。当日下午，区防汛指挥部命令摄山、龙潭、营防3镇乡火速调集石料，装船待命。7月13日下午5时30分,团洲圩抛石抢护战斗打响,全区千余名干群、民兵、公安人员投入。7月14日,区防汛指挥部命令栖霞镇、摄山镇和营防乡调运石料25000吨,于20日前运抵抢护现场。区人武部调集驻区19个大中型企业的1620名基干民兵投入抢险。7月15日晚11时,团洲圩一期抛石抢护结束,险情得到控制。7月17日,团洲圩二期抛石抢护工程开始。7月20日下午6时,团洲圩抛石任务全面完成,两期抛石累计25000吨。1998年,长江干流发生1954年以来最大洪水,南京下关水文站最高潮位达10.14米,超警戒水位92天。全区共发生险情153处,其中较大险情7处。在区防指统一指挥下,全区广大干群与洪水展开长达两个多月的搏斗,全区184公里江港、洲、河堤无一决口,水利工程无一失事。7月1日,南京下关最高水位突破9.87米。上午7时20分,八卦洲主江堤养殖场段发现管涌,现场收集到白蚁和菌圃。这一险情被列为南京市当年第一号险情。市、区有关领导赶赴现场,制定抢险方案。紧急调集洲上3个抢险队、4个村劳力,以及驻区厂矿企业民兵共500多人参加抢险,并从新港工业区调运黄土1500吨。经过6个多小时奋战,耗用草包1.1万条、砂石80余吨,险情基本得到控制。

抗旱　1959年7—8月,雨日10天,雨量91.5毫米,不足历年同期平均值30%。山圩并旱,少数丘陵山区人畜吃水困难。各公社紧急组织人力,征调各式抽水机具,集中一切提水器械,日夜提引江水,循河逆流送水,为丘陵山区近10万亩农田提供灌溉水源。1978年,遇百年罕见特大干旱,春旱、空梅、夏旱连秋旱,持续200多天。1—10月,雨量仅472毫米。旱情发生后,全区出动劳力近万人次,疏浚河道,抢修大小翻水线,开动全部机灌设备提引江水,浇灌农田。1994年6—8月,降雨量稀少,仅200毫米,高温天气时间长,高于35℃的天气达38天。区内丘陵农田受旱严重,马群、摄山等部分丘陵地区人畜饮用水困难,有的大牲畜因高温干旱热渴而亡。旱情发生后,紧急抢修大小翻水线,提引江水抗旱,区政府动用消防车送水解决部分丘陵山区群众的饮水困难。

第九编　商贸　旅游

栖霞地区商贸旅游业历史悠久。秦代，江乘成为南京商业中心之一。南朝齐时，在“台城六门之外，各有草市，置市尉察之”。明清时期，区境内燕子矶、石埠桥、摄山、栖霞、东阳成为南京粮食等物资集散地。东阳镇，时为东阳、汤山、龙潭、东流、石埠桥五镇之首，街上有茶馆20多家，成为商人洽谈生意、确立主雇关系的场所。栖霞地区旅游资源丰富，栖霞山、燕子矶风光秀美，历代帝王将相、文人墨客纷至沓来，不绝于途。一生遍览天下山水的乾隆皇帝，六下江南，六次登临燕子矶，五次驻跸栖霞山，盛赞栖霞山为“第一金陵明秀山”，并在燕子矶留下“御笔亲书”。民国16年(1927)，南京市政府设社会局主管商业，栖霞地区商业亦属其管理，直至南京解放。新中国成立后，区商业部门贯彻“发展经济，保障供给”的方针，遵循“政治、生产、群众”三大原则，组织商品流通，承担粮油食品、日常生活用品和主要副食品的供应。1956年，有国营、供销合作社商业42家。是年，对占总数98.5%的14个行业、1484户私商小贩实行社会主义改造。60年代，小市、迈皋桥、玄武湖、孝陵卫、燕子矶、栖霞、龙潭等中心集镇相继建成一批综合零售商业网点及粮站，在繁荣市场、服务居民，推进城乡建设方面起了重要作用。“文化大革命”时期，区内商品流通渠道单一，经营环节增多，经营管理混乱，服务质量下降。改革开放后，区内增设商贸流通网点，积极发展集体商业，放手发展个体商业，恢复货栈贸易和集市贸易，改变工业品购销形式，国营、供销社商业独揽商品流通领域的格局被打破。1984年后，粮油食品经营逐步放开，个体商业发展迅速，企业自主权得到扩大。区商业局、供销社系统各专业公司由行政型向经营型转变，成为自主经营、自负盈亏的经济实体，相继建成中央门商场、红山酒家等集商住、餐饮、旅游于一体的大型商场和宾馆。90年代后，先后建成国贸商城、迈皋桥大市场、北银桥市场、红枫宾馆、佳惠超市、绿岛保龄球休闲中心，形成了多种经济成分并存、经营形式多样、商贸旅游业繁荣兴旺的新局面。1999年，全区社会商品零售总额为13.85亿元。

第一章　商贸体制

明清时期,栖霞地区出现商业行会,发挥“聊以保商”作用。民国时期,区内商业以私营和个体经营为主,经营纷争多由商会协调处理。1949年11月,孝陵卫成立供销社。1950年、1952年、1953年,中山陵园区、第八区、第九区相继成立区供销合作社,代行商业管理职能。1953年,实行粮油棉统购统销和部分生活用品计划供应,同年,成立区工商业联合会。1954年后,南京市糖烟酒、食品、五金、交电、化工、农业生产资料、土产棉麻、果品、杂品等国营专业公司成立,区内中心集镇皆有批购零销对口渠道。1955年,区政府增设工商科,同区供销社共同行使商业管理职能。1956年,对私营商业进行社会主义改造。1965年5月,区商业分局成立,与区供销社合署。“文化大革命”时期,区工商联活动中断。1979年后,历经撤销、恢复、合并、分设、转轨,先后增设区工商行政管理局、物价局、旅游局、商业网点建设办公室、烟草专卖局。80年代,商业逐步从统购统销、计划收购,转为订购、选购、经销、代销,计划管理商品基本放开,实行市场调节。1982年,流通领域开始出现多种经济成分、多种经营形式、多种渠道并存的格局,同时,商业企业实行经营责任制和经营承包责任制。1997年,区工商联活动恢复。1999年,部分公有制商业企业进行产权制度改革,个体、私营等非公有制商业企业逐步发展。是年,区商业局、供销联社下属企业17个,区粮食局下属经营网点34个。

【国有商业】

民国38年(1949)5月,南京市贸易总公司成立,下设粮食、花纱布、土产、日用百货4个分公司,在区内设立店、点,分别经营粮、油、棉花、棉纱和日用品。1950年3月,南京市贸易总公司撤销,建立南京市粮食、花纱布、土产、日用百货4个专业公司。1957年,市区分工,南京市各国营专业公司在区内设置分店或办事处。1961年,国有公司与供销社商业分开,南京市百货零售公司、糖烟公司、食品公司等国有公司在龙潭、小市、迈皋桥、尧化等中心集镇设立分店。“文化大革命”期间,各中心集镇皆成立商业革命委员会(简称“商革会”),统管区内商业、粮食企业。1973年4月,成立区粮管所,粮食企业从“商革会”划出。1979年,成立区工业品公司(后改为工矿区供应公司)和区食品站(后改为区食品公司),构成区属国营商业主体。1995年后,工矿区供应公司与生活日用品公司合署,食品公司与副食品公司合署。1999年,区属国有商业改制,仅存食品公司所属食品站12家,有职工259人,年销售额530万元;区粮食局下属所级单位3家,职工468人,年营业额1235万元。

【供销合作社商业】

1950年,地区供销合作社所属基层供销社共21个。1958年,燕子矶、栖霞、中山陵园三区供销合作社与区国营商业合并,各基层供销合作社及所属门市部皆成为全民所有制企业。1961年,三区供销社与国营商业分开,仍为集体所有制企业。1965年,区供销社复改为全民所有制商业。"文化大革命"期间,与国营商业合并。1982年,区供销社恢复为集体所有制。1983年,区供销社改为联社,经营网点遍布全区。1985年后,供销合作社对"边、小、微"的门点柜组实行租赁、风险承包等形式改革。至1999年,全区有供销合作社商业企业15家,年营业额达20569万元。

【合作商业】

1953年起,国家对粮油、棉布、食糖等商品实行统购统销。1956年,在对私改造中,区内1484户私商小贩组织起来实行公私合营和合作化经营。根据货源情况,区政府将条件好的行业经营户成统一经营、统一管理、统一核算"三统"合作形式,条件次之的组织成统一管理、统一核算"二统"合作形式,货源及经营上存在困难的,则组织成统一管理"一统"形式。1958年,将单干和一统、二统、三统合作组改造为公私合营,同时取缔自由市场。1959年,市场商品供应紧张,饮食、理发、服装、修旧、小百货等行业恢复为"二统"合作形式。"文化大革命"期间,公私合营商业全部改为国营性质,集市贸易被关闭,商业网点大量撤并。1978年后,集体合作商业由区供销社设专门机构直接管理,或由基层供销社代管。1982年后,相继成立区饮食服务公司、副食品公司、生活日用品公司,归口管理集体合作商业。集体合作商业网点增加,经营灵活,活力增强,自有固定资产140万元,流动资产135.7万元。1992年,区商业局、供销联社按照"宜条则条、宜块则块、条块结合"的原则,理顺集体合作商业管理体制,和燕路沿线所属集体合作商业由饮食服务、副食品、生活日用品公司归口管理,其他集镇,由当地基层供销社设立集体商业总店管理。1993年后，集体合作商业经营日渐萎缩，效益连年滑坡，亏损面逐渐扩大。至1999年，合作商业难以为继。

【个体商业】

新中国成立前，区内有私营商业近1500家，多为夫妻店或雇佣1~2名店员的小店。1956年，私营零售商从为国营商业经销代销，发展成公私合营。1964年，对个体商贩进行清理整顿。“文化大革命”期间，私营商贩被当作“资本主义尾巴”大批大砍，区内私营商业绝迹。1978年后，个体商业逐步恢复发展。至1999年，全区有个体私营商业8089家，年营业额41032万元。

第二章 商业网点

民国时期，栖霞地区商业网点集中于中心集镇，多为砖瓦或草盖砖木结构平房，通常是前店后场，或前铺后居，门面不大。入夜仅浴室和个别较大的店铺前有灯笼、“马灯”照明。新中国成立后，地区内各集镇陆续建起供销合作社门市部、粮店及小型商业服务网点。80年代后商业网点的规划建设有序展开，与城镇建设同步发展，由零星分布变为网点群。1986年3—6月，区商业网点建设办公室在全区开展商业网点布局普查。至1999年，全区商业网点计6799个，面积45.94万平方米。

【网点建设】

1983年，区商业网点建设办公室成立，对商业网点建设实行统一规划和管理。次年，与商业网点开发经营服务公司合署，专司商业网点开发建设。1985年1月，在迈皋桥老街建设简易商业网点用房1000平方米，租赁给50户个体户经营。1987年，该商业网点成为南京市三大香烟自由批发市场之一，同年，红山酒家竣工。1992年，在东井村小区开发建设小型商业网点用房1500平方米，同年，在胜利村开发建设1.5万平方米商业设施。1994年，建筑面积3.1万平方米的迈皋桥大型室内集贸市场竣工。1997年，建筑面积1.1万平方米的迈皋桥大市场竣工。同年，在迈皋桥等地相继建成总面积3.26万平方米的大型商业、居住设施。1999年，在迈皋桥合班村购地130亩，开发建设商业网点，至此，全区商业网点计6799个，面积45.94万平方米。

【贸易市场】

集贸市场　民国时期，区内各中心集镇皆有集贸市场。新中国成立初期，农副产品开始进入由政府组织管理的集贸市场（时称“自由市场”）交易。1956 年，对集镇个体商贩实行公私合营。1958 年后，集贸市场基本关闭。1961 年，集市贸易恢复。“文化大革命”期间，大小集贸市场悉数被封杀。改革开放后，集贸市场逐步放开，允许多种经济成分参加贸易。80 年代，农副产品价格放开，农民及个体商贩涌入市场从事农副产品交易。至 1999 年，全区有农贸市场 27 个、消费品市场 2 个、生产资料市场 3 个，总面积 11.05 万平方米，有固定摊位 4520 个，其中面积 3000 平方米以上的集贸市场有迈皋桥农贸市场、栖霞农贸市场、尧化门农贸市场、金陵石化炼油厂农贸市场、华东家具市场、晓庄农贸市场、金尧农贸市场、城北农副产品批发市场等 8 个。

招商市场

迈皋桥大市场　位于迈皋桥和燕路 279 号，1994 年开业。面积 2000 平方米。主要经营日用小百货、小五金、服装、鞋帽、文具、小家电等。1999 年，有摊位 232 个，成交额 1000 万元，税金 14.4 万元。

北银桥市场　位于迈皋桥和燕路 251 号，1997 年 9 月开业。面积 1.5 万平方米。经营各类生产、生活资料。1999 年，有摊位 250 个，成交额 7000 万元，税金 21 万元。

城北农副产品批发市场　位于晓庄广场，1998 年 11 月开业。面积 3 万平方米，有摊位 350 个。主要经营蔬菜、水果、水产、禽蛋、调味品的批发交易，兼营蔬菜、副食品配送业务。1999 年，举办淮阴市名、特、优农副产品展销会，参展客户 150 家。是年，成交额 450 万元，税金 0.8 万元。

第三章　商品经营

清末至民国初期，区内商行（店）以经营粮食、布匹、日用杂品、酱品、食品为主，各种小吃久负盛名。新中国成立后，区境内粮、棉、油几度供应紧张。1953 年 12 月，实行粮食统购统销。1955 年，对城镇居民实行粮食定量供应。1955 年，所有棉制品凭票供应。至 1958 年，对米、肉、布、煤、禽、蛋、鱼、糖、糕点等 18 类人民生活必需品实行定量供应。1961 年后，增发豆制品票。“文化大革命”期间，烟、糖、线、肥皂等实行凭证、凭票供应。改革开放后，生产发展，商品丰富，各种票证先后取消，区内商品购销日趋活跃。至1999年，全区商业市场繁荣，购销两旺，社会商品零售总额达13.85亿元。

【百货】

日用百货　1951年秋，中国百货公司句容县办事处龙潭营业所（1953年划归南京市第九区）以及第八区、中山陵园区供销合作社开始经营日用百货批零业务。60年代初，商品供不应求，对262种生活必需品实行凭票、凭证供应，占当时零售商品的33%。1963年后，商品供应有所好转。“文化大革命”期间，货源不足，日用百货品种减少25%左右。1969年，肥皂、火柴、缝纫机、布胶鞋、暖水瓶等日用百货，恢复凭证、凭票供应。改革开放后，区内日用百货商品日趋丰富，应市商品近千种，购物票证逐步取消，1986年始，商品敞开供应。至1999年，区内日用百货行业供应的品种有搪瓷制品、铝制品、不锈钢制品、塑料制品、皮革制品、保温瓶、玻璃器皿、缝纫机、肥皂、香皂、牙刷、牙膏、化妆品、儿童玩具及日用杂品等，计2.5万余种。

针纺织品　新中国成立初，区内无专营针纺织品商店，各集镇百货商店皆设针织品部或专柜经营。1950年5月，针纺织品由国营百货公司归口调拨经营。1954年9月起，实行棉布及制品凭票定量供应。1962年3月起，凭日用工业品购货券供应丝绸、呢绒、毛线和化纤针织品。1970年起，对城镇居民实行凭购物证供应粘棉白布、丝棉及化纤袜、毛巾等。1980年起，票证逐步取消。1984年起，成品服装供应量增加，棉布供应量减少。1985年，全区销售棉布41.99万米，化纤布10.18万米。1999年，棉布销售为5.18万米，化纤布为4.24万米。

服装　民国时期，居民所穿服装，多购买布料自己动手或由裁缝师傅缝制。新中国成立初，服装手工缝制渐被专业生产替代。50年代末，百货商店始有成衣上柜，多为内衣、运动服、中山装、解放装等，款式颜色单调。“文化大革命”后，龙潭、迈皋桥等中心集镇始有专售服装的商店。80年代，商店注重居民服饰变化，既有民族传统服装，又有国外流行款式，色调不断翻新。90年代，服装店遍布全区，并出现专售名牌时装、童装、内衣、皮装等特色店，以个体经营居多。商店的服装柜、棉布柜多设有代客裁剪、制作服装业务。1999年，全区有服装商店122家，其中个体经营户99家。

五金、交家电　新中国成立初，区内仅有元钉、门窗配件、五金、刀、剪、锤等传统五金制品出售。1958 年后,集镇百货商店设五金交电专柜,经营电工器材,自行车销售凭券供应。60 年代,电风扇、晶体管收音机、电子管收音机开始上市。70 年代,单门冰箱、单缸洗衣机、收录机、黑白电视机、半导体收音机进入柜台。80 年代中期,彩色电视机取代黑白电视机,各种品牌、型号的录像机、音响、洗衣机、电冰箱、电风扇、炊用电器及自行车、助力车、摩托车陆续供应。90 年代,空调进入百姓家中,VCD、DVD 等影碟机、微波炉、智能化洗衣机、电热水器、太阳能热水器等销售激增,电工器材、装潢五金应有尽有。1999 年,全区有五金交家电商店及维修部 51 家,其中个体经营 30 家。

【食品】

糖、烟、酒、糕点 新中国成立后,食糖列入计划供应,南北货和糕点实行计划生产和供应。1951 年,酒类实行专卖。1953—1957 年,卷烟实行专卖。1960 年,粮油制品、糖奶制品、烟、酒实行凭票定量供应。1978 年后,色酒、啤酒、糕点、糖果敞开供应,除洋河、西凤酒等国产名酒实行计划供应外,其他白酒敞开供应。部分甲级、乙级卷烟仍凭票供应。80 年代后,食糖、烟、酒敞开供应。1999 年,国有、集体和私营个体商业销售糖、烟、酒、糕点的网点遍布全区,糖、烟、酒、糕点任由居民选购。

副食品、蔬菜 民国时期,区内蔬菜、副食品多为农民自产自销。新中国成立后,区内有小市、迈皋桥、太平村等菜场经营蔬菜、副食品。1982 年,区副食品公司成立,各蔬菜、水产、鲜肉、家禽、蛋品门市部及酱品、干货、豆制品厂划归其管理。1986 年,区副食品公司建成 140 吨冷库。80 年代后期,集镇农贸市场开放,蔬菜货源充足,一年四季均有新鲜蔬菜应市,冬季供应黄瓜、西红柿、青椒、架豆等夏菜已很普遍,蔬菜经营逐步归为个体商贩。1999 年,农贸市场均全天开放,供应四季蔬菜。1989 年后,小市、迈皋桥、太平村三个菜场改成综合型副食品商场。1999 年,区政府投资 90 万元,建成 4 个蔬菜生产基地,年上市生猪 1500 头,肉禽 8.9 万只,蛋鸡 8 万只。

荤食品 新中国成立前,肉、禽、蛋和水产品多为私人经营。1953 年,食品公司负责肉、禽蛋购销。1958 年,供应紧张,国家对 21 种水产品实行统一收购或按比例派购。1960 年,荤食品按人定量、凭证供应。1961 年,猪肉凭票供应。1962 年,蛋品凭票供应。1965 年,荤食品供应量上升。“文化大革命”期间,农副业生产下降,荤食品供应复趋紧张。1979 年,提高肉、禽、蛋、鱼价格,以促进生产,缓和供应紧张状况。1985 年,荤食品放开价格，供应敞开，对居民按每人每月 2.5 元发放肉食品补贴。80 年代末，个体经营者进入市场，肉禽蛋及水产品上市量大增。1999 年，全区销售猪肉 885.6 万公斤、羊牛肉 531.3 万公斤、家禽 124.4 万只、鲜蛋 456.3 万公斤、水产品 560.3 万公斤。

【农业生产资料】

化肥　新中国成立前，区内无化肥销售。50 年代初，化肥在区内试销。1956 年，各基层供销社均砌造罐、池储备氨水，供应农村。1958 年后，化肥供不应求。1961 年，仅对交售棉花、蚕茧的公社和大队奖售化肥，对种植粮食、杂交稻制种、蔬菜、中药材、黄花菜、留兰香、薄荷等作物的社队实行专肥专用，对遭受自然灾害的社队则供应救灾化肥。1971 年，区内推广使用磷肥，增加供应量。1978 年，开始供应二元、三元复合肥和钾肥，全年供应复合肥 28000 公斤、钾肥 1000 公斤。1987 年后，区内化肥供求矛盾突出。1988 年，实行农资专营，供应情况逐渐好转。1989 年，供应化肥 1641.6 万公斤。90 年代初，化肥供应逐步放开。1999 年，全区供应化肥 1425.6 万公斤。

农药　新中国成立前，区内多用人工土法防治农作物病虫害。1951 年，始有防治菜虫农药供应。1954 年，区供销社供应"六六六"粉、"滴滴涕"等农药。60 年代，增加供应敌百虫、"1605""1059"、乐果等药剂。70 年代，增加供应氯氨硫磷、代森锌、托布津、除虫菊脂等农药。1978 年，农药由高效剧毒转向高效低毒，供应呋喃丹、久效灵、"二甲四六"等。80 年代，除草剂普遍使用。1983 年后，区农技部门亦参与农药经营。1988 年，实行农资专营后，农药供应趋于好转。1989 年，区供销社采购计划外农药 12.7 万公斤，以缓解农药供求矛盾。90 年代，农药供应进一步放开，供应渠道增多，农民乐、抑太保、蚜虱净、卫农一号等新农药面市。1999 年，全区供应农药 10.7 万公斤。

农业机械　民国时期，区内无农业机械供应。民国 35 年（1946），天昌乡（今长江乡）董椿和个人购进美国产"福特"牌拖拉机。50—60 年代，农业机械由区物资供应部门经营，均由国家计划调拨，统一分配。1973 年，改由公社农机站经营。1975 年，由基层供销社经营。农业机械有手扶拖拉机、柴油机、电动机、水泵、耕田机、收割机、脱粒机及各种农机配件。80 年代后，由区农机公司经营，至 1999 年未变。

第四章 粮油购销

栖霞地区地处水陆要冲，粮食交易历史悠久，明清时期，即是南京粮油集散地之一，主要分布在燕子矶、石埠桥、东阳、龙潭等几个有水陆码头的集镇，多为私人粮行经营，交易方式以放贷和零售为主，至民国时期，尤为兴盛。新中国成立初，区内粮食仍处于自由经营状态，不法商贩利用粮食供求矛盾，囤积居奇，粮价先后发生过三次较大波动。1950 年，中熟米市价每石（旧制，合 75 公斤）11.6 万元（旧人民币，折合新人民币 11.6 元，以下折算略），不到一月涨至 22.35 万元（旧人民币），黑市价格高达 26 万元（旧人民币）以上。1953 年 12 月，执行政务院粮油统购统销命令，全区实行粮油计划供应。此后 30 多年间，区粮食部门以"统购统销"为基本政策，以保障供应为首要任务，坚持正常供应粮油，保障社会生产生活和军需。80 年代，区粮食部门按照国家粮改政策，不断深化改革，从所有制上实现突破。至 1999 年，区粮食企业已走出困境，再现生机。

【统购统销】

粮食购销

粮食统购　民国 38 年（1949）7 月，第九区征收公粮 94.79 万公斤，水灾减征公粮 23.04 万公斤。1950 年 10 月，按照新农业税法规定，以户为单位，"依率计征，依法减免"征收公粮，应征公粮 110.45 万公斤，灾情减征 1.76 万公斤，社会减免 1.04 万公斤，完成数为 107.65 万公斤。1953 年 12 月，在农村计划收购余粮。1955 年 8 月，开展农村粮食定产、定购、定销"三定"到户工作，历时 18 天。1956 年 10 月，对农业社的粮食统购统销，改为归社计算，实行以丰补歉，增产增购。1960—1962 年，粮食产量锐减，农村人均口粮下降，返销粮增加，"三定"名存实亡，粮食统购混乱。1965 年，粮食征购实行"一定三年"和超产超购加价奖励办法，对超购粮食给予加价 30% 的奖励，并奖售化肥及其他工业品。1983—1985 年，粮食购销实行购销差额包干办法，"一定三年"不变，年度之间适当调剂，坚持三年统算，保证完成。1985 年，粮食统购取消"三定"，改为合同定购。粮食征购改按"倒三七"比例计价，油料改按"倒四六"计价，其他品种退出统购，自由上市。市场价低于原统购价时，国家按统购价敞开收购，以保护农民利益。当年,全区合同定购粮食为960万公斤,因经济作物面积增大,实际收购小麦、稻谷840.3万公斤。1995年,粮食统购改为合同内定购、合同外保护价敞开收购,全区粮食合同定购任务改为498万公斤。1999年,全区夏粮入库1403.6万公斤,秋粮入库615万公斤。

城镇居民粮食供应 1953年12月,栖霞地区城镇居民和菜农吃粮定计划,经评定后按计划购买。1955年9月起,城镇居民实行以人定量、按户供应。1958年,开办公共食堂,一度造成居民粮食统销混乱。1964年10月,统一审核居民粮食定量标准,居民成人每月为12.5公斤,大中学生每月16公斤。个体农民口粮参照居民标准供应,菜农和种植经济作物农民,按每年原粮265公斤打七折,每月15.4公斤供应。1985年后,对种菜不卖给国家的农民一律改按比例价供应。

油料油脂购销 新中国成立前,油脂购销由私营油坊经营,农民就近到小油坊用油菜籽加工兑换。新中国成立后,油脂主要由供销合作社代购代销,也有少数私营油商从事经营。1953年,取消粮油自由市场,对油料油脂实行购销管理。1956年,实行油料、油脂统购统销。1956年后,油料加工企业、油脂经销店全部改为公私合营、地方国营和合作社经营。

油料统购 1958年,农民生产的植物油料,全部改由国营粮站收购。1961年起,对种植油料的生产队,实行"多产多吃,少产少吃""先留后购,只购不销"政策,油菜籽征购任务实行"三定"。90年代后,农民所种的油菜籽,均由各粮站负责收购兑换,代农户储存保管,年均为农户存油计24.88万公斤。1999年,全区收购油菜籽52.5万公斤。

油脂统销 1954年,工商行业用油,由用油单位编造计划,报粮食局审批,按计划供应。居民食油按定量标准供应。农民每人每月定量7两7钱(16两制,折240.63克,下同),城镇居民按每户人口多少划为10级,确定不同定量,平均每人每月10两2钱5(320.31克)。1960年,油菜减产,农民定量改为100克/月,城镇居民改为275克/月;1961年,分别改为100克/月和225克/月;1962年,改为75克/月和125克/月;1964年,改为150克/月和200克/月。1965年,油料生产好转,农民改为150克/月,城镇居民改为250克。国庆、中秋、元旦、春节等节日,城镇居民一次性照顾供应平价油250克,中价油1000克。对工矿企业单位从事有毒有害、高空高温、井下作业的工人每人每月补助食油250克,回民等少数民族传统节日、大型会议补助食油,凭全国粮票和报入的临时户口供应。1993年,粮油票证废止,食油敞开供应。

【议购议销】

1955年11月，在栖霞镇设立粮食市场，为区内最早的粮食集市交易。60年代初，相继在栖霞、龙潭、燕子矶等集镇设立粮油交易所，开展议购议销经营。1964年，允许农民和城镇居民到市购买自食的粮油。"文化大革命"期间，交易所撤销，粮油市场停顿。1979年，国家开放粮油计划外购销，区内粮油集市贸易恢复，允许农民在完成征购任务后，将多余粮油自由上市。1987年8月，区粮油食品贸易公司成立，除经营粮食、面粉、食油外，还经营蚕豆、大豆、杂粮、挂面、葵花籽等10多个品种。1993年4月，国家取消粮食计划销售，粮食议购议销，全部进入市场，至1999年未变。

第五章 饮食 服务 旅游

新中国成立初期，栖霞地区饮食、服务业由私人经营，多为夫妻店、师徒店。1956年后，饮食、服务业实行公私合营，饭店、早点、旅馆、浴室、理发、照相、修理、洗染、茶水等行业的300多个门点分布全区。1960—1962年，门点有所收缩。1963年后，门点逐步得到调整恢复。"文化大革命"期间，将集体所有制饮食、服务网点加以撤并，品种减少。改革开放后，饮食和服务业门点增加，营业额上升。驻区大中型企业、大专院校及部队，新建和扩建一批宾馆、招待所，并对社会开放。90年代，区内建成一批设施豪华、功能齐全、管理严格的宾馆。旅馆逐步从供不应求变为供过于求。1999年，全区有饭店、旅社、浴室、理发店2220家，其中，私营、个体经营的有1874家，营业额21786万元。栖霞区古迹名胜众多，旅游资源丰富。70年代前，管理体制割裂，旅游业不发达。80年代后，随着经济社会事业发展和人民生活水平的提高，旅游业的地位和作用日益显现。迈皋桥商贸旅游区、沿江风光带、八卦洲农业旅游区和太平山风景区逐步得到有效开发和利用。1996年，区政府设立旅游局专司旅游管理职能，建成一批旅游基础设施和旅游服务网点，先后成立2家旅行社，旅游业逐步成为全区新的经济增长点，并与商贸相结合，形成大流通、大旅游的格局。

【饮食业】

酒楼 饭店 新中国成立前，栖霞地区无大型高档酒楼饭店。新中国成立后，陆续在栖霞、龙潭、孝陵卫、燕子矶等中心集镇开办红景、小乐意等饭店。改革后，酒楼、饭店大批涌现。纯小吃型饭店，只经营小额盘菜，售价低廉，多设在居民及企业、学校相对集中场所。90年代后，酒楼、饭店大多附设茶座、歌舞厅及浴室，供食客饭后歇息。

小吃店　流动摊点　区内各种面点、小吃分布城乡各地。既有设座经营，也有流动摊点。面点有烧饼、油条、大饼、馒头、包子、花卷、糖三角、水饺、面条等品种。小吃有油炸干、五香茶叶蛋、豆腐脑、豆浆、葱油饼、锅贴、馄饨、小笼包饺、煮干丝、杂色点心、汤团、麻团、糖粥藕、鸭血汤、糍粑、粽子、酒酿等。80年代，引进外地特色面点小吃。90年代，西式风味的汉堡包、炸鸡翅等，成为时尚小吃。1999年，区内有饮食行业网点1557个，其中个体经营1433个，以经营快餐、小吃和早点居多。

【服务业】

浴室　清代，龙潭、东阳、燕子矶等集镇开始出现瓮堂式浴室。民国时期，中心集镇大多建有浴室。新中国成立后，小市、燕子矶、孝陵卫、栖霞、龙潭等集镇兴办新式浴室。50年代末，驻区大型企业开设职工浴室。“文化大革命”中，浴室中擦背、修脚等传统服务项目被取消。80年代初，商业系统浴室较少，企事业单位自办浴室对外开放。80年代末，区内浴室适应消费者需求变化，纷纷进行翻新和扩建，改善就浴条件，增设女子部。90年代，新建一批高、中、低档国有、集体、个体浴室，桑拿浴、蒸气浴、冲浴、气泡浴等具有保健功能的高档浴种出现，擦背、修脚等传统服务项目亦恢复，有的浴室增设保健按摩，备有沙发床及包间。1999年，全区有浴室137家，从业人员2055人，其中，厂矿企事业单位办92家，个体私营45家。附设桑拿的浴室103家。

理发店　美容院　新中国成立前，中心集镇有个体经营的小理发店。走街串巷挑担、拎包的剃头匠多为平民百姓理发。新中国成立后，小市、迈皋桥、燕子矶、孝陵卫、栖霞等集镇陆续建成一批合作性质理发店，开始使用电动理发工具。1978年后，个体理发店发展较快，传统服务项目逐步恢复，并增设男女烫发等项目。90年代，个体经营的美容院、洗头房大批出现，开展化妆、头发干洗、染发、文眉等业务，男女发型不断翻新。1999年，全区有个体美发、美容店315家，从业人员1102人。

修配店　新中国成立前，栖霞地区生活用品修旧业，多为摆摊、挑担的流动点。新中国成立初，修旧业有较大发展。60年代，逐步发展成为以修理为主，兼供配件和来料加工的门店。1978年后，其他行业介入修配业，修理网点日渐增多。80 年代后，修配业增加家用电器、电机、灶具、机动车等新的生活用品和高档消费品的维修。1999 年，全区有各类个体修配门店 757 家。

【旅游业】

旅游商品　具有栖霞地区特色的旅游商品有栖霞石、金陵折扇、枫叶书签、佛像、栖霞松针茶叶，印有区内地名或景点图案的手帕、凉帽以及景点画册、图片等。

旅社　宾馆　新中国成立初，栖霞地区有私营旅社 10 家，设备简陋，仅供住宿。1956 年公私合营后，有合作性质旅社 8 家，规模不大。1978 年后，旅社、宾馆放开经营，规模扩大、档次提高、数量增加。80 年代初，继迈皋桥公社在韶山路(今龙蟠路)建成迎湖饭店后，区商业系统及城建、房管等系统先后在中央门地区建成京城旅社、栖商旅社、和燕旅社等。80 年代中期，驻区的大中型企业、大专院校、部队陆续新建、扩建一批宾馆，所建南炼宾馆、枫叶楼宾馆、加佳宾馆、华翔宾馆、石城宾馆、宏能赢宾馆、石化大酒店等对社会开放。90 年代，结合城市基础设施建设及城镇改造，建成一批设施豪华、功能齐全、管理严格的宾馆。南地园宾馆、红山会议中心、蓝燕宾馆、红枫宾馆相继开业。这些宾馆、酒店备有高、中档客房，设有餐饮部、商品部、会议室、停车场、桑拿浴室、卡拉 OK 厅、保龄球健身房、休闲娱乐中心等，集住宿、餐饮、休闲娱乐为一体，并代客办理旅游、订票、邮电通讯、咨询等服务业务。1999 年，全区有旅社、宾馆 159 家，床位 11880 张。

休闲娱乐场所

东部休闲中心　位于紫金山东麓黄马水库旁，占地 6.66 万平方米，1998 年 12 月开业。是集餐饮、桑拿、垂钓、棋牌、歌舞于一体的休闲场所。餐厅可供 200 人同时就餐，菜肴以南京家常菜和河鲜为主。有二级以上等级厨师 7 人，服务师 3 人。1999 年，营业额 320 万元，纳税 20 万元。

静港康乐园　位于和燕路 478 号，面积 5000 平方米，1996 年 5 月开业。是集餐饮、桑拿、室内游泳、歌舞厅、住宿、大小会议为一体的多功能休闲娱乐场。50 道保龄球馆，时为华东地区规模最大的保龄球馆。1999 年，营业额 400 万元，纳税 30 万元。

假日旅行社　社址位于牌楼巷 64 号，1994 年 7 月开业。有专职导游 8 人，辟有 70 多条旅游线路。1998 年起，开始经营国际旅游业务。1999 年，营业额 320 万元，外宾旅游组团、接团 2385 人次。

第十编　财税　金融

民国时期，栖霞地区大部隶属于江宁县。时财政以田赋、契税、牙税、屠宰税、营业税以及杂课、杂敛、附加、摊派等杂捐为主要来源，“因田起赋，因丁受役”“取之于民，用之于君（官）”，大部用于支付地方军、政、警所需，广大民众不堪重负。新中国成立后，区政府执行中央人民政府“发展经济，保障供给”“取之于民，用之于民”的财税总方针，对旧有税赋进行甄别，废除苛捐杂税，减轻人民负担，合理征收货物税、工商业税、农（牧）业税等税赋，以解决政府经费及社会救济和生产发展之急需，至 1984 年，长期实行“收入上交，支出下拨”的财政管理体制。1985 年，区财政实行收支挂钩，全额包干，比例分成，增收多分的“分灶吃饭”财政管理体制，建立区级地方金库，独立编制财政预算和决算，并从 1987 年始，向区人代会报告预决算情况。1994 年，实施“分税制”财政管理体制。通过改革，培植税源，广开财源，逐步建立起“以税养财，以财促税”的良性循环机制。区财政状况的不断好转，综合经济实力的不断增强，使区政府有可能不断加大资金投入，完善区内基础设施建设，促进经济社会事业协调发展。至 1999 年，区财政用于支持农业和基础设施建设等方面的资金累计达 20871 万元，占同期整个财政支出的 22%。社会主义金融业在栖霞地区发端于民国 38 年（1949）9 月，中国人民银行南京分行（以下简称“市人行”）在燕子矶设立营业所。1951—1952 年，市人行在龙潭、栖霞增设营业所，并先后在地区内各乡镇建立 18 个农村信用合作社。至 1999 年，形成了以中国人民银行为领导，各专业银行为主体，保险等各种金融机构并存的金融体系。有 9 家专业银行和 1 家保险公司在区内设置垂直管理分支机构。是年，各类存款达 77.01 亿元，其中，储蓄 48.15 亿元；各类贷款余额 27.37 亿元。

第一章　财　　政

民国时期，财政管理权集中在南京市级财政，区内无独立财政机构。新中国成立初，区内始设专司财政工作的机构，并实行高度集中的“统收统支”管理体制。“文化大革命”开始后，区财政收入一度下滑，机关、事业单位的公用经费压缩20%。1970—1984年，年均财政收入1751.85万元，年均递增17.15%；年均财政支出513.52万元，年均递增12.36%。除保证按期拨付机关、事业单位人员工资、办公经费、职工福利费（医疗费）外，还斥资支持农业、水利建设和改善学校办学条件。1985年，建立区级金库，独立编制财政预决算，财政状况逐年改善。当年财政收入4591万元，比上年增长19.18%；区体制分成财力（区政府可支配财力，简称分成，下同）961万元，比重（分成占财政收入的百分比，下同）为20.93%；财政支出（含南京市财政下达的专项指标和专项补助，下同）1141万元，比上年增长23.48%。1994年，财政收入13791万元，比1985年增长200.39%；分成7602万元，比1985年增长691.05%，比重为55.12%，比1985年增加34.19个百分点；财政支出7592万元，比1985年增长565.38%。进入90年代，区财政还承担国有资产管理和经营运作职能。1998年，区财政对预算外资金强化管理，建立“财银联网、票款同步”的操作程序，加强会计管理和财务检查监督，完善对乡镇的财政管理体制，使区财政“筹集和分配、管理和监督”的职能得以发挥，有效支持区内经济社会事业持续、稳定、健康发展。1999年，区财政收入24178万元，比1994年增长75.32%；分成14378万元，比1994年增长89.13%；比重为59.47%，比1994年增加4.35个百分点；财政支出17817万元，比1994年增长134.68%。

【管理体制】

区级管理体制　新中国成立初至1954年，第八、第九、中山陵园三区无独立区级预算，各项收支均由南京市主管部门实行归口管理。工商税收由南京市税务局第八、第九分局征收，其他各项收入上交南京市主管部门。区属各行政、事业单位支出，均按垂直关系径直向南京市主管部门领报。区委、区政府经费，乡（镇）经费，居民委员会经费，由区政府财粮助理向南京市政府行政处领报；农业税及财务费，向南京市财政局直接结报。1955—

1965 年,区内的三区财政实行“统收统支、收支两条线”的报账制,每年收入计划由南京市政府下达给区政府财政和税务部门,支出指标由南京市财政局下达支出预算指标给区财政部门,包干使用,超支不补,有关资金按月拨付。1966 年,区财政实行“核定收支,收入上缴,支出下拨;支出包干,结余留用;超收分成”的管理体制,区财政收入由南京市政府按税种下达计划,除农业税和农业税附加收入外,其他各项收入的超收部分,区留用 50%。区各项财政支出,由南京市财政下达支出预算指标,除城市人口精减安置、优抚救济、城建、有线广播等经费年终结余全部上交南京市财政外,其他各项经费年终结余区留用 50%。1972 年,改按全部收入范围计算超收分成,区超收分成比例为 15%。1977 年,区财政实行“收入上缴,支出下拨;增收分成;支出包干,结余留用”的管理体制,以上年收入实绩为基数,收入比上年增长部分,区分成 8%;支出指标由市财政核定,年终结余部分全部留区使用。1985 年始,区财政实行“收支挂钩,全额包干,比例分成,增收多分”的“分灶吃饭”管理体制,并建立区级地方金库,当年增收分成 229 万元。1989 年,区财政实行“收入递增包干”管理体制,以 1987 年全区预算收入为包干基数,每年递增 5% 作为当年收入包干基数,当年,全区财政总收入 6376 万元,其中分成 2094 万元,占财政总收入的 32.84%。从 1994 年起,实行分税制财政管理体制,按 1993 年财政收入和新的财税体制,消费税为中央财政收入,增值税为中央与地方共享收入,营业税、所得税、屠宰税、农业税和其他收入为地方财政收入,消费税全额和增值税的 75% 部分上划中央,增值税 25% 部分作为区财政收入;增值税超基数的增量部分,省集中 12.5%,在年终时单独决算;除耕地占用税外,其他各项收入作为区财政固定收入。1994 年,区财政收入 13791 万元,其中增值税分成 7602 万元,占财政收入的 55.12%,比 1993 年增长近 10 个百分点。1999 年,区财政收 24178 万元,其中增值税分成 14378 万元,占财政收入的 59.47%,比 1994 年增加 4.35 个百分点。

乡镇级管理体制　新中国成立初至 1953 年,三区财政对所属乡镇实行报账式管理体制。1953 年至 1985 年,区财政对所辖乡镇实行“核定收支,收入上缴,支出下拨,专项追加”的统收统支财政管理体制,乡镇政府负责征收农业税和其他收入,并按区财政局下达的各项经费支出预算指标,每月接收区财政拨款,再转拨到各用款单位;专项经费,经立项批准后,由区财政下达支出预算指标,专项拨付,专款专用;年终时,由乡镇财政办理决算。

1986年1月至1995年12月,各乡镇财政试行"定收定支,收支挂钩,收入上缴,支出下拨,超收分成,减收减支,结余留用,一年一定"的管理体制,乡镇财政超收分成比例为7%,超收分成部分主要用于乡镇政府发展教育、卫生、文化和社会福利事业支出以及弥补乡镇财政经费的不足。1996年至1999年,在乡镇全面推行分税制财政管理体制,其主要内容是:划分收支范围,收入部分分为区与乡镇共享收入和乡镇固定收入,共享收入包括增值税的12.5%,营业税、各项所得税、屠宰税的50%,耕地占用税的19%,契税的90%,固定收入包括农业税、农业特产税,支出部分为乡镇机关和事业单位的行政、事业经费,专项费用另行下达指标;核定收支基数,以1997年度乡镇财政实际收入的120%为收入基数,以1997年度乡镇正常经费指标作适度调增作为支出包干基数;定额上缴或补助,栖霞、燕子矶、迈皋桥三个镇为体制定额上缴单位,其余七个乡镇为体制定额补助单位;一定三年,确保平衡,各乡镇按照财政管理权限,抓好预算管理,坚持量入为出、量力而行,确保收支平衡。1999年,全区10个乡镇共完成体制范围内财政收入(增值税按全额的25%计算)5669万元,比下达的年收入任务数增收198万元,增长3.62%,乡镇财政分成2609万元,比年计划数增加164万元,增长6.71%。是年,区、乡镇两级财政均实现收支平衡。

【收入和支出】

区财政收入 新中国成立初至1984年,栖霞地区财政收入项目有工商税、工商所得税、企业收入所得税、其他工商税、农业税等,工商企业各税,按南京市税务局下达的任务,由区税务机关征收;农业税和其他收入,按南京市财政局下达的任务,由区财政机关征收;两项收入全部上缴市金库。自1985年起,区财政收入按南京市政府下达计划数,由区财政局协同税务部门确定收入任务数,编制年度财政预算,报区人民代表大会(以下简称"区人代会")批准后执行,区财政收入中的工商企业各税由区税务部门征收,农业税和其他收入由区财政部门征收,收入均入区地方金库。1985—1999年,区财政收入项目有产品税、增值税、消费税、营业税、企业和个人所得税、屠宰税、农业税、农业特产税、耕地占用税、契税和其他收入;区财政收入来源为区属单位的各项预算收入,区属范围内个体工商户、私营企业和集贸市场的各项税收,中央、省属单位附属的招待所、搬运队、劳动服务公司等预算收入。1995年、1999年全区财政收入分别为15235万元、24178万元,体制分成分别为 7745 万元、14378 万元。其间，全区财政收入年均递增 12.24%，增值税年均递增 6.41%，地方税年均递增 21.76%，分成年均递增 16.73%。

区财政支出　新中国成立初，栖霞地区财政仅管理区委、区政府、乡镇政府和居民委员会经费、小学和幼儿园的教育经费以及优抚和社会救济费。1955 年后，陆续增加体育、卫生、文化、广播、城市维护、计划生育和农林水利等事业经费和公安、检察、法院经费，以及"文化大革命"期间知识青年上山下乡和干部下放的经费。至 1984 年，区财政支出由南京市财政局下达支出预算指标并拨款，区财政局负责管理和监督执行。1985 年，市、区实行"分灶吃饭"财政管理体制，区安排支出预算的原则是保吃饭、保看病、保机关部门工作的正常运转，在财力允许的前提下，对科技、教育、农业、公检法实施适度倾斜。支出的范围和对象是区属（管）单位中属财政供给对象的人员经费和公用经费，包括农林水利事业费，支援农业生产支出，文化、教育、卫生、计划生育、广播、体育、干部培训、优抚和社会救济等事业经费，城市维护费，公检法支出，行政管理费等。是年起，区财政支出，由区财政局测算区体制分成财力，编制年度财政（收支）预算，经区人代会批准，区财政局负责测算分解，报区长办公会议审核同意后下达给各用款单位。1995 年、1999 年，区财政支出分别为 7789 万元、17818 万元。其间，科技三项费用支出年均递增 52.82%，农业支出年均递增 24.74%，城市维护费支出年均递增 34.91%，教育事业费支出年均递增 17.08%，均超过区财政收入和分成的增幅。

乡镇级财政收支　1985 年前，乡镇（公社）财政只结报支出数，不结报收入数。1985 年，乡镇始办理年度财政收支预决算，由区财政下达年度收支预算指标，乡镇财政所按指标执行。同年，乡镇财政收入 1640 万元，支出 395 万元。1998 年始，乡镇财政收支由乡镇财政所根据乡镇的奋斗目标以及区政府有关规定，编制年度财政预算，经乡镇人民代表大会批准后执行并实施管理监督。1999 年，乡镇财政收入 5669 万元，支出 4841 万元。

第二章　税　　务

民国时期，江宁县在龙潭、栖霞建立税务分征处；南京市设八卦洲管理处等 3 个征收处，负责八卦洲、燕子矶地区税务征收。新中国成立后，区财政与税务部门经历3次分合，至1983年再次分立后，组建南京市税务局栖霞区分局。1994年，国家进行税制改革，区税务部门遂分立为国税分局和地税分局，依法开展税务征管工作，发挥为国家和地区经济社会事业发展积累资金的职能作用，确保国家各项税收应收尽收，及时足额入库。1984—1993年，共征收55797万元，年均征收5579.7万元，年均递增10.93%；1994—1999年，共征收50010.81万元，年均征收8335.14万元，年均递增15.78%。

【区国税分局税收】

增值税 1984年，原工商税按课税性质划分为产品税、增值税、营业税后，始征增值税。1994年，按改革后的税制，增值税征收范围包括生产、批发、零售和进口商品及加工、修理、修配应税劳务；实行价外计税，以不含增值税税金价格为计税依据，实行根据增值税专用发票注明税金进行税款抵扣的办法（增值税应纳税额＝当期销售收入×税率－当期允许扣除税款的购入物发票上注明的增值税税额），税率分为0、13%、17%三个档次，对销售收入小于税法规定额度并且会计核算不健全的小规模纳税人，工业以6%、商业以4%的征收率计算应纳税款。1994—1999年，属区财政收入的增值税共收入63623万元，年均10603.83万元，年均递增7.3%。

消费税 1994年，对包括烟、酒、化妆品、护肤护发品、贵重首饰、汽油、柴油、汽车轮胎、摩托车、小汽车、鞭炮焰火11个品目征收消费税，采取从价定率和从量定额两种征税办法，设置14档，按不同税率（税额），实行价内征收。该税种的收入，不属区级财政收入范围。

【区地税分局税收】

营业税 1984年，工商税划分为产品税、增值税、营业税后，始征营业税。营业税的税率分别为交通运输业、建筑业、邮电通讯业、文化体育业3%，服务业、转让无形资产、销售不动产5%，金融保险业8%，娱乐业5%～20%。1994—1999年，属区财政收入的营业税共收入14753万元，其中区地税分局征收11776.67万元，年均收入2458.83万元，年均递增15.96%。

个人所得税 1982年始，开征个人所得税，征税范围包括工资、薪金所得，个体工商户的生产、经营所得，企事业单位的承包经营、承租经营所得，劳务报酬所得，稿酬所得，特许权使用费所得，利息、股息、红利所得，财产租赁所得，财产转让所得，偶然所得，经国务院财政部门确定征税的其他所得。税率有20%的比例税率、5%～35%和5%～45%的超额累进税率。1994—1999年，属区财政收入的个人所得税共收入9052万元，其中区地税分局征收7932.44万元，年均收入1508.67万元，年均递增28.3%。

企业所得税 从1983年始，开征企业所得税。税率为33%，另有18%和27%的优惠税率。计税依据为纳税人每一纳税年度的收入总额减去准予扣除项目后余额为应纳税所得额。1994—1999年，属区财政收入的企业所得税共收入9879万元，其中区地税分局征收6112.47万元，年均收入1646.5万元，年均递增13.59%。

【区财政局税收】

农业税 六朝时期，农业税称租调，清代称丁漕，民国时期称田赋。新中国成立初期，以征收粮食为主，习惯上称之为“征公粮”。1958年，农业税由实物结算改为货币结算，按当时国家粮食收购价格，折征代金，用人民币交纳。1998年，区农业税应征稻谷折征代金为粮田平均每亩24.18元，菜地平均每亩31.86元。按15%比例交纳农业税附加。从1985年起，粮食收购统一采取粮食合同定购价格，将应征农业税的粮食数量，按粮食“倒三七”比例价折成货币金额进行征收。随国家对粮食合同定购价格的提升，农业税折征代金所交纳的金额先后进行5次调增。由于计税所依据的常年产量一直未变，随农田亩产量的增加，农业税实际负担率逐年下降，从1950年的12%降至1999年的3%以下。纳税人的农作物因遭受自然灾害而歉收的，按歉收程度，可以适度减征或免征农业税和农业税附加。1984—1999年，累计征收农业税3259万元。

农业特产税 1984年起，开征农业特产税。农业特产税征收范围包括水果、毛茶、蚕茧、花卉等园艺产品收入，水生植物、淡水养殖等水产产品收入，牛猪羊皮等牲畜产品收入和香菇、蘑菇等食用菌产品收入。农业特产税应纳税额，按照产品实际收入和规定税率计征，税率在5%～31%之间。至1999年，累计征收农业特产税491万元。

耕地占用税 1987年起，对占用耕地建房或从事其他非农业建设的单位和个人开征耕地占用税。列入耕地占用税征收范围有种植粮食、经济作物的土地，菜地，苗圃、花圃、茶园、桑园和其他种植经济林木的土地，鱼塘，其他农用土地。耕地占用税以纳税人实际占用的耕地面积计税，按规定税额一次性征收。规定税额为蔬菜地区每平方米9元,其他地区每平方米8元;农民占用耕地建房,蔬菜地区每平方米4.5元,其他地区每平方米4元;公路建设占用耕地每平方米2元。革命烈士家属、革命残废军人、孤寡独人员以及生活困难的农户,在规定标准以内新建住宅,纳税确有困难的,可给予减免。至1999年,累计征收耕地占用税3521万元。

契税 区内承受房屋权属转移的单位和个人,为契税纳税人。契税征收的范围是房屋买卖、房屋赠予、房屋交换。1994年,恢复征收契税,契税以房屋权属转移当事人签订的合同成交价格或者核定的市场价格作为计税依据,契税税率为4%。至1999年,全区累计征收契税55万元。

第三章 金 融

民国时期,栖霞地区未设立官办金融机构,民间高利贷盘剥严重。民国38年(1949)9月,中国人民银行南京分行始在燕子矶设立营业所,之后,又陆续在龙潭、栖霞增设营业所,广泛开展农村金融工作,支持工农业恢复生产,办理农村储蓄,与高利贷做斗争,扶持供销合作社占领城乡流通主渠道。改革开放后,金融业快速发展,至1999年,中国工商银行、中国农业银行、信用合作联社、中国建设银行、交通银行、南京市商业银行、中信实业银行、农业发展银行、中国银行相继在区内设立38个分支机构,开展吸收存款,发放贷款,办理结算,代理发行、兑付债券等业务,形成多层次的融资渠道。各金融分支机构根据“服务城市,富裕农村”的方针,不断调整信贷政策,在增加对区农业投入的同时,积极扶持第三产业和乡镇工业,信贷增长与地区经济增长保持同步。

【银行业】

机构

中国工商银行南京城东支行 1984年,中国工商银行(以下简称“工行”)南京分行成立,原南京市人民银行城东办事处撤销,整建制转入工商银行,成立工行南京分行城东办事处。1996年,该办事处更名为工行南京市城东支行(支行及其营业部地址在玄武区),隶属工行南京市分行,辖区内的龙潭、栖霞、尧化、燕子矶、迈皋桥、东井亭、南京炼油厂7个分理处,栖霞山化肥厂、江南水泥厂、吉祥庵、东井村、南京炼油厂5个储蓄所。1999

年，工商银行城东支行在区内收储 27.47 亿元，提供贷款 4.26 亿元。

中国农业银行南京市栖霞支行　1963 年，农村金融业务从人民银行划出，成立南京市农业银行（简称"农行"）。1966 年，人民银行与农业银行合并。1980 年，农业银行恢复，与人行业务分开。1980 年，农行南京市支行栖霞区办事处成立。1984 年，农行南京市支行栖霞区办事处更名为农行南京市栖霞支行。1987 年，又更名为农行南京市栖霞办事处，辖区信用联社、办事处营业部、营业所和信用社各 9 个、储蓄所 12 个。1996 年起，农行南京市栖霞办事处再次更名为农行南京市栖霞支行，辖支行营业部与区内燕子矶、迈皋桥、摄山、栖霞、尧化、马群 6 个营业所、5 个分理处、20 个储蓄所。同年，栖霞区信用合作联社与农行栖霞支行脱钩，栖霞区农业发展银行机构单设。1987—1999 年，农行栖霞支行在区内收储 57.38 亿元，提供贷款 55.19 亿元。

栖霞区信用合作（联）社　1953 年，区内建立信用互助合作组 9 个，1954 年，改建为信用合作社。1958 年，信用合作社被撤销，按农业社建立信用部，由南京市人民银行领导及管理。1959 年，按生产大队建立信用分部。1962 年下半年，恢复人民公社信用社建制。以后，信用社的体制、隶属关系几经变更。1984 年，栖霞区信用合作联社成立（简称区联社），作为农行栖霞办事处的一个专业科室，隶属办事处领导。1995 年，区信用合作联社营业部成立，对外自营金融业务，信用社各项内部管理工作均从农行栖霞办事处中分离出来，接受南京市农行领导和管理。区联社辖 12 个信用社、17 个信用分社。1995 年区划调整后，区内实有 10 个信用社。1996 年，信用联社与农行脱钩，区联社属南京市农村金融改革协调小组办公室领导和管理。1997 年，全区信用社共增加股金 82.23 万元，吸收个体社员 34332 户（其中，农户社员为 22387 户）、团体社员 335 户；建立健全社员代表大会、理事会和监事会制度，信用社监事长由所在乡镇分管工业的领导担任。1998 年，区联社按上级行要求进行规范，资本金为 1208 万元。1999 年，在区内辖迈皋桥、八卦洲、燕子矶、尧化、十月、摄山、马群、花园、营防、长江 10 个信用社。1995—1999 年，联社在区内收储 34.33 亿元，提供贷款 33.08 亿元。

中国农业发展银行江苏省分行营业部栖霞区支行　1996 年成立，属中国农业发展银行江苏省分行营业部主管，在区内无下属机构和营业网点（1995 年划归下关区）。主要业务是办理区内国有粮、棉、油收购储备企业开户、结算，发放粮食棉花收购贷款（调销贷款），国家粮食储备贷款，棉花初加工贷款，简易运仓罐贷款及费用贷款等政策性贷款。

中信实业银行南京分行和燕路分理处　1997年成立，属中信实业银行南京分行主管，在区内辖华电新村储蓄所。主要业务是人民币、外币对公存款、贷款业务；人民币、外币居民储蓄存款业务；代理收付款项；对公业务结算；代理发行、兑付债券业务；人民银行批准的其他业务。

南京市商业银行和燕路支行　1996年成立，前身为南京市商业银行中央门支行迈皋桥分理处。1998年10月升格为支行，属南京市商业银行主管，在区内无下属机构和营业网点。主要业务是吸收公众存款，发放贷款，办理国内结算，办理票据贴现，发行金融债券，代理收付款项及代理保险业务和办理中国人民银行批准的其他业务。

交通银行南京分行中央门支行迈皋桥分理处　1994年开业，属中央门支行主管，在区内无下属机构和营业网点。主要业务是人民币存贷款业务，个人储蓄业务，代理发行国债。

中国建设银行南京市城东支行　1994年成立，时称城东办事处，属建设银行南京市分行主管，在区内辖南京炼油厂分理处、栖霞镇南街储蓄所、尧化门尧化新村储蓄所。主要业务是吸收公众存款、发放贷款、办理结算、办理票据贴现；办理区内住房公积金业务。至1999年，在区内办理住房公积金余额为6934万元，发放个人住房政策性贷款累计205万元，累计收回本金338万元，余额为867万元。

中国建设银行南京市中央门支行　属建设银行南京市分行主管，在区内辖燕子矶太平村分理处、和燕路分理处、迈皋桥分理处。主要业务是办理所在地区城镇居民、工商企业人民币存款和结算业务。

中国银行黄家圩分理处　1992年成立，属中国银行南京市玄武支行主管，在区内无下属机构和营业网点。主要业务是办理人民币、外币储蓄，对公人民币、外币结算，办理信贷、信用卡、兑换国债。

存款与储蓄　1978年，工商银行存款4521万元，其中储蓄1314万元。1988年，工商银行存款43017万元，其中储蓄23546万元；农业银行存款16105万元，其中储蓄11864万元。1999年，工商银行存款410215万元，其中储蓄274736万元；农业银行存款169315万元，其中储蓄99440万元；信用联社存款114146万元，其中储蓄80252万元。

存款　新中国成立至1978年，银行集信贷与货币发行为一体，吸收存款、拓展信贷资金来源工作未得到重视。1979年后，经济体制和金融体制改革,以人民银行为领导、专业银行为主体,多种金融机构并存的新格局逐步形成。1984年,存款逐步成为各专业银行的中心工作。存款包括各级财政机关的财政性资金以及机关、团体、部队、学校等单位的待用经费,企业在生产与流通过程中暂时闲置或备用的资金及专用基金,国营农业、集体农业、信用社准备金和信用社在农业银行的存款。

储蓄 1949年,人民银行在区境内开办整存整取定期储蓄,存期有3个月、6个月、9个月、1年、2年、3年、5年和8年共8档,到期支付本息;同时,还开办活期储蓄,每年结息一次。50年代,曾开办过有奖贴花储蓄。1962年,开办零存整取、定期存款储蓄。1972年,南京市人行城东办事处首创"零存整取储蓄集体户"。1984年后,形成多家金融部门齐办储蓄的局面。1985年,开办定活两便储蓄。同年,开办保值储蓄,该储种于1996年停办。1990年,开办大额定期存款,1994年停办。1991年,开展代发工资业务。至1999年,仍有活期、定期、定活两便、零存整取和整存整取等储种储蓄以及代发工资和代收代缴有关费用业务。期间,人民银行对储蓄存款利率作过7次下调,累计幅度较大(一年期整存整取储蓄的月利率由原来的0.765%调为0.1875%)。各类银行(信用社)承诺"存款自愿,取款自由,为储户保密",全区储蓄存款呈逐年上升趋势。

信贷

工业贷款 1953年,国有企业流动资金定额均按生产和销售过程所需全部资金,由财政拨给85%,银行贷款15%。1954年,银行信贷对集体企业采取"有放有收,区别对待"政策,促进手工业者走集体化道路。1955年,企业定额流动资金由财政拨给,银行贷款只解决企业生产过程中的超定额资金需要。1958年后,集体企业贷款增加。1959年,财政下拨定额流动资金全部转为银行贷款,实行"全额信贷"。1961年,取消"全额信贷",企业定额流动资金的30%由财政通过主管部门拨给,银行发放定额、超定额贷款,逐笔核贷。1962年,银行加强对企业流动资金管理,对发生亏损的企业压缩不合理贷款。1978年后,信贷扩展到乡镇企业,优先支持产品适销对路的企业,对第三产业实施倾斜。1979年,贯彻"区别对待,择优扶持"的原则,贷款领域由流动资金扩展到固定资产。1988年,按照"深化改革,收紧信贷,调整结构,提高效益"的政策要求,对贷款户进行企业、产品、资金排队,盘活资金,移位于支持国有大中型企业。1990年,遂严格控制信贷规模,坚持清欠与国家产业政策相结合,支持企业增产增效。1996—1999年,区信用联社共发放工业贷款 18.5 亿元。

农业贷款　新中国成立初期，银行和信用社直接以实物形式向农民发放贷款，帮助农民解决生产困难。1951 年，停止实物发放，信贷从支持农民购置简单生产资料发展到以支持农田水利基本建设和农工、副业等较大型的生产资料为主。1979 年，农业信贷体制改革，贷款由指标控制，改为“存贷挂钩，核定总额，多存多贷”，扩大基层放款自主权。1981 年，推行农业联产责任制，银行和信用社从支持社队集体为主转向支持承包户、专业户为主；从支持粮食生产转向支持农、林、牧、副、渔各业；从单纯支持生产环节转向支持生产全过程；从单纯支持传统农业和乡镇企业周转资金转向支持农业科学技术的推广应用。1996—1999 年，区信用联社发放农业贷款 10.18 亿元。

商业贷款　1950 年，银行对国有商业实行“贸易金库制”信贷，即国有商业在银行分别设立“上缴”“拨款”两个账户，销货款全部上缴，进货款如数下拨，贷款的发放权集中在人民银行总行。1953 年，取消“贸易金库制”，实行“经济核算制”，按“财务轧差法”发放贷款。1954 年，以库存商品为贷款对象，按照商品流转的不同环节、不同用途发放贷款，银企之间从一般信贷关系转到经济管理、经济活动监督的轨道。1958 年，对区商业系统开始实行“存贷两户合一”，即进货时贷款，销货时还款，存贷合一，活放活收。1959 年，区商业部门将自有流动资金转为银行贷款，实行全额信贷。1962 年停止执行全额信贷，恢复由财政核拨自有流动资金的办法。1982 年，改进商业贷款办法，按不同商业企业及经营品种，分别采取不同的管理办法，对专营粮、油、食品、煤炭的商业批发站仍实行计划管理，按进货计划供应资金，银行按批准的借款计划限额实行“存贷合一”，进贷销还，超过限额时，按临时贷款办理。1984 年，对国有商业按库存周转期限和销售资金率掌握贷款，实行“存贷分户”。1987 年，新增贷款主要用于使政策性亏损的弥补及时到位，缓解资金困难；用于收购议价粮和平价粮，杜绝向农民“打白条”（不即时支付现金，而出具欠条）现象；支持粮油、地产品和食品收购，扶商促工，支持地方商业企业发展。对合作商店的贷款采取定额管理的办法，放款方式分“活存透支”和定期放款两种。同时，根据“公私兼顾”的放款政策，对部分个体商贩也办理短期放款。1978 年，逐步放宽对集体商业企业的贷款条件。

个人贷款　新中国成立初，人民银行领导下的信用合作社，及时向发生困难的农村贫困的社员发放贷款，并在燕子矶地区发放贷款给个体商贩和手工业者。1954年后，区内的银行对个人贷款逐渐弱化。改革开放后，区内银行对个人贷款政策逐步放开。1995年，开办用储蓄存单作抵押的个人小额抵押贷款。至1999年，区内银行对个人购（建）房、个人消费（购汽车）、经营、教育助学、工程机械按揭等贷款（农行栖霞支行归结为金钥匙置业安家、创业、潇洒三大系列贷款）。个人消费贷款可以采用保证、抵押、质押三种担保方式，经营性贷款采用商品房抵押。

【保险业】

1992年，中国人民保险公司（简称“中保公司”）南京市栖霞支公司成立，地址在和燕路25号（1995年划归下关区）。1996年，中保公司改制为中保集团，财产、人寿保险分业经营，栖霞办事处即更名为中保财产保险有限公司南京市栖霞支公司，专营财产保险业务。1998年，中保集团撤销，中保财产保险有限公司成为独立的财产保险公司，复名为中保公司。1999年，中保财产保险有限公司南京市栖霞支公司更名为中保公司南京市栖霞支公司，隶属于中保公司南京市分公司。中保公司栖霞支公司主要经营企业财产保险、家庭财产保险、机动车辆保险、货物运输保险、各类责任保险、信用保险等，业务范围主要在栖霞区内。

【国库券业务】

1981年始，区财政局根据南京市财政局下达的任务数，负责推销当年发行的国库券并兑付当年到期的国库券本息。1992年，成立南京市国债服务部栖霞区代理处（简称“代理处”）。代理处负责直接对群众办理国库券发行、转让和还本付息以及市国债服务部批准的其他业务。1993—1998年，代理处共推销发行国库券1742.06万元，兑付国库券本息1069.14万元。1999年起，代理处不再发行国库券，只办理到期国库券的本息兑付，年底，代理处撤销。

第十一编　中共栖霞区地方组织

第一次国内革命战争时期，栖霞地区就有共产党员开展地下活动。民国17年(1928)夏，在晓庄师范建立中共地下党组织。民国31年(1942)春，中共句容县宝华区委派中共党员到营防地区开展工作。次年，中共宝华区委先后委派区委负责人孔祥龙、华树根到营防地区开展工作。民国34年(1945)初，营防地区有中共党员15人，在官洲、长乐圩、顾庄等地建立3个党小组、5个交通联络站。新中国成立前夕，中共党员陈风林、胡汉超、李义之、杨志、戴迁、夏和、刘小山在长江乡进行地下活动。民国38年(1949)4月23日，大棚小学教师中共党员胡汉超率师生百余人至泰山闸江边迎接解放军过江。民国38年(1949)6月，中共南京市第九区(后先后改称第八区和燕子矶区)、第十区(后改称中山陵园区)工委成立，11月，分别改为区委。1953年7月，成立中共南京市新第九区(后改称栖霞区)区委。此后，随着行政区划调整，党组织经历多次调整。1956年4月，栖霞区、燕子矶区、中山陵园区分别召开党代会，选举产生区委。1965年5月，三区合并后组建中共栖霞区委。1970年1月，栖霞区、钟山区分设，次年6月，分别召开第一次党代表大会，成立中共栖霞区委和钟山区委。1975年4月，钟山区撤销后复归栖霞区。1999年，中共栖霞区委辖党组6个，党(工)委21个，党总支15个，党支部432个，有党员9172人。

第一章　中共栖霞区各级组织

民国时期，栖霞地区中共组织零星分布，处于地下状态，至民国38年(1949)6月，栖霞地区始有中共区级组织。1965年5月，栖霞、燕子矶、中山陵园三区合并成立栖霞区，中共栖霞地区各级组织实现统一。“文化大革命”期间，各级党组织受到冲击，活动一度中断。1970年1月，钟山区分设，1975年4月，钟山区撤销复归栖霞区，此后，又历经1987年、1995年两次大的区划调整，中共栖霞区地方组织趋于稳定。

【中共地下组织】

国内革命战争时期，中国共产党在栖霞地区无区级组织机构，基层组织或党员由中共南京市地委、市委、行委、特委直接领导，开展斗争。民国17年(1928)夏，在晓庄师范建立中共支部，有党员10多人。民国19年(1930)4月，国民党反动当局封闭晓庄师范，中共组织遭到破坏，一批中共党员和进步师生遭到逮捕并被杀害。同年6月，中共南京市委组织驻龙潭国民党宪兵连中的中共党员发动兵暴，营救被关押的中共党员。后因关押的中共党员已被杀害，兵暴未成。民国26年(1937)，中共党员魏今非与南京秘密学联取得联系，派中共党员雷文、俞民瑜参与秘密学联在栖霞山一带的活动。抗日战争时期，新四军党组织通过抗日团体、游击小组，在栖霞地区发展中共党员，开展地下斗争。民国27年(1938)7月，在龙潭、句容建立中共龙潭支部、句北支部和中共江溧句县委。民国29年(1940)8月，中共江溧句县委撤销，分设中共赤北工委、赤南工委，同年12月改称县委，先后由中共江溧句中心县委、路北特委领导。民国30年(1941)6月，中共赤北、赤南县委合并成立江句县委。民国31年(1942)8月，改称中共江宁县委。后在龙潭、东阳、汤山、作厂、东流地区，设中共句北工委，隶属中共江宁县委。是年9月，划并为中共镇句县委。民国34年(1945)4月，在南京东北郊至镇江一线，包括尧化门、栖霞、摄山、龙潭，建立中共上元县委，受中共淮南路东地委领导，同年9月，渡江北撤。解放战争时期，长江、龙潭等地中共党员以各种职业为掩护，开展活动，为解放南京积极工作。民国38年(1949)4月23日，人民解放军胜利渡江，在长江、营防、龙潭等地登岸，大棚小学地下党员胡汉超率师生百余人，前往泰山闸江边欢迎解放军。同日，北郊警察局中共党员占领该局，并分配警力到尧化、迈皋桥、宝塔桥一带维持秩序，保护公共财产。时中共中地下党员林亨元、郭寿生策动国民党海防第二舰队司令林遵率部在燕子矶笆斗山江面起义。

【中共栖霞区委】

民国38年(1949)6月，成立中共南京市第九区工委和第十区工委；1949年11月，分别改为中共南京市第九区区委和第十区区委；1950年6月，改称第八区区委和中山陵园区委。1953年7月，成立中共南京市新第九区区委。1955年8月，新第九区区委改称栖霞区委，第八区区委改称燕子矶区委。1956年4月,栖霞、燕子矶和中山陵园区分别召开党代表大会,设常务委员会。1958年11月5日,中共栖霞、燕子矶和中山陵园区委撤销,成立各人民公社党委,隶属中共南京市郊区委员会(简称“郊委”)。1960年9月,中共南京市郊委撤销,十月公社、龙潭公社党委划归玄武区委,燕子矶公社党委划归鼓楼区委,八卦洲公社党委划归下关区委。1962年7月,中共南京市委成立中共南京市郊区工作委员会(简称“工委”),各公社、镇党组织划归市郊区工委领导。1963年4月,重新成立中共栖霞区委、中山陵园区委和燕子矶区委。1965年5月,燕子矶、栖霞、中山陵园三区合并为栖霞区,建立中共南京市栖霞区委员会。1967年初,“造反派”非法夺权,中共栖霞区委陷入瘫痪状态。是年4月4日,南京市军管会决定对栖霞区实行军管,成立南京市军管会栖霞分会,取代区委。1968年3月9日,成立南京市栖霞区革委会,实行党政“一元化”领导,党务工作由区革委会政工组负责。1969年3月,成立区革委会党的核心领导小组,代行区委职权。1971年6月,栖霞区召开第一次党代会,选举产生中共栖霞区第一届委员会。区委成立后,仍由革委会政工组处理区委日常工作。1973年5月,区革委会政工组撤销,恢复区委办公室、组织部、宣传部等工作部门。1975年4月,钟山区委撤销,所辖公社、镇党委复归栖霞区委领导。

1949—1971年栖霞地区中共区级组织负责人更迭情况表

表11-1

组织名称	职 务	姓名和任职时间
中共第九区工(区)委	书 记	时 进(1949.6—1950.6)
中共第十区工(区)委	书 记	王 贵(1949.6—1950.6)
	副书记	阎克敏(1949.11—1950.6)
中共第八区(原第九区)委	书 记	时 进(1950.6—1951.9)
	副书记	阎克敏(1950.6—1951.9)
	书 记	阎克敏(1951.9—1953.8)
	副书记	薛希贤(1951.10—1953.10)
	书 记	李 钧(1953.8—1954.2)
		陈桂吾(1954.2—1955.8)
	副书记	鞠京海(1954.2—1955.7)

续表

组织名称	职　务	姓名和任职时间
中共中山陵园区(原第十区)委	书　记	王　贵(1950.6—1952.10)
	副书记	高艺林(1950.10—1952.10)
	书　记	高艺林(1952.10—1953.7)
	副书记	谢从周(1952.10—1953.7)
	书　记	谢从周(1953.7—1956.3)
	副书记	顾兴华(1954.2—1956.3)
	书　记	顾兴华(1956.4—1957.9)
	副书记	刘洪祥(1956.3—1957.9)
		赵　光(1956.3—1958.2)
	书　记	谢从周(1957.9—1958.3)
		李烈炎(1958.3—1958.10)
	副书记	谢从周(1958.3—1958.10)
		时　英(女,1958.3—1958.10)
中共新第九区委	书　记	赵　鼎(1953.7—1953.9)
	副书记	李玉华(1953.7—1953.9)
		邓彩凤(1953.7—1955.7)
	书　记	李玉华(1953.9—1955.7)
	副书记	张宗福(1955.3—1955.7)
中共燕子矶区(原第八区)委	书　记	陈桂吾(1955.8—1956.3)
	副书记	鞠京海(1955.8—1956.3)
	书　记	鞠京海(1956.4—1957.9)
	副书记	张宗福(1956.4—1958.3)
		赵风三(1956.4—1957.10)
		李玉山(1956.8—1958.7)
	书　记	李　钧(1957.10—1958.3)
		姚子健(1958.3—1958.10)
中共栖霞区(原新第九区)委	书　记	李玉华(1955.8—1956.4)
	副书记	邓彩凤(1955.7—1956.4)
		张宗福(1955.7—1956.4)
	书　记	周　光(1956.4—1957.9)
	副书记	丁明秀(1956.4—1958.4)
	书　记	曹惠波(1957.9—1958.3)
	副书记	鞠京海(1957.9—1958.10)
		周　光(1957.9—1958.3)
	书　记	徐想起(1958.3—1958.10)
	副书记	李　钧(1958.3—1958.10)
		曹惠波(1958.3—1958.10)

续表

组织名称	职　务	姓名和任职时间
中共燕子矶区委	书　记	施锡九(1963.4—1965.5)
	副书记	周　云(1963.4—1965.5)
中共中山陵园区委	书　记	顾兴华(1963.4—1965.5)
	副书记	赵　光(1963.4—1965.5)
中共栖霞区委	书　记	薛　斌(1963.4—1965.5)
	副书记	徐　君(1963.4—1965.4)
		李宗文(1963.4—1965.4)
	书　记	陈　仲(1965.5—1969.3)
	副书记	周　强(196.5—)
		赵　光(1965.5—)
		李宗文(1965.5—)
栖霞区革委会党的核心小组	组　长	杨树华(1969.3—1971.6)
	副组长	刘景富(1969.3—1971.6)

1971—1999 年中共栖霞区委负责人更迭情况表

表 11－2

职　务	姓名和任职时间	职　务	姓名和任职时间
书　记	杨树华(1971.6—1972.8)	书　记	沈培根(1987.3—1990.1)
副书记	万家才(1971.6—1975.2)	副书记	苏学林(1987.9—1998.11)
书　记	周　强(1972.8—1980.8)	书　记	朱广林(1990.1—1992.11)
副书记	魏静波(1972.8—1975.2)	副书记	黄玉兰(女,1990.7—1999.8)
	宋永年(1975.2—1976.2)	书　记	俞　新(1992.11—1995.10)
	万载友(1978.12—1983.11)		徐克勤(1995.10—1996.4)
	曹庆和(1978.12—1983.12)		张良礼(1996.4—1997.11)
书　记	吕建华(1980.8—1981.8)		梁学忠(1997.11—)
	朱德明(1981.8—1987.3)	副书记	张宁生(1997.11—)
副书记	周　倬(1981.8—1983.4)		袁文荣(1997.12—)
	江宝昌(1983.11—1989.1)		袁仁宝(1997.12—1999.5)
	陈在勤(女,1983.11—1987.9)		戴康础(1998.11—)
	陈开源(1985.3—1992.11)		

【中共钟山区委】

1970 年 1 月,栖霞区所辖紫金山、马群、玄武湖 3 个公社和孝陵卫镇划出,建立南京市钟山区。是年 3 月,成立钟山区革委会党的核心领导小组,代行区委职权。1971年6月，钟山区召开第一次党代会，选举产生中共钟山区第一届委员会。中共钟山区委日常工作由区划委会政工组办理。1971年5月，撤销政工组，设立区委办公室、组织部、宣传部等工作部门。1975年4月，钟山区委撤销，所辖公社、镇党委复归栖霞区领导。

1970—1975年中共钟山区委负责人更迭情况表

表11－3

组织名称	职　务	姓名和任职时间
钟山区革委会党的核心小组	组　长	程万里(1970.3—1971.1)
		马大声(1971.1—1971.6)
	副组长	史耀琴(1970.3—1971.6)
中共钟山区委	书　记	马大声(1971.6—1975.2)
	副书记	史耀琴(1971.6—1975.2)
		郑云昌(1971.6—1975.2)
		鞠京海(1974.8—1975.4)

【基层党组织】

乡镇(公社)党组织　1965年5月前，分为栖霞、燕子矶、中山陵园三区；1965年5月，三区合并为栖霞区；1970年1月，栖霞区分为栖霞、钟山二区，直至1975年4月，再次合并为栖霞区。

栖霞区乡镇(公社)党组织　1953年7月，新第九区(栖霞区)辖3镇5乡。除龙潭镇建立党委外，其余2镇5乡均建立党支部。1956年2月，增划2个乡归栖霞区，分别建立党支部，同年4月，2个乡党支部撤销。1958年11月至1963年4月，中共栖霞区委撤销，3镇5乡合并为2个公社，分别成立党委，先后划归中共南京市郊委、玄武区委和南京市郊区工委领导。1963年4月，恢复中共栖霞区委，辖9个公社党总支和1个公社党委、3个镇党委。1964年4月，2个公社党总支撤销。

燕子矶区乡镇(公社)党组织　1953年10月，第八区(燕子矶区)辖14个乡，分别建立党支部。1956年2月，2个镇和3个乡分别建立党总支。1958年5月，2个镇分别建立党委。1958年11月至1963年4月，中共燕子矶区委撤销，15个乡镇除2个镇、1个乡划归下关区外，其余各乡合并为3个公社，分别成立党委，先后划归中共南京市郊委、中共下关区委、中共鼓楼区委和中共南京市郊区工委领导。1963 年 4 月，中共燕子矶区委恢复，辖 12 个公社党总支和 3 个镇党委。1965 年 5 月，燕子矶区委撤销，所辖公社党总支和镇党委划归栖霞区委领导。

中山陵园区乡镇（公社）党组织　1950 年 7 月，孝陵卫镇成立联合党支部。1954 年，所辖 6 个乡分别建立党支部。1955 年底，增划 3 个乡党支部归中山陵园区区委领导。1956 年 8 月，9 乡 1 镇合并为 5 乡 1 镇，4 乡党支部撤销。1958 年 5 月，1 镇改建党委。1958 年 11 月至 1963 年 4 月，中共中山陵园区委撤销，5 乡 1 镇合并成立公社，同时建立党委，先后划归中共南京市郊委、中共玄武区委和中共南京市郊区工委领导。1963 年 4 月，中共中山陵园区委恢复，辖 10 个公社党总支和 1 个镇党委。1965 年 5 月，中山陵园区委撤销，4 个公社划归雨花台区，其余公社、镇划归栖霞区，党总支、党委隶属关系亦相应变动。

三区合并后栖霞区乡镇（公社）党组织　1965 年 5 月，合并后栖霞区，成立中共栖霞区委，辖 6 个镇党委和 10 个公社党委。1967 年春，“造反派”非法夺权，各公社、镇党组织瘫痪。1970 年 1 月，1 个镇和 3 个公社划入钟山区，其余 7 个公社和 5 个镇相继建立党委。

钟山区乡镇（公社）党组织　1970 年 8 月，钟山区辖 3 个公社相继建立党委。1972 年 4 月，1 个镇建立党委。1975 年 4 月，钟山区委撤销，3 个公社党委和 1 个镇党委复归栖霞区委领导。

与钟山区合并后栖霞区乡镇（公社）党组织　1975 年 4 月，合并后的中共栖霞区委辖 14 个公社、镇党委，6 个党总支，246 个党支部。1981 年 12 月，中共栖霞区委辖 9 个人民公社党委和 7 个镇党委。1983 年 4 月，十月公社划归栖霞镇，同年 9 月，其余 8 个公社撤社建乡，分别建立党委。1987 年 5 月，长江、营防、花园 3 乡党委划归栖霞区委，至此，中共栖霞区委辖 11 个乡党委和 7 个镇党委。1993 年 10 月，实行镇管村体制，撤销 8 个乡党委，同时新建 3 个镇党委，区委辖 10 个镇党委和 3 个乡党委。1995 年，3 个镇党委划出。1999 年末，中共栖霞区委辖龙潭、摄山、栖霞、尧化、马群、迈皋桥、燕子矶 7 个镇党委和长江、营防、八卦洲 3 个乡党委。

机关党组（委）　1956 年 9 月，分别建立栖霞区、燕子矶区、中山陵园区人民委员会党组，1958 年 3 月撤销。1976 年 12 月，建立中国人民解放军栖霞区人民武装部党支部。1978 年 4 月，建立中共栖霞区人民武装部委员会，1981 年 3 月后，陆续建立区政府、人大、政协、法院、检察院、政法委党组。1981 年 10 月，撤销区政法委党组。1999 年 5 月 21 日，建立区工商分局党组。1999 年末，栖霞区委辖区人武部党委和区政府、人大、政协、法院、检察院、工商分局 6 个党组。

部门党(工)委　1978 年 4 月，区工交、财贸、文教三个系统成立党委，1984 年 6 月撤销，同时成立区计经委、商业局、教育局党委和区城建局、粮食局、卫生局党总支。1985 年 11 月，区城建局、粮食局、卫生局党总支改党委，同时建立交通局党委。1988 年 11 月，区计经委、商业局、城建局、交通局、粮食局、卫生局党委撤销，党组织移交给驻乡镇党委管理。1989 年 1 月和 5 月，分两批共 49 个驻区市属企事业单位 30 个党委、9 个党总支、10 个党支部，划归中共栖霞区委领导、区委成立组织员办公室和直属工委。1991 年 3 月，区委属地领导的 49 个市属企事业单位党组织交由原系统领导，区委直属工委撤销。1992 年 2 月，区计经委、城建局、交通局、商业局、粮食局、卫生局和教育局成立党工委，同时撤销区教育局党委。1992 年 4 月，区工业局成立党工委，同时撤销区计经委党工委。1992 年 8 月，撤销区机关党委，成立区机关党工委。1994 年 11 月，区市容委和房产局成立党工委。1995 年 10 月，区粮食局党工委转至市粮食局党委。1997 年 12 月，撤销区工业公司党工委，成立党委。1999 年 10 月，撤销南京栖霞建设(集团)公司党总支，成立党委。1999 年 12 月，中共栖霞区委辖栖霞建设(集团)公司党委和区级机关、教委、卫生局、建设局、交通局、市容局、房产局、商业局 8 个党工委。

第二章　党代表大会

1956 年 4 月，中共栖霞区委、燕子矶区委、中山陵园区委分别召开第一次党代会。1958 年 11 月，三区区委撤销。1963 年 4 月，三区区委恢复，至 1965 年 5 月三区合并，未召开党代会。1970 年 1 月，栖霞区与钟山区分设，并于次年 6 月，分别召开第一次党代会。1975 年 4 月，栖霞区与钟山区合并后，党代会开始按党章规定届时召开。至 1999 年，栖霞区共召开 7 次党代会。

【栖霞、燕子矶、中山陵园三区分设时召开的党代会】

1956 年 4 月 16—18 日和 19—20 日，栖霞区、燕子矶区、中山陵园区分别召开第一次党代会，听取、审议区委工作报告，选举各区第一届区委、区监察委员会和出席中共南京市第一次代表大会代表。

【栖霞、钟山两区分设时召开的党代会】

1971年6月17—19日和19—21日，钟山区、栖霞区分别召开第一次党代会，听取、审议区革委会党的核心领导小组作的工作报告，选举中共钟山区委员会和中共栖霞区第一届委员会。

【合并后栖霞区召开的党代会】

1978年—1999年，先后召开6次党代会。1978年12月24—26日，召开第二次党代会，听取、审议区委书记周强作《坚持党的十一大路线，把我区建成社会主义现代化工业城市新郊区，为提前实现新时期的总任务而奋斗》的工作报告，选举中共栖霞区第二届委员会。1984年8月22—25日，召开第三次党代会，听取、审议区委书记朱德明代表区委作《继续解放思想，勇于改革创新，进一步开创全区工作新局面》的工作报告，选举中共栖霞区第三届委员会、中共栖霞区纪律检查委员会和出席中共南京市第八次代表大会代表。1987年9月22—25日，召开第四次党代会，听取、审议区委书记沈培根作《改革创新、团结奋进，为建设文明富裕城乡一体化的新栖霞而奋斗》的工作报告、区纪委书记陈士全作的工作报告，选举中共栖霞区第四届委员会和中共栖霞区纪律检查委员会。1990年9月12—15日，召开第五次党代会，听取、审议区委书记朱广林作《为进一步振兴和发展栖霞而团结奋斗》的工作报告、区纪委书记王竞成作的工作报告，选举中共栖霞区第五届委员会和中共栖霞区纪律检查委员会。1994年7月20—22，召开第六次党代会，听取、审议区委书记俞新作《高奏改革发展主旋律，迎着新世纪曙光奋勇前进》的工作报告、区纪委书记戴康础作的工作报告，选举中共栖霞区第六届委员会和中共栖霞区纪律检查委员会。1999年8月13—15日，召开第七次党代会，听取、审议区委书记梁学忠作《团结一致，克难攻坚，为加快实现现代化江滨新区的宏伟目标而努力奋斗》的工作报告、区纪委书记侯成新作的工作报告，选举中共栖霞区第七届委员会和中共栖霞区纪律检查委员会。

第三章　党　　务

中共栖霞区委及其工作部门，根据上级党组织和形势任务要求，适时开展组织建设、宣传教育、纪律检查、统一战线等工作，以保障党的路线方针政策的贯彻，促进地区经济和社会事业健康协调发展。1965 年前，区划调整频繁，归属多变，资料严重缺失，区委党务从 1965 年三区合并后记述。

【组织建设】

党员队伍　1965 年，着重在生产大队、工厂车间和文教卫生部门发展党员。1971 年后，重点培养和发展生产第一线青年入党。1985 年，专门制发吸收优秀知识分子入党的工作意见，解决优秀知识分子"入党难"问题。1988 年，根据"坚持标准、保证质量、改善结构、慎重发展"的方针，发展党员。1999 年，全区有基层党委 12 个、总支部 15 个、支部 432 个、党小组 794 个。有中共党员 9172 人。其中，正式党员 8911 人，女党员 1468 人，35 岁以下青年党员 1418 人，1976 年以后入党的党员 5222 人，大专以上学历的党员 1579 人，工人、农民和机关干部党员分别为 350 人、2898 人和 1136 人。

干部考察任免　1979 年前，区管干部任免由所在单位向区委请示，经区委研究任免。1979 年 3 月，区管干部任免人选由区委各部委提出意见，经区委组织部汇总，报区委常委会讨论决定。1981 年 5 月，区政府各办公室、委员会主任，局（科）长等正职干部由区长提请区人大常委会决定任免，报市政府批准；副职干部由区长提请区政府常务会议决定。1986 年，按照中共中央规定，干部的选拔任用必须经民主推荐、组织考察、党委集体讨论等程序。1995 年，区委规定选拔任用干部必须经民主推荐、组织考察、集体酝酿、讨论决定等程序。同时，还引入民意测验、民主评议、约定谈话等考察方法。1998 年，区委制订干部任前公示制度、干部离任经济责任审计办法等。1998 年 6 月，区委设定 5 个副处级职位面向全市公开选聘。经过报名、资格初审、笔试、面试、体检、考核、综合评定等程序，报名 125 人，正式聘用 4 人。

干部审查　南京解放初期至"文化大革命"结束，重点审查混入干部队伍中的敌对分子、坏分子和违法违纪者。"文化大革命"后，主要审查"文化大革命"期间严重违法违纪的干部，并落实党的干部政策，平反冤、假、错案。经过复查，受到处理的169名党员中，恢复党籍25人、改变定性33人、维持原结论28人、重新作结论38人；有违纪问题的400人中，恢复党籍6人，修改结论、减轻处分10人，撤销处分13人，维持原议285人。中共十一届三中全会后，主要审查干部在党风廉政建设中的违法违纪案件，至1999年12月，全区共有464名干部受到党纪和政纪处分，其中，被开除党籍81人。

整党整风　1950年下半年起，中共第八区、中山陵园区委围绕中心任务，进行两次整风运动。1957年底，在整风运动中开展反右派斗争。1961年，组织开展以"反'一平二调'共产风、强迫命令风、浮夸风、干部特殊化风和瞎指挥风"为主要内容的整风整社运动。1968年9月，按照江苏省革委会部署，区革委会组织区机关干部进行"斗、批、改"，参加农业劳动，接受"再教育"。1985年3月至1986年11月，按照"统一思想、整顿作风、加强纪律、纯洁组织"要求，分三批进行整党。全区26个党委、494个党支部、8487名党员参加。

【宣传教育】

党员教育　新中国成立初，结合"土地改革""抗美援朝""三反、五反"和农村互助合作运动，在党员中开展宣传教育活动。1958年后，学习有关社会主义总路线、"大跃进"和人民公社等方面文件，进行共产主义理想信念的教育。"文化大革命"时期，主要是对党员进行阶级斗争和党内"路线斗争"方面的教育宣传，开展"大鸣、大放、大辩论"。改革开放后，区委围绕"拨乱反正""改革开放""解放思想"三大主题，组织党员进行解放思想大讨论。1979年9月，组织党员参加真理标准问题的学习和讨论。随后，围绕学习、宣传社会主义商品经济理论，对全区党员进行轮训。1987年5月，围绕"新时期共产党员应当具有什么样的形象"主题举办区管领导干部轮训班，同时进行马克思主义基本理论、党的基本路线、党的基本知识和"九年巨变话改革""旗帜鲜明地反对动乱"等宣传教育。1992年，组织党员干部学习邓小平视察南方谈话、《邓小平同志建设有中国特色社会主义理论学习纲要》《邓小平文选》第三卷和《中共中央关于加强党的建设几个重大问题》等，提高党员干部思想觉悟和政策水平。1995—1997年，组织党员学建设有中国特色社会主义理论、学党章，开展"先锋队工程""向孔繁森同志学习、为党旗增光彩""迎香港回归祖国"主题教育活动。1997年，区委以中共十五大精神为指导，在党员干部中开展解放思想大讨论。1998年，组织党员干部学习江泽民重要讲话、《讲学习讲政治讲正气教育读本》和《中共中央关于加强和改进思想政治工作的若干意见》。1999年，在党员中开展"闪光的标志"系列活动，"学理论、守纪律、顾大局、促发展"的民主集中制主题教育活动和"学理论、学文化、学技术、学政策法规，促进企业发展"主题活动。

党校建设　1973年5月，设中共栖霞区委党训班。1978年4月，撤销区党训班，成立中共栖霞区委党校。区委党校根据区委不同阶段的工作中心，对全区党员干部分期分批进行轮训和培训。1986—1999年，举办轮训班和培训班65期，参训党员干部3762人次。1984年起，栖霞区创办乡镇（系统）基层党校。至1999年，举办各类培训班620多期，培训党员干部和中青年骨干3.19万人次。

党史编纂　1995年10月，着手进行党史资料征集和编纂工作，走访100多人次，发信函100封，召开座谈会4次，制作资料卡片1467条，整理资料100万字，征集照片60张。1997年至1999年，先后编辑完成《从粗放走向集约》《中国共产党南京市栖霞区历史大事记》《栖霞红枫（人物篇）》等党史资料。

【纪检监察】

案件查处　1951年，在"三反、五反"运动中，第八区、中山陵园区有205名党员受到查处。1956年，栖霞、燕子矶、中山陵园开展审干肃反，对混入党内的反革命分子、阶级异己分子、蜕化变质分子，予以开除；对隐瞒历史上重大政治问题和一般政治问题的党员分别给以相应处分。"文化大革命"期间，受"左"的思想影响，以扩大化、绝对化的阶级斗争观点处理党员违纪案件，受处分的党员计147人。1978年12月至1984年7月，对党员干部违纪行为进行查处，立案88件，对77名党员干部做出党纪处分。1984年8月至1987年7月，全区有95名违纪党员受到党纪处分。1987年8月至1990年7月，全区立案查处党员违纪案件88件，有83名党员受到党政纪处分。1990年8月至1994年7月，全区处理群众来信来访563件次，立案查处违反党纪、政纪案件88件，处分党员72人。1994年8月至1999年12月，区纪委受理信访、电话举报842件（次），立案查处违法违纪案件121件，处分党员、干部113人次（含双重处分4人）。

甄别复议 1979年,区委对被定为“右派分子”的党员进行甄别,先后为57名被错划的“右派分子”平反,恢复其政治名誉和工资待遇;对“文化大革命”期间受党纪处分的147名党员进行复查过滤,维持原处分不变的117名,改变原处分的4名,撤销原处分的26名。

专项治理与监察 1984年7月至1985年4月,清理纠正党员、干部长期拖欠公款问题,收缴党员、干部和乡镇企业职工延宕公款53.6万元。1992年,区纪委参与剖析亏损企业专项行动。协助企业主管部门调整企业领导班子12个,查处违纪案件5起,处分党员6人,挽回经济损失3.89万元;协助企业收回往来货款41.4万元,党政干部、职工宕欠公款108万元;取消12个部门统一着装,收回个人应付服装费3.9万元。1994年9月至1996年12月,对省、市、区重点工程的拆迁安置进行跟踪监察,涉及拆迁房面积1.5万平方米,查出“空挂房”450个、面积1350平方米,拆除违章建筑4500平方米,避免经济损失1500万元。1997年3月至1998年7月,组织公费通信工具专项检查。清理公费住宅电话198部,收缴折价过户费7.2万元;清理公费手机165部,收缴折价款12.6万元,清理公费购置寻呼机361部,上交9部,折价过户352部,收缴折价款3.46万元。1999年,组织通信工具话费报支专项检查,补交违规报支通话费2.9万元。

【统战工作】

涉台宣传 1986年,组建对台宣传报道队伍,5人被江苏“金陵之声”广播电台聘为特邀通讯员,77篇涉台宣传稿件被《人民日报》《团结报》《联合时报》、江苏“金陵之声”广播电台、《南京日报》采用。1987年,吕佐兵《钟灵毓秀美栖霞》一文,在“金陵之声”广播电台向台湾地区播出。1995年1月30日,区委统战部组织20多名台湾同胞、香港同胞、澳门同胞、海外侨胞眷属座谈江泽民对台重要讲话。同年,区委统战部与江苏“金陵之声”广播电台联合举办“栖霞杯”外向型经济新闻有奖征文竞赛活动。1997年,香港回归,区委统战部会同宣传部、区文化广播电视局开展“迎香港回归”人物专访,并组织区台联会员参加“迎香港回归”座谈会。1999年,举办小学生迎澳门回归绘画接力赛。

招商引资 1984年始,区委统战部发动“三胞”眷属邀请海外、境外亲友回乡考察、探亲、洽谈项目,支援家乡建设。每年在南京市金秋经贸洽谈会上，牵线搭桥，促成栖霞建设集团与台、港商洽谈，落实兴隆、东方花园等12个城建开发项目，引进资金4752万美元。至1999年，区委统战部为全区各乡镇、街道联系介绍客商600多人次，牵线搭桥确定项目70多个。

民族宗教工作　1992年，组建区宗教工作领导小组，建立区、乡镇（街道）、村（居）三级宗教工作网络，实行宗教活动堂点属地化管理。1995年后，区委统战部通过堂点负责人例会、走访、座谈，宣传《宗教活动场所管理条例》和《宗教活动场所登记办法》，要求宗教信徒自觉服从政府管理，鼓励他们多做好事、多做善事，积极投身社会主义物质文明和精神文明建设。1996年12月，召开全区宗教活动场所登记颁证大会。1994—1999年，对堂点负责人和传道人进行培训，并选派50余名教职人员参加南京市基督教协会、南京市基督教“三自”爱国委员会、金陵神学院的培训。督促各堂点建立堂点管理、教务、财务、接待、安全保卫5项制度，评选文明堂点17个，推荐市级文明堂点1个。

统战政策落实　1981年3月至6月，开展小商、小贩、小手工业者区别认定工作。从全区228名工商业者中，区别出小商、小贩、小手工业者和其他劳动者222人，6名未予认定的原工商业者，除4人已死亡外，其余2人都做出适当的安排。是年，落实对国民党起义投诚人员政策，认定起义、投诚人员59人，对因追究历史问题受到刑事、行政处分的人员全部予以平反，办理“农转非”户口，恢复工作，或发给生活费。1987年底，集中落实有关统战政策，为59名起义、投诚人员补发起义、投诚人员证明书；为7名起义投诚人员和4名台属平反，并为其受株连的家属子女办理19户、85人“农转非”；清退74户在“文化大革命”中被查抄的财物，发还原物4件，作价退款6348.15元；为无党派政协委员3人、起义投诚人员3人、原工商业者24人安置工作，其中，为起义投诚人员1人、台属2人、原工商业者24人补发工资，计24596元；归还房产计434平方米。

【社会治安综合治理】

1986年初，区委将社会治安综合治理（简称“综治”）工作纳入区国民经济和社会发展十项奋斗目标，在千分考核中占100分。1990年，把综治工作纳入区“八五”规划和1991年奋斗目标，在评比中，具有“一票否决权”。1999年开始，将综治工作纳入社会主义精神文明建设千分考核，年终奖惩兑现。

联合调解 1984—1990年,区内镇乡、单位组成7个联合调解委员会,钝化矛盾,调解纠纷。

创建安全文明小区 1995年,开展创建安全文明小区活动。1997年,创建"公寓式、开放式、园林式"治安小区。1998年,创建活动延伸到全区"五小"企业和"三资"企业,开展创建安全文明一条街、安全文明农贸市场活动。至1999年,全区累计创建安全文明小区52个、安全文明村83个、安全文明单位95个、文明一条街1个、安全文明农贸市场2个。

案件督查 1984年,由区委政法委牵头,召集公、检、法负责人会议,对案件进行分析研究,形成会议纪要,作为办案指导意见。1998年5月,制发《关于加强执法监督工作的规定》,成立案件督查协调科,专门负责此项工作。1999年8月,区委政法委组织公、检、法、司各部门对区看守所执法工作情况进行检查。1999年9月,区委政法委介入仙林农牧场179名居民因征地拆迁劳力安置补偿等事由诉南京师范大学案,多次组织区公安分局、法院及当事人代表座谈、协调,最终经区法院调解,双方达成和解协议,避免事态扩大。

【农村工作】

土地承包 1982年,区委农办开展土地承包试点,承包期15年,1983年,在全区9个乡镇、717个生产队推开,涉及农户2.79万户、13.65万人。1997年,按照"大稳定、小调整"和"因地制宜、分类指导"原则,开展延长承包期第二轮土地承包工作,1998年,全区稳定不动耕地10.59万亩,调整土地3.97万亩,流转土地0.11万亩,颁发"集体土地承包经营权证书"36044份。

农村集体资产管理 1998年,区委农工部实施农村集体资产监督管理。镇乡管理的集体资金,一律单独建账,专户存储。镇乡企业改制回收资金由镇乡集体资产管理办公室统一收取,专户存储;村级企业改制回收资金实行村有乡管、分级核算。镇乡使用企业改制回收资金,需提出申请,报区委农工部农村集体资产管理办公室审批。农村集体资产产权转让所得及承包租赁收益,按方案、协议或合同及时足额收取;留给企业使用的集体收益,要作为集体权益核算;用于借款的,要完善手续,由镇乡集体资产管理办公室与用款单位签订用款协议,按规定收取利息。1999年,全区农村集体资金79823万元,乡镇企业改制置换资产回收资金1905.55万元。

第十二编　人大　政府　政协

新中国成立初，先后成立第九区、第十区人民政府。1952年1月，第八区（原第九区，后又改称燕子矶区）、中山陵园区（原第十区）以各界人民代表会议代行人民代表大会部分权力。1953年7月，成立新第九区（后改称栖霞区）。1954年6月，三区召开人民代表大会，选举产生区人民政府（曾改称区人民委员会，简称“人委”）。1965年5月，三区合并为栖霞区后，区人民代表大会制度实现一体。1966年，“文化大革命”开始，区人民代表大会制度一度中断，区人委先后为区军事管制委员会（简称“军管会”）、区革命委员会（简称“革委会”）所取代，实行党政“一元化”领导。1978年12月，重新恢复区人民代表大会制度。1980年10月，区革委会取消，区人民政府重新行使行政管理职能，同时，区人民代表大会设立常务委员会（简称“人大常委会”），在区人代会闭会期间行使地区权力机关职能。1984年，中国人民政治协商会议栖霞区委员会（简称“区政协”）成立。进入90年代，全区形成以中共栖霞区委为领导核心，由区人民代表大会及其常委会依法实施民主监督和法律监督、区人民政府实施政务、区政协实施民主协商的政治体制。

第一章　区人民代表大会

1952年1月，第八区、中山陵园区分别召开各界人民代表会议，代行人民代表大会职权。1954年6月，第八区、第九区、中山陵园区分别召开第一届人民代表大会第一次会议，栖霞地区地方国家权力机关正式成立。1965年5月，三区合并为栖霞区，区人民代表大会制度实现一体并延续至今。区第九届人民代表大会开始，设常务委员会，每届任期三年，自第十三届人民代表大会始，每届任期改为五年。人民代表大会作为地方国家权力机关，按照宪法和法律赋予的职权，对区人民政府、区人民法院、区人民检察院实施法律监督和工作监督，审查批准全区国民经济和社会发展计划以及财政预算，选举出席南京市人民代表大会的代表，选举产生新一届区人大常委会组成人员、区政府正副区长、区法院院长、区检察院检察长，讨论、决定栖霞行政区域内政治、经济、教育、科技、文化、卫生等重大工作事项。1989 年 8 月，区内各镇乡设人大主席团。至 1999 年底，先后召开十四届区人民代表大会。

【区各界人民代表会议】

1952 年 1 月 8—9 日和 12—13 日，第八区和中山陵园区分别召开第一届各界人民代表会议，听取、审议区政府工作报告。第八区各界人民代表会议，通过《关于“提案审查组提案审查报告”的决议》《关于增加生产的决议》《关于反对贪污、反对浪费、反对官僚主义的决议》；中山陵园区各界人民代表会议选举产生区政治协商委员会，通过《南京市中山陵园区第一届第一次各界人民代表会议决议》。1952 年 8 月至 1953 年 3 月，两区先后召开一届二次、一届三次各界人民代表会议。1954 年 6 月，两区召开区人民代表大会后，区各界人民代表会议终结。

【历届区人民代表大会】

第一届 1954 年 6 月下旬，第九区、第八区、中山陵园区分别召开一届人大一次会议，听取、审议区政府工作报告，选举产生出席南京市第一届人民代表大会代表。1954 年底，三区分别召开一届人大二次会议，听取、审议区政府工作报告。1955 年 5 月下旬，三区分别召开一届人大四次会议，听取、审议区政府工作报告，选举区长、副区长，区人民法院院长。

第二届 1956 年 11 月下旬，栖霞区、燕子矶区、中山陵园区分别召开二届人大一次会议，听取、审议区人委工作报告和区人民法院工作报告，选举区人委委员、区长、副区长以及出席南京市第二届人民代表大会的代表，选举区人民法院院长。1957 年 11 月，栖霞区召开二届人大二次会议，改选区人民委员会，选举区长、副区长。

第三届 1958 年 4 月和 5 月，燕子矶区、中山陵园区和栖霞区先后召开三届人大一次会议，听取、审议区人委工作报告和区人民法院工作报告，选举区长、副区长，区人民法院院长和出席南京市第三届人民代表大会代表。

第四届 1958 年 11 月，南京市撤销燕子矶、栖霞、中山陵园建制，成立南京市郊区人民委员会,至1963年4月三区建制恢复,均未召开过人民代表大会,按时序应为第四届区人民代表大会。

第五届 1963年11月,栖霞区、燕子矶区、中山陵园区建制恢复,分别召开五届人大一次会议,听取、审议区人委工作报告和区人民法院工作报告,选举区长、副区长,区人民法院院长和出席南京市第五届人民代表大会代表。

第六届 1965年5月,燕子矶、中山陵园、栖霞三区合并为栖霞区,11月15—20日,召开六届人大一次会议,听取、审议区人委工作报告和区人民法院工作报告,选举区长、副区长和区人民法院院长。

第七届 1966年5月至1976年10月"文化大革命"期间,区人民代表大会制度中断。1968年3月,成立区革委会。根据1977年10月中共中央召开的各省、自治区、直辖市组织部长和统战部长会议确定的原则,1968年成立的区革委会应作为一届人民代表大会,按时序应为第七届人民代表大会。

第八届 1978年12月27—29日,召开八届人大一次会议,听取、审议区革委会《解放思想,加快速度,为把我区建成社会主义现代化工业城市的新郊区而奋斗》工作报告,选举区革委会委员、主任、副主任,区人民法院院长,区人民检察院检察长和出席南京市第八届人民代表大会代表。

第九届 1980年10月11—17日,召开九届人大一次会议,听取、审议区革委会工作报告,区人民法院和区人民检察院工作报告,选举区第九届人民代表大会常务委员会委员、主任、副主任,区人民政府区长、副区长,区人民法院院长,区人民检察院检察长和出席南京市第九届人民代表大会代表。自此,区人民代表大会开始设立常务委员会,并结束区革委会工作。

第十届 1984年5月23—28日,召开十届人大一次会议,听取、审议区人大常委会工作报告和区政府工作报告,听取、审议区人民法院和区人民检察院工作报告,选举第十届人大常委会委员、主任、副主任,区长、副区长,区人民法院院长和区人民检察院检察长。

第十一届 1987年4月21—25日,召开十一届人大一次会议,听取、审议区政府工作报告、区1986年财政预算执行情况和1987年财政预算(草案)的报告、区人大常委会工作报告、区人民法院工作报告、区人民检察院工作报告,选举区第十一届人大常委会委员、主任、副主任,区长、副区长,区人民法院院长和区人民检察院检察长。

第十二届 1990 年 5 月 8—12 日，召开十二届人大一次会议，听取、审议区政府工作报告、区 1989 年财政预算执行情况和 1990 年财政预算（草案）的报告、区人大常委会工作报告、区人民法院工作报告、区人民检察院工作报告，选举区第十二届人大常委会委员、主任、副主任，区长、副区长，区人民法院院长和区人民检察院检察长。至 1993 年 2 月，区十二届人大共召开 3 次全体代表会议、17 次常务委员会会议。

第十三届 1993 年 2 月 12—16 日，召开十三届人大一次会议，听取、审议区政府工作报告、区人大常委会工作报告、区 1992 年财政预算执行情况和 1993 年财政预算（草案）的报告、区人民法院工作报告、区人民检察院工作报告，审查和批准区 20 世纪末经济发展规划纲要，选举区第十三届人大常委会委员、主任、副主任，区长、副区长，区人民法院院长和区人民检察院检察长。至 1998 年 1 月，区十三届人大共召开 5 次全体代表会议、34 次常委会会议。

第十四届 1998 年 1 月 5—8 日，召开十四届人大一次会议，听取、审议政府工作报告、区人大常委会工作报告、区 1997 年财政预算执行情况和 1998 年财政预算（草案）的报告、区人民法院工作报告、区人民检察院工作报告，选举区第十四届人大常委会委员、主任、副主任，区长、副区长，区人民法院院长和区人民检察院检察长。

【区人大常委会】

1980 年 10 月 11－17 日，区第九届人民代表大会第一次会议根据全国人大 1979 年修改的地方组织法规定，设立区人大常委会，作为区人民代表大会的常设机关，在区人民代表大会闭会期间依法行使地方国家权力机关职权。区人大常委会由主任 1 人、副主任若干人、委员若干人组成，下设办公室。区十一届人大常委和区十二届人大常委会下设办公室、教科文卫工作委员会、财政经济工作委员会、城乡建设工作委员会、法制工作委员会，为区人常委会及其常委会服务。区十三届人大常委会增设内务工作委员会。1998 年 1 月，区十四届人大常委会，增设人事代表工作委员会；教科文卫工作委员会更名为社会事业工作委员会；取消城乡建设工作委员会，并入财政经济工作委员会；法制工作委员会与内务工作委员会合并，更名为内务司法工作委员会。

栖霞区第九届至第十四届人大常委会主任、副主任更迭情况表

表 12－1

届次	职　务	姓名和任职时间	届次	职　务	姓名和任职时间
第九届	主　任	万载友(1980.10—1984.5)	第十二届	主　任	朱广林(1990.5—1992.11)
	副主任	李凤华(1980.10—1984.5)		副主任	杜述孔(1990.5—1993.2)
		潘习桂(1980.10—1984.5)			吴德生(1990.5—1993.2)
		高子东(1982.2—1984.5)			傅慰龄(1990.5—1993.2)
		赵发明(1982.2—1984.5)	第十三届	主　任	俞　新(1993.2—1994.4)
第十届	主　任	闵承烈(1984.5—1987.4)			杨瑞林(1994.4—1998.1)
	副主任	赵发明(1984.5—1987.4)		副主任	杜述孔(1993.2—1998.1)
		刘瑞朝(1984.5—1987.4)			傅慰龄(1993.2—1994.4)
		傅慰龄(1984.5—1987.4)			王志祥(1993.2—1998.1)
		王凯风(1984.5—1987.4)			杨恩九(1993.2—1998.1)
第十一届	主　任	朱德明(1987.4—1990.5)	第十四届	主　任	苏学林(1998.1—)
	副主任	王凯风(1987.4—1990.5)		副主任	杨恩九(1998.1—)
		刘瑞朝(1987.4—1990.5)			黄桂芝(女,1998.1—)
		傅慰龄(1987.4—1990.5)			查福康(1998.1—)
					金　震(1998.1—)

【常委会工作】

在区人民代表大会闭会期间,区人大常委会通过常委会会议和主任会议,听取审议区人民政府、区人民法院和区人民检察院(简称“一府两院”)的工作汇报及法律、法规实施情况汇报,并不定期组织区人大代表开展专题视察。依照“地方组织法”“人民法院组织法”“人民检察院组织法”的规定,在区人民代表大会闭会期间,任免地方国家机关工作人员。围绕区国民经济和社会发展、改革开放以及群众普遍关心的热点问题,组织人大代表对全区农业、工业、商业、文教、卫生等方面的工作进行视察、调查,对群众来信、来访反映的问题,及时组织有关工作委员会深入调查,帮助群众解决困难。督促有关部门办理代表议案和建议。由人事代表联络委员会负责联系区人大代表的工作,组织人大代表活动,接待群众来信来访。

【乡镇人大主席团】

1990 年 5 月,根据江苏省第七届人大常委会第十次会议通过的《关于乡、镇人民代表大会主席团在大会闭会期间设立常务主席的决定》,先后在

13个乡镇设立人大主席团和常务主席，作为乡镇人民代表大会闭会期间的常设办事机构。各乡、镇人大主席团必须经过全体代表选举产生，组成人员一般由乡镇党委领导干部，群众团体负责人，村、乡镇企事业单位负责人和工人、农民、知识分子等7—11名代表组成。乡镇人大主席团在乡镇人民代表大会召开期间，负责筹备、召集和主持乡镇人民代表大会会议。闭会期间，履行法律赋予的职权，监督乡镇人民代表大会通过的奋斗目标、财政预算和有关决议的贯彻执行；督办代表建议；对乡镇政府实施法律监督和工作监督，听取乡镇政府组成人员述职；负责组织代表活动，安排代表学习，发挥代表作用，保证宪法和法律、法规的贯彻实施。

第二章　区人民政府

民国38年(1949)6月，第九区(后先后改称第八区、燕子矶区)、第十区(后改称中山陵园区)人民政府成立。1953年7月，第九区(后改称栖霞区)人民政府成立。三区人民政府(区人委)领导人民群众，恢复发展国民经济，积极组织生产自救。1965年5月，三区合并为栖霞区，区人委贯彻执行中央人民政府"调整、巩固、充实、提高"的方针，努力消除50年代后期"大跃进"、人民公社化、反右派斗争以及自然灾害带来的影响，使各项工作重新走上健康发展的道路。"文化大革命"期间，区人委先后由区军管会和区革委会取代，实行党政"一元化"领导。1971年1月至1975年4月，栖霞区和钟山区曾一度分设。至1980年10月，政务管理均由区革委会施行。1980年10月，区人民政府作为区人民代表大会的执行机关和地方国家行政机关开始工作。区政府始终坚持以经济建设为中心，把建设融现代工业、港口贸易、都市农业为一体的现代化江滨新区，确定为发展战略和奋斗目标，不断深化改革，努力扩大开放，经济建设快速发展，城乡面貌发生根本变化，各项社会事业协调发展。

【燕子矶区人民政府】

民国38年(1949)5月，中共南京市委和南京市人民政府派工作队，接管国民政府南京市第九区区公所。6月，成立第九区人民政府，驻燕子矶镇，下设3个工作部门，辖14个乡、1个镇。1950年6月，改称第八区人民政府。1955年5月，改称第八区人委。8月，改称燕子矶区人委。1958年

11 月，燕子矶区建制撤销，归南京市郊委。1960 年 9 月，南京市郊委撤销，分别划归鼓楼区和下关区人委。1962 年 7 月，划归南京市郊办。1963 年 4 月，燕子矶区建制恢复，重新建立区人委，辖 12 个公社、2 个镇。1965 年 5 月，燕子矶区建制再次撤销，与栖霞区合并。

1949—1965 年燕子矶区区长、副区长更迭情况表

表 12－2

机构名称	职　务	姓名和任职时间
区政府	区　长	时　进(1949.6—1949.8)
	副区长	杨　兴(1949.6—1950.6)
	区　长	范克功(1949.8—1951.9)
	副区长	徐映川(1951.9—1952.5)
		肖云华(1951.9—1953.7)
	区　长	李　钧(1951.10—1953.9)
	副区长	冯振球(1952.5—1954.2)
	区　长	陈桂吾(1953.9—1954.2)
		张凯顺(1954.2—1955.5)
	副区长	史之江(1954.2—1955.5)
区人委	区　长	赵凤三(1955.5—1957.10)
	副区长	史之江(1955.5—1958.4)
		宋必志(1956.3—1957.10)
	区　长	郭汝成(1957.10—1958.10)
	副区长	赵凤三(1957.10—1958.10)
	区　长	周　云(1963.4—1965.5)
	副区长	宋必志(1963.4—1965.5)
		林瑞文(1963.4—1965.5)

【中山陵园区人民政府】

民国 38 年(1949)5 月，中共南京市委和南京市人民政府派工作队，接管国民政府南京市第十区区公所，6 月，成立南京市第十区人民政府，驻中山门外苜蓿园，下设 2 个工作部门，辖 3 乡 1 镇。1950 年 6 月，改称中山陵园区人民政府。1955 年 5 月，改称中山陵园区人委。1958 年 11 月，中山陵园区建制撤销，先后划归南京市郊委、玄武区和南京市郊办。1963 年 4 月，恢复中山陵园区建制，重新建立区人委，驻孝陵卫镇，辖 10 个公社、1 个镇。1965 年 5 月，中山陵园区建制再次撤销，与栖霞区合并。

1949—1965 年中山陵园区区长、副区长更迭情况表

表 12－3

机构名称	职　务	姓名和任职时间
区政府	区　长	王　贵(1949.6—1949.12)
		李　钧(1950.1—1950.6)
	副区长	谢从周(1950.6—1951.3)
	区　长	谢从周(1951.3—1953.8)
	副区长	冯振球(1951.10—1952.5)
	区　长	王震宇(1953.8—1954.8)
		周　光(1954.8—1955.5)
区人委	区　长	周　光(1955.5—1956.11)
	副区长	季有兆(1955.5—1958.4)
	区　长	贾丕叙(1956.11—1958.4)
	副区长	齐贡田(1956.11—1957.9)
	区　长	谢从周(1958.4—1958.10)
	副区长	贾丕叙(1958.4—1958.10)
	区　长	陆庆良(1963.4—1965.5)
	副区长	齐贡田(1963.4—1965.5)
		薛　琛(1963.4—1965.5)

【栖霞区人民政府】

1953 年 7 月，句容县龙潭镇和江宁县第八区全部划归南京市，成立新第九区人民政府，驻栖霞镇，辖 5 个乡 3 个镇。1955 年 5 月，改称第九区人委，8 月，改称栖霞区人委。1958 年 11 月，栖霞区建制撤销，先后归属南京市郊委、玄武区和南京市郊办。1963 年 4 月，栖霞区建制恢复，重新建立区人委，辖 10 个公社、2 个镇。1965 年 5 月，与燕子矶区、中山陵区园合并，成立栖霞区人委，辖 10 个公社、6 个镇。1966 年 6 月至 1967 年初，区政府解体。1967 年 4 月 4 日，南京市军管会决定对栖霞区实行军管，成立南京市军管会栖霞区分会。1968 年 3 月，区军管分会撤销，成立区革委会，下设 4 个办事机构，统揽全区党、政、财、文权力。1968 年，区政府机关迁驻板仓。1970 年 1 月，紫金山、马群、玄武湖 3 个公社和孝陵卫镇划出，成立钟山区。1971 年 5 月，区政府机关迁驻尧化门。1975 年 4 月，钟山区建制撤销，所辖公社、镇重新划归栖霞区。1980 年 10 月，区第九届人民代表大会第一次会议召开，区革委会终结，区人民政府作为区人民代表大会的执行机关和地方

国家行政机关开始工作，时辖9个公社、6个镇。历经1987年5月区划调整、1994年10月乡镇撤并及1995年5月再次区划调整，至1999年，区政府辖7镇3乡。1996年12月，区政府设28个工作机构，即区政府办公室（含外事办、体改委）、计经委（含外经委）、教委（含体委）、科委、监察局（与纪委合署）、民政局、司法局、人事局（与编制办公室合署）、劳动局、财政局、审计局、物价局、工商分局、技术监督局、交通局、建设局、环保局、房管局、国土局、市容局、人防办、农业局（与区委农工部合署）、水利农机局、蔬菜多经局、商业局、文化广播电视局、卫生局、计生委。此外，设部门管理机构4个，即区信访局、法制局、统计局、国有资产管理局。1999年1月27日，成立区地方志编纂委员会，下设办公室，挂靠区政府办公室。

1953—1999年栖霞区区长、副区长更迭情况表

表12－4

机构名称	职　务	姓名和任职时间
区政府	区　长	于国华（1953.7—1954.2）
	副区长	朱德明（1953.7—1954.3）
	区　长	邓彩凤（1954.2—1955.5）
	副区长	陈鼎魁（1954.2—1955.5）
区人委	区　长	史庭栋（1955.2—1956.11）
	副区长	陈鼎魁（1955.5—1956.1）
		赵学祥（1956.3—1956.8）
	区　长	邓彩凤（1956.11—1957.11）
	副区长	刘庆堂（1956.11—1957.11）
		陈鼎魁（1956.11—1958.5）
	区　长	周　光（1957.11—1958.5）
	副区长	邓彩凤（1957.11—1958.5）
	区　长	曹惠波（1958.5—1958.10）
	副区长	周　光（1958.5—1958.10）
	区　长	徐　君（1963.4—1965.5）
	副区长	张华堂（1963.4—1965.2）
		陈鼎魁（1963.4—1965.11 1965.5—11 主持工作）
	区　长	周　强（1965.11—1967.4）
	副区长	徐　君（1965.11—1967.4）
		周　云（1965.11—1967.4）

续表

机构名称	职　务	姓名和任职时间
区军管分会	主　任	牛玉庆(1967. 4—1968. 3)
	副主任	张桂开(1967. 4—1968. 3)
		万家才(1967. 4—1968. 3)
区革委会	主　任	杨树华(1968. 3—1972. 8)
	副主任	陈宪德(1968. 3—1970. 1)
		刘景富(1968. 3—1971. 1)
		周　强(1968. 3—1972. 8)
		万家才(1969. 1—1975. 2)
		魏静波(1971. 5—1975. 2)
	主　任	周　强(1972. 8—1980. 5)
	副主任	李凤华(1972. 8—1980. 10)
		蒋逸成(1973. 3—1975. 10)
		赵　光(1973. 3—1980. 10)
		宗永年(1973. 7—1975. 5)
		曹庆和(1975. 12—1979. 3)
		闵承烈(1976. 12—1980. 10)
		沈培根(1976. 12—1980. 10)
		吕长田(1977. 4—1980. 9)
		殷　超(1978. 3—1980. 8)
		万载友(1978. 3—1980. 10)
		王凯风(1978. 10—1980. 10)
		朱德明(1978. 12—1980. 7)
	主　任	朱德明(1980. 7—1980. 10)
区政府	区　长	朱德明(1980. 10—1981. 8)
	副区长	沈培根(1980. 10—1983. 4)
		闵承烈(1980. 10—1984. 5)
		王凯风(1980. 10—1984. 5)
		谈亚陆(1980. 10—1983. 7)
		刘瑞朝(1981. 6—1984. 5)
	区　长	周　倬(1981. 8—1983. 4)
	副区长	王文元(1981. 12—1984. 5)
		韩佃信(1982. 3—1987. 4)
		陈开源(1982. 3—1984. 4)
		刘正彬(1983. 11—1993. 1)
		杨瑞林(1983. 12—1994. 4)
	代区长	陈在勤(1984. 3—1984. 5)
	副区长	王振华(1984. 3—1986. 2)
	区　长	陈在勤(1984. 5—1987. 4)

续表

机构名称	职　务	姓名和任职时间
区政府	副区长	纪有隆(1986.5—1993.2)
		蒋荣华(1986.10—1993.2)
	区　长	陈开源(1987.4—1992.11)
	副区长	杜述孔(1987.10—1990.5)
		黄桂芝(女,1990.5—1997.12)
		彭嘉培(1990.8—1992.7)
		董世昌(1991.8—1995.4)
		何品华(1992.7—1996.11)
	代区长	张良礼(1992.12—1993.2)
	副区长	张宁生(1993.1—1997.12)
	区　长	张良礼(1993.2—1996.8)
	副区长	袁文荣(1993.2—1998.1)
		朱希彦(1993.2—1998.10)
		张效平(1994.11—1997.1)
		傅慰龄(1995.4—)
	代区长	梁学忠(1996.8—1997.1)
	副区长	侯成新(1996.9—1999.6)
	区　长	梁学忠(1997.1—1997.12)
	代区长	张宁生(1997.12—1998.1)
	副区长	沙祥保(1997.12—)
	区　长	张宁生(1998.1—)
	副区长	张孝科(1998.1—)
		冯亚军(1998.1—)
		袁文荣(1998.11—)

【钟山区革委会】

1970年1月,江苏省革委会决定,将栖霞区辖紫金山、马群、玄武湖3个公社和孝陵卫镇划出,成立南京市钟山区。区革委会驻灵谷寺,1973年4月,迁至孝陵卫镇。1975年4月,钟山区建制撤销,所辖公社、镇重新划归栖霞区。

1970—1975 年钟山区革委会主任、副主任更迭情况表

表 12-5

机构名称	职　务	姓名和任职时间
区革委会	主　任	程万里(1970.1—1971.1)
	副主任	郑云昌(1970.1—1975.2)
		史跃琴(1970.1—1975.2)
		鞠京海(1970.1—1975.2)
		周久庆(1970.1—1975.2)
		周　云(1970.1—1975.2)
	主　任	马大声(1971.1—1975.2)

【乡(公社)、镇政权组织】

民国 38 年(1949)6 月,第九区辖 14 个乡和燕子矶镇,第十区辖 3 个乡和孝陵卫镇,分别成立乡镇人民政府,同时,第九区设立八卦洲办事处,管理洲上 5 个乡。1953 年 7 月,新第九区(栖霞区)辖 4 个乡和龙潭、栖霞、摄山 3 个镇,均成立乡镇人民政府。同时,第八区(原第九区)八卦洲办事处撤销,划归六合县,设立八卦洲区公所。1956 年 2 月,八卦洲区公所撤销,重归燕子矶区(原第八区)。同年 10 月,三区各镇人民政府改称镇人委。1958 年 11 月,三区建制撤销。原燕子矶区小市、燕子矶两镇和迈皋桥乡划归下关区,其余 12 个乡并为八卦洲、燕子矶、尧化人民公社,各设管委会,划归南京市郊委;原中山陵园区 5 个乡 1 个镇合并为紫金山人民公社,设管委会,划归南京市郊委;原栖霞区 5 个乡 3 个镇合并为十月、龙潭人民公社,各设管委会,划归南京市郊委。1959 年年底,尧化人民公社撤销,分别并入十月、燕子矶人民公社。1960 年 9 月,南京市郊委撤销,燕子矶、八卦洲人民公社划归下关区,紫金山人民公社划归玄武区。栖霞镇、龙潭镇从十月、龙潭公社划出,分别设栖霞镇、龙潭镇人委,与 2 个公社一并划归玄武区。1961 年 6 月,小市镇划归鼓楼区。1962 年 7 月,十月、龙潭、燕子矶、八卦洲、紫金山 5 个公社和栖霞、龙潭、燕子矶 3 个镇一并划归南京市郊办。1963 年 4 月,三区建制恢复,栖霞区辖 10 个公社、2 个镇,燕子矶区辖 12 个公社、2 个镇,中山陵园区辖 10 个公社、1 个镇,分别设立公社管委会和镇人委。1965 年 5 月,三区合并为栖霞区,辖八卦洲、燕子矶、迈皋桥、紫金山、马群、玄武湖、尧化、摄山、十月、便民河 10 个公社及燕子矶、迈皋桥、小市、

孝陵卫、栖霞、龙潭6个镇，公社成立管委会，镇成立人委。1968年2—9月，所辖10个公社、6个镇相继成立革委会。1970年1月，紫金山、马群、玄武湖三个公社和孝陵卫镇划归钟山区。1974年3月，便民河公社并入摄山公社。1975年4月，钟山区撤销，3个公社1个镇复归栖霞区。1981年3—6月，区辖公社、镇分别召开人民代表大会，选举产生人民公社管理委员会、镇人民政府，原公社、镇革委会撤销。12月，新建尧化镇人民政府。1983年3—9月，进行农村管理体制改革，十月公社并归栖霞镇，其余8个人民公社撤社建乡，通过乡人民代表大会选举产生各乡乡长、副乡长，建立乡人民政府。1987年5月起，原江宁县长江、营防、花园3乡划入。1987年10月至1993年12月，区辖长江、营防、花园、摄山、尧化、玄武湖、马群、紫金山、迈皋桥、燕子矶、八卦洲11个乡政府以及龙潭、栖霞、尧化、孝陵卫、小市、迈皋桥、燕子矶7个镇政府。1993年10月，实行镇管村体制，撤销马群、摄山和玄武湖乡，分别设立马群、摄山和玄武湖镇，撤销燕子矶、迈皋桥、尧化、紫金山、花园5个乡，分别并入燕子矶、迈皋桥、尧化、孝陵卫、龙潭镇。1995年5月，小市、孝陵卫、玄武湖3个镇以及迈皋桥镇的4个村分别划归下关区、玄武区和白下区。至1999年，栖霞区辖7镇3乡，均成立镇乡人民政府。

【政务纪略】

栖霞地区历史上区划迭变，归属无定。1965年5月，三区合并为栖霞区，区人委团结全区人民，以阶级斗争、社会主义和资本主义两条道路斗争为纲，开展全国学解放军、工业学大庆、农业学大寨运动和社会主义教育运动。仅过一年，“文化大革命”开始，区政府一度陷于瘫痪。1967年4月，实行军管。1968年3月，成立区革委会，实行党政“一元化”领导，工作重点是开展“文化大革命”。直至1980年10月，区革委会终结，区政府重建，政务工作方才步入正常轨道。

1980年　贯彻落实中共十一届三中全会精神，拨乱反正，正本清源，妥善处理“文化大革命”遗留问题。平反冤、假、错案1178件，纠错右派分子57人，地富反坏“四类分子”摘帽881人、纠错11人，为社会主义改造中被当作私方人员的220人恢复劳动者身份。落实知识分子政策和统一战线政策，恢复技术人员职称评定、考核、晋升工作。因势利导，推进地方工业发展，社队企业发展迅速。

1987年　制定《简政放权，搞活集镇的改革意见》，使集镇工作有所突破。坚持国家、集体、个人一起上的方针，从方便群众生活、有利于生产出发，解决“急、难、新、缺”等问题，动员和调动各方面积极因素，大力兴办第三产业。广泛开展普及法律知识教育。适应对外开放、对内搞活的新形势，在强化管理职能同时，对各部门提出服务经济、服务基层、服务群众，改进服务态度、改进服务作风，提高工作效率要求，强化政府机关的服务职能。

1990 年 从加强制度建设入手，加强对政府机关工作人员廉洁从政的教育，逐步推行政务公开，强化监督机制，推进政府机关廉政建设。以国家产业政策为依据，以市场需求为导向，提出“发展化工、稳定机械、限制建材”原则，对工业产业和产品结构进行调整。贯彻靠政策、靠科技、靠投入的“三靠”方针加强农业基础工作。

1993 年 按照“城乡一体，兴工强农”指导思想，坚持优势互补、互利互惠、共同发展原则，制订优惠政策、改善投资环境、搞好配套服务等措施，推动城乡联合，发展横向经济联合体。开展企业“管理年”和“质量、品种、效益年”活动，加强质量、标准、计量、定额等管理工作，使企业素质和管理水平有所提高。基础设施建设投资，总投资达 3193 万元。

1998 年 制定《关于进一步大力推进企业产权制度改革的意见》，对企业产权制度改革实施攻坚。各项综合配套改革取得进展，实施乡镇财政分税制度、城乡最低生活保障线制度、合作医疗保障制度，住房制度改革进展顺利，机构改革定机构、定编制、定人员全面实行，事业单位人事和分配制度改革有序推进。以提高地区文明程度为目标，统筹兼顾，协调并进，社会事业进一步发展。以服务经济为宗旨，依法行政，转变作风，政府自身建设得到加强。

【政府法治】

区法制局依法对行政执法工作进行监督检查。按照行政复议的合法、公正、公开的原则，受理行政复议案件。1999 年 4 月，开始全面推行行政执法责任制，制定《行政执法责任制实施方案》，建立健全《行政执法公示制度》《行政执法评议考核制度》《行政执法错案（过错责任）追究制度》，明确各行政执法单位的执法依据和行政职权，规范执法程序。

【群众信访】

从 1991 年起，实行信访工作目标管理，按照“分级负责、归口管理”和“属地化”的原则，对人民来访进行转办督办、自办会办和协调处理，并接受市区信访主管部门考核。1993 年,建立领导信访接待日制度,区党政领导干部每半个月一次轮流接待群众来访,处理人民来信。至 1999 年,受理人民来信计 10820 件,其中,各级领导信访批办件 387 件,结案率 98.4%;接待来访群众 7473 人次。

第三章　区人民政协

1983 年前,统战工作由区委办公室兼管。1984 年 1 月,根据中共江苏省委决定,开始筹建区人民政协组织。是年 5 月,中国人民政治协商会议南京市栖霞区委员会正式成立。区政协作为爱国统一战线重要政治组织,在贯彻落实中共爱国统一战线,履行"政治协商、民主监督、参政议政"主要职能,推动两个文明建设,加快祖国和平统一大业进程等各个方面,卓有建树。同时,区委下发《关于成立区政协党组的通知》,建立中共栖霞区政协党组。区政协党组为区委派出机构,在区委领导下工作,并代表区委在区政协中发挥领导核心作用,保证中共路线方针政策的贯彻执行,团结各民主党派和党外各方面人士,实现区委提出的各项目标任务。

【区政协全体委员会议】

第一届　1984 年 5 月 24—28 日,召开区政协一届一次会议。区政协筹委会副主任邓芝芳致开幕词,筹委会主任王文元作区政协筹委会工作报告。南京市政协副主席朱启銮莅会。区委书记朱德明发表讲话。会议选举区政协主席、副主席、秘书长及常委。1985 年、1986 年,先后召开一届二次会议和一届三次会议,听取、审议区政协常委会工作报告、提案办理情况报告,列席区人大全体会议。

第二届　1987 年 4 月 20—24 日,召开区政协二届一次会议。南京市政协副主席、中共南京市委统战部部长史复亭莅会。会议听取、审议区政协常委会工作报告,列席区十一届人大一次会议,选举区政协二届委员会主席、副主席、秘书长及常委。1988 年、1989 年,先后召开二届二次会议和二届三次会议,听取、审议区政协常委会工作报告和提案办理情况报告,列席区人大全体会议。

第三届　1990 年 5 月 7—11 日,召开区政协三届一次会议。南京市政协副主席徐英锐、中共栖霞区委书记朱广林分别在开幕式和闭幕式上讲话。

会议听取、审议区政协常委会工作报告和提案办理情况报告,列席区十二届人大一次会议,选举区政协三届委员会主席、副主席、秘书长和常委。1991年、1992年,先后召开三届二次会议和三届三次会议,听取并审议区政协常委会工作报告和提案办理情况报告,列席区人大全体会议。二届三次会议增选陈德珠为区政协副主席。

第四届 1993年2月11—14日,召开区政协四届一次会议,听取、审议区政协常委会工作报告和提案办理情况报告,列席区十三届人大一次会议,选举区政协四届委员会主席、副主席、秘书长和常委。1994年、1995年、1996年、1997年,先后召开四届二次会议、四届三次会议、四届四次会议、四届五次会议,听取、审议区政协常委会工作报告和提案办理情况报告,列席区人大全体会议,四届二次会议增选马同华为区政协副主席。

第五届 1998年1月4—7日,召开区政协五届一次会议,听取、审议区政协常委会工作报告和提案办理情况报告,列席区十四届人大一次会议,选举区政协五届委员会主席、副主席、秘书长和常委。南京市政协副主席蔡海金和中共栖霞区委书记梁学忠在开幕式上讲话。1999年1月,召开五届二次会议,听取、审议政协常委会工作报告和提案办理情况报告,列席区人大全体会议,同意马同华不再兼任秘书长职务的请求,增选穆建元为区政协秘书长。

【区政协常委会】

1984年5月28日,区政协第一届常委会成立。区政协常委会由主席1人、副主席若干人、秘书长1人、委员若干人组成,下设办公室,科技、医药卫生、妇幼、文史资料、教育和落实政策6个专门工作小组,建立龙潭与栖霞、燕子矶与八卦洲、孝陵卫与马群、小市与迈皋桥、尧化5个委员联系组。1987年4月24日,区政协第二届常委会成立,下设办公室,提案委员会,科技、医药卫生、妇幼、文史资料、教育和落实政策6个专门工作组,建立栖霞与龙潭、燕子矶与八卦洲、孝陵卫与马群、小市、迈皋桥、尧化6个委员联系组。1990年5月11日,区政协第三届常委会成立,下设办公室,经济科技、学习、文史工作、提案4个委员会,工业科技、农业科技、财贸、城乡建设、文教、政法、卫生、妇幼、侨台9个专门工作组,建立小市、迈皋桥、燕子矶、尧化、栖霞、龙潭、孝陵卫7个委员联系组。1993年2月14日,区政协第四届常委会成立,下设办公室,经济科技、提案、学习文史资料、工业交通、农业技术、财贸工作、城乡建设、教卫文体、侨台工作、对外经济联络、社会法制11个委员会,建立小市、迈皋桥、燕子矶、尧化、栖霞、龙潭、孝陵卫7个委员联系组。1998年1月7日，区政协第五届常委会成立，下设办公室，提案、海外联络、教卫文体、城乡建设、经济科技5个委员会，建立迈皋桥镇、燕子矶镇、尧化镇、马群镇、栖霞镇、摄山镇、龙潭镇、营防乡、长江乡、八卦洲乡10个委员联系组。1998年9月24日，海外联络委员会更名为港澳台侨和外事工作委员会。

栖霞区第一届至第五届政协主席、副主席更迭情况表

表12－6

届次	职　务	姓名和任职时间	政治面貌
第一届	主　席	王文元(1984.5—1987.4)	中共
	副主席	邓芝芳(1984.5—1987.4)	工商业者
		杨绿漪(女,1984.5—1987.4)	台属
第二届	主　席	韩佃信(1987.4—1990.5)	中共
	副主席	吴宝钧(1987.4—1990.5)	中共
		杨绿漪(女,1987.4—1990.5)	台属
		杨德明(1987.4—1990.5)	无党派
		隋荣璋(1987.4—1990.5)	无党派
第三届	主　席	韩佃信(1990.5—1993.2)	中共
	副主席	吴宝钧(1990.5—1993.2)	中共
		杨绿漪(女,1990.5—1993.2)	台属
		叶嘉宇(女,1990.5—1993.2)	民革
		董世昌(1990.5—1993.2)	民建
		陈德珠(1992.3—1993.2)	中共
第四届	主　席	蒋荣华(1993.2—1998.1)	中共
	副主席	纪有隆(1993.2—1998.1)	中共
		陈德珠(1993.2—1996.2)	中共
		叶嘉宇(女,1993.2—1995.8)	改革
		陶增炎(1993.2—1998.1)	无党派
		王建猷(1993.2—1998.1)	无党派
		汪兴汉(1993.2—1995.8)	无党派
		马同华(1994.4—1998.1)	中共
第五届	主　席	蒋荣华(1998.1—)	中共
	副主席	马同华(1998.1—)	中共
		潘国华(1998.1—)	中共
		陶增炎(1998.1—)	无党派
		颜崇友(1998.1—)	无党派
		李翊佳(1998.1—)	无党派

【区政协工作】

政治协商　区政协坚持“长期共存、互相监督”“肝胆相照、荣辱与共”原则，就全区经济和社会事业发展，包括每年的政府工作报告，经济社会发展计划与奋斗目标，社会主义精神文明建设工作目标的制定和执行情况，廉政建设，财政预算，有关政治、经济和社会稳定的重要决策，全区重大改革措施出台和重大人事安排等，进行认真协商讨论，并实事求是地提出意见和建议。

参政议政　围绕全区国民经济和社会发展目标及群众普遍关心的问题，各专门委员会和委员联系组，开展专题调研活动。先后组织各种视察活动 26 次，开展专题调查研究 6 件次。自 1984 年始，区政协先后与省内外 35 个区县政协建立了经常性的联系与往来，同全国 10 多个省市的 70 多个区县政协保持经常性的资料交换和工作联系，并与部分区县政协合作，轮流举办跨省市政协工作研讨会。积极做好“三胞”接待工作，开展统战工作，促进祖国和平统一，区政协第四届委员会成立栖霞海（境）外投资贸易促进会和栖霞海（境）外投资企业服务中心，先后接待美、法、日等国家及中国港澳台地区的客商 100 多人次。1988 年，区政协成立区文史资料委员会，组织开展《栖霞文史》编辑工作，出版《栖霞文史》四辑，共收录文史资料 165 篇、328 万字，图片 92 幅。

民主监督　区政协第一、第二届委员会，提案工作由常委会负责。1990 年 5 月，区政协第三届委员会第一次会议，设立提案委员会，切实重视和加强提案工作。区一届、二届、三届政协分别受理委员提案 178 件、208 件、274 件，期间，多件有关社会难点问题的提案，得到妥善解决。区四届政协共受理提案 306 件，期间，通过委员提案，解决了住宅小区建设配套、改善道路基础设施建设、发展教育卫生事业等群众迫切希望解决的问题。区五届政协在任期的两年时间里，受理委员提案 155 件。1999 年，区政协在委员提案中确立 5 个重点的提案，产生较大影响。

第十三编 镇 乡

栖霞区辖7镇3乡,除马群镇外,均濒临长江。10个镇乡均有古老的文明史。秦始皇三十七年(前210),秦置江乘县,治所在今摄山镇西湖村,并在尧化、栖霞、燕子矶等地设乡,行政800年。三国孙吴在今龙潭、摄山地域筑金城,拱卫京都南京。东晋,南迁士族在"金城"废址建琅琊侨郡。南宋,在今马群镇设金陵驿,在今蛇盘村设蛇盘铺邮驿,商旅往来,繁华一时;而抗金战场青沙,即今日八卦洲乡之雏形;大败金兀术之黄天荡,即在今营防、龙潭、摄山三乡镇沿江一带。明清时,官府在今马群镇一带牧养军马,在今营防乡一带设靖安场驻兵,遂留下青马、黄马、马房山、府军卫、上五旗、下五旗、营防口等诸多镇村名头。悠久的历史、秀丽的风光,引无数文人骚客为之击节咏叹,众多中外宾朋为之驻足流连,亦使各镇乡平添深厚的文化底蕴和丰富的可供开发利用的人文资源。1978年后,各镇乡发挥自身优势,发展经济,逐步走向富裕。燕子矶、迈皋桥、尧化、栖霞、马群等镇依托驻地大工业,走向大市场,逐步摆脱以传统农业生产为主的经济模式,成为城乡一体、农工并茂的新型城镇;摄山、龙潭、八卦洲、长江、营防等镇乡,发展为城市服务的特色农业,菜、奶、花、果、茶等农副产品基地星罗棋布,都市农业粗具规模,农业产业化初见成效。小城镇建设日新月异,一批各具特色的新型村镇相继展现在世人面前。栖霞镇,凭借境内名山古寺和六朝遗迹,努力改善旅游环境,实施旧镇改造与现代化新镇建设。迈皋桥镇,利用城乡接合部独特的地理位置,繁荣商贸业和房地产开发业,成为南京城北地区商业副中心。马群镇,凭依沪宁高速公路,设开发区,建新镇区,发展工业、商业、旅游业,显现出南京东大门"山外有城"的新景象。八卦洲乡,把握南京长江第二大桥建设开通的契机,开发洲地风光,集高效、特色农业与休闲观光业于一体,推动各项事业全面发展。

【栖霞镇】

东连摄山镇，南与江宁县、亚东新城区接壤，西与尧化镇毗邻，北依长江，与六合县隔江相望，沪宁铁路、312国道及栖霞大道穿镇而过。秦始皇三十七年（前210），镇域属江乘县。境内栖霞山（古名摄山）、栖霞寺名闻海内外。南朝刘宋末年，山东平原鬲县高士明僧绍，隐居摄山，倾心向佛，于南朝齐永明元年（483，一说永明七年）舍宅为寺，以其号栖霞名为“栖霞精舍”，即今栖霞寺，摄山遂改称栖霞山，“栖霞”之名始著。镇内名山、名寺及南朝石刻为世人景仰，古今中外诸多名士伟人在此留下足迹。新中国成立后，凭依独具的区位优势、便捷的交通，历经半个世纪的建设，成为江苏百家名镇之一。1992年，进入南京市十强镇行列。1995年，被建设部确定为小城镇建设试点镇。1999年，全镇工业、农业、第三产业总产值7.65亿元，农民人均年收入4800元，总体实现小康目标。

自然状况 1999年，面积46.5平方公里，有耕地1085公顷，水域面积77公顷（不含长江水面），林业用地733公顷。辖村委会8个、居委会9个，下设村民小组88个、居民小组138个；有居民14502户、40839人，其中，农业人口14076人、女性20068人；居民中有蒙、回、苗、彝等13个少数民族共376人，有港、澳、台同胞和海外侨胞亲属36人。

经济建设 1999年，农业总产值4350万元，种植水稻467公顷，总产394.1万公斤；种植小麦400公顷，总产144.3万公斤；茶叶产值392万元，碧螺春茶叶被评为市级一等奖；蔬菜年上市量190万公斤；造林面积547公顷，农田林网面积88%，林业年产值450万元；鱼虾上市量22万公斤，产值554万元；饲养生猪1万头、家禽10万只；奶牛存栏853头，收购鲜奶304万公斤，产值650万元；畜牧业年产值2476万元。有镇村工业企业99家，其中，中外合资合作企业16家，外贸出口企业4家，创产值5.28亿元，外贸出口额3072万元，有国家级和省市级名优产品10个。从事旅游、餐饮等第三产业的集体单位与个体户1269家，从业人数2548人，固定资产原值5712万元，年营业额5828万元。

社会事业 1999年，有幼儿园11所，其中，公办幼儿园1所、企业办2所、村办6所，民办2所，入园幼儿1369人，教职工164人；小学8所，其中，公办6所，企业办2所，在校学生3619人，教职工211人；中学3所、其中，公办1所、企业办2所，企业办技工学校1所，在校学生2598人，教职工315

人;镇办成人学校1所,在培人员2534人。栖霞镇被评为江苏省科技先进乡镇,有省级现代化农业科技示范基地1个,市级现代化农业示范基地1个,市级科普文明村3个。有线电视用户4500户,入户率90%,收视率100%,成为全市首家普及电视三级光缆镇;建成栖霞镇文化娱乐中心。有区级医院1所,医护人员126人;企业办医院3所,医护人员269人;参加合作医疗保险13650人,参保率95%。新镇区位于老镇以南半公里处,建成镇政府办公大楼、3万平方米的红枫街住宅小区、居民休闲中心、综合市场、电信终端局通讯大楼、休闲步行街、九乡河景观路、小商品市场、垃圾中转站等工程,建筑面积近10万平方米。建成居民住房6.44万平方米,农居楼房户3865户,占农户总数的82%,户均住房面积158.6平方米,人均51.14平方米;建成村级道路54578米,新建友谊路,连接312国道与栖龙路,扩建太龙路1600米,改建马栖路1280米。日供水量6000吨,总用电量达1004万千瓦时,农户年均用电692千瓦时。

【迈皋桥镇】

东与尧化镇接壤,北与燕子矶镇毗邻,南面和西面紧靠南京市主城区。迈皋桥镇原有一座小桥,为怀念一位在桥旁卖糕的慈善老人,古称"卖糕桥"。清同治年间(1862—1874),演化为"迈皋桥"。改革开放后,南地园、国贸商城、泰悦大厦、邮电大楼和28层金港大厦等一批标志性工程相继建成,都市气息浓厚,是栖霞区经济、科技、商贸和文化的窗口地区,成为南京市城北地区商贸副中心。1992年,被列为江苏省社会总产值超亿元乡镇。1993年,被列为苏中地区经济综合实力50强乡镇第一强,其经济总量占全区四分之一,财政收入占全区三分之一。1999年,工业年产值6.94亿元,农业产值1630万元,第三产业完成增加值9000万元,利税3312万元,农民人均年收入5810元。

自然状况　1999年,面积12.5平方公里,有耕地200公顷,水域面积60公顷,林业用地137公顷。辖村委会4个、居委会13个,下设村民小组26个、居民小组272个;有居民13733户、35920人,其中,农业人口4384人、女性16724人;居民中有回、满、蒙古、朝鲜、维吾尔、壮、苗、藏、土家、侗、布依、黎、撒尼族13个少数民族共1526人,有"三胞"和海外侨胞亲属79人。

经济建设　1999年,有菜地77公顷,产值615.55万元;养殖业实现产值3500万元，利税100多万元；25公顷水面专养浅水鱼，年产鲜鱼12万公斤。有“三资”工业企业21家、联营工业企业6家、镇村工业企业46家、私营工业企业105家、校办企业9家，工业总产值6.94亿元，其中，年均产值超千万元的企业有10家，年均利税超百万元的有8家。有个体工商户1225户，经营服装、鞋帽、针织品、五金交电、日用百货、建材、烟酒食品；建成华苑、康乔、十字街农贸市场，占地总面积6600多平方米，设摊位984个，并设迈皋桥灯光夜市。

社会事业 1999年，有幼儿园7所，其中，公办1所、村办3所、企业办3所，入园幼儿896人，教职工101人；小学5所，其中，公办4所，企业办1所，在校学生2181人，教职工172人；中学2所（含职业高中），其中，公办1所、企业办1所，企业办技工学校1所，在校学生1991人，教职工219人。先后创建镇文化活动中心，开办有线电视，有线电视覆盖率达100%。有省级医院2所，医护人员402人；区级医院4所，医护人员173人；企业办医院4所，医护人员137人；有2308人参加合作医疗。新建楼房127620平方米，建成方圆绿荫、红山山庄等居民小区，居民人均居住面积18平方米，农民人均居住面积40.5平方米。迈皋桥市民休闲广场竣工，占地6400平方米，以迈皋桥市民广场为中心的新集镇格局形成。修建村镇道路14条，其中，水泥路11500米，灌浆路6050米；建成纬一路，宽50米、双向6车道。自来水入户率100%，全镇年用电量657.34万千瓦时。

【燕子矶镇】

东与南京经济技术开发区、尧化镇相接，西与迈皋桥镇交界，南与尧化镇、迈皋桥镇毗邻，北与八卦洲乡一衣带水，因境内胜迹燕子矶而得名。燕子矶历来是往来要津和兵家必争之地。三国吴赤乌年间（238—251），孙权在此操练水军。元至正十六年（1356），朱元璋在此渡江，挥戈南下。清乾隆年间（1736—1795），高宗皇帝巡视江南皆由此处登岸。清道光二十二年（1842），英国侵略军由此登陆，直逼江宁（南京）。民国38年（1949）4月，国民党海军第二舰队司令林遵率舰在燕子矶笆斗山江面起义，被誉为“南京江面的壮举”。交通便利，和燕、尧新、太新、尧燕、栖霞大道5条等级公路和4条铁路专用线贯穿全镇，与312国道、绕城公路及尧化门铁路编组站连通；南京长江第二大桥从镇东过江；沿长江岸线，拥有大小码头10多个，国内内河第一大港——新生圩外贸港坐落在镇境东北。依托驻镇10余家部、省、市属大中型企业,发展精细化工产业,成为南京市知名的“化工镇”,为南京市首批小康镇之一。1996 年,被评为江苏省先进单位;1997 年,被评为江苏省文明单位。1999 年,三业总产值 5.83 亿元,农民人均年收入 5380 元,被评为江苏省文明镇创建工作先进单位。

自然状况 1999 年,面积 32 平方公里,有耕地 445 公顷,水域面积 6 公顷,林业用地 286 公顷,交通用地 167 公顷。辖村委会 5 个、居委会 18 个、家属委员会 3 个,下设村民小组 67 个、居民小组 267 个;有居民 15785 户、53759 人,其中,农业人口 3041 人、女性 26263 人;居民中有蒙、回、满、苗、壮、朝鲜、土家等 24 个少数民族共 701 人。

经济建设 1999 年,农业总产值 1056 万元,主要从事蔬菜种植和养殖业,养殖业饲养奶牛、野鸡、野鸭等,奶牛存栏数超过 150 头,上市野鸡 1 万只,野鸭 2 万只。有工业企业 111 家,工业总产值 4.03 亿元,创税 1749 万元。有集体三产单位 45 家,个体户 636 家,初步形成商品流通、仓储运输、社会服务和房地产开发 4 大特色行业,年产出 1.69 亿元。

社会事业 1999 年,有幼儿园 8 所,其中,公办 1 所、企业办 6 所,部门办 1 所,入园幼儿 1342 人,教职工 158 人;小学 12 所,其中,公办 6 所、企事业办 5 所,民办 1 所,在校学生 5228 人,教职工 420 人;公办中学 2 所;驻镇大中专院校 4 所。举办过 5 届农民运动会,4 次参加区农民运动会,获“江苏省体育先进乡镇”称号。全镇组织大型文化活动 6 次,演出人数 1600 人次,观众近万人次。有市级医院 1 所,医护人员 56 人;镇卫生院 1 所,保健室 5 所,医护人员 29 人;企业办医院 8 所,医护人员 290 人;参加合作医疗保险 3375 人,参保率 63%。依托港口建新镇区 2.5 平方公里,人口近 3 万。50% 的村民陆续搬进居民小区,人均居住面积 50 平方米。先后拓宽、建造和燕路、尧新路、太新路、尧燕路、栖霞大道 5 条等级公路和 4 条企业铁路专用线,新建镇村道路 18 公里。4 个水厂,日供水量 30 万吨,居民全部饮用自来水。

【马群镇】

东与亚东新区、江宁县相邻,其他三面环接玄武区。建置可上溯到宋代设置的金陵驿,距今已有 900 多年的历史。明洪武六年(1373),太仆寺在紫金山东麓设立管理牧马的机构。按官律,凡儿马(公马)一匹、骒马(母马)四匹合为一群,委牧夫一人,五群设群长一人,马群由此得名。当年,马群一带除牧养战马外，还寄养大批“番人贡马”，按毛色分养，牧地叫“草场”，至今，尚有草场村、青马村、黄马村等地名。距中山门5公里，素有“南京东大门”之称，宁杭公路、环陵公路、宁栖公路、宁芜铁路穿境而过；沪宁高速公路和南京绕城公路在此交汇，建有华东地区最大的公路互通立交桥，是连接国道、省道的重要枢纽。1978年，根据南京市城中有山、山外有城的城市建设规划，以沪宁高速公路互通立交为中心，创办经济开发区，设立金融行政服务、高新技术、旅游度假和科工贸综合开发等4个功能区。1999年，开发区内驻有中外合资、独资、城乡联营、私营企业48家，第三产业初步形成以餐饮、娱乐、休闲、体育消费为重点的产业格局，实现三业总产值4.09亿元，农民人均年收入5031元。

自然状况 1999年，面积17.75平方公里，有耕地713公顷，水域面积168公顷，林业用地193公顷。辖村委会9个、居委会3个，下设72个村民小组、12个居民小组；有居民6694户、22188人，其中，农业人口10239人、女性9697人；居民中有回、满、土家、壮、瑶、朝鲜、锡伯7个少数民族共81人。

经济建设 1999年，种植蔬菜403公顷，约占耕地面积的56.53%，商品菜上市量为2814万公斤，产值3427万元；大庄村千亩果园完成一期工程，栽培果树20公顷，林果产值25万元；狮子坝村养鸡场和建蛋鸭基地，养鸡场占地4666平方米，三黄鸡、蛋鸡、乌骨鸡，年饲养量10万只；蛋鸭基地上市鲜蛋106吨；奶牛存栏数520头，年产鲜奶129.8万公斤；鱼塘水面达168公顷，年产鲜鱼25.2万公斤。工业园入园企业48家，涉及重工、轻工、电子、食品、建材等12个行业，其中年产值在1000万元以上的企业有5家。有三产企业26家，个体工商户345户，从业人员1521人。其中，集体企业13家、从业人员298人，私营企业13家、从业人员260人，完成利税501万元。

社会事业 1999年，有幼儿园2所，其中公办1所、校办1所，入园幼儿236人，教职工26人；公办小学5所，在校学生1132人，教职工87人；公办中学1所，民办外国语学校1所，在校学生743人，教职工100人；驻镇大专院校4所。被江苏省科学技术委员会评为江苏省科技工作先进单位；全镇有科技人员123人。有线电视用户998户。有卫生院1所，村保健所6所，医护人员32人；院校附属医院1所，医护人员44人；参加合作医疗4401人，占全镇人口19.84%。86.3%的农户住进楼房；建成教师楼2栋、商住楼4栋。有5384户居民用上自来水，占总户数的80.4%；供电量超过600万千瓦时，用电负荷达9万千瓦以上。先后修建乡村道路19条，总长26.63公里。

【龙潭镇】

东接营防乡，西连摄山镇，南邻句容市宝华镇，北濒长江，与六合县龙袍乡隔江相望，历来为水陆要冲、兵家必争之地。“龙蟠之背，有水潭名龙潭”，即龙潭镇之名由。其文明久远，是道佛争胜、才子辈出之地，名人趣事多，景点古迹多。宋时，又名龙潭铺，是长江古渡、黄天荡的一部分，为江宁、句容地区货物集散地；南宋淳熙八年（1181），设龙潭巡检司，专事龙潭口岸管理和征税；淳熙十二年（1185），设龙潭水马驿站，是南北交通枢纽。清乾隆皇帝南巡至此，深感小镇古韵，亲自题名“龙安古镇”。光绪三十四年（1908），京沪铁路，穿境而过，设龙潭火车站。镇南宝华山，蕴藏石灰石、石膏、煤、铜、钼等矿物，为发展建材工业提供优越的条件，久负盛名的中国水泥厂即在镇内。龙潭花园一带是金箔生产的故乡，至今在龙潭花神庙还保留供奉金箔艺祖葛洪（一说葛玄）的金箔祠堂遗址。北部临江太子洲和靖安场两个万亩大圩，素有“江南粮仓”之称。80年代，陆续办起花园包装印刷厂、花园机械厂、花园金箔厂等企业，逐步形成建材、金箔、印刷、机械4大支柱产业，有大小企业79家。1996年，跨入南京市小康镇行列。1999年，三业总产值2.793亿元，农民人均年收入4152元。

自然状况　1999年，面积27.56平方公里，有耕地1525公顷，水域面积393公顷，林业用地380公顷。辖村委会11个、居委会11个，下设村民小组101个、居民小组83个；有居民11540户、37364人，其中，农业人口16417人，女性14286人。

经济建设　1999年，购置小型拖拉机113台，大型拖拉机34台、联合收割机14台、农田植保机械4500件；兴修河渠15条、农桥13座、排灌站13个、标准防洪堤29.47公里，粮食平均亩产700公斤；村民在门前屋后栽种柿、桃、葡萄、石榴等果树以及水杉、蜀桧等树木10多万株，果林业总收入近50万元；饲养奶牛423头，年产鲜奶2538吨，产值500多万元；水产养殖400余吨，产值400多万元；养猪近万头；饲养澳白星种鸭，年创产值50万元。有镇办企业10家、村办企业10家、私营企业8家、个体工商户51家，从业人员1237人，固定资产原值2729万元，工业产值6250万元；有南京金线金箔总厂、花园金箔厂等3家集体金箔厂，以及龙潭村、龙梅村、吴家闸等18家私营金箔厂，占全镇经济总量的33%。有三产业个体户841户，从业人员4350人，有卡车18辆、手扶拖拉机100多辆，从事水泥石料运输，有轿车40多辆，小客车6辆，从事客运业。

社会事业 1999年，有幼儿园4所，其中，公办2所、企业办2所，入园幼儿432人，教职工60人；小学9所，其中，公办7所，企业办2所，在校学生2729人，教职工151人；中学5所，其中，公办3所、企业办2所，企业办技工学校1所，在校学生1730人，教职工185人。有科技人员44名，其中，农艺师4名、工程师5名、经济师7名、助理农艺师1名、助理工程师14名、助理经济师2名、农业技术员11名。有线电视入户2000多户；有5个田径运动场、16个篮球场，先后举办过5届农民运动会。有区级医院1所，医护人员39人；卫生院1所，医护人员27人；企业办医院2所，医护人员160人；95%的农民参加合作医疗，30%农民参加医疗风险保险。10条镇村道路全部由土路改建成砂石路或水泥、柏油路。电管站有配电房48座，总容量11125千瓦时；自来水入户2000多户，日均供水1000吨。

【摄山镇】

南与西岗果牧场、句容市宝华镇及江宁县其林镇相连，北与六合县龙袍乡隔江相望，东接龙潭镇，西临栖霞镇。栖霞山古称摄山，摄山镇因山得名。秦始皇三十七年（前210），秦始皇最后一次东巡，由江乘渡江北返，置江乘县，治所就设在今摄山镇西湖村，行政800年，是栖霞区境内最早的古县邑。境内发生战事多起，方腊江乘演兵点将，韩世忠黄天荡力破金兵，太平军驻扎十八营与清兵南大营对垒，北伐军力克直系军阀孙传芳，均载入青史。新中国成立后，各项事业迅速发展。改革开放后，驻镇省、市、区属企业及中外合资、城乡联营、个体私营企业100余家。霞天集团研制开发的显像管用电封炉替代了同类进口产品，摄山电炉集团的系列产品行销全国，出口东南亚，为全镇两大龙头企业。80年代，摄山镇一度成为南京市大白菜生产基地，在全市大白菜市场“三分天下有其一”。90年代，摄山镇又被誉为“金陵奶牛第一镇”，占南京市鲜奶市场的九分之一。1999年，三业总产值3.58亿元，农民人均年收入4600元。

自然状况 1999年，面积33.78平方公里，有耕地106公顷，水域面积396公顷，林业用地531公顷。辖村委会11个、居委会6个，下设村民小组

104 个、居民小组 36 个；有居民 10005 户、28361 人，其中，农业人口 21266 人，女性 14315 人；居民中有回、苗、土家、满等少数民族 16 户，共 44 人。

经济建设　1999 年，农业机械总动力为 11482 千瓦，机械化率达 95%，农业总产值 2274 万元；有果园 895 亩，水果年产量 26 万多公斤，产值 38 万元；摄山园艺场，占地面积 86670 平方米，栽培百合、唐菖蒲、菊花等鲜切花和盆花，培植桂花、梅花、月季等观赏苗木，从荷兰引进 25 个品种的百合花种球，栽培面积 7 公顷；有商品鱼基地 4 个，精养鱼池水面 53 公顷，产水产品 55 万公斤；饲养奶牛 1380 头，产鲜奶 4200 吨。有工业企业 80 家，其中，镇属 19 家，村属 61 家，包括建材、机械、化工、电子等行业，产值 1.8 亿元，镇属企业固定资产原值达 2850 万元。有私营商贸企业、个体工商户 520 家，完成三产增加值 3850 万元，利税 1230 万元，固定资产投入 460 万元。

社会事业　1999 年，有幼儿园 2 所，其中，公办 1 所、企业办 1 所，入园幼儿 168 人，教职工 31 人；小学 11 所，其中，公办 9 所、企业办 2 所，在校学生 2233 人，教职工 153 人；中学 3 所，其中，公办中学 1 所，企业办中学 2 所，在校学生 865 人，教职工 105 人。被命名为“江苏省科协先进乡镇”，有科技人员 52 名，其中，农艺师 5 名、工程师 7 名、经济师 9 名、助理农艺师 2 名、助理工程师 14 名、助理经济师 2 名、农业技术员 13 名。有线电视入户率达 40% 左右。有卫生院 1 个，保健站 9 所，医护人员 42 人；企业办医院 1 所，医护人员 37 人。参加合作医疗保险的村民 5349 人，参保率为 61.2%。镇区建设粗具规模，一个具有经济、文化、科技、商贸等多种功能的新镇区基本形成。自建道路 19 条，总长 28445 米，均为水泥、沥青路面。日供水 1500 吨，用户达 2287 户。村民建房 1080 户，占地面积 77138.62 平方米，其中，二层楼房占 90%，人均居住面积达 25 平方米。

【尧化镇】

东与栖霞镇相接，西与迈皋桥镇和燕子矶镇交界，南连玄武区玄武湖镇，北临长江，新生圩港、尧化门铁路编组站分别位于镇境的北部和东部。汉代，镇域内仙鹤山上建有仙鹤观，为南京最早的道观。东晋时，设置临沂侨县，县治即在今镇北周家山。明代，在此筑外城墙及外城门“姚坊门”。太平天国年间，太平军曾在太平山下“擂鼓擎旗乞太平”。清光绪二十九年（1903），英国人修建京（宁）沪铁路时误译为“尧化门”，沿用至今。民国 26 年（1937）12 月，中国守军在乌龙山炮台奋勇抗击日本侵略军。1971 年，区委、区政府驻地迁至尧化门街。尧化乡民向以种植粮食作物自给。新中国成立后，工业、农业、第三产业逐步得到协调发展，1996年，跨入小康镇行列。军民双拥共建工作成绩突出，至1998年，连续三次获南京市“双拥模范镇”称号，并曾被命名为“江苏省文化先进镇”“江苏省体育先进镇”“江苏省教育先进镇”“南京市十佳市容管理镇”。1999年，三业总产值2.46亿元，实现财政收入735万元，农民人均年收入4732元。

自然状况 1999年，面积21.63平方公里，有耕地699公顷，水域面积176公顷，林业用地700公顷。辖村委会6个、居委会7个，下设村民小组52个、居民小组141个；有居民11411户、42112人，其中，农业人口8187人、女性19667人；居民中，有回、满等18个少数民族共300多人。

经济建设 1999年，菜地种植面积200公顷，蔬菜产量762.5万公斤，产值578.8万元；有集体茶场4个，茶园面积50公顷，实际可采面积40公顷，产茶叶7.8吨，产值156万元；饲养生猪1.52万头，家禽11.06万只；有渔业专业户12户，养殖面积49公顷，年出水成鱼18.03万公斤，产值126.2万元；有奶牛饲养户108户，饲养奶牛305头，产鲜奶86万公斤；农用机械总动力为2214千瓦、247台套，基本实现耕、插、收、加工机械化。有镇村企业52家，其中，建筑业9家，机械制造和加工业17家，化工业8家，电子业1家，印刷业4家，其他行业13家，固定资产原值2858万元，产值16786万元，利税980万元。完成三产总产值6418万元，增加值2820万元；有集体商业批发零售店11家，个体工商户772户，三产企业682家，其中，商品批发零售业226家，交通运输业141家，宾馆餐饮业51家，社会服务业262家，物资仓储业2家；三大农贸市场，占地面积13000多平方米，其中，尧化农贸市场是全镇最大的集体三产企业，市场内个体摊贩200多户，经营菜、粮、服装、日用品等1500多种商品，日均人流量8500人次，年成交额1550万元。

社会事业 1999年，有幼儿园3所，其中，公办1所、企业办2所，入园幼儿691人，教职工82人；小学6所，其中，公办3所、企业办3所，在校学生2878人，教职工190人；中学3所，其中，公办1所、企业办2所，在校学生2264人，教职工210人。先后举办过6届农民运动会。有卫生院1所、医护人员18人；企业办医院3所、医护人员167人。280户农民建平房，计606间、14742平方米；856户建楼房，计3745间、109321平方米。建成教师公寓2幢，及尧胜中心村农民住宅楼9幢。沿尧化门街北侧从东往西依次形成尧石新村、尧铁新村、尧建新村、尧化新村等一批居民住宅小区，在尧新路两旁分布金尧新村、金尧山庄等农民复建房住宅区。先后修建乡村水泥道路19条，计19.5公里。98%的居民和86.71%的村民用上自来水；用电总量600万千瓦时，人均用电量370千瓦时。

【营防乡】

东接长江乡，西连龙潭镇，南隔便民河与句容市下蜀、宝华两乡镇相邻，北与仪征市隔江相望。营防乡旧称营防口，又称“阎王口”。南宋时，为“黄天荡”的一部分。明代设靖安场驻扎军队。清同治年间（1862—1874），集镇附近有水军营房，名“营防口”，乡名由此而来。原属江宁县，1987年4月，划归栖霞区。江边多冲积沙洲，地势平坦，南部地势低洼，河沟纵横，发展水产、家禽、家畜养殖及开发高效农业条件得天独厚。工业及第三产业基础薄弱，80年代后，乡村工业逐步发展，三江口工业园粗具雏形，水上运输业渐成全乡支柱产业。1999年，三业总产值1.07亿元，人均年收入3800元。

自然状况　1999年，面积32.24平方公里，有耕地2094公顷，其中，圩田1572公顷，洲地390公顷，水面面积近333公顷。辖村委会11个、自然镇1个，下设135个村民小组；有居民6065户、18406人，其中，农业人口17348人、女性9167人；居民中有回、布依、朝鲜等少数民族共11人。

经济建设　1999年，农业总产值3282万元，粮食种植面积600公顷，经济作物种植面积1200公顷，粮食总产883.5万公斤，水稻平均亩产686公斤，小麦平均亩产253公斤；有养鸭专业户250户，饲养肉鸭100万只；水产养殖面积12公顷，年鱼虾产量60万公斤，产值90万元；生猪饲养1万多头，年底存栏2800头。有乡办工业企业12家，工业总产值达6478万元。有私营商贸企业2家，个体工商户268户，固定资产412万元，实现利税265万元；三江口码头年吞吐量100万吨，产值800万元，成为营防乡的支柱产业。

社会事业　1999年，有公办中学1所，在校学生873人，教职工90人；公办小学8所，在校学生1869人，教职工95人；幼儿园7所，其中，公办1所、村办6所，入园幼儿292人，教职工33人。有三江高新技术开发研究所、河蟹繁殖研究所等专业研究机构4个。开通有线电视，安装入户540户。有中心卫生院1所，村卫生所11个，医护人员49人；血吸虫病患者减少到35人;参加合作医疗8300人,占应参加人数的70%。兴建高水位自来水池一座,日供水量5000吨,居民全部饮用自来水;全乡用电照明普及率100%。在新集镇建起28幢两层以上住宅楼,楼房住户达80%以上。

【长江乡】

东南隔便民河与句容市下蜀镇一衣带水,西邻营防乡,北与仪征市隔江相望,因濒临长江而得名。三面环水,清光绪年间(1875—1908),已形成宜昌洲、永隆洲、小洲等芦滩地。民国24年(1935),陆续有移民开荒种地,以种植水稻、旱谷、棉花为主,素有江宁县“粮仓”之誉。在农业机械发展史上,长江乡建有南京地区第一个马拉农具站,开栖霞区私人使用农机之先河,出现过江苏省第一位女拖拉机手。其村庄周围、河路两旁绿树如盖,以至“白天不见村,晚上不见灯”,1962年,被评为全国绿化造林先进公社。1987年4月划归栖霞区。1999年,三业总产值2.64亿元,农民人均年收入3950元。

自然状况 1999年,面积24平方公里,有耕地1624公顷,水面面积367公顷,林业用地15公顷。辖村委会8个,下设村民小组98个;有居民4736户、15598人,其中,农业人口14971人、女性7999人。

经济建设 1999年,有水田648公顷,旱谷及经济作物920公顷,粮食总产116.9万公斤,棉花总产14万公斤,油料总产30万公斤;饲养生猪2万头,出栏1万余头,饲养家禽39万只,饲养奶牛76头;养殖水面116公顷,年产水产品44万公斤,其中,蟹、鳖、蛙等特种养殖水面30公顷,水产5万公斤。工业总产值1.74亿元,有乡办工业企业14家,固定资产原值3503万元;村办工业企业25家,固定资产原值3130万元。第三产业从业人员2500余人,总产值4739万元,其中,从事批发、零售业的个体经营户有173户、310余人,从事服务业的个体经营户有43户、250余人;输出富余劳力1200余人;有集体、个体运输汽车58辆,辅助运输车辆马自达、小三轮机动车31辆,运货小驴车16辆;码头吞吐量60万吨。

社会事业 1999年,有1所公办中学,在校学生654人,教职工52人;8所公办小学,在校学生1653人,教职工64人;各小学均附设幼儿园,入园幼儿328人,教职工31人。乡科协有会员375人,各类专业技术人员达200人,其中,中级技术职称25人。举办过4次乡农民运动会,被江苏省体委授予“体育工作先进乡镇”称号。开通南京有线电视联网,500余户接装有线电视。有乡卫生院1所,卫生分院1所,村卫生室7所,医护人员共43人;全乡血吸虫发病率降至1.9‰;居民参加合作医疗保险7880人,参保率为72%。上坝自然镇陆续建成办公楼、中小学校、居民小区、医院,新建农贸市场2700平方米,修筑水泥路700米,铺设下水道600米,安装路灯,镇旁永定河两岸栽种树木、花卉。农户用电照明普及;乡自来水厂日均供水1000吨,全乡自来水入户率达100%。铺筑石子路、柏油路、水泥路24条,建造大小桥梁75座。楼房住户占78%,平瓦房住户占22%。

【八卦洲乡】

四面环江,是一方冲积沙洲,东、西、北三面分别与六合县、浦口区、大厂区隔水相望,南面与燕子矶镇、南京经济技术开发区遥遥相对,南京长江大桥位于上游3.8公里处,即将建成通车的南京长江第二大桥穿洲而过。八卦洲形成已400余年。初始,方圆仅七里,曾名青沙、七里洲;后逐渐扩大,形若草鞋,又名草鞋洲;清代,洲地不断南塌北淤,状如八卦,遂名八卦洲。关于洲名,传说很多,明皇后马娘娘金锁锁八卦的故事,几乎家喻户晓。至今,洲上仍有兑南、巽离、乾坤等与八卦有关的村名。八卦洲发展史是与洪水抗争的历史。民国20年(1931),洪水淹没八卦洲;1954年,长江发生特大洪水,洲上一片汪洋。50年代起,大兴水利,挖土石1200万方,疏浚河道300多条,修筑护洲圩堤54.4公里,其中,外圩江堤27.9公里,主江堤26.5公里,1969年后,成功抗御近10次特大洪水侵袭。向以农业为主,有据可考的开洲耕作史约280年,主要种植粮食,素称南京“粮仓”。新中国成立后,经济和社会事业长足发展。90年代,大面积种植野生蔬菜,芦蒿远近闻名,誉称“芦蒿第一乡”。1999年,农民人均年收入3900元,三业总产值35099万元,其中农业产值10809万元。

自然状况　1999年,方圆53.92平方公里,其中,耕地3400公顷,水域面积1216公顷,林业用地57公顷。辖村委会15个,下设村民小组185个;有居民9418户、30874人,其中,农业人口29306人、女性15980人;居民中有回、满等少数民族60人。

经济建设　1999年,苗木产值100万元,野生蔬菜种植面积达1933公顷,成为全国最大的乡级野菜生产基地,其中,芦蒿年产值在6000万元以上,为八卦洲乡支柱产业;畜牧业产值1500万元,其中,养猪6100头,樱桃谷鸭12万只;渔业年产值307万元,其中,鲜鱼上市50万公斤。工业产值达4999万元，利税14万元。第三产业已形成交通运输、商业批发零售、宾馆餐饮、社会服务等4大类，30多个行，420个企业，从业人员7718人，产值19291万元。

社会事业 1999年，有公办中学2所，在校学生1143人，教职工126人；公办小学9所，在校生3284人，教职工135人；幼儿园13所，其中，公办1所，村办12所，入学幼儿521人，教职工52人。农科站培育“双杂”种子7.16万公斤，引进良种86.3万公斤。全乡建村级文化室9家。有卫生院1所，村卫生室15所，医护人员47人；查螺面积181.4万平方米，灭螺面积133.4万平方米。投资1400万元，建成跃进大桥一座、教师住宅楼4幢、农民集资房5幢、综合楼1幢、集贸市场3000平方米和门面房3000平方米，中心集镇蔚成雏形。乡自来水厂，日供水6000吨，自来水用户4700余户；总用电量490万千瓦时。修建砂石路61公里，建双面拱桥21座。居民楼房占40%。

八卦洲乡村庄风貌　　杨　轶　绘

第十四编　南京经济技术开发区

南京经济技术开发区(简称开发区),位于南京市东北郊栖霞区境内。东与栖霞镇、尧化镇接壤,北临长江与大厂区隔江相望,南接柳塘立交桥、312国道和沪宁高速公路,西至燕子矶镇兴武沟。扬子石化集团、金陵石化集团所属炼油厂、烷基苯厂和化工部南京化工厂等部省属大型企业环陈。1992年9月开工建设,1993年11月,被江苏省人民政府批准为省级开发区。开发区先期规划面积9.73平方公里(不含乌龙山风景区),1998年增至18.13平方公里,远期规划面积为30平方公里。开发区以港口为依托,以国际经济贸易为先导,以先进技术产业为基础,聚集出口创汇企业,最终目标是建成现代化、多功能,环境优美,面向21世纪的工业港口新区和开放型经济发展中心。区内设工业、保税仓储、金融贸易和综合服务4个功能区域,并设有国家级南京新港高新技术工业园和南京海峡两岸科技工业园。南京新港高科技股份有限公司(简称"南京高科")为上市公司。开发区濒临长江黄金水道,拥有中国内河第一大港——南京新生圩外贸港,距长江入海口380公里。由高等级的太新路(太平村—新生圩)直接进入城市道路网,由尧新路(尧化门—新生圩)接312国道,由栖霞大道连接绕城公路,将开发区与沪宁高速公路、南京禄口国际机场高速公路以及南京市周围六条国道连为一体;南京长江第二大桥穿区而过。城北地方铁路环线直通开发区,距华东地区最大的尧化门货物列车编组站仅5公里,与津浦、沪宁、宁铜皖赣铁路干线相连。距南京禄口国际机场50公里,沿绕城公路和机场高速公路40分钟即可抵达。新生圩外贸港为一类口岸对外开放,区内设有南京新生圩海关、进出口商品检验、卫生检疫、动植物检疫、边防检查等口岸查验机构和金融、保险、巡回法庭、运输代理等服务机构,并设有保税仓库和出口监督管理仓库。南京经济技术开发区管理委员会(简称"管委会")为南京市政府的派出机构,享受市一级管理权限,南京市政府各职能部门在区内均设有分支机构或常驻派员,按照"统

一、精干、高效”的原则，与开发区共同实行“一个窗口对外，一站式管理，一条龙服务”。在运行机制上，按市场经济规律和国际惯例办事，对企业入区、项目申办提供全程服务。开发区与栖霞区人民政府“联合开发”“区区联动”，这在国内各类开发区中为仅见。1995—1999 年，开发区进入高速快进阶段。1999 年，实现“三个突破”，技工贸收入突破100 亿元，达到 102 亿元；出口创汇突破 1 亿美元，达到 1.08 亿美元；实现利税突破 10 亿元，达到 11.55 亿元。1999 年与 1993 年相比，技工贸收入、工业总产值、利润、税收分别增长 104 倍、124 倍、46 倍和109 倍。

第一章 管理体制

1992 年 6 月，中共南京市委、市政府决定成立南京新港工业区管理委员会（简称“管委会”）。1995 年 5 月，南京新港工业区更名为南京经济技术开发区。同年 8 月，中共南京市委决定在开发区建立中共工作委员会（简称“党工委”），并分三步解决开发区的体制问题。第一步，撤销管委会办公室，实行党工委、管委会、开发总公司“三位一体”，合署办公；第二步，调整开发区领导班子；第三步，开发区与栖霞区两区主要领导相互交流兼职。

【机构设置】

中共南京经济技术开发区工作委员会 1993 年 2 月，建立中共南京新港工业区机关支部委员会（隶属南京市级机关工委）。1995 年 8 月，建立中共南京经济技术开发区工作委员会。1997 年 8 月，中共南京市委明确，开发区党工委受中共南京市委委托，领导开发区机关及所属企事业单位党组织，全面负责党员管理、领导班子和干部队伍建设、党风廉政建设、纪检监察以及统战、群众团体和思想政治工作；指导党组织关系在开发区的企事业单位的党建工作。1999 年，开发区党工委下辖基层党委 3 个，党支部 36 个，有党员 540 名。

南京经济技术开发区管理委员会 1995 年 8 月，中共南京市委、市人民政府决定，设立南京经济技术开发区管委会，并明确开发区管委会是南京市政府的派出机构，代表市政府在开发区内全面履行经济、行政管理职能。1997 年，管委会内设办公室（政研室）、计划财务处、规划建设处、经济发展处、招商处等9个职能处室。

中共南京经济技术开发区纪律检查工作委员会　1995年8月，中共南京市委确定开发区党工委副书记兼任开发区纪律检查工作委员会（简称“纪工委”）书记。1997年8月，开发区党工委、管委会内设机构中设监察室，与纪工委办公室合署，负责纪检监察工作。

南京新港开发总公司　1992年6月，成立南京新港开发总公司。总公司为独立核算、自主经营、自负盈亏的市属全民所有制企业，具有法人资格，实行管委会领导下的总经理负责制。开发总公司为国有控股企业，是管委会下属经济实体。

南京经济技术开发区工会工作委员会　1997年9月，南京市总工会批复同意组建开发区工会工作委员会，为南京市总工会的派出机构，是开发区工会组织的领导机关。

共青团南京经济技术开发区工作委员会　1998年7月，共青团南京经济技术开发区第一届工作委员会成立。至1999年，共青团开发区工作委员会辖团委2个，团支部36个，有团员3000人。

【驻区管理机构】

南京新生圩海关　前身是南京海关驻码头办事处。1992年6月开关。主要负责南京港进出境货物、运输工具的监管以及旅客（船员）的行李物品验放，办理稽征关税、统计业务及对现场走私违规案件的查处。

江苏省商检局南京港办事处　1987年11月成立。负责对南京港出入境商品的品质、重量做检验、鉴定，对运输工具进行实载鉴定。

新生圩卫生检验办事处　1986年3月成立。负责对入出境的人员、交通工具、集装箱、货物、废旧物品、邮包、尸体棺柩等实施检疫、查验，负责传染病检测、卫生监督与处理以及进口商品食品的卫生检测与检验。

南京出入境检验检疫局　1986年8月，成立南京动植物检验（疫）局港口办事处，1992年4月，更名为新生圩动植物检验检疫局。1999年11月，成立南京出入境检验检疫局，由商检、卫检、动植物检三个部门分别管理改为统一对外进行检疫和监督管理。

公安分局　1992年7月，南京市公安局特派员进驻新港工业区。1996年1月，成立栖霞区公安分局新港派出所，12月，成立南京市公安局南京经济技术开发区公安分局。

工商分局　1992 年 7 月，南京市工商行政管理局特派员进驻新港开发区。1993 年 10 月，成立南京市工商行政管理局新港工业区分局。1995 年 5 月，改为南京市工商行政管理局南京经济技术开发区分局。

【区区联合】

1996 年 3 月，开发区领导与栖霞区领导共同出席“南京夏普电子有限公司”项目用地土方工程开工仪式，标志开发区与栖霞区联合开发的机制正式建立并进入实际运行。

干部安排　开发区与栖霞区两区主要领导相互交流兼职。开发区党工委书记可由栖霞区委书记兼任，栖霞区纪委书记可调任开发区纪工委副书记，开发区党工委副书记可调任栖霞区副区长。

联合共建　1993 年，开发区投资 2200 万元，栖霞区承建，建成太新路（太平门—新生圩）。1996 年，开发区投资 2620 万元，栖霞区承建，建成新港大道。1998 年，开发区与栖霞区共同投资 3.2 亿元，建成栖霞大道一期工程和栖霞大桥。1999 年，两区共同建成栖霞大道二期工程。

拆迁安置　1995 年前，开发区征用栖霞区土地，安置劳力 402 人。至 1999 年，开发区共征用栖霞区土地 15000 亩，撤销栖霞区燕子矶镇、尧化镇 16 个生产队建制，拆迁户数 1572 户，拆房面积 26 万平方米，建安置房 22 万平方米，由区有关部门办理“农转非”手续 12912 人。

第二章　开发建设

1993 年 11 月，江苏省人民政府批准南京新港工业区为省级开发区。明确开发区总体规划面积 9.73 平方公里（加上乌龙山风景区，实际面积 13.37 平方公里），起步区 2 平方公里。规划范围南至象栖路（栖霞大道），北至新港大道，东至金陵石化炼油厂西侧防护林带，西至城北地方铁路环线、燕子矶镇兴武沟。规划由乌龙山和城北地方铁路环线自然分隔为一期、二期和三期。1998 年 6 月，南京市人民政府调整开发区规划范围，将“沪宁铁路以北、象栖路以南、南京长江第二大桥连接线以东、仙新路（仙鹤门—新生圩港）以西，纳入南京经济技术开发区规划范围”，即将原 13.37 平方公里调整至 21.77 平方公里。

【基础设施】

至1999年12月，开发区用于供水、供电、电信、蒸汽等基础设施投资10.03亿元，累计开发土地面积6平方公里，动用土石1118万立方米。

供水　1995年，建成10公里给水管网工程。1997年，建成420立方米/时供水增压泵站和南京化学纤维厂水厂至开发区自来水管道6.9公里。1999年，开发区有6台水泵，日供水量10万立方米。

供电　1996年，建成35千伏乌龙变电站，1998年，建成110千伏新港变电站。8座配电房总容量为6055千伏安，实行双回路不间断供电。建有20万千伏安电厂一座。1998年，建成区内乌龙山南、北供电工程。

排水　1997—1999年，投资2155万元，兴建3座排水泵站，根治内涝。

电信　建成南京电信局新港电信楼，拥有20000门电话。1000门电信光缆进区。1998年，建成2.6公里（起步区）通信工程。

燃气　1996年，南京新港高科技股份有限公司与南京华新电线电缆股份有限公司联合投资1000万元，建成石油液化气站，供应生产、生活用管道和罐装液化气。

蒸汽　1999年，投资2000万元，建成区内集中供汽管网工程，全长9.4公里，设计供热量47吨/小时。开发区供热由南京新港高科技股份有限公司电力分公司承担，热供应量为250吨/小时。

公交场站　1999年8月，开工建设中北新港巴士基地。基地面积2万平方米，首期经营投放公交车150辆。64路、71路两路公交车投入运营。

金融大楼　1999年，开工建设金融楼3幢，建筑面积2.46万平方米。各类银行、投资、证券、保险等公司在金融大楼内办公。

员工公寓　1998年，开发区投资2340万元，建成员工公寓6幢，总建筑面积3.9万平方米。

污水治理　开发区设计完成二级处理一级排放标准的污水处理厂，日处理污水4万立方米。1996年，建成二期污水处理管网，总长22公里。

【招商引资】

自1993年始，开发区先后接待欧美、东南亚、日本、韩国等20多个国家和地区客商以及香港、台湾地区客商；组团出访过美国、英国、法国、德国、荷兰、意大利、韩国、日本、新加坡等国家和香港、台湾地区，并通过参加北京、上海、厦门、深圳等城市的招商洽谈会，广交朋友，积极招商。至1999年，批准进区企业累计705家，注册资本75亿元。其中，“三资”企业149家，千万美元以上项目35个，投资总额10亿美元，合同利用外资7.5亿美元，实际利用外资2.8亿美元；内资企业总投资超过40亿元。日本夏普、藤仓、日商岩井株式会社，荷兰飞利浦，意大利赛斯，瑞典爱立信、伊来克斯，美国艾欧史密斯、ADC以及韩国的LG等一批国际知名跨国公司进区落户。

优惠政策

减征企业所得税　在开发区内开办中外合资经营、中外合作经营、外商独资经营的生产性企业，从事生产、经营所得和其他所得，减按15%的税率征收企业所得税。外商投资企业的外商，将企业分得的利润汇出境外时，免征所得税。

减征地方所得税　外商在中国境内没有设立机构而来源于开发区的股息、利息、租金、特许权使用费和其他所得，除依法免征所得税以外，均减按10%的税率征收所得税。

减征关税和增值税　开发区内的生产性外商投资企业，为生产出口产品所进口的原材料、零部件，免征关税和增值税。其出口产品，除国家另有规定的产品外，免征关税和增值税。

减收土地使用费　开发区内产品出口型企业和技术先进型企业，自批准用地起5年内免缴土地使用费，自第6年起的5年内，按规定的标准减半缴纳土地使用费。

招商成果　1993年，新港工业区接待客商251批，签订正式合同1项，意向书5项。1997年，开发区与外商签订项目22个，意向投资3.3亿美元。另有9个台资项目签约和增资发照。1998年5—6月，与外商签约项目10个，意向投资2.3亿美元。同年9月，签约发照项目17个，总投资2亿美元。1999年9月，批准立项、签订合同章程、领取营业执照外资项目13个，意向投资1.52亿美元。领取营业执照和开工项目7个，总投资5165万美元。金桐石化项目增资5542万美元。

【工业园】

海峡两岸科技工业园　1995年设立。规划面积3.5平方公里，内设高新产业、教学科研、保税仓储、金融贸易4个功能区，重点发展电子信息、生物医药、新型材料、精细化工4个高新支柱产业。1999年，实现销售收入

20.4 亿元，实现利税 1.2 亿元，出口创汇 2904 万美元。

南京新港高新技术产业工业园　1997 年 1 月设立。面积 5 平方公里，从事高新技术企业孵化和创新。1999 年，有省市级高新技术企业 17 家，高新技术产品产值占开发区总产值比重为 72%。

台湾精细化工园　1998 年 6 月开发建设，占地 53.28 万平方米。ITO 导电玻璃、金华桐气体、油田驱油剂、金桐烷基苯等 4 个项目同时签约进园。一座 5000 吨级化工码头，1 万吨容量石油、液体原料库区及 30 万吨/年烷基苯生产装置（连同金陵石化 10 万吨/年烷基苯装置）已建成。

南京大学化工园　1998 年 7 月开工建设。占地 39.96 万平方米，投资 8 亿元。先期入园项目为南京大学表面和界面化学工程技术研究中心及由该中心开发的“水煤浆添加剂”高科技项目。

【南京新港高科技股份有限公司】

1992 年 8 月，南京新港股份有限公司成立，1998 年 8 月，更名为南京新港高科技股份有限公司，是南京新港开发总公司控股的上市公司，注册资本 3.44 亿元。主营高新技术产业投资、开发，市政基础设施建设，土地成片开发，建筑安装工程，商品房开发、销售，物业管理，国内贸易，工程设计，咨询服务等。公司立足基建业务，拓展高新科技领域，走高新技术开发利用和基础设施建设并举之路，以多种方式逐步实施产业结构调整。至 1999 年，有投资分公司 3 家、全资子公司 3 家、控股子公司 4 家、参股公司 5 家，经营领域涉及证券金融、生物医药、信息网络、精细化工、热电、基建及房地产开发七大行业。

经营业绩　1997 年 5 月，公司在上海证券交易所举行仪式，“南京新港”股票（证券代码：600064）挂牌上市，开盘股价即为 25 元/股，当天报收 28.15 元/股。1998 年 6 月，公司成为上海证券交易所通报表扬的 24 家优胜单位之一。8 月，股票简称由“南京新港”改为“南京高科”。9 月 1 日，在《中国证券报》和中国诚信证券评估有限公司联合举办的 1998 年度中国上市公司中期经营业绩综合排序中，“南京高科”以总分 120.94 的业绩，由 1997 年末的第 178 位升至第 11 位，在沪市中排名第 3 位，在江苏板块排名第 1 位。1999 年 5 月，《中国证券报》对沪深（上海、深圳）两市 868 家上市公司年报作统计显示，“南京高科”每股收益 0.83 元，排名第 14 位；净资产收益率 22.12%，排名第 42 位；净利润增幅 201.19%，排名第 22 位；主营利润增幅 209. 75% ,排名第 18 位。公司以 136. 84% 的主营业务增长率位居江苏板块第 1 名。至 1999 年,公司共完成主营业务收入 10. 43 亿元,净利润 2. 08 亿元,实现每股收益 0. 603 元,每股净资产 2. 85 元,净资产收益率 22. 13% 。公司总资产达 21. 26 亿元,为 1996 年上市前的 5. 61 倍。

主要参控股企业

南京新港电力分公司　为南京高科下属分公司,注册资本 6500 万元,主营火力、电力、蒸汽供应及管理。其前身是南京第二热电厂,1997 年 12 月,被“南京高科”收购。1999 年,实现销售收入 1. 68 亿元,实现利税 4022 万元。

南京港湾工程公司　1992 年 9 月成立,为南京高科下属分公司,主要从事基本建设工程施工管理,具有工程总承包二级资质,可承建国内外各类港口码头、桥梁、道路、房屋建筑、水电暖通、机械设备安装等建设工程项目。其前身是南京港口建设指挥部。自 70 年代始,先后承建南京港仪征中转油港、新生圩外贸港区深水泊位等国家重点建设项目。其中,新生圩外贸港二期工程被交通部评为优良工程和“双十大”工程之一,被南京市评为“十大明星”工程之一。1991 年后,承建马鞍山钢铁公司 2500 立方米高炉配套(包括原料进口码头、廊道等)、江苏省中日友好会馆、广东汕尾港码头扩建、深圳友联(香港)船厂码头、大连宏誉大厦等工程。

南京新港公用事业公司　1992 年 8 月成立,为南京高科下属分公司,从最初从事开发区机关日常行政后勤管理,发展成为集环境整治、卫生保洁、绿化园艺、水电安装及土建维修等于一体的综合性物业管理企业。

南京新港工程设计所　1993 年 3 月成立,为南京高科下属全资子公司,主要负责用地规划、基础设施工程设计,并为工程项目决策与实施提供规划、选址、可行性研究、招投标咨询、工程设计、项目管理、施工管理和投产后咨询等全程技术和管理服务。至 1999 年底,共完成尧新路一期工程、开发区内道路、雨污水处理、给水管线、华新电线电缆厂房、爱德奇电讯一期工程等 13 项工程设计。

南京新港广告公司　1993 年 9 月成立,为南京高科下属全资子公司,由原先的简单制作向业务设计制作和委托代理方向发展,进行户外广告牌、灯箱、影视、报刊广告、平面设计印刷及装饰工程设计施工,拥有数套专业“苹果”电脑设计、输出设备以及刻字、摄录像条件。

南京臣功制药有限公司　1992 年成立,主要经营各种中西药制剂、膜控释型经皮给药系列产品、医药保健用品、新型医疗器械生产销售和咨询服务，主产品有国家级新药“臣功再欣”“臣功再佳”“臣功舒胸”和省级新药“臣功智子”等。1999 年，实现销售收入 3776 万元、利税 216 万元。

南京先河制药有限公司　1997 年成立。公司注册资本 800 万元，一期占地 4667 平方米。主要生产国家级激素类抗癌新药“倍恩”胶囊（醋酸甲羟孕酮 MPA）和“佳迪”胶囊（醋酸甲地孕酮 MA）等产品。年产值 1.6 亿元，利税 3500 万元。

中信证券股份有限公司　为大型综合类证券公司，由原中信证券有限责任公司经股份制改制后成立，注册资本 2.08 亿元。1999 年，实现利润 4.05 亿元。

南京栖霞建设股份有限公司　1999 年 12 月成立，注册资本 1 亿元。主营综合小区开发，商品房（不含写字楼）的销售、租赁、售后服务，新型建材、住宅配件的研究开发、制造、应用、推广和销售等。1999 年，实现利润 2350 万元。

【进区企业选介】

至 1999 年，已有日本夏普、伊藤忠、丸红、日商岩井、神户制钢、藤仓，荷兰飞利浦，美国艾欧史密斯、ADC，意大利赛斯，瑞典爱立信，比利时 UCB，法国杜朗，韩国 LG 和中国台湾华新丽华、和桐以及上海宝钢等一批世界 500 强跨国集团公司、产业巨头和国内知名大企业在开发区内落户。

金桐石油化工有限公司　1995 年 12 月创办。主产品为烷基苯、烷基苯磺酸、烷基苯磺酸钠（粉状），副产品为重烷基苯、焦油、轻质油等。年产 10 万吨烷基苯装置，引进国外先进技术和部分关键设备，生产全过程采用世界上 DCS 集散控制系统。至 1999 年，实现销售收入 7 亿元、利润 5700 万元。

南京华新电线电缆有限公司　1996 年创办，主要生产销售各类铜条、电线电缆和通信电缆，是中国最大的铜条生产基地。产品销往菲律宾、新加坡等东南亚国家和中国香港地区。1998 年 9 月，打开日本市场，成为国内生产低氧铜杆首家出口企业，同年创汇 1206 万美元。在中国最大 500 家外商投资企业中排名 295 位。1999 年，实现销售收入 11.01 亿元、利润 2552 万元。

南京夏普电子有限公司　1997 年 9 月创办。主要生产液晶投影电视、

16：9宽屏幕彩电、多媒体显示终端及其相关产品，开展高技术彩电、通信、音响设备的开发、销售、服务和技术咨询。1999年，彩电、音响、激光头产销率平均达到96%，出口创汇5661万美元，实现利润891万元，名列全市外资企业第一位。至1999年，连续三年被南京市政府评为年度优秀外商投资企业。

南京华赛吸气剂有限公司 1997年9月创办。生产具有广泛用途的彩色阴极射线管吸气剂，年生产能力为5800万只。至1999年，实现销售收入6581万元。

飞利浦南京磁性材料有限公司 1997年10月创办。运用具有世界先进水平的磁性材料制造技术，引进国外先进设备，生产软、硬铁氧体产品，包括用于彩色显示管和彩色监视管的各种型号的偏转磁芯以及E型、U型磁性材料产品。至1999年，实现销售收入6513万元。

南京华新藤仓光通信有限公司 1997年12月，一期工程投产。主要从事单模光纤、各类光缆及光元件产品的生产和销售。年产光纤80万芯公里、光缆10万芯公里。二期工程建成后，光纤产量扩充至400万芯公里，为国内最大的光纤光缆生产基地。1999年，实现销售收入1.07亿元。

南京艾欧史密斯(中国)热水器有限公司 1997年12月创办。主要产品有燃气、燃油、电力快速热水器，容积式热水炉以及直流式热水炉等水暖供应系统，有20多个系列300多种规格，可年产30万台快速热水器和50万台容积式热水器。1999年，实现销售收入1.1亿元。

南京LG同创彩色显示系统有限公司 1997年9月创办，1998年9月投产。主要从事显示器设计、生产和销售，有15、17、19、21英寸等多种系列产品。1999年，实现销售收入3.5亿元。

南京美瑞制药有限公司 1995年11月创办，1998年9月建成投产。主要从事天然药物的研究、开发、生产和销售，前期产品以天然药物有效成分药用品为主，产品有治疗良性前列腺肥大、慢性前列腺炎和前列腺疼痛的“百乐泰”(原名“前列腺泰”)、抗中毒性及病毒肝炎的药物“海保尔”、抗男性脱发制剂“复尔施”和抗衰老剂“康尔保”等。

爱德奇电讯(南京)有限公司 1999年3月创办。主要研究开发、生产、销售光纤配件、光学元件、数字配线、射频元件等系列通信产品，并提供相关服务。

南京宝日钢丝制品有限公司 1999年8月创办。产品以汽车、摩托车用冷镦、弹簧钢丝为主,并逐步开发和生产汽车发动机、汽车悬挂弹簧钢丝等品种,生产规模10万吨/年。当年,产钢丝25000吨,实现销售收入1600万美元,利润130万美元。

弓箭玻璃器皿(南京)有限公司　1999年9月创办。主要从事各种高档玻璃器皿生产。

NS南西电子有限公司　1999年12月创办。主要生产销售新型电子元件,开展售后服务。引进具有速度快、精度高的新一代节能、低噪音和高度自动化PCB组装机。主要为南京LG同创彩色显示系统有限公司生产配套新型电子元件。当年,产电子元件450万套/件,实现销售收入1.3亿元。

南京盟钢工具有限公司　1997年1月创办。经营五金工具、手工具、机械零配件、汽机车零配件、气电工具配件的制造加工及销售业务。年产五金工具1200万支,产品70%销往国外。

南京胜柏包装制品有限公司　1997年6月创办。主要生产各种塑料泡沫包装制品(EPS),并从事瓦楞纸板箱及包装机械设备的维修服务。年产塑料泡沫包装制品600吨、纸箱100万平方米。

南京太平洋塑胶有限公司　1998年12月创办。主要生产销售注塑产品及模具,产品50%销往国外。

南京金泰储运有限责任公司　1999年12月创办。新建5000吨级液体化工趸船码头泊位1个,容量14000立方米原料储罐7座,码头至烷基苯厂管廊两端配套设施等。设计年通过能力60万吨。

南京天地集团　1998年9月创办。首批项目为拥有国家三项专利技术的“大陆鸽”电动自行车和获“江苏省最佳时尚用品”的“小救星”便携式心脏监护报警器。1999年,年产20万辆电动自行车,实现销售收入4.5亿元。

金陵药业股份有限公司　1998年创办。综合制剂车间是国内自动化程度最高、最先进的大型中成药生产基地,被国家药品监督局认定为“全国中药注射剂实验基地”。年产“脉乐宁”6500万支,片剂5亿片,胶囊剂2亿粒,颗粒剂500万袋,年新增产值2亿元,实现销售收入3亿元、利润1.1亿元。1999年,在全国医药500强企业中,销售排名第27位,利润第15位,在江苏省排名为第2位。

江苏瑞禾农药厂　1999年9月创办。主要生产、销售除草剂、杀虫剂、杀菌剂、植物生长调节剂等系列产品,年产各种剂型农药1万吨。

第十五编　民主党派　人民团体

民国 35 年(1946)4 月,中国民主同盟(简称民盟)最早在栖霞地区建立分支机构。次年 7 月,中国农工民主党(简称“农工党”)在区境内建立工运和农运机构。至新中国成立前夕,区境内各民主党派及其成员积极参与反饥饿、反内战、反迫害民主运动,并逐步形成配合中国人民解放军胜利进军的第二条战线,为南京解放和新中国的诞生建立了功绩。新中国成立后,区境内各民主党派及工商业联合会(简称“工商联”)在中国共产党领导下,围绕巩固新生人民政权,恢复发展经济,积极参加镇压反革命、“三反”“五反”和社会主义改造运动,做出了卓有成效的努力。在 1957 年的反右派斗争中,区境内一部分长期同中国共产党合作的民主党派人士被错划为“右派分子”。“文化大革命”中,一批民主党派人士遭受冲击,各民主党派及工商联被迫停止活动。中共十一届三中全会后,中共栖霞区委落实统一战线政策,为被错划的“右派分子”摘“帽”,为在“文化大革命”中蒙冤的民主党派人士平反昭雪,中国共产党与各民主党派“长期共存、互相监督、肝胆相照、荣辱与共”的方针得以贯彻,区内各民主党派组织逐步发展,队伍不断壮大,成员不断增加,其参政议政的作用得以充分发挥。1980 年,全区仅有 3 个民主党派基层组织,成员 17 人,至 1992 年,民主党派组织发展到 8 个,成员增至 68 人。各民主党派组织按照时代要求和各自特点与优势,积极参政议政,参与民主管理、民主监督,开展社会办学、科技咨询,扩大同海内外爱国人士的联系,致力于栖霞区的改革开放和现代化建设,致力于祖国统一大业。1997 年,区工商联组织得到恢复。1984 年 5 月,区政协成立。在历届区政协委员中,均有相当比例的各民主党派成员。第一届、第三届区政协常委会中,8 个民主党派均有成员当选,有 3 位民主党派成员担任区政协副主席,先后有 3 位民主党派成员担任区人民政府副区长,另有 3 位民主党派成员担任区政府部门领导职务。在长期革命斗争中,区内广大工人、农民、知识分子和青年学生,也都为新中国的诞生,前赴后继,流血牺牲。民国 29 年(1930),仅在南京雨花台就有 10 位志士仁人被国民党反动派杀害。新中国成立后，栖霞地区工会、农会、青年团（共青团）、少先队和妇联等各社会群众团体相继建立组织。“文化大革命”期间，区内社会群众团体活动中断，1978年后，逐步得到恢复。进入80年代后，在改革开放和社会主义现代化建设中，各社会群众团体，各显所长，各领风骚，成为栖霞地区经济社会事业发展的中坚力量。

第一章 民主党派

栖霞地区的民主党派组织发端于民国35年（1946）成立的民盟支部。之后，中国农工党等民主党派组织相继成立。民主党派及其成员，与中国共产党声息相通、患难与共，富有反帝、反封建及崇尚民主科学的光荣传统。新中国成立后，区境内各民主党派组织与时俱进，历经风雨，不断得到发展。1992年，中国国民党革命委员会（简称“民革”）、中国民主同盟（简称“民盟”）、中国民主促进会（简称“民进”）、中国农工民主党（简称“农工党”）4个民主党派在区内建立支部。1995年区划调整后，区内民主党派组织有6个，成员38人。1999年，全区有民主党派组织6个，成员69人，其中，民革6人，民盟18人，中国民主建国会（简称民建）3人，民进15人，农工党24人（含市属单位的成员12人），九三学社3人。民主党派成员中，具有高级职称33人、中级职称29人、初级职称4人；本科学历36人、大专9人、中专9人、高中2人、初中3人。民革、民盟、民进、农工党4个民主党派在区内建有支部，九三学社及民建仅有成员分布在区内。

【中国国民党革命委员会栖霞区支部】

1986年、1994年，支部成员分别为8人、12人。1995年后，因区划调整，区民革直属支部自行撤销。1996年，支部成员10人。1998年4月，民革栖霞区支部复建，支部成员6人。至1999年未变。

【中国民主同盟栖霞区支部】

民国35年（1946）5月，民盟中央常委会议决成立民盟南京市支部临时筹备委员会。1951年，南京农学院（今南京农业大学，时在栖霞区境内，1995年划出）建立民盟分部，后改为支部。1966年，区民盟支部停止活动。1977年11月，恢复活动。1984年，燕子矶中学成立民盟支部，支部成员8

人。1992—1994 年,区民盟支部成员 22 人。1996 年,支部成员 17 人。1999 年底,成员 18 人。

【中国民主建国会栖霞区成员】

1955 年,中国水泥厂、江南水泥厂的民建成员带头实行公私合营。1986 年、1990 年、1994 年,1999 年区内民建成员分别为 1 人、2 人、3 人、3 人。

【中国民主促进会栖霞区支部】

1987 年 5 月,民进栖霞区迈皋桥中学支部成立,支部成员 11 人。1992 年,支部成员 12 人。1998 年,支部成员 13 人。1999 年底,支部成员 15 人。

【中国农工民主党栖霞区支部】

民国 37 年(1948)9 月,农工党工运委员会成立第七区(八卦洲)分部,成员近 30 人。同时成立民运委员会北郊区分部,成员 10 余人,主要活动是在国民党军警中进行策反,搜集军事情报。次年初,曾组织接应人民解放军渡江作战。解放军渡江后,该组织成员主动搜缴国民党军队溃逃时遗弃的枪支弹药和其他物资送给解放军。民国 38 年(1949)5 月,北郊区工运和农运分部撤销。1992 年 7 月,农工党栖霞区医务支部成立,支部成员 14 人。1995 年、1998 年,支部成员分别为 7 人、16 人。1999 年,支部成员 24 人。

【中国致公党栖霞区成员】

1983 年,区内有中国致公党成员 1 人。1985—1993 年,区内中国致公党成员均为 2 人。1995 年,成员增至 5 人。1995 年 5 月,全部随区划调整划出。

【九三学社栖霞区成员】

1953 年,南京农学院(驻区单位,1995 年划出)、华东农业科学研究所(时为驻区单位,1995 年划出),分别建立九三学社支社。“文化大革命”期间,九三学社被迫停止活动,1978 年后恢复活动。1984—1998 年,九三学社成员在区内均为 2 人。1999 年,九三学社在区内有成员 3 人。

【台湾民主自治同盟栖霞区成员】

1995年前，区辖中山中学有台湾民主自治同盟（简称“台盟”）成员2人，1995年5月，该校随区划调整划出，区内已无台盟组织及成员。

【民主党派主要活动】

参政议政　1984年5月至1995年4月，民盟成员、中国致公党成员、民建成员都曾先后担任区政府副区长或大常委会副主任（兼），民革成员担任副局长和区政府办公室副主任。各民主党派支部负责人每年都应邀参加中共栖霞区委、区政府召开的情况通报会、座谈会，或通过参加区人大、政协会议，参与协商全区经济建设和改革发展的各项工作，并提出提案和建议。在区政协第一届至第四届会议期间，民主党派成员提交各种提案计198件，内容主要涉及环保、城建、交通、市容、教育、卫生等方面。1991年4月，民革联合支部成员、民建支部成员、民进支部成员联合提交“关于重建迈皋桥地区农贸市场”的提案、调查报告及提案论证附件共4份，引起区委、区政府和市、区工商局及迈皋桥镇政府的重视。1997年，迈皋桥镇投资30多万元，建成3600平方米的康乔农贸市场，1999年，又投资18万元，将该市场扩建至5400平方米。至1999年，区民革、民盟、民建、民进、农工党及九三学社20名成员先后被区纪律检查委员会聘为党风联络员和行风监督员，参与区法院、检察院、公安分局、质量技术监督分局、地税分局、市容局等部门党风行风的监督和检查工作。

调查研究　90年代后，区内各民主党派成员开始关注社会热点问题，参与课题调查，共撰写调查报告10篇。民盟燕子矶中学支部、民进迈皋桥中学支部和民革成员撰写的《如何搞好民主党派与中共基层党组织合作共事》以及《治理栖霞山粉尘污染》的调研文章，受到区委组织部和区政府有关部门重视。民进迈皋桥中学支部撰写的《关于对迈皋桥镇敬老院情况的调查》在《南京民进》上刊登。农工党区医务支部撰写的《关于栖霞区社区卫生服务的调研与思考》和区农业局九三学社成员撰写的《栖霞区减控农民负担的情况调查》，分别被区委统战部评为1999年度统战调研文章一等奖和三等奖。

社会活动　1952年，区内民盟成员参加农村土地改革工作。1953年，第八区民主党派成员捐款购买飞机大炮支援抗美援朝。1956年，中国水泥厂、江南水泥厂民建成员带头实行公私合营。“文化大革命”后，各民主党派组织成员学习中共中央各项方针政策，持续进行坚持四项基本原则教育。1987—1999年，在反对资产阶级自由化、批判“法轮功”邪教组织和批判李登辉“两国论”的政治斗争中，各民主党派成员始终同中国共产党保持一致。1996年开始，农工党栖霞医务支部成员每年数次送医上门，组织义诊活动。1999年，民进迈皋桥中学支部多次组织成员到敬老院调查、走访，慰问老人。

第二章　人民团体

栖霞地区各种人民团体成立较早。民国16年(1927)4月，中国水泥股份有限公司龙潭工厂(今中国水泥厂)组建工会，发动工人请愿罢工，组织工人纠察队包围国民党中央党部代表，要求抚恤该厂被机器压死的工人，并向厂方提出增加工资、改善待遇等13条要求，罢工坚持4天，最终取得胜利。民国17年(1928)夏，晓庄师范建立社会主义青年团组织，有青年团员10多人。民国19年(1930)4月，晓庄师范遭到国民党反动当局封闭，数十位师生被捕，有10人被杀害，其中，青年团员6人。新中国成立后，栖霞地区工商业联合会、工会联合会、农民协会、新民主主义青年团(1957年改称共产主义青年团，简称“青年团”“共青团”)、妇女联合会(简称“妇联”)、少年先锋队(简称“少先队”)相继组建。80年代后，区内各种协会先后成立，至1999年，总数达到34个。

【栖霞区工商联和栖霞区商会】

组织机构　1953年，南京市工商业联合会第八区分会、中山陵园区分会和第九区分会筹备委员会成立，以后，随着区域名称变更、区划调整，区域内工商业联合会的名称及所属亦有多次变更。1984年5月至1995年4月，区工商联成员提交有关区经济建设和改革发展的提案10个。1997年3月，栖霞区召开工商联第四届会员大会，恢复成立栖霞区工商联和栖霞区商会。会议代表60名，选举产生执委13名。会后，全区按区域划分为4个工商联小组，先后成立迈皋桥、燕子矶等5个镇商会，发展会员132名。1999年，区工商联有镇商会5个，会员192名，执委17名。

主要活动　1954年、1956年、1957年，区工商联会员分别认购建设公债2.35亿元(旧人民币,折合新人民币2.35万元)、1.18亿元(旧人民币,折合新人民币1.18万元)、8970元。50—60年代,区工商联成员纷纷实行公私合营,积积参加社会主义劳动竞赛和增产节约活动,严格执行商业供应政策。1997年,恢复后的区工商联向私营企业、个体工商户和台、澳、港同胞及海外侨胞投资者宣传党的方针政策,组织会员到外地学习、考察,投入资金开展“光彩事业”,走访会员,维护会员合法权益。1999年,区工商联撰写的《我区非公经济现状与思考》调研文章刊登于《栖霞调研》。

【工会】

区总工会　新中国成立后,栖霞地区工会组织最早为1950年3月南京市工会在第九区、第十区建立的派出机构。以后,随着区域名称的变更、区划的调整,区域内工会组织的名称及所属亦有相应变更。1979年8月,南京市总工会栖霞区办事处恢复。1989年11月,栖霞区工会办事处召开第一届会员代表大会,成立栖霞区总工会,出席会议代表151人。1993年10月,召开第二届代表大会,出席会议代表175人。1998年11月召开第三届代表大会,出席会议代表107人。至1999年,区总工会辖基层工会组织(不含驻区企业)1191个,有会员40351人,其中,女性11332人。

群众性竞赛活动　1950—1960年,栖霞地区各级工会组织围绕恢复和发展国民经济,组织职工开展增产节约、增收节支社会主义劳动竞赛活动。1978年后,区城建系统组织创全优工程竞赛,商业系统组织文明经商优质服务竞赛,教育系统开展为人师表竞赛。1979年,开展“学大庆、树标兵”竞赛活动。1986年,组织驻区大企业技术人员开展技术协作、技术革新、技术培训、技术攻关活动,开办技术培训班86期,培训职工4500人。1991—1994年,组织职工开展“效益杯”“质量杯”“节能杯”“奋进杯”“新品杯”和质量能手、节约能手、革新能手、技术能手、服务能手竞赛活动。活动中,南京热管厂的螺旋翅片管、南京钟山环保设备厂的“钟山”牌LWX系列次氯酸钠发生器、南京栖霞山保温材料厂的保温棉等一批产品分别获部、省、市优质名牌产品称,包卫星等4名职工被南京市总工会授予“技术能手”称号,区总工会获南京市劳动竞赛优秀组织奖。1995年始,区总工会组织工业、交通、城建、商业、卫生系统以及乡镇企业开展劳动竞赛和小技术、小革新、小发明、小节约、小核算、小建议竞赛活动。1995年初,区总工会开展安全生产、劳动保护“零”点无事故目标竞赛。至1999年,全区有27000多名职工参加劳动竞赛,提合理化建议 19691 条,创造经济效益 1670 万元。

企业民主管理 1985 年,有 55 个区属企业建立职工代表大会(简称"职代会")制度。1988 年,《全民所有制企业、集体所有制企业职工代表大会条例》公布实施,企业职代会制度纳入法制化轨道。1988 年后,在全区企业中推行厂长(经理)承包经营责任制,200 人以上企业实行厂部、车间、班组三级民主管理,建立民主对话会、民主质询会、行政领导述职报告会、民主接待日等民主管理制度。1992 年,基层企业工会代表职工与企业行政开展"双支持、双维护、签订双保合同"(简称"三双")活动;在外商投资企业和私营企业开展"双爱双评"(职工爱企业、厂长爱职工;评优秀职工和优秀厂长)活动;在事业单位开展"三双"活动。是年,区被评为南京市"三双"活动先进集体。1993 年,在南京市"三双"活动评比中,区获南京市"三双"活动特别优胜奖。1994 年,全区有 160 家企业开展"平等协商、签订集体合同"活动,维护职工合法权益。1999 年始,"厂务公开"活动纳入企、事业单位民主管理,全区企业单位职工民主管理参与率为 60%,事业单位职工参与率为 100%。1999 年底,区总工会与区计经委、劳动局建立劳动关系"三方"协调机制,推动职工参与和支持企业改革。是年,全区企业产权制度改革面达 100%,工会组织参与改制率 100%,职代会召开率 100%。

送温暖工程 1996 年,开展"进万家门,知万家情,解万家难,暖万家心"送温暖工程,工会干部结对帮扶、建立扶贫联系点、重大节假日走访慰问等形成制度。1998 年,区总工会成立下岗职工再就业服务中心,全区各级工会组织帮助 1100 多名下岗职工重返就业岗位。1999 年,全区募集"送温暖"资金 600 多万元,扶贫帮困 1800 多人(户)次。至 1999 年 12 月,区总工会组织职工外出短期疗养、休养 3794 人次。为 7300 名职工办理大病补充保险、意外伤害保险、康安保险等多种补充保险。

【共青团】

团区委 新中国成立后,栖霞地区的团组织最早为 1950 年 4 月建立的新民主主义青年团南京市第九区工作委员会。1950 年 6 月—1963 年 4 月,随着区域名称的变更、区划的调整,区域内团组织的名称及所属亦有相应变更。1965 年 5 月,栖霞、燕子矶、中山陵园三区合并为栖霞区,三个团区委撤销,共同组建共青团南京市栖霞区委员会。"文化大革命"开始后,区共青团工作一度被"红卫兵"组织取代。1973 年 1 月,团区委恢复活动。1973

年1月，召开第一次团员代表大会，有团员6299人，出席会议代表469人。1981年5月，召开第二次团员代表大会，有团员10338人，出席会议代表238人。1984年5月，召开第三次团员代表大会，有团员10869人，出席会议代表250人。1987年，召开第四次团员代表大会，有团员11210人，出席会议代表250人。1990年11月，召开第五次团员代表大会，有团员18312人，出席会议代表250名。1993年10月召开第六次团员代表大会，有团员7118人，出席会议代表175人。1996年10月，召开第七次团员代表大会，有团员6382人，出席会议代表160人。1999年5月，召开第八次团员代表大会，有团员13033人，出席会议代表150名。

教育活动 新中国成立初，栖霞地区团组织对广大团员青年开展"抗美援朝、保家卫国"方面的思想教育，参加签订"爱国公约"活动。1951—1957年，在团员青年中进行"共产党、共产主义和农业生产发展方向"等方面的共产主义思想教育。1962年，开展共产主义道德、革命传统教育。1963年，开展"向雷锋同志学习"活动。1965年，开展学习王杰活动。此后，团区委引导青年学习马列主义、毛泽东思想，开展"看革命书籍、讲革命故事"活动。1973年始，开展阶级教育、革命传统教育、革命思想教育。中共十一届三中全会后，开展形势教育、革命人生观教育、共产主义道德品质教育，并动员组织团员青年投入到"学雷锋、树新风"和"五讲四美"活动中去。1981年，全区团组织开展"学雷锋、树新风"和"双争当"（争当新长征突击队、新长征突击手）活动。其间，全区有280名团员加入中国共产党，160个团支部获得先进集体光荣称号，1022名团员成为省、市、区新长征突击手。团区委购置图书6000多册、文体器材800多件，建立"青年之家"17个。1982年始，开展"理解、参与、奉献"教育活动，"明国情、知使命"知识竞赛、"爱我中华"演讲比赛及"坚定社会主义信念"读书活动。1982—1990年，开展"五小"（小建议、小设计、小革新、小改造、小发明）和"QC"技术比武活动，取得"五小"成果3000多项，被采用的"QC"管理论文70多篇。90年代，针对香港、澳门回归祖国，"法轮功"邪教组织活动猖獗等重大事件，开展爱国主义和崇尚科学教育。1993年始，以"服务社会、岗位奉献"为主题，组织团员开展"学雷锋青年志愿者"活动，常年为军烈属、"五保"户和敬老院义务服务，在街头、农村开展便民活动，参加人数3万人次。1994年，开展科技兴工强农"四杯"（"星火杯""丰收杯""燎原杯""大禹杯"）农村青年百业竞赛主题活动。1995年，团区委被团中央授予"全国农村青年星火科技示范活动先进示范县(区)”称号。1996年,开展“青年科技示范、培养农村青年科技兴农带头人”和“科技致富奔小康、加快建设现代化”活动,评选出“栖霞十大杰出青年”“栖霞青年五行十佳”和“科技之星”90名。1997年起,开展“青年文明号”志愿服务活动。1999年3月6日,1000名团员栽植杂交柳和意杨2万株,完成长江防浪林工程。同年,团区委被授予江苏省“青年国土绿地三百(新办100个青年绿色经济实体、引建100个青年生态绿化基地、创建100个青年城镇园林绿化示范工程)工程建设先进集体”称号。至年底,全区有省级“青年文明号”19家。

少先队 新中国成立初至1987年,区内各中小学均建有少先队组织。1987年10月,成立区少先队工作机构,设在团区委。同年,团区委根据少年儿童“求新、求异、求奇”特点,组织少先队员开展党史、团史、国情教育和“红领巾读书读报”“学雷锋,学赖宁,争做党的好孩子”等活动,全区有15名少先队员被南京市少工委授予“文明小天使”称号,7个中队被评为文明小天使群。1994年后,全区少先队工作以“雏鹰行动”为主题,开展“启明星”科技,“五自”(自学、自理、自护、自强、自律)学习实践,“手拉手”互助和雏鹰达标争章等活动。尧化中心小学学生殷俊作为“全国百对手拉手好朋友”代表进京,受到国家领导人接见。1995年11月22日,召开少先队南京市栖霞区第一次代表大会,选举产生少先队栖霞区第一届工作委员会(简称少工委)。区少工委下辖10个文教办和7个直属中学少先队组织。1999年,江嵊小学被全国少工委命名为“全国少先队理论研究基地”,该校五年级学生王茜成为全国首批少年科学院小院士,赴京参加全国少科院成立仪式。是年,全区有国家级少先队红旗大队2个,省级红旗大队2个。

【妇联】

区妇女联合会 栖霞地区的妇女组织最早为1950年4月成立的南京市民主妇女联合会第九区妇女工作部。以后,随着区域名称的变更、区划的调整,区域内妇女组织的名称及所属亦有相应变更。1965年5月,栖霞区与燕子矶区、中山陵园区合并为栖霞区,区及所辖10个公社、6个镇先后成立妇联组织。1966年5月,“文化大革命”开始,妇女工作中断。1973年7月,召开区第一次妇女代表大会,复建区妇联,出席会议代表456人。1979年7月,召开第二次妇女代表大会,出席会议代表350名。1984年4月,召开第三次妇女代表大会,出席会议代表350名。1988年3月,召开第四次妇女代表大会，出席会议代表249人。1993年10月，召开第五次妇女代表大会，出席会议代表181人。1998年10月，召开第六次妇女代表大会，出席会议代表131人。

参政　1953年，第八区、中山陵园区95%以上的妇女参加乡镇人民代表选举。第八区有90名妇女当选为人民代表，6名妇女当选为正、副乡镇长，22名妇女当选乡镇人民委员会委员。中山陵园区有52名妇女当选为人民代表，2名妇女当选为副乡长，12名妇女当选为乡人民委员会委员。“文化大革命”开始后，此项工作中断。1987年，开展妇女人才宣传、选拔、培训、推荐工作。1995年，全区10个镇、乡均配备1至2名乡镇级女干部。1997年，全区各镇、乡均配备1名村级女干部。1999年，全区有市管女干部3名，区管女干部34名，镇乡管女干部77名，乡镇企业副厂长以上女干部16名。

维护妇女儿童权益　1950—1958年，各级妇联组织组织宣传“共同纲领”“宪法”“婚姻法”“选举法”，反对包办婚姻，禁止歧视妇女，鼓励妇女走上社会参加生产和工作。1960年，十月公社新合农场幼儿园被评为全国儿童工作先进集体。“文化大革命”开始，活动中断。1973年，组织宣传国家“计划生育法”。1976年，组织开展妇女“四期”保护宣传和新法接生推广工作。协调有关部门开展妇女病普查普治工作。1981年，牵头组织开展儿童少年工作。1982年，组织开展争创“文明幼儿园”活动。同年，以小市镇为试点单位，发展私人办托儿所，解决3岁以下儿童入托难问题。1983年，南京市妇联在小市镇召开私人办托儿所工作现场会。1984年，在迈皋桥镇东井村小区开办大集体幼儿园。1986年，着手组织跟踪帮教失足妇女工作。1986年，动员社会力量兴办“爷爷奶奶学校”“孕妇学校”“新婚夫妇学校”“学生家长学校”等，开展“十佳家长”“健康宝宝”评选活动。1991年，区妇联配合区司法部门解救被拐骗妇女5人。1992年，区妇联被评为南京市税法宣传教育先进集体。1995年，获南京市乡镇企业职工学法竞赛活动组织发动奖。1996年，栖霞区被评为江苏省幼儿教育先进区。1997年，区妇联被评为南京市暑期活动先进集体，是年，成立区妇女权益保障工作委员会（简称“妇委会”）。1998年，区妇委会与区儿童少年工作协调委员会合并成立栖霞区妇女儿童工作委员会。1999年，成立区妇女法律援助中心。是年，该中心被评为南京市“万家说法”活动先进集体。

第十六编　政　　法

明嘉靖四十四年(1565),栖霞地区设巡逻官军。清乾隆年间(1736—1795)置巡逻营。同治三年(1864),实行警察制度,设巡警和守望警,辅以保甲编制,掌理户政、赋役。民国20年(1931)7月,孝陵卫、燕子矶成立警察局。民国22年(1933),增设八卦洲、孝陵卫、燕子矶警察巡逻队。民国23年(1934),中山陵园设第九警察局,栖霞设警察分局。民国29年(1940),龙潭、东阳设警察分驻所。民国35年(1946),龙潭设警察分局。民国38年(1949)1月,成立南京市北郊警察局,辖燕子矶、迈皋桥、八卦洲、七里乡、下坝、尧化门、笆斗山警察所。同时成立东郊警察局,辖仙鹤门、蒋王庙、孝陵卫、沧波门、马群、陵园警察所。民国38年(1949)6月,第九、第十区设立公安分局。1950年8月,两区人民政府设司法科,代行人民法院职能。1953年7月,第九区人民政府设司法科和公安分局。1954—1955年,三区人民法院、人民检察院相继建立。1965年,三区合并为栖霞区,公检法机构也随之合并。"文化大革命"初期,区公检法机关被"砸烂",由中国人民解放军军管会接管,公检法人员大多下放农村或改行。1973年,区公安分局、人民法院先后恢复。1978年12月,区人民检察院重建。1981年,区人民政府重建司法科,区公、检、法、司之间,形成各自依法独立行使职权,既相互密切协作,又互为制衡的新的政法体系,为地区经济和社会事业的发展以及维护社会稳定、保卫公民合法权益保驾护航。

第一章　公　　安

新中国成立初,人民政权刚刚建立,社会秩序尚不稳定。区公安机关全力对罪大恶极的反革命分子和特务骨干、恶霸分子、血债分子实施镇压。1952年,开展取缔"一贯道""中华理教会"等反动会道门的工作,同时开展禁毒、禁娼、禁赌工作。1953年,区公安机关工作重点由改造旧社会,转向对经济建设的保卫,加强单位内部的保卫组织建设。"文化大革命"期间,公安工作受到冲击,区内“打砸抢”成风,社会治安混乱。1978年,区公安工作得到全面整顿恢复,公安队伍得到充实加强,公安业务建设走上正轨。1986年12月始,发放居民身份证,对居民实施身份证管理。进入90年代,区公安机关更新通讯和交通工具,提高主动进攻、先发制敌的机动能力,全方位介入地区经济和政治生活,在保护人民、打击犯罪、维护稳定、服务经济建设方面发挥“卫士”作用。

【户政管理】

常住人口管理　民国时期,栖霞地区人口管理主要形式为保甲管理。民国37年(1948),第九区有37保、529甲、13722户。38年3月,第九区有25保、383甲,第十区有37保、355甲。至南京解放初期,第九区有37保、573甲、11918户。民国38年(1949)6月,南京市第九、第十区废除保甲制,统一由公安机关户政管理部门管理。各派出所设专职户籍内勤和户籍民警,乡镇、街道按600户左右设立户口段,建立户口责任区,实行每户一本户口本制度,户口簿登记全户人口。1951年开始,派出所每年核对户口一次,户口核对时对学历、职业等正常的户籍变更项目当场办理。1953年7月至12月,第九区进行户口登记(第八区和第十区资料不详),共登记8443户,总人口37079人。12月,公安第九分局整编辖区门牌号码。1954年4月,发放户口簿。1957年11月至1958年10月,全面建立人口卡片,第九分局共建立人口卡片30295张,建曾用名卡510张,别名卡49张。1981年始,实行户口簿改革,户籍项目增加居民身份证编码等项目,取消年龄、成分、兵役状况等项目。1984年,区公安分局实施户口分段管理指标制,增设曹后村、东井村41号、东井亭新村、童卫路、苜蓿园、钟梅新村6个户口段,连同沧波、南京炼油厂、西花新村、龙厂路、进士坊5个户口段,共增设11个户口段。1990年5月,户口登记管理实行微机化操作。至1999年,全区设户口段102个,管理户口103889户。

流动(暂住)人口管理　50年代,区内流动人口50%以上为探亲访友。1955年,第九区(第八区、中山陵园区未详)流动人口356人,其中,探亲访友182人,盲流12人,无固定职业31人,旅客55人,未落户44人。60年代,对暂住人口只作总数统计。1965年,三区合并后,全区暂住人口为1313人,1966年,增至1506人。1984年12月,开始对到区务工经商人员制发暂住证,有效期为一年。暂住证由南京市公安局统一制发,申请者须持市区劳动、工商行政管理部门批准的雇用证明和户口所在乡镇证明，方可办理。90年代，区内暂住人口激增。1992年，登记暂住人口27119人，核发暂住证22300人。1995年，登记暂住人口21824人，核发暂住证20929人。1998年增至25646人，核发暂住证23731人。外来暂住人口中，从事多种经营活动人员占95%以上，投靠亲友、探亲访友、借读培训、治病疗养等占5%左右。1999年末，全区列入登记管理的暂住人口33348人，房屋出租户2100户。此外，还有户口不在栖霞区，而长期在区内居住的寄住人员4035户、9699人。

【社会治安】

镇压反革命　新中国成立初期，栖霞地区公安机关对战争罪犯和其他怙恶不悛的反革命分子以及继续进行反革命活动的分子，采取严厉制裁方针，对胁从分子、自首分子和在同反革命分子斗争中有贡献者，分别给予宽大处理或适当奖励。1950年12月21日，南京市人民法院在七里乡（今八卦洲乡）召开公审大会，处决恶霸地主萧月波。1953年7月，逮捕衡阳乡孔家边村伪保长兼反动会道门“一贯道”坛主红某某，逮捕土匪徐某某。是年，共逮捕反革命分子232名，其中，特务50名，反动党团骨干20名，反动会道门骨干15名，恶霸分子26名，伪军吏及恶霸地主等71名，被枪毙的有40名。1954年1月至8月，第九区公安分局逮捕41名反革命分子。其中，有血债分子1名，伪官吏2名，土匪4名，反动会道门骨干2名。10月，又逮捕反革命分子9名（多为外地负案血债分子）。1955年9月至10月，时栖霞区开展集中搜捕反革命分子行动。在“镇反”威力震慑下，反革命分子纷纷投案自首。投案自首者达459人，被逮捕的反革命分子50名。1956年8月，区加大镇压反革命政治攻势，投案自首的反革命分子有4人，刑事犯罪分子1人，主动交代政治历史问题的有88人。

摧毁反动党团及敌特组织　新中国成立初，中国国民党及三青团等反动党团在栖霞地区的组织相继被公安机关摧毁，其成员分别被登记处理。1951年，在栖霞镇破获匪特组织“忠义救民军宝华大队”，抓获成员30名。1953—1954年，第九区抓获并枪毙敌特分子40名，判处其他刑罚25名，管制3名。1955年，逮捕关押50名。1956年，逮捕5名，管制13名，对5名投案自首者予以从宽处理。

取缔反动会道门和非法组织　1953年1月，第八区、中山陵园区成立取缔反动会道门指挥部。南京市公安局第八分局逮捕一批以办道起家、罪恶严重以及取缔后仍从事非法活动的“一贯道”道首、坛主。1954年8月，区成立取缔“中华理教会”工作组，在龙潭、栖霞、乌龙、尧辰、新合等5个乡镇分别召开登记退会对象和部分群众小型会议5次，有680余人参加。是年，该会有2名成员被逮捕，其余均登记退会。1982年8月，燕子矶镇化工新村居民武某某伙同辛某某、徐某、潘某某等人，密谋成立反革命集团。次年7月，武某某等人将反革命集团命名为“中华兴民党”，并预谋抢夺枪支，举行暴乱。根据举报，区公安分局破获此案，武某某等人分别被判处有期徒刑。1996年，区公安分局开展对“全范围教会”“灵灵教”两个邪教组织的专项斗争，取缔邪教活动点10处，驱散信徒500余名，4名邪教为首分子被劳动教养，1名被拘留，25名邪教成员被责令停止活动。1997年3月，全区开展为期5个月的“制非”专项斗争，对区内40多个非法活动点进行综合治理，撤并、取缔25处，其余15处经整顿符合条件后，予以登记。1999年4月，区成立“法轮功”问题处置工作指挥部，查处取缔邪教“法轮功”练功点22处，排查、帮教邪教“法轮功”练习者419名，全部予以解脱。

禁毒 1950年，南京市公安局第八区、中山陵园区分局查缴毒品生烟774.01克，熟烟432.8克，烟灰141.6克，烟料128.1克，白面14.7克，白面料14.1克。1952年7月，逮捕毒犯14名，登记吸毒人员67名。80年代初，区内毒品犯罪基本绝迹，80年代末，种植毒品原植物案件有所抬头。1989年，区内查处7起种植毒品原植物案件，处理7人。1991年，查处44起私种毒品原植物案件，处理45人。1995年，查处44起私种毒品原植物案件，处理45人。1996年，查处7起私种毒品原植物案件，处理7人，查处吸食注射毒品1人。1997年4月，成立区禁毒领导小组，各镇乡相应成立禁毒工作班子和整治专业队，签订责任书，层层落实责任，5月，区公安分局在迈皋桥镇兴卫村等地铲除非法种植罂粟3795株，查获涉案人员7名，至6月，共破获涉毒案件8起。1997年10月，共调查掌握吸毒、贩毒和种植毒品原植物人员75人，其中，吸毒、贩毒人员25人，种植毒品原植物50人。1998年6月“国际禁毒日”，区委宣传部、区公安分局、区教育局等部门，在迈皋桥国贸商城广场举行禁毒宣传活动。7月，全区登记涉毒违法犯罪嫌疑人93人，当年，查破毒品犯罪案件13起，抓获涉毒违法人员19人，缴获海洛因95克，强制戒毒7人。

禁娼 新中国成立初期，栖霞地区卖淫嫖娼活动即已禁绝。50年代至

60年代，全区未发生卖淫嫖娼案件。80年代初，卖淫嫖娼现象重新滋生，区公安机关加大打击力度，组织各种形式查禁活动，1983年，查获首起卖淫嫖娼案件，犯罪嫌疑人受到罚款和劳动教养处罚。1989年春节，燕子矶派出所根据举报，查获马某母女卖淫串案。90年代，公安机关配合有关部门结合社会治安综合治理，在一些重点地区，开展有针对性的搜查行动。1988—1999年，共查处涉娼案件422次、699人。

禁赌 新中国成立初期，栖霞地区赌博现象较为突出，少数农民因赌博出卖耕畜、宅屋，甚至窃骗他人财物。区人民政府多次发布禁赌布告，组织查禁行动。1957年，发生赌博案50起。60年代后期，区内赌博案件减少。“文化大革命”中，赌博列入“四旧”，曾一度绝迹。70年代末，赌风逐渐兴起。80年代初，区公安分局开展查禁赌博专项斗争。1988年3月，区委批转区公安分局《关于开展查禁赌博专项治理工作意见》，严厉打击赌头、赌棍，破获一批涉赌案件，基本刹住赌风。是年有540名参与赌博人员到派出所登记。1995年，针对利用电子游戏机赌博日盛的情况，开展对电子游戏机室清理整顿和取缔活动。1985—1999年，共查处涉赌案件1562次、6228人。

重要活动安全保卫 1955年春，新版人民币公开发行，南京市公安局第九分局成立新币发行工作安全保卫领导小组。在对钱币兑换工作人员及库存点进行审查时，发现龙潭银行和栖霞信用社有的工作人员存在很严重的历史问题，且防范措施不力，遂与有关部门配合，排查出各类危险分子359人，并采取调配、控制措施，转移钱币存放地点，选派专人看库、押运，对钱库进行24小时值班看护，确保新币发行兑现过程万无一失。1956年1月11日，毛泽东主席视察栖霞十月农业生产合作社、玄武湖乡红光蔬菜农业合作社、紫金山天文台，区公安分局民警全程参与安全警卫工作。1995年10月24—29日，第三届全国城市运动会射击比赛在马群镇五棵松射击场进行，区公安分局成立专门工作班子，制定赛场、住地、通讯工作方案，组织开展公共场所安全、管制刀具、捕杀野犬专项工作，保证比赛用枪支的安全。1996年12月31日晚，栖霞寺举办元旦撞钟活动，近10万名群众参加，区公安分局民警实地勘查现场，制定安全保卫工作方案。之后，连续三年栖霞寺举办撞钟活动，现场均秩序井然。1998年3月20—30日，区民政部门在迈皋桥市民广场南侧红山路上，举办中国福利彩票发行活动，高峰时，现场有群众20万人，区公安分局成立安全保卫工作班子，制定工作方案，检查奖品位置、电路安全，维持秩序，保证彩票发行顺利。1999 年 9 月 10 日，南京师范大学新校区一期工程落成庆典在仙林新校区举行，江苏省、南京市领导及有关部门负责人、民主党派代表、外国留学生代表等计 5000 人参加，区公安分局承担学校外围治安保卫任务，派驻警力，做好庆典活动现场执勤，保证庆典活动顺利进行。

【交通管理】

车辆管理

机动车登记发证　50 年代，栖霞地区机动车辆很少。60 年代，随着一批大中型企业的兴建，区内机动车数量逐渐增多。70 年代末，特别是改革开放后，区内机动车数量激增。进入 90 年代，私人汽车越来越多，1999 年，全区有各类机动车 8316 辆。区内机动车的登记、发证工作，统一由南京市公安局车辆管理所（简称车管所）承办。

机动车年检　新中国成立后，机动车年检一年一次，每年 4—9 月集中在南京市车管所进行。1954 年，机动车年检采取集中车管所检验和部分自检相结合做法。1983 年起，机动车年检改在 3—12 月进行，按车牌尾数排定参检月份。1988 年起，除按尾数分月检验外，又规定按车牌倒数第二位数划分上、中、下旬。90 年代，管理制度健全完善，两年内无重大责任交通事故、20 辆以上多车单位，可申请自检，车管所进行 10% 抽检，一次合格率在 85% 以上的予以认可。1999 年，区机关、金陵石化公司炼油厂等单位均为车管所认可的自检单位，年检合格率均在 90% 以上。

路政管理　进入 80 年代，车辆猛增，道路拥挤，事故频发，公安交通管理部门加大警力，合理布设岗段，改善道路交通标志和设置，采取有效限行措施，并配合有关部门，取缔违章建筑和占道经营，开展综合治理，还道路于交通。1995 年后，交警七大队每年均数次对和燕路等重点路段组织交通检查。1999 年，区内主要路段共布设灯岗 8 个、流动岗 4 个、徒手岗 7 个，在干道设置指示标志 32 处，警告标志 24 处、禁令标志 64 处，并在交通流量较大的和燕路迈皋桥段等处设置隔离护栏。

【消防管理】

民国 28 年（1939），燕子矶镇居民自发组织救火会，到民国 36 年（1947），燕子矶救火会有救火人员 10 人。1955 年 4 月，第八区成立专职消防队。1956年底,南京电瓷厂、中国水泥厂成立专职消防队。1966年,驻区6个工业企业有专职消防队队员66人。“文化大革命”期间,消防队员被取消消防民警待遇,消防队伍解散。1973年8月,企业专职消防队得到恢复。1978年,有驻区工业企业专职消防队9支、消防人员97人。1985年,全区有11个专职消防队,消防队员增至134人。1987年,全区专职消防队统一着装。1989年,全区专职消防队开始聘用合同制消防专职人员。同年12月,驻区南京化工厂、金陵石化公司化工一厂、南京华东电子管厂、金陵石化公司塑料厂消防队被评为市消防战线优胜集体。1999年,区内有专职消防队16支、人员共775人。

第二章 检　　察

新中国成立初,栖霞地区无检察机构。1955年12月,栖霞、燕子矶和中山陵园三区成立人民检察院,依法担负一般监督、侦查监督、审判监督和侦查等任务。1957年,停止一般监督和侦查工作。1958年11月,与南京市郊区公安分局合署,1962年分设。1967年,区军管组对区公、检、法实行军管后,检察工作中断。1978年,恢复设立区人民检察院。至1999年,区检察院通过各项检察活动,打击犯罪,惩治腐败,维护社会秩序,保护公民合法权益,促进地区的社会经济发展和精神文明建设。

【刑事检察】

审查批捕　1955年10月,燕子矶、中山陵园、栖霞三区检察院健全侦查制度,进行审查批捕、审查起诉,开展看守所检察试点。1957年后,侦查监督活动受到批判。1966年初,刑事检察职责由公安机关代为行使,实际取消侦查监督工作。1978年底,刑事检察工作恢复。1979年6月始,按《中华人民共和国逮捕拘留条例》规定,废除对人犯的内部审批办法,一律由区检察院决定,报市检察院备案。1980年1月1日,《中华人民共和国刑法》《中华人民共和国刑事诉讼法》实施后,区检察机关依照法定程序审查批捕。1983—1986年,在“严打”三个战役中,区检察院批捕刑事犯罪嫌疑人1853人,追捕27人。1983—1995年,区检察院共批准逮捕刑事犯罪嫌疑人6381人。1996年,加大“严打”力度,共受理区公安机关提请批捕的犯罪嫌疑人307人,经审查批准逮捕233人。1997—1999年,受理案件606件、928

人，经审查，批捕659人，不捕269人。

审查起诉　1979—1995年，区检察院共审查起诉6281人，区人民法院均作了有罪判决。1996年，受理区公安机关移送起诉217人，经审查，向区法院提起公诉216人。1997—1999年，受理区公安机关移送起诉案件458件、636人，经审查，提起公诉450件、630人（含1996年积存案件）。

【案件侦查】

1983年，重婚案由区法院划归区检察院管辖。至1989年，区检察机关侦查案件范围增加到重大责任事故案及玩忽职守案等25种。1996年，区检察院侦查案件范围，主要限于国家工作人员利用职务违反法纪犯罪案件。1992—1999年，区检察院查处经济案件142件，其中重大案件58件。

【法律监督】

民事行政检察　1995年2月，区检察院民事行政检察科成立，依法受理公民、法人和其他组织不服人民法院已生效的民事、经济、行政判决裁定的案件，和国家权力机关、上级检察机关、其他组织转办的申诉控告案件，凡发现违反法律规定的，提请或建议提请上级检察机关依照审判监督程序提出抗诉。至1999年，受理各类民事行政申诉49件，息诉25件，转有关部门1件，立案审查20件。

刑事审判监督　1980年，区检察院开展审判活动监督工作。主要形式有参加法庭审判、庭外调查、检察长列席审判委员会会议、审阅案卷以及受理当事人和诉讼参与人的申诉、控告等。从1986年起，区检察院采取发送《纠正违法通知书》的形式，向区法院提出纠正意见。

监所监督　1982年前，监所检察工作由刑事检察科代管。1982年，设立监所检察科。1983年，江苏省第八劳动改造支队成立，其检察工作由监所检察科承担。1990年，开展打击监所干部违法犯罪活动，立案2件、2人。1995年，办理监管场所各类加刑案件280余件，对人犯和犯人谈话教育4000余人次，立案侦查劳改场所干警贪污贿赂案5件、5人。1996年，办理监管场所的刑事案件5件、6人，起诉5件、5人，不诉1人，退查1件、1人；立案侦查管教干部贪污案件2件、2人；审查犯人减刑、假释、保外就医材料1203人次。1997—1998年，检察收押犯人2392人次，检察释放犯人1794人次；对提请减刑、假释、保外就医的2653名犯人材料进行审查，提出纠正建议159人次。1999年，对10名不符合法定减刑、假释条件的犯人提出不予减刑和假释的建议。

控告申诉监督 “文化大革命”前，区检察院受理控告申诉主要是接待处理群众来信来访。1978年12月，控告申诉归检察院办公室负责，并设立检察长接待日。期间，为“文化大革命”中被揪斗自杀身亡后戴上“反革命”帽子的程某某平反，并补发抚恤金。1983年，为劳改犯赵某某原判12年徒刑改判为5年。1988年7月，区成立经济罪案举报中心，负责调查处理全区经济犯罪的举报案件。1996—1999年，区检察院受理控告申诉案件共745件。

第三章 审 判

新中国成立初，第九区（后改称第八区、燕子矶区）、中山陵园区和新第九区（后改称栖霞区）政府设立司法科代行审判职能。1953年10月，三区司法科分别改为南京市人民法院第八、第九、中山陵园分庭。1954年10月，三区人民法院成立。1965年5月，三区合并成立栖霞区人民法院。至1999年，区人民法院共审结各类案件33623件，其中，刑事案件8453件，民事案件19493件，经济纠纷案件5593件，行政案件84件。

【刑事案件审判】

反革命案件审判 1950年11月，第八区、中山陵园区司法机关审理反革命案件。审判中贯彻“首恶必办，胁从不问，立功受奖”政策。1950年12月，南京市人民法院在七里乡（八卦洲）召开反霸斗争公审大会，恶霸地主萧月波被就地正法。1951年1—8月，第八区土改法庭审判反革命罪犯359名。1958年，区公检法机关协作，对残余反革命分子进行调查摸底，查出反革命分子229名，分别处以有期徒刑。1965年，司法机关处理反革命分子，只戴反革命分子“帽子”，免予刑事处分，交由群众就地管制。1966—1976年，区人民法院共受理反革命案件95件，经复查，其中，约有90%以上属于冤、假、错案。1980年后，反革命案件划归南京市中级人民法院审理。

刑事案件审判 1954—1960年，三区人民法院共受理刑事案件2306件，每年平均230件。1961—1965年，凶杀、伤害犯罪相对减少，而盗窃国家财产、强奸和妨害婚姻家庭犯罪突出，1964年，发生盗窃案9件、强奸案

18件、妨害婚姻家庭案48件。1966—1979年，区法院共受理一审刑事案件1087件。1979年后，区内流氓强奸、数额较大的抢劫和盗窃、杀人等严重刑事犯罪活动猖獗，1983年，区法院共审理刑事案件497件，11月20日，区法院召开公判大会，对流氓团伙罪犯孙某某等10人进行宣判，到会群众2000余人。1984年后，严重刑事犯罪案件有所下降，但伤害和盗窃犯罪仍较突出。至1999年，区法院共受理刑事案件4778件，审结4845件(含1980年前未结案件)。

【民事案件审判】

离婚案件审判　1950年5月1日，《中华人民共和国婚姻法》公布实施。1953年，开展《婚姻法》宣传月活动，当年审结离婚案件190件，其中，性格不合29件，草率结婚18件，父母包办14件，怀疑对方有第三者23件，喜新厌旧、见异思迁25件，婆媳关系不和11件，一方劳改、劳教31件，一方生理缺陷9件，重婚5件，其他25件。1956年，区法院(司法科)受理婚姻案件786件，占民事案件的34.6%。1957—1965年，审结离婚案件595件。1966—1973年，军管会办案组取代区法院，审理离婚案件进行阶级分析，婚姻关系变成政治关系，离婚案件减少，共审结离婚案件141件，每年平均20件。至1999年，区法院共审结婚姻案件9360件，占民事案件的61.32%。

赡养案件审判　区法院在审理赡养案件中，对丧失劳动能力、生活没有来源、急需解决生活困难的老人，依法采取先行给付的原则，裁定先予执行。至1999年，区法院共审结赡养老人案件530件，占民事案件总数的3.47%。

侵权损害赔偿案件审判　区法院审判侵权损害赔偿案件，除法律对特殊侵权损害赔偿(无过错责任)按公平原则处理外，严格按过错原则处理，主要从有无损害事实、违法加害的事实、加害行为与损害结果之间因果关系的事实、主观过错的事实四个方面审查。至1999年，区法院审理侵权损害赔偿案件1426件，占民事案件总数9.34%。

【经济案件审判】

新中国成立后至70年代，栖霞地区经济合同纠纷很少，多为财产等方面的纠纷。改革开放后，经济合同纠纷案件增加，1983年6月，区法院设立经济审判庭。1984—1999年，区法院共受理购销合同纠纷案件3430件，占经济纠纷案件总数的60.4%。审理建筑工程承包合同纠纷案件171件。

1998年8月区法院依据《中华人民共和国企业破产法》，审结南京宁燕化工二厂申请破产案。至1999年，区法院共受理一审经济纠纷案件5677件，审结5593件，争议标的5.17亿元。

【行政案件审判】

1987年4月10日，区法院公开审理张某某不服治安管理裁决一案。这是南京市首例行政案件。江苏省公安系统720人参加旁听。经过5个多小时庭审，当庭判决，维持南京市公安局栖霞区分局的处罚决定。1989年2月，区法院行政审判庭成立(1994年10月撤销)。同年4月，国家行政诉讼法公布实施。至1999年，区法院共受理行政案件84件，审结84件，其中，维持行政决定的23件，撤诉的27件，驳回起诉的15件，强制执行15件。

第四章 司法行政

民国38年(1949)，第九、第十区在民政科内设调解股，1953年，第九区在民政科内设调解股，负责司法工作。1980年，司法行政工作由区法院兼管。1981年，区政府成立司法科，同时各乡镇设专职司法助理，司法行政始有独立的管理机构和律师、公证等专职机构，从事人民调解、法律宣传教育、协办公证、参与制定和完善各类经济合同等工作。90年代，区司法行政工作领域不断拓展，由最初管理人民调解和法制宣传教育，到开展法律服务、法律援助、依法治区和刑释解教人员安置帮教等工作，形成乡镇、街道服务网络，人民调解及防止民间纠纷激化信息网络和各行业、单位法制宣传网络。

【人民调解】

调解组织 1952年，根据《南京市人民调解委员会暂行条例》，以乡镇为单位，建立人民调解委员会，由区法院管理。1958年，调解委员会改为调处委员会。“文化大革命”期间，调解组织瘫痪，调解工作中断。“文化大革命”结束，调解组织恢复。至1980年，全区共有基层人民调解委员会188个，调解人员2353人。1981年，调解工作改由区司法科管理，6月，南京化工厂、南京电瓷厂等18个驻区企业组建燕子矶地区联合人民调解委员会。1984年，成立燕子矶、龙潭、小市和孝陵卫等7个地区联合调解委员会。至

1999 年,全区共有人民调解委员会 262 个,调解人员 3297 人。

民间纠纷调解　1976—1982 年,全区共调解各类民间纠纷 10390 件。1982 年,地区联合调解委员会,共调处“三跨”纠纷 517 起,其中,预防恶性事件 55 起,挽救轻生者 17 人。1985 年,燕子矶地区调解委员会被评为全国人民调解先进集体。至 1999 年,全区共调解各类民间纠纷 39443 起。

【法制宣传】

普法宣传教育　新中国成立初,结合土地改革、镇压反革命、废止买卖包办婚姻,宣传“宪法”“土地改革法”“婚姻法”以及“惩治反革命条例”。80 年代,重点宣传“刑法”“刑事诉讼法”及“婚姻法”。1985 年后,转为有计划对全体公民系统开展普及法律常识教育,主要宣传“刑法”“婚姻法”“经济合同法”及“社会治安管理处罚条例”。

“三五”普法教育　1985 年至 1989 年,为”一五”普法教育,全区实际受教育 32. 2 万人,普及率为 97. 58%,马群乡被评为江苏省“一五”普法先进集体;1991 年至 1996 年 6 月,为”二五”普法教育,实际受教育 30. 9 万人,普及率为 92. 51%;1996 年 10 月,“三五”普法教育开始,至 1999 年 5 月,实际受教育 15. 8 万人,普及率为 90. 8%。

依法治区　1993 年,区法制宣传教育领导小组更名为区依法治区领导小组。1994 年 1 月 17 日,区政府制定依法治区实施方案;8 月,全体机关干部学习专业法;11 月,区领导、区机关中层以上干部和乡镇正职领导干部参加市、区共同组织的学法考试;12 月,驻区大中型企业职工及各乡镇副职领导参加学法考试。1999 年 2—3 月,全区干部参加年度学法考试,考试人数为 5453 人,平均成绩 96. 1 分,至 11 月,全区 45 家执法单位全部制定行政执法责任制方案。

【律师事务】

律师事务所　1984 年 7 月,区法律顾问处成立。1987 年 4 月,区法律顾问处更名为区律师事务所。1996 年 3 月,定名为江苏南京金港律师事务所。1998 年 3 月,区内第一家合伙制律师事务所南京亚东律师事务所成立。

律师业务　律师业务主要是为国家机关、社会团体、企业事业单位及其他组织和公民个人办理法律事务,提供法律咨询、担任法律顾问、进行刑事辩护、民事代理、代书和非诉讼法律事务等。律师服务对象延伸到社会生活各个领域。1995 年 9 月，金港律师事务所担任无锡市蒙特卡罗夜总会经理冯某某故意伤害致死一案的二审辩护人，终审法院最终采纳代理律师意见，被告人冯某某由死刑改判为死刑，缓期 2 年执行。至 1999 年，栖霞区律师共参与刑事辩护 1166 件，民事代理 1292 件，非诉讼代理 336 件，法律咨询 14906 人次，代写法律文书 2125 件，为 77 家单位担任法律顾问。

【公证】

公正机构　新中国成立前，栖霞地区凡租赁、借贷、收养过继子女、资产转让及分家析产，均在民间请“中人”在有关契约上签字画押，以昭信守。新中国成立后，区人民法院代行公证工作。1984 年 7 月，栖霞区公证处成立。1995 年，区公证处在龙潭镇、小市镇和摄山镇分别设立公证办事处。1999 年，区公证处有三级公证员 2 名，四级公证员 3 名，办理公证业务 2098 件。

公证业务　区内开展的公证业务涉及劳务、承包、借款、聘用、科技协作、联营、放弃继承权、遗嘱、收养等 9 种类型。1984 年，区公证处成立，办理公证业务 82 件。1990 年，办理公证业务 250 件。1995 年办理公证业务 1358 件。1998 年起，区公证处开展法律援助活动，对困难企业下岗职工和生活困难人员免费提供公证服务。1999 年，区公证处有三级公证员 2 名，四级公证员 3 名，办理公证业务 2098 件。至 1999 年，区公证处办理公证业务 15723 件。

【劳改劳教】

劳改劳教机构　1996 年前，区内刑释解教人员帮教工作由区公安分局组织各派出所、基层治保委员会实施。1997 年，区司法局担负安置帮教工作。1998 年 3 月，区司法局和区安置帮教办公室负责全区安置帮教日常工作。街道、镇乡、企事业单位均有安置帮教组织。1987 年，全区列入重点人口帮教对象 1405 人，其中刑满释放、解除劳动教养不满三年的人员 780 人。1996—1999 年，全区共有刑满释放人员 289 人，解除劳教人员 138 人。其中，按政策落实责任田 207 人，回原单位安置 42 人，从事个体经营 102 人，外出打工 52 人。至 1999 年末，全区刑释解教人员帮教率为 99%，帮教好转率为 98%。刑释解教人员重新犯罪 9 人，重新犯罪率为 2. 11%。

第十七编　军　　事

栖霞区北临长江，南依钟山，控扼水陆要冲，向为拱卫南京城的江防要地，古来就有驻军，春秋时代，吴国军队沿江设置水师、战船和烽火台，至明清，历朝历代均布重兵驻守，民国时期，栖霞地区更成为南京防务重点地带。历史上，栖霞地区战事不断，著名的有刘裕大败桓玄之战，陈霸先大败齐岳的幕府山之战，韩世忠大破金兵的黄天荡之战，太平军两破清军江南大营的尧化门、仙鹤门、孝陵卫之战，北伐军大败孙传芳的栖霞、龙潭之战等。民国38年(1949)4月23日，中国人民解放军横渡长江，国民党海防第二舰队司令林遵率领25艘舰艇，在燕子矶笆斗山江面宣布起义，毛泽东、朱德电誉其为“南京江面的壮举”。新中国成立后，栖霞地区先后驻有海陆空部队、人民武装警察部队、预备役部队、军事院校和科研机构等数十个军事单位。驻区军事单位在保卫国防的同时，为地区的经济发展、国防建设、警卫执勤、军民共建、抗洪救灾立下功绩。栖霞区民兵组织，在军政训练、战备执勤、治安保卫、抢险救灾等方面，为社会主义经济建设和精神文明建设做出突出贡献，屡屡受到国家和省、市军政部门嘉奖。区内有多个大型防空重要目标、58个人民防空工程以及80多公里长江岸线，空防地位极为重要，驻区部队和地方各级政府对防空建设十分重视，并做出艰巨努力。

第一章　民　　兵

1949年9月，栖霞地区始建民兵组织。1952年，实行“普遍民兵制”，制定民兵会议、汇报、训练、武器管理等制度，1953年，停止“普遍民兵制”。1955年，民兵与预备役合而为一。1958年，根据毛主席号召，大办民兵师。1962年，民兵工作实施组织落实、政治落实、军事落实，区人武部组织干部深入农村、厂矿，整顿民兵组织，加强民兵政治教育，开展民兵军事训练。1980年起，民兵组织进行调整、改组。90年代，民兵参加社会主义经济建设,完成战备、执勤、军训、维护社会治安和重点目标警戒等任务,多次受到上级党政机关及军事领导部门的表彰和奖励。

【民兵组织】

1958年9月,时燕子矶、栖霞、中山陵园区大办民兵师,三区民兵组织逐步形成班、排、连、营、团、师体系,男女民兵分别编组,基干民兵配发武器。1966年至1967年,受“文化大革命”冲击,区内民兵活动停止。1968年,民兵组织开展无限忠于毛主席、无限忠于毛泽东思想、无限忠于无产阶级革命路线活动。1975年,区民兵小分队进驻街道。1977年,民兵组织开展揭批林彪、江青反革命集团篡党夺权、破坏民兵建设罪行的活动,整顿骨干队伍。1980年,全区设民兵建制团1个,下辖9个营,110个连,283个排,1268个班。1981年,区人武部对民兵组织进行调整。是年,全区民兵组建成6个营,97个连,311个排,1238个班。1987年,全区民兵人数下降。

【军事训练与竞赛】

常规训练 1962年,南京市郊区人武部组织民兵参加苏式步枪和“三八”式步枪射击及投弹训练。1971年,区人武部组织民兵干部及骨干进行野营训练试点,全程150公里。1973年,开展高射炮(简称“高炮”)、高射机枪(简称“高机”)、地炮分队基础技术训练,飞机拖靶射击及游泳训练。1977年,对新配发高机的单位,进行基础训练和实弹射击,组织民兵重点加强收发报训练,并参加江苏省军区教练网实习。1979年,进行射击、投弹、刺杀、爆破和班以下战术训练,重点突出打飞机、打坦克、打伞兵,防核武器、防化学武器、防生物武器训练,组织高炮、高机分队对航模靶实弹射击,共训练武装基干民兵9261人次。1980年,重点进行高炮团年度实弹射击,区高炮一营共打下5架航模机,区高炮一营、一连、四连受到江苏省政府、江苏省军区表彰。1986年,始建区民兵训练基地,民兵转为集中训练,实行训练、生活和教学规范化。1990—1995年,重点提高民兵干部和专业技术兵训练质量,每年训练基干民兵590人,训练合格率为95%。1996—1999年,适应高科技条件下局部战争需要,做好军事斗争准备,重点抓民兵规范化训练,提高应急反应能力,突出抓好民兵应急分队和高技术分队训练,共集训民兵1925人次,合格率为95.1%,合格兵员储备率为95.2%。

军事竞赛 1964年,长江乡民兵“尖子班”参加镇江军分区军事训练比武，获第一名。次年，参加江苏省民兵军事训练比武，获第二名。1973 年，国营第八九八厂民兵，在南京军分区组织的高机实弹射击中获第一名，并受到军分区的表彰。1979 年，全区 61 个单位参加区人武部组织的步枪第二练习和打空降兵射击竞赛，南京铁合金厂等单位民兵获前三名。同年，南京炼油厂民兵 37 高炮连参加南京市 37 高炮实弹射击比赛，获第一名。1982 年，南京化工二厂人武部民兵高机连参加南京军分区组织的 12.7 高机实弹射击比赛，获第一名。1984 年，区人武部组建男女民兵班，参加南京军分区男女民兵班军事竞赛，均获第一名。1992 年，金陵石化公司炼油厂民兵获南京市民兵高炮训练第一名。1998 年，区民兵应急连参加南京市应急分队比武，获团体总分第 3 名和实弹射击第 2 名。

【维护社会治安】

1971 年，组织万名民兵参加维护“四路”活动。同年，组织基干民兵 1.2 万人次，配合公安机关，打击各类犯罪行为。1974—1976 年，组织民兵 2100 人次，协助部队保护南京长江大桥至兴卫村铁路。1983 年，组织民兵 420 人参加打击各种刑事犯罪活动。1989 年，组织基干民兵护线巡逻队，配合公安部门在沪宁铁路线上巡逻。1990 年，组织民兵 200 多人维护公交站台治安，南京化工厂、第八九八厂等单位民兵维护的站台被评为南京市文明先进站台。1997—1999 年，组织民兵配合公安部门抓获各类违法犯罪嫌疑人 12，破获刑事案件 2 起、治安案件 6 起，抓捕龙潭监狱逃犯 3 人。

【抢险救灾】

1970 年，组织民兵 550 人投入花园乡临江圩和燕子矶乡新生圩西堤抢险，加固圩堤 1000 米，抢救危房户 200 多户，同年，组织民兵 234 人参加江浦县晓桥地区抗洪抢险，装卸石块 120 多吨，抢运草包 1 万多条。1991 年 7 月 9 日，组织民兵 200 多人赶赴江浦晓桥，担任抢险任务；7 月 11 日，花园乡临江圩和燕子矶新生圩西堤告急，紧急调集民兵 550 人，加固圩堤 1000 多米。1993 年 10 月，金陵石化炼油厂油罐发生火灾，民兵 400 多人赶赴现场扑救。1995 年 1 月，金陵石化塑料厂发生火灾，南京化工厂等单位民兵 160 人，奔赴现场扑救。1996 年，龙潭团洲圩发生崩坍，3000 多名民兵、预备役人员参加抢险，区被中共南京市委、市政府授予“防汛抗洪先进单位”称号。1998 年，区内发生特大洪水，3500 名工人民兵，成立抢险突击队和预备队,随时待命;是年,全区动用民兵、预备役人员 2.5 万多人次,参加抢险 17 处,固提 9.5 公里,装运草包 30 多万条,装运土石 1.5 万吨,转移群众 3000 多人,出动车辆 330 台次,有 10 多人受到中共南京市委、市政府表彰。

第二章 兵　　役

光绪三十一年(1905),江宁府设劝办征兵分局,同时办理栖霞地区征兵事宜。民国初期,采取招募征兵制,民国 16 年(1927),栖霞地区征兵事宜由南京市兵役协会负责。民国 36 年(1947)),南京市第九区、第十区分别成立兵役委员会,负责招募兵丁。新中国成立初,延续解放区施行的志愿兵役制。1955 年后,实行以义务兵为主体,义务兵和志愿兵相结合、民兵与预备役相结合兵役制度。区人武部兼作区政府兵役机关,负责辖区内兵役动员和征召工作。1984 年 5 月,区成立征兵办公室,负责区内征兵工作。

【征募机构】

秦始皇二十六年(前 221),江乘县境内实行征集“正卒”。中唐至宋代,主要实行募兵制。江宁、上元、句容等县官府负责招募地方厢军。元朝建立前,实行军政合一,全民皆兵,没有兵役机构。清光绪三十一年(1905),江宁属第一镇管区,设江宁府劝办征兵分局,办理征兵事宜。民国初期,栖霞地区实行招募征兵制。民国 16 年(1927),栖霞地区的征兵事宜统由南京市兵役协会负责。民国 36 年(1947),南京市第八区、第十区分别成立兵役委员会,负责兵丁招募。

【兵役制度】

民国 28 年(1939),新四军进入江南后,建立敌后抗日根据地,成立上元县抗日民主政府,实行志愿兵役制。新中国成立初,实行志愿兵役制。1950 年 6 月,时第八区、中山陵园区大批青年报名参军。1951 年,中山陵园区有 100 余名青年应征入伍,奔赴抗美援朝战场。1955 年,由志愿兵役制过渡为义务兵役制,燕子矶区有适龄青年 971 人,报名应征 301 人。1962 年,栖霞地区有适龄青年 8454 人,报名应征 7379 人。1970 年,青年踊跃参军,适龄青年仅 3364 人,报名人数竟为 3956 人。1984 年,实行义务兵役制为主体的义务兵与志愿兵相结合,民兵与预备役相结合的兵役制度。1985

年,实行“先安置后入伍”的征兵政策,入伍通知书和招工通知书同时颁发,适龄青年报名率为100%。次年,恢复原“先入伍后安置”的征兵办法。

第三章　人民防空

栖霞地区设置防空警报始于民国24年(1935),当时,中国水泥厂、燕子矶蒙藏学校装设电笛警报。民国25年(1936),栖霞山洋灰(水泥)公司设立电笛警报。民国35年(1946),在尧化门、马群配置手动警报器。新中国成立初,栖霞地区人防工作由军队负责。1952年,人防工作交由地方政府负责。1963年,开始进行人防工程建设。1965年,成立区防空委员会,人防工作偏重工程建设及战时效益。1969年,根据毛主席“要准备打仗”的指示,区内“家家烧砖,户户挖洞”,形成群众性人防工程建设运动。改革开放后,区人防工作转入以经济建设为中心的轨道。90年代,金陵石化公司炼油厂、马群公路立交桥、柳塘公路立交桥、尧化门铁路编组站及84公里长江岸线等成为防空重要目标,区人防工作重点转为提高城市防护能力、人防通信快速反应能力、消除空袭和灾害后果的抢险救灾能力以及人民群众对空袭和突发事故的应变能力。

【人防工程】

栖霞地区人防工程建设始于1963年。1969—1970年,全区建应急工事5000平方米。1978年以后,区人防工作转入以经济建设为中心的轨道,坚持平战结合,注重人防工程的质量,同时充分发挥已有人防工程的经济效益。至1999年,区内共建人防工程49个。

【人防知识教育】

1987年,燕子矶中学、南京烷基苯厂中学开设人防知识教育课。1988年后,7所中学开设人防知识教育课。1991—1993年,有48个初中班开设人防教育课,受教学生7200人。1994—1995年,23所学校、88个班级开设人防知识课,教育合格率为90%,南京化工厂职工子弟中学等3所学校先后被南京市教育局、人防办评为人防知识教育工作先进学校。1996—1997年,73个初中班开设人防知识教育课,开课率100%。1999年,全区24所中学初三年级全部开设人防知识课,开课率100%。

第四章 驻区军事单位

栖霞地区后负巨麓，前临大川，从春秋战国时期起，历代均驻有重兵，以拱卫南京，发生重大战事年代，驻军尤多。民国初，栖霞地区为南京防务中心，驻军数量空前。民国16年(1927)，先后有国民革命军第四十二、五十八两个独立团、第二十二师、第一军及警备师部分兵力，以及第七军第二、第三两个师驻扎在龙潭、下蜀。抗日战争爆发后，国民革命军第二军团、第三十八军、第一一二师等驻扎境内。新中国成立后，栖霞为南京市驻军最多的区，海陆空部队、人民武装警察部队、预备役部队、军事院校及科研机构等各军兵种齐全。1995年区划调整后，驻区部队由80多个减至54个。驻百水桥83123部队，解放战争时期，以英勇善战著称，被授予“临汾旅”称号，60年代起，担负迎外任务，在中外军队中享有盛誉。

【驻军】

新中国成立前驻军 春秋战国时代，吴国在区内沿江驻有重兵。南朝时期，陈霸先在燕子矶幕府山一带派驻军队。南宋时期，岳飞率军驻守东阳，阻击金兵南进。明洪武六年(1373)，专门掌管官民牧马的“太仆寺”“苑马寺”在马群设立管理牧马的军事机构。清初，分派兵备道驻扎龙潭一带，外委龙潭把总1员，马兵10名，步战兵12名，守粮兵58名。雍正元年(1723)，设立墩汛，在龙潭汛、仓头汛、桥头汛，各派兵丁5名巡防。乾隆三十六年(1771)，八旗兵亦军亦农，在八卦洲屯田垦荒。咸丰五年(1855)，太平军占领龙潭，扎营十余里，在龙潭、下蜀、东阳、桥头、仓头等地置有军营。民国10年(1921)，国民政府在尧化乌龙山建炮台，定名“江宁要塞炮台”；民国26年(1937)，炮台有官兵100多人，另配备一个完备连守卫。民国16年(1927)4月，国民革命军第四十二、第五十八两个独立团驻扎在龙潭、下蜀；8月，改由第二十二师担任栖霞、龙潭、下蜀防务，警备师第三团第一营及第一军工兵团加强该师右翼；第七军第二、第三两个师担任乌龙山炮台至新河镇南端二道桥一线防务。民国26年(1937)10月，在淞沪战场上编成的国民革命军第三十八军，第三十六师，在幕府山及南京城北燕子矶一带守备；11月底，国民革命军第二军团，第四十一师、第四十八师，由湖北调至南京参加首都保卫战，在龙潭、栖霞山、乌龙山一带组织防御；12月，国民革命军第五十七军第一一二师在紫金山、麒麟门一带组织防御。民国35年(1946)春,国民政府还都,复设江宁要塞司令部,分别在乌龙山、龙潭设有炮台。民国36年(1947),国民政府陆军总部警卫团、空军伞兵总队第十三队驻扎龙潭。民国37年(1948),国民政府陆军总部警卫团迫击炮连、交警第十八总队一大队二中队等进驻龙潭。

新中国成立后驻军 1949年,解放军87315部队,进驻迈皋桥镇。1955年,解放军六十军一八一师进驻百水桥。1956年,解放军83472部队进驻马群镇五棵松。1957年,解放军83454部队进驻龙潭镇东阳村。1960年,解放军87231部队进驻燕子矶镇新生村。1962年,解放军87034部队进驻燕子矶镇杨梅山,解放军87118部队驻地由杨梅山迁至尧化镇王子楼村。1969年,解放军83123部队(临汾旅)进驻百水桥。1991年,解放军87316部队进驻迈皋桥镇。1993年,解放军83404部队进驻马群镇五棵松。1994年,解放军83619部队进驻东阳村。

【军队院校及其他军事机构】

第二军医大学南京军医学院,1975年,海军卫生学校迁至马群镇,先后易名为海军军医学校、海军医学专科学校、南京医学高等专科学校、海军医学高等专科学校,1999年,更为现名。至1999年,共培养医学人才1万多名。武警南京指挥学校,前身是武警江苏省边防总队教导队,驻句容市石山头镇,1984年,成立武警南京指挥学校,1986年,学校迁至燕子矶镇。武警总部南京仓库,经多次变更,改编为武警总部南京仓库,位于迈皋桥镇。其他军事单位,有213维修中心,南京军区机械化施工大队、武警江苏省总队后勤基地、江苏省军区第十干休所、空军士兵招待所等。

【军事遗迹】

清墩汛 清雍正元年(1723),设立墩汛。区内有龙潭汛等。雍正五年(1727),每汛建营房三间,烟墩三座,牌坊一座,瞭楼一座,“给兵栖巡”。乾隆元年(1736),每处添建营房3间,使兵丁得挈妻眷常年居住。乾隆十四年(1749),乾隆皇帝南巡时,因龙潭、仓头、桥头三汛墩台“营房卑小,不足壮观”,遂令于县境御道旁,每十里建设墩汛1处,每汛改建正房3间,左首官厅1间,牌坊1座,瞭楼1座,烟墩5座。现遗址无存。

古渡口 南宋初年建燕子矶、石埠桥、三江口、外沙、八卦洲5处渡口,遗址尚存。西晋永嘉元年(1130),晋元帝司马睿与彭城等五王渡江处,史称五马渡,遗址无存。

幕府山烽火台 汉建安十七年(212),东吴建,遗址无存。

龙潭会师亭 (详见《风景名胜 文物古迹》编)

乌龙山炮台 (详见《风景名胜 文物古迹》编)

马群飞机跑道 民国32年(1943),侵华日军在马群镇南湾营村建一条飞机跑道,用于起降战斗机。民国34年(1945),机场废弃,遗址尚存。

第五章 历代战事

栖霞地区雄立吴头楚尾,兼有长江天堑,历来为兵家必争之地。历史上南京周边地区举凡重要战事,大都发生在栖霞境内。东晋有刘裕火烧覆舟山之役,梁有陈霸先在幕府山大战北朝齐兵之役,南宋有一代名将韩世忠堵截十万金兵的黄天荡之役。清有太平军大破清军江南大营之役。民国时期,北伐军曾与军阀孙传芳在龙潭血战6昼夜,是为彪炳史册的龙潭战役。中英鸦片战争后近百年时间内,栖霞地区屡遭外来侵略者铁蹄蹂躏,同时也激起地区军民的抗击。清道光二十二年(1842),迈皋桥地区民众与进犯的英国侵略军浴血奋战。抗日战争爆发后,栖身在嘉善寺的金陵孤儿义勇军,日夜袭扰日军,使侵华日军闻风丧胆;在南京保卫战中,乌龙山炮台百余名官兵坚守阵地7天7夜,阻遏了日军的进攻锋芒;新四军第二支队一部曾在龙潭伏击日军,毙敌100多名。解放战争时期,在中国人民解放军渡江战役中,曾有国民党海防第二舰队司令林遵率部起义的“壮举”。

【民国前战事】

刘裕破败桓玄之战 东晋元兴三年(404),桓玄篡晋。刘裕率义兵千余驰援建康(今南京)。途经江乘(今西湖村)、罗落桥(今石埠桥),打败桓玄阻击之敌,斩杀桓玄部将吴甫之、皇甫敷,进军至蟠龙山(今迈皋桥一带),与桓玄军对峙。决战前夜,刘裕军以油帔覆盖树丛,以老弱之兵广树旗帜,作为疑兵。天明,东北风急,刘裕军纵火呐喊,一时烈焰张天,声震京邑,致敌军土崩瓦解,桓玄败亡。

陈齐幕府山之战 南朝梁太平元年(556)六月,徐嗣徽、徐嗣宗率北齐军,自芜湖沿江东进,至幕府山,建康危急。陈霸先派部将钱明率水军出江乘，截击北齐军粮运，夺其米船。北齐军进至幕府山南，陈霸先率部与北齐军对峙。时值大雨暴风，平地水深丈余，北齐军昼夜坐立泥中，而梁军地高路燥，可以轮流休息。六月十二日拂晓，梁军出幕府山。陈霸先众军首尾齐举，纵兵大战，北齐军大败，相蹂藉而死者不可胜计，徐嗣徽、徐嗣宗被活捉斩杀。梁军乘胜追击至临沂（尧化镇北周家山一带）、江乘、摄山、钟山等地，俘虏北齐萧轨、东方老、王敬宝、李希光、裴英起等将帅凡四十六人。

黄天荡之战 南宋建炎四年（1130），金兵南进，攻陷建康（今南京）。追击宋康王赵构后，还军建康，在牛首山遭岳家军伏击，溃退至栖霞山以东黄天荡附近，意欲渡江，复遭韩世忠率八千水师追击。四月十三日，金兵统帅兀术挥师进攻韩世忠，韩世忠则命海舰从两侧攻其背，以特制绳索曳敌舟，使之沉没。金兵强攻几次，均未奏效，乃约韩世忠会战。会战当天，韩世忠之妻梁红玉亲自击鼓助战，大败金兵。兀术无计可施，派使者见韩世忠，愿将抢来的全部财物留下，以求假道北归。韩世忠拒绝。兀术自恃有兵众十万余人，招韩世忠降，韩大怒，引弓射兀术，兀术急驰而去。韩世忠在黄天荡与兀术十万余兵相持4天。是月二十五日，金兵引小舟出江，韩世忠兵以海船绝流阻击，兀术舟小使桨，其疾如飞，以善射者用火箭射击韩海船，一时烟焰比天，韩军追击不利，致金兵逃遁。十万金兵被宋兵围困在弹丸之地达48天之久，史称“黄天荡之役”，乃为以少胜多著名战例。

太平军破清军江南大营之战 清咸丰三年（1853），清钦差大臣向荣率兵1.7万人，在孝陵卫扎营，建立江南大营，与江北大营互为犄角。咸丰六年（1856）初，太平天国杨秀清从长江上游调回大军，令秦日纲统帅，东解镇江、瓜洲之围，再回击江南大营。五月十八日，石达开奉调回天京，与秦日纲合力攻打江南大营。秦日纲于六月十四日回京，屯营天京城东北燕子矶观音门。六月十七日黎明，秦日纲分别自燕子矶、龙脖子（紫金山地堡城）、神策门、太平门出兵，分军屯于太平、神策各门，并派军八千距仙鹤门数里扎营，与清军交战，又派兵四千由龙脖子逼近孝陵卫，扼江南大营之背。十八日，石达开统率大军由天京西南移至尧化门、仙鹤门一带筑垒，并进占黄马，切断江南大营赴仙鹤门、石埠桥必由之路，把敌军分割成为两半，并会同秦日纲从东、北两面包围江南大营，进攻仙鹤门，斩杀清军副将巴图。向荣急令张国梁部星夜驰援。十九日，太平军将仙鹤门清军营地四面围困。二十日清晨，清军救援尧化门、仙鹤门被围人马，与石达开、秦日纲遭遇，清军满兵马军先败，次即向、张所领汉军亦败。太平军数十路猛攻青马向军营垒。

杨秀清派兵数千,直攻七桥瓮张国梁营,又从朝阳、洪武二门出兵,攻破江南大营附近20余座营垒。秦日纲分军四、五千人翻过灵谷寺后山,将清军副都统德崇额马队营船烧毁,接着,太平军围攻孝陵卫,击伤张国梁左脚,斩杀其副将陈志明、都司李振甲,江南大营崩溃。向荣逃至丹阳。杨秀清命秦日纲率陈玉成、涂镇兴、陈仕章等乘胜追击。七月三日,进军丹阳,清军接战失败,向荣走投无路,于八月九日自缢而死。

【民国时期战事】

龙潭战役 民国16年(1927)8月,军阀孙传芳率领11个师和6个混成旅,先后攻占乌龙山炮台、栖霞镇和龙潭车站。国民革命军(简称“国军”)退却,孙军乘势占领下蜀、青龙山、黄龙山一线。8月26日晨,国军两艘军舰击溃乌龙山孙军,克复龙潭车站。孙军死守栖霞山之巅,国军的四个师从西、南、东三面围攻,孙军不支,大部投降缴械。8月27日,孙军从大河口渡江的三四千人,向龙潭猛扑,国军第一军第二师第五团从常州抵龙潭,配合第四十一团将孙军包围,俘孙军2000多人。28日上午,自栖霞向下游退却的孙军,在得到增援后,攻占龙潭,后被国军第二师第六团击退。午夜,孙军占领龙潭水泥公司及铁路线以南高地。29日拂晓,孙军第二次占领龙潭。30日,孙传芳督军全线进攻。国军调动兵力,击退东阳镇孙军前进部队,攻占李阁老坟东侧高地和青龙山359、354高地。在攻占龙潭以后,又进攻黄龙山。下午3时,攻上青龙山、虎头山、七星台一带高地,孙军仍在黄龙山、小山、擂鼓台顽抗。第七军第一师向黄龙山循环突进,海军第二舰队从江边向孙军炮击。31日晨,国军在龙潭会合,何应钦、白崇禧亲临龙潭督战,命令第一军从正面迎战,第七军从侧面沿铁路向龙潭水泥公司实施攻击,围歼滞留江南的孙军。激战至8时,孙军不支,退据龙潭抵抗,掩护大部队撤退。国军第七军第一师第十九团绕至江边截击。龙潭战役血战六昼夜,孙军失败,死伤和被俘官兵四万余人。

乌龙山炮战 民国26年(1937)12月8日,日本海军舰艇沿江西进。乌龙山炮台守军决定用炮火控制长江水道,阻止敌舰西进,保卫南京。炮台官兵集中炮火,迎头痛击,敌舰中弹东逃。日军出动飞机,轰炸乌龙山炮台,副台长李廷方和几名战士阵亡。敌机轰炸后,敌军舰又闯过来。炮台用高射炮对付敌机,用大炮对付敌舰艇。在炮台突然遭到占据仙鹤门的日军炮火攻击时,官兵们立即用大炮还击。乌龙山炮台腹背受敌,仍牢牢控制长江通道。13日上午,炮台接到撤退命令。官兵们将炮栓卸下,掩埋好,准备晚上渡江北撤。日军舰艇再次开进南京江面,企图阻止部队北渡。副台长彭玉山带领官兵返回炮台,挖出炮栓,用猛烈炮火再次击溃日军舰艇进攻。

龙潭伏击战 民国28年(1939)10月4日,新四军二支队第四团一部在龙潭到仓头间伏击日军警戒班,击毙6人。当时,日军一列火车被埋设的地雷炸中,约50名日军毙命。仓头日军护路队闻讯出来增援,新四军利用有利地形,一面撤退,一面还击,击毙日军10余人。

金陵孤儿义勇军飞袭日伪军 民国26年(1937)"七七事变"爆发次日,孤儿钟华领头,成立金陵孤儿义勇军,有60余人参加。民国27年(1938)春,义勇军战士混进劳工队,从敌伪仓库弄出枪支弹药,出没于城内外,飞袭单身日军和汉奸,并在尧化门附近的沪宁线上炸毁日伪军一列军车。民国28年(1939)10月,金陵孤儿义勇军被敌人追捕,撤进小红山的一个山洞中,突围不成,最后引爆放在山洞里的炸药,20多名孤儿为国捐躯。

【侵华日军暴行】

草鞋峡惨案 民国26年(1937)12月18日夜,入侵南京城的日军在燕子矶草鞋峡江边,将渡江难民和解除武装的中国士兵共五万多人,围禁在沙滩上,架起数十挺机枪,疯狂扫射,尽数杀戮。农历十一月十三,一拨日本兵在燕子矶忠孝里汪炳生家抓到十几名中国兵,赶到小清河边后,用机枪射杀。接着,日本兵又从农民肖坤家,抓到十几名中国兵,用机枪射杀。同日,村童周景治30多岁的母亲,在小清河边涮洗马桶,日本兵用刺刀将其挑死。另一位吴姓妇女遭7个日本兵轮奸致死。12月6日,日军在燕子矶笆斗山搜出36名中国士兵和4名居民,全部用机枪打死。

幕府山大屠杀 参与幕府山大屠杀的日军十三师团六十五联队分队长栗原得一,以加害者身份供述了屠杀情况:"联队在幕府山俘虏了一万五千个中国兵,把他们关在幕府山南侧两栋土墙草顶的临时营房中。1937年12月17日,上面下达了收拾掉的命令。于是把俘虏双手向后捆起来,排成四路纵队,下午,绕过幕府山,走四五公里,来到燕子矶旁江滩。天黑后,轻机枪步枪向俘虏猛烈开火。俘虏们拼命挣扎,形成了巨大的'人堆'。这样的'人堆'竖起后又崩溃,反复了三次,射击持续了一个小时,直到没有一个俘虏站着为止。"

第十八编 民　　政

民国时期,栖霞地区民政事务,由所在县区政府经管,仅限于荒年赈灾救济,缺乏公益性和群众性。新中国成立初,第九区、第十区设民政科,乡镇均配备民政干部,负责地方民主建政、优抚、复员军人安置、社会救济、生产救灾、收容教养和遣送、土地征用、户籍、行政区划、社团登记、婚姻登记、民工动员以及民族、宗教、华侨事务等工作。其中,以围绕巩固新生人民政权,开展拥军优属、褒扬烈士和组织生产自救为重点。1953年后,先后将户籍、国籍、宗教、华侨事务等工作移交给有关部门,暂停社团登记,增加殡葬管理、残疾人福利和社会福利生产等工作。“文化大革命”时期,民政机构解体,除拥军优属工作外,民政工作受到冲击,至1977年,方得以恢复。80年代始,基层政权建设列为区民政部门首要任务,直接参与农村政治体制改革。1983年,完成全区8个人民公社撤社建乡工作,恢复社团登记。传统的拥军优属、拥政爱民工作,发展成为军民警民共建活动。90年代,社区服务、养老扶孤、殡葬改革、社会养老保险等各项民政工作和社会事业得到全面发展,体现民政工作的多元性、社会性、公益性。1997年,实施城乡居民最低生活保障制度,低收入家庭基本生活得到切实保证。同时,社会养老保险稳步发展,1999年,全区投保4万人,保费累计近3000万元。

第一章　优抚安置

新中国成立初,区民政科即组织开展拥军优属工作。80年代,发展成军民共建社会主义精神文明活动。优抚工作不断改革、完善,数次提高伤残军人抚恤标准,烈属、因公牺牲和病故军人家属的定期补助改为定期抚恤,复员军人定期补助范围扩大,逐步形成国家、社会、群众相结合的优抚体制。城镇退伍军人安置,实行与服役期间表现相挂钩;农村退伍军人由单一安排务农,转为多方扶持发展生产,开发使用军地两用人才,鼓励其建功立业。

【抚恤】

抚恤对象　1950年，按照国家规定，民政部门对烈士家属，因公牺牲、病故、失踪的人员家属，战争年代和社会主义建设时期因战、因公负伤致残的人员实行抚恤。1955年，对烈属和因公牺牲、病故、失踪的军人家属（简称“三属”）和革命伤残人员实行定期定量抚恤，同时规定，对抗日战争时期入伍的在乡复员军人实行定期定量补助（简称“定补”）。1956年，共有“三属”23户、79人，革命伤残人员113人，在乡复员军人154人。1979年，全区有烈属64户、116人，“三属”34户、108人，革命伤残人员393人，在乡复员军人228人。1984年，定补扩大到解放战争时期入伍和1954年11月前入伍的在乡复员军人。1985年，区“三属”中享受抚恤223人，其中定期抚恤共59人；享受伤残抚恤的革命伤残军人397人；享受“定补”的在乡老复员退伍军人267人。1999年，有革命烈士家属、牺牲或病故军人家属154人，革命伤残军人229人，其中，在职185人，在乡44人，在乡复员军人退伍军人153人。

抚恤金发放　1950年，对“三属”发给一次性抚恤粮。1953年，改发抚恤金，1955年，抚恤金标准调整，按不同级别，每年发180～650元、150～520元不等。1979年，因公牺牲军人和国家机关人员，抚恤金每年最高700元，最低500元，参战牺牲民工470元；病故军人和国家机关人员，最高600元，最低400元，参战病故民兵民工370元。1984年，调整烈属及在乡复员军人定补标准。1985年，对108户“三属”改发定期抚恤金。烈属、因公牺牲军人家属，城镇户口每月25～32元，农村户口22～25元；病故军人家属，城镇户口27～30元，农村户口17～20元；“三属”中的孤老，每月增加5元。1989年，调整抚恤标准，烈属和因公牺牲军人家属，城镇户口每月60元，农村户口50元；病故军人家属，城镇户口55元，农村户口45元；“三属”中的孤老，每月另增10元。1997年，建立抚恤补助标准自然增长机制，依据职工平均工资和农村人均收入，就高不就低，发放抚恤金。1998年，享受“三属”定期抚恤30人，抚恤金8.6万元，人均2866.66元；优待补助6户，优待金额3万元，户均5000元。1999年，有烈属、因公牺牲、病故军人家属64户、154人，发放定期抚恤金9.3万元；发放伤残军人抚恤金14.2万元；发放在乡复员军人127人、退伍军人26人，定期定量补助金共22.2万元。

【拥军优属】

拥军 1950年,各镇乡、企事业单位、学校捐赠抗美援朝慰劳金1400万元(旧人民币,折合新人民币1400元,以下折算略)。之后,每年建军节、元旦、春节,区委、区政府均召开军政座谈会,举办军民联欢活动,组织干部群众慰问烈军属。"文化大革命"期间,拥军优属工作正常开展。1985年春节前,区政府组织慰问团慰问云南前线栖霞籍官兵,表示凡在服役期间立功的,区政府按立功等级给予奖励,并在退伍后优先安排工作。1993年,新生圩外贸仓库为武警指挥学校购置集装箱运输车一台,并提供运输货源,使武警指挥学校年增收入6万元。1997年"八一"建军节期间,区委、区政府走访慰问18家团以上军事单位,现场解决武警学校用水问题和空军船队道路交通问题,向部队赠送鸡蛋、西瓜、茶叶、饮料和T恤衫等慰问品,向临汾旅、海军军医学校、南京武警指挥学校各赠送"春兰"牌柜式空调一台。1998年,投资2万元,购置电视卫星接收机和图书200册,丰富武警指挥学校学员业余生活。是年,各部门慰问抗洪抢险部队物品价值20多万元。1999年端午节前夕,区政府组织"端午节意浓,栖霞人情深"活动,向驻区官兵送去3万只粽子和2万只鸭蛋。

优待军属 1950年春节、建军节和国庆节期间,向27户生活困难军属发放大米738公斤,补助金19.85万元(旧人民币)。1951年,区和乡镇成立拥军优属委员会,各村组织代耕组,为缺劳力军属代耕。1955年,推行义务兵役制,对军属实行劳动日补贴。1956年,区有"三属"6户、30人,无劳力户完全享受代耕优待,生活困难户由区民政科给予实物和现金补助。困难军属户,被定为长期补助户或临时补助户,共9户、31人,全年合计补助750元。1958年,劳动日补贴改为优待金,数额根据各公社经济状况自定。"文化大革命"期间,军属优待工作照常。1982年,对军人家属改为普遍优待,农村义务兵家属,按当地一个整劳力年纯收入50%至70%发放优待金;城镇义务兵家属,在义务兵退伍时,由民政部门一次性发给优待金,标准为服役一年200元,每增加一年增加50元。至1985年,优待3399户次,发放优待金95.3万元。1986年,区成立军人家庭服务中心指导委员会,组建镇乡、工矿企业、院校服务社站65个、居委会服务组115个。至1987年,帮助48户军人家属解决住房、调换工种和班次共170人次,介绍子女入托、入学41人,安置子女就业17名,调解军属家庭纠纷38次,110户军人家庭被评为"五好家庭",21 名军属受到省、市表彰。1993 年,区政府人员为"军嫂"简素琴治疗尿毒症捐款 17.8 万元。1996 年,各乡镇建立义务兵家属优待金自然增长机制,优待金按不低于上年人均收入 70% 兑现。1983—1999 年,安排军人子女入学、入托 30 余人,免收军人子女借读费 5.4 万元,安置军人家属就业 13 人,优待军属 10133 户次,发放优待金 773.41 万元。

【复员退伍军人安置】

复员军人安置　1950 年,安置复员军人计 4 人。1979 年,全区复员军人共 339 人,其中,抗日战争时期参军 17 人,解放战争时期参军 57 人,1954 年 11 月前参军 265 人。至 1980 年,全区累计安置复员军人 3186 人。90 年代,体弱多病、失去劳动能力在乡老复员军人给予定期救济和临时补助,解决其生活、住房、医疗困难。1990 年,向 177 名复员军人发放定期补助金 7.3 万元,其中建房补助金 5000 元。1996—1997 年,发给在乡 51 名复员军人功勋奖励金 1.74 万元,并在原定补基础上,每月增发 5 元。1997 年,建立优抚对象抚恤标准自然增长机制,提高复员军人功勋奖励标准,拨款 12.07 万元,按时足额发放。是年,为 502 名在乡复员军人、伤残军人建立健康档案,向重点优抚对象发放优惠医疗卡 245 本,为特等伤残军人单庭友开设家庭病床。1998 年,向 171 名在乡复员军人发放定补金 22.2 万元,人均 1298 元。其中一次性建房补助 5000 元,1998—1999 年,区投资 9.31 万元,为在乡复员军人解决住房 16 间,维修住房 383.5 平方米。1999 年国庆节,向 47 名在乡复员军人各赠彩电一台,区青年志愿者上门巡诊、维修家电、理发、义务耕种,投入"爱心献功臣"活动资金 20 万元。

退伍军人安置　新中国成立初,退伍军人多安排回乡务农。1958—1970 年,按国家"从哪里来,回哪里去"规定,退伍义务兵均得到妥善安置。1971 年起,不分城镇和农村入伍,退伍后均统一安排工作。1977 年后,退伍军人重新按"从哪里来,回哪里去"的政策安置。到 1980 年,安置退伍军人 18878 人,其中,在职 2889 人,在乡 15989 人。1985 年,按在部队立功优先,因战因公致残优先,同等条件军龄长和超期服役优先原则,接收退伍军人 395 人,大多安置在区内大中型企业。在对越自卫反击战中荣立二等功的一等伤残军人李向光,1987 年退伍,区民政部门将其安置在小市镇一家福利企业担任管理工作,副区长韩佃信出面为其解决三室一厅住房一套和煤气灶具一套,并将其家属转为城镇户口。1987 年,各乡镇成立军地两用人才介绍所，接收农村退伍军人185人，安排在乡办企业117人，向大企业推荐32人，任乡村干部12人，从事个体经营10人，回乡务农14人。1997年，区成立退伍军人安置工作领导小组。1997年、1998年、1999年，接收退伍军人分别为234名、174名231名，安置率均100%。凡在部队荣立三等功以上或家庭有特殊困难的，均得到优先安置。

第二章　社会救济

民国时期，社会救济工作多由慈善机构筹办。新中国成立后，按照“生产自救，群众互助，辅之以政府的必要救济”的方针，对城乡贫困对象予以救济帮助。50年代，对失业、无固定职业及丧失劳动能力的群体，给予经常性或临时性物质救济和现金救济。60年代中期，对精减退职的老弱病残职工予以生活救济。80年代，继续通过社会救济，并组织生产自救，举办福利生产，使贫困对象基本生活得到保障。同时，对社会救济工作实行改革，由救济钱物转为扶持贫困对象发展生产，使短期内能脱贫的对象，逐步走上脱贫致富道路。1983—1999年，全区城镇累计救济1459人次，救济金额16万元；扶助贫困户脱贫2467户，脱贫率为57.2%；投入资金330万元，改造农村危房1.3万平方米，222户、1000余人入住新居。

【定期救济】

农村社会救济

组织生产自救　1950年下半年，第八区、中山陵园区成立生产救灾委员会，贷款7000万元(旧人民币)，扶持受灾农民593户，组成183个副业生产小组，开展捕鱼虾、捉蟹、凿磨、割山柴、修公路、做瓦木工等生产活动，挣得大米1.5万公斤，谷稻2万公斤。组织有劳动能力灾民3132人以工代赈，得原粮60万公斤，使两区有劳力户三个月的最低生活水平得到保障。1954年，发生洪水灾害，民政部门组织八卦洲等地灾民计6300多人次，参加园林、铁路、工厂施工，组织灾民1800多人参加捕鱼、养鸭、开山、打石子、编芦席等生产自救活动；组织大庙乡5个村700多名劳力，打石子、捕鱼、种菜、做临时工，收益30470万元(旧人民币)。1957年1—6月，栖霞区组织2000多人，参加开山采石、做纸筋、烧石灰、打金箔、打刀石等副业生产自救；中山陵园区开展多项副业生产自救，收入7万余元。生产自救工作延续至80年代，从1987年起，逐渐为扶贫工作所替代。

救济金发放　新中国成立初，农村救济对象主要是贫困户、烈军属、失业工人、灾民及丧失劳力的孤寡老弱残人员。1953年，三区救济缺劳力的优抚对象57户、155人，发救济金292.7万元（旧人民币），发救济大米60公斤；临时救济10户、28人，发救济金23.5万元（旧人民币）；全年救济85户、300人，发救济款648.2万元（旧人民币）。1956年，主要解决烈军属、复退军人及老弱孤残无生产自救能力和劳力少、人口多的困难户吃饭问题。燕子矶、栖霞、中山陵园三区共救济临时救济户473户、1686人，发放救济金7587元；救济经常救济户28户、37人，发放救济金760元、棉衣128件、棉裤232条、棉被75床、棉花26.5公斤。1977年，民政工作恢复。1979—1999年，全区累计补助困难户79056人次，补助金额297.39万元，救济"五保"户7753人次，救济金316.89万元。

农村扶贫　1983年初，区成立扶贫工作领导小组，扶贫对象是农村不能维持基本生活，需要公社、大队集体补助和国家救济的困难户，包括优抚对象和盲、聋、哑、残人员（简称"四残"人员）中的困难户。是年，全区6个公社，组织机关党员干部110人对贫困户实行包干扶持，投入扶贫经费3.3万元，扶贫287户，产生经济效益4.27万元，使150户脱贫。1984年，救济性扶持由无息无偿改为有息有偿、有借有还。对短期难以脱贫的特困户，给予定期补助或临时救济，帮助其种好责任田或从事简单的副业生产。资金投放相对集中，重点扶持短期内能脱贫的贫困户。当年，有142户脱贫，脱贫率80%。1987年起，区政府将扶贫工作列为每年的经济奋斗目标之一。1989年，区级机关20个部门重点帮扶20个贫困村，到1991年，有11个村脱贫。1992年，对未脱贫的9个村，加上八卦洲七里村，继续进行帮扶，由2个部门帮扶一个村，10个村相继兴办小化工、小加工、建筑、港务等企业，1992年，农民人均年收入增至958元。1993年，八卦洲乡七里村经济总收入466万元，其中，工业收入50万元，人均年收入1090元，实现脱贫目标。至1999年，全区先后建立社会保障基金会11个，筹集保障基金139.5万元，累计有2555户脱贫。

城镇社会救济　1950年，社会救济工作贯彻"生产自救，节约度荒，群众互助，辅之政府救济"的方针。1954年，第八区、第九区、中山陵园区经常救济1204户、3560人，发救济金3961万元（旧人民币），临时救济1473户、4937人，发放救济金5561.36万元（旧人民币）；组织无业贫民、失业工人

1339 人,参加沪宁铁路改线工程建设和其他生产自救工作,共收益 6.9 亿元(旧人民币);组织手工业者自筹资金 1.5 亿元(旧人民币),成立生产小组 14 个、生产合作社 2 个、其他生产自救组织 9 个。全年参加生产自救 4926 人,收益 24.7 亿元(旧人民币)。1956 年,栖霞区经常救济 59 户、173 人,发放救济金 1227 元,临时救济 95 户、331 人,发放救济金 1989 元;中山陵园区经常救济 82 户、102 人,临时救济 562 户、2255 人,老弱 212 户、314 人,发放救济金 965 元。1964 年始,三区对集镇孤寡老弱病残人员实行定期救济。1979—1983 年,全区定期救济 1689 户、2552 人,发放救济金 3.63 万元,临时救济 6747 人,发放救济金 8.03 万元。期间,救济下放农村的原城镇居民 95 户,发放救济金 1.01 万元。1983 年后,城镇经济发展,社会闲散劳力就业增多,城镇社会救济工作逐步缩减。

精减退职老职工救济 1965 年,对 1957 年底以前参加工作,1961—1965 年期间精减退职并领取一次性退职补助金的职工(简称"退职老职工")按月发给原标准工资 40% 的救济金;对不符合领取 40% 救济金条件、生活有困难的退职老职工,给予临时救济。1980 年,对享受 40% 救济的退职老职工,除按原标准发放救济金外,另按规定发补贴费或增加救济金额。1981 年,对未享受 40% 救济金生活困难的退职老职工实行定补。至 1999 年,全区享受 40% 救济的退职老职工累计 760 人次,共发放救济金额 46.62 万元,享受定补退职老职工 2396 人次,金额 140.7 万元。

其他人员救济

"三无"孤老救济 新中国成立后,区内无劳力、无生活来源、无依靠孤寡老人,全部依靠政府救济解决生活困难。1958 年,城镇"三无"孤寡老人由政府定期救济,农村"三无"孤寡老人由公社、大队、小队供养,政府给以适当补助。至 1999 年,全区有 208 名"三无"孤寡老人住进镇乡敬老院。

宽大释放和特赦人员救济 1981—1982 年,对 20 名未安排工作、无经济来源、生活困难的特赦和宽大释放的原国民党党、政、军、特人员,每人每月发放 15~20 元生活补助。1985 年,提高到每月 20 元。1990 年,全区特赦、宽大释放人员 20 人,每人每月定补 47 元;国民党原县团级以上宽大释放人员 18 人,农村户口每人每月定补 27 元,城镇户口每人每月定补 30 元。1992 年,有特赦宽大释放人员 21 人,发放定补金 9312 元。1999 年,全区有特赦宽大释放人员 12 人,月定补金计 1047 元。

【临时救济】

灾害救济 民国38年(1949)7月,第九区遭受水灾和风灾,区政府拨救灾粮1542.5公斤,救济无劳力受灾户97户、421人,组织灾民1090人次以工代赈,从事副业生产,发动家境殷实户互济杂粮550公斤,接济64户、257人。1950年1月,水灾之后又遇寒潮袭击,区政府对受灾的1792户、6122人,发放救济粮18700公斤,贫饼807公斤,小麦57.5公斤,棉衣裤12848件,鞋子176双,被单24床,被毡1床,稻草15公斤。灾民患病确有困难者,凭乡政府证明可酌减医药费,全年发贫病免费诊券1209张。1954年6月,长江大汛,第八区1000多户、灾民5000余人受灾。区政府发救济款3300余万元(旧人民币),救济965户、3060人。年底,大雪成灾,区政府组织机关干部携带救灾钱物,登门慰问老弱病残灾民,发棉衣394件、棉被34床、棉花11.5公斤,400余人得到救济。1957年6月,便民河、九乡河洪水泛滥,6个乡镇5072户、21292人受灾,区政府组织灾民生产自救,发放救济款7234.96元。1980年夏秋,全区遭受水涝暴风侵袭,民房受损,区政府拨救灾专款3万元,用于灾民购买口粮和修缮房屋。1984—1998年,全区发生6次较严重的洪涝、干旱、大雪、大风等自然灾害,区政府拨款252.75万元,调拨粮食3.37万公斤,用于灾民生活救济、房屋维修和发展生产。

最低生活保障线 1997年底,栖霞区实施城乡居民最低生活保障制度,农村村民保障标准为人均90元/月,城镇居民为人均130元/月。1999年7月,保障范围扩大到在职、下岗职工等所有低收入家庭,全区有668户、1558人获得补差救济。当年,城镇居民保障标准增至每月180元。

第三章 社会福利

民国时期,栖霞地区无社会福利机构,孤寡老人处境凄凉,残疾人员及社会弱势群体,得不到社会救助,生老病死,各由天命。新中国成立后,社会福利事业得到人民政府重视,逐步发展。至80年代,区民政部门创办敬老院14所,收养社会上丧失劳动能力、无依无靠、无生活来源的孤寡老人;创办社会福利企业14家,安置无业和闲散人员参加生产,安置有劳动能力"四残"人员就业。90年代,帮助群众走农村社会养老保险和家庭养老相结合的道路,募集社会福利资金,改善社会福利设施,为群众办实事,尊老爱幼，扶助孤弱，成为时代新风。

【残疾人安置】

新中国成立初至70年代，区内“四残”人员多为自谋职业，少量由社会安置，就业得不到保证。1981年，区政府采取民政部门集中安置，街道居委会分散安置及优惠扶助个体开业等方式，逐步解决残疾人就业问题。是年9月，区民政科创办南京金陵服装厂，安置“四残”人员32名。1984年，各乡镇办的11家工厂陆续转改为福利企业，加上街道居委会的经营门点，多渠道安置450名“四残”人就业。1992年，乡镇福利企业发展到20家，有职工2765人。1999年，全区福利企业32家，有职工2933人，“四残”人占46%。对生活不能自理的残疾人，实行最低生活保障线制度。区政府对范俊、黄兴、郁强、刘培4名残疾人，除安置进福利工厂外，还提供体育训练条件。1999年，在南京市首届残疾人运动会上，栖霞区获得3块金牌、2块银牌、1块铜牌。

【敬老抚孤】

“五保”制度 1956年，民政部门在农村推行保吃、保住、保穿、保医、保葬的“五保”制度，当年，核准“五保”户266户、311人。“五保”户的生活标准，条件好的社队每人每月5～6元，条件差的每人每月3.5～4元，养老金25%从社会公益金中提取，其余由政府补助。1982年，有“五保”户387人，其中，老人349人，残疾35人，孤儿3人。对“五保”户生活实行定人、定时、定事和包买煤、油、盐、菜，包洗衣被，包看病取药服务，各村（居）委会成立包护小组，实行定包服务。1988年，农村分散供养“五保”户345人，当年，集体供养标准为人均340元。1999年，集体供养标准增为年人均1500元。

养老机构

敬老院 1983年，栖霞镇办起第一所敬老院，有房屋18间，收养老人24人。1986年，摄山乡将乡卫生院病房改建为敬老院，1996年，镇政府投资280万元，区民政局拨款80万元，易地新建，新敬老院占地17333平方米，建筑面积3000平方米，庭院园林化，设施配套。至1987年，乡镇兴办敬老院共14所，有床位190张，收养孤寡老人153人。1995年，区划变动，敬老院减为10所。1998年，摄山镇敬老院被评为省级文明敬老院。1999年，全区有敬老院10所，床位339张，收养老人208人。

老人公寓 1998年2月,真美好老人公寓在迈皋桥镇兴卫村月苑小区开业,为南京市第一家民办公寓,有卧室8间、床位30张,另设娱乐室1间、健身房1间,公寓旁有广场绿地2000平方米,收养老人16人。1999年,栖霞镇兴办红枫老人公寓,有床位90张。

弃婴和孤儿收养 民国时期,栖霞地区无弃婴及孤儿收养机构。新中国成立初,过往难民遗弃婴幼儿一般由所在乡镇指定专人妥善抚养,民政部门给予生活护理费用,或送南京市社会福利院。对于农村父母双亡的落孤儿童,由镇、村供给口粮、油和烧柴,生活标准不低于当地群众的生活水平,高的每人每月30元,低的不少于15元。农业合作化后,改由社队集体供给生活资料。1994年,栖霞区实施"爱幼工程",区民政局把全区36名孤儿作为"民政之子",逐一落实其吃、住、穿、学以及帮扶单位和个人,并输入微机跟踪管理。至1999年,情况未变。

农村社会养老保险 农村社会养老保险始于1979年,时有10个生产大队实行养老金制,享受养老金的社员39人。1992年,农村社会养老保险改由区民政局负责,各镇乡设立社会养老保险管理机构,负责制定统一实施办法。投保人员凡男满60周岁、女满55周岁,即可领取养老保险金,女满50周岁的参保人如有特殊情况要求领取保险金,经审核也予以办理。全区各乡镇先期办理乡镇村企业、福利企业干部、职工及入伍义务兵的投保工作。燕子矶镇确定企业和镇村参保人员保险费的补贴比例,全镇每年交纳保险费25万元,1994年,增至55万元,投保人数达3370人,占应投保总人数的79%。1979—1999年,全区投保费累计2959.4万元,领保人数为1252人次。

第四章 婚姻 殡葬 地名管理

民国以往,栖霞地区无办理结婚登记机构,凭父母之命,媒妁之言,即成婚姻,包办买卖婚姻占90%以上。新中国成立后,人民政府提倡男女平等,婚姻自主。1950年5月,第一部《中华人民共和国婚姻法》颁布,经政府部门大力宣传,人民群众纷纷用"婚姻法"来保护自己的合法权益。1980年,第二部"婚姻法"颁布,婚姻登记管理得以完善。民国以往,栖霞地区一直沿用封建的丧葬礼俗,"入土为安"的观念根深蒂固,土葬盛行。新中国成立后至70年代,仍多沿袭这一习俗。80年代始,区政府成立丧葬管理机构,推行火葬,禁绝土葬,推进殡葬改革。1988 年,全区遗体火化率达 96%。至 1999 年,遗体火化率达 100%。

【婚姻管理】

结婚登记 1950 年 5 月始,民政部门依据“婚姻法”规定,办理结婚、离婚、复婚登记工作,区内居民无论初婚、复婚或再婚,男女双方均须持户口簿和所在单位或村(居)委会出具的婚姻状况证明,经审查批准发给结婚证,方成为合法婚姻。1953 年 6 月,结婚登记逐步普及。1959 年 10 月,结婚登记工作下放至各公社、镇。1980 年,新“婚姻法”公布,规定婚龄为男 22 周岁,女 20 周岁,晚婚年龄为男 25 周岁以上、女 23 周岁以上,民政部门按法定结婚年龄准予登记,但限制生育时间。1981 年起,结婚男女双方,必须到指定医院进行婚前健康检查。1999 年,全区登记结婚 3055 对。

离婚、复婚登记 新中国成立初,栖霞地区离婚、复婚现象较少。1950—1969 年,全区共有 9 对夫妻因父母包办,缺乏感情,到民政部门办理离婚手续。其中 4 对经亲人劝说后复婚。“文化大革命”期间,受极“左”思潮影响,全区近百对夫妻因相互“划清阶级界线”而办理离婚手续。70 年代后,离婚率逐年上升。1999 年,全区登记离婚 205 对,复婚 35 对。

【殡葬管理】

土葬 新中国成立后,木棺土葬旧俗延续,至“文化大革命”后期,始禁止制造和出售棺木。1983 年,实行殡葬改革,加强殡葬管理,私埋乱葬现象得到遏制。

火葬 1983 年,民政部门推行遗体火葬,拨款 57 万元,帮助乡镇建骨灰纪念堂 7 个。1984 年,全区死亡 1257 人,遗体火化 1222 人,火化率达 97.22%。1988 年,全区死亡者遗体火化率 96%。1992—1999 年,全区共死亡 15342 人,遗体火化率 100%。

公墓管理 1988 年,区成立殡葬管理所,负责对各乡镇所建公墓、骨灰堂的政策性管理。1996 年,建摄山乡龙泉公墓、燕子矶镇铁石岗公墓、迈皋桥镇永寿园公墓、龙潭镇青龙山公墓 4 座公益性公墓,墓穴共 12258 个。至 1999 年,八卦洲、龙潭、长江、营防、迈皋桥、马群、栖霞 7 个乡镇建有骨灰存放纪念堂,存位共 16718 个。

坟山清理 1998 年 4 月,全区开展清理墓葬用地工作,成立整治“私埋乱葬”领导小组，投入人力1500多人次，耗资21万元，动迁私埋乱葬坟墓5.8万穴，恢复耕地面积200余亩，被江苏省民政厅评为“整治墓地”先进集体。

【地名管理】

1981年前，栖霞区未专设地名管理机构。区公安部门管理门牌，城建部门管理街巷道路名称及标志，门牌、道路、街巷名称及标志的命名书写皆缺乏规范，存在一地多名、重名及乱起地名等现象。“文化大革命”期间，随意更改街巷道路名称更为普遍。1981年，栖霞区成立地名管理领导小组，对区内所有地名进行普查登记，并作标准化和规范化处理。

地名普查 1981年4月，区成立地名普查领导小组，各公社、镇成立地名普查小组，5月至9月，对7镇、11个公社、1个农牧场的自然村、街道、公路、企事业单位、桥闸堤坝、自然地理实体和文物建筑古迹遗址等进行踏勘，共登记地名1208个，其中，行政区域名110个，街巷名68个，自然村名501个，居民住宅区名33个，建筑物和名胜古迹名163个，企事业单位名139个，自然地理实体名178个，其他名称16个，对地名的书写形式、读音、地理位置作标准化处理，并对主要名胜古迹、重要人工建筑、自然地理实体等作了注释。1987年，地名工作划归民政部门，地名工作由基础性工作纳入规范管理轨道。1991年3月，对辖区内7镇、11乡、1个农牧场及中山陵园管理处，进行地名补查和资料更新，补查地名1686个，其中，自然村名、居民区名1200个，街巷名31个，企事业单位名229个，自然地理实体名182个，消亡地名13个，新增地名31个。1999年，新增地名5个。

地名标准化 1981年5月，对收集普查资料进行整理、统计，建立首批以原始资料为主的地名档案。原始资料经地名标准化处理，形成地名图、文、表、卡片、文书、照片、录像、录音等地名材料计2大卷，草表98张，草卡片1015张，编写补充概况14000字，地名档案逐步完整。1981年、1982年及1991年，先后三次就部分地区的命名、更名或恢复原名进行审核，报请南京市政府批准，全区有26条街巷村路更新命名，12处更名，1处恢复原名，改正地图上49处错字和错位，取消117条名存实亡的地名，纠正重名、多名现象。1996—1999年，共设地名标志30282个，其中，单位铜门牌709块，住户铝门牌14650块，单元室幢牌14829块，村、街、巷牌47块，指路牌47块。

第十九编 劳动 人事

民国时期，栖霞地区工业薄弱，产业工人仅 1227 人，其他多为临时工、季节工。城镇失业工人及农村饥荒农民众多，生计无着。在职职工饱受剥削压迫，职业没保障，收入微薄，劳资关系紧张。学徒工，卖身学艺，“衣则不能御寒，食则残羹不饱”。国民政府曾制定劳动法规，但多为纸上谈兵，利于工人的条款并未得到实施。新中国成立后，劳动部门依据国家法律政策，对转业军人，大中专、技工学校毕业生，个体、私营企业的职工，资方人员进行就业安置，其合法权益得到保障。“文化大革命”期间，劳动部门组织 15731 名知识青年上山下乡、插队插场，2514 名城镇职工到西藏、内蒙古、新疆和省内农村落户，同时，接收 9763 名南京城区知识青年插队插场。改革开放后，区劳动工作适应社会主义市场经济发展需要，进行改革。1987 年，区劳动争议仲裁委员会成功裁决南京化学纤维厂职工朱涛不服辞退案，为江苏省首例职工胜诉案。同年，区劳动争议仲裁办公室首创“仲裁建议”办案新方法，成功调解劳动纠纷，论文《仲裁建议——办案新方法》在全国劳动三项制度改革征文比赛中获一等奖。1988 年，区劳动服务公司在南京市率先向广东深圳、珠海等地输出劳务工取得成功。1991 年，区职业技术培训指导站创造的“区劳动部门培训指导站为点，企业单位培训中心和社会办学单位为面”和“专业理论在培训中心授课，技能训练在用人单位实施”等职业培训经验，曾分别在劳动部“沈阳会议”“哈尔滨会议”、江苏省劳动局“南通会议”上介绍。至 1999 年，培训人员 20289 人次。

民国时期，栖霞地区人事工作执行“国民政府组织法”，形成形式上的法制与本质上的人治相错杂的状况。新中国成立初，人事工作沿袭革命战争年代集中统一管理模式，干部主要由解放区和部队转入的干部、青年学生、旧政权留用职员等构成。干部调配，主要是接受安置军队转业干部和计划分配大中专毕业生。60 年代，增加对西藏内返人员和复员退伍军人安置。“文化大革命”时期，人事工作基本停滞。1978 年后，人事部门先后建立人才交流、调配编制、干部培训、干部考试、干部退休管理、人事争议仲裁、机关和事业单位社会保险等职能机构。1984 年,开展人才引进工作。1993 年,按照公务员暂行条例和单项考核法规,对党政机关、事业单位工作人员实施考核。1995 年,在全民事业单位推行全员聘用合同制。1996 年,试行科级干部聘任制。1997 年,向社会公开招聘机关工作人员。1998 年,开展公务员职位分类,实施区、镇乡政府机关工作人员向国家公务员过渡,通过资格审查与培训,453 人转为国家公务员。1999 年,推行科级干部竞争上岗,59 名干部走上科级领导岗位。

第一章　劳动就业

民国时期,栖霞地区无专门劳动管理机构,劳动者就业靠自找门路或亲友介绍,仅有中国水泥股份有限公司龙潭工厂、中央电瓷厂、中央化工厂、江南水泥有限公司、南京电照厂等几家大型企业向社会公开招工。资方雇工条件苛刻,工人随时有失业可能。劳动纠纷、劳动报酬多由劳资双方协商,或由同业工会协调处理。新中国成立后,劳动管理机构逐步健全,管理工作走上法制化、制度化轨道。1999 年,区属及驻区企业发展到 1000 多家,有职工 20 多万人,劳动部门依据国家法律和政策,在劳动就业、职业培训、工资福利、劳动保险、安全生产、劳动保护、劳动争议仲裁、劳动监察等方面做了大量工作,使劳动者获得就业机会,生活福利不断改善,用人单位和劳动者双方的合法权益得到维护。

【劳动力管理】

劳动力安置

统包统配　新中国成立初,对官僚资本企业工人和原国民政府军政人员,采取“包下来”政策。1950 年,区民政部门开始安置城镇复员军人。1952 年,区政府实行大中专毕业生统一分配。1955 年,对复员军人实行“归口包干”政策,由劳动部门统筹安排。1956 年,区内中、小学毕业生包揽安置。港澳台胞、台属、归国华侨,刑满释放和开除公职人员,宽大释放的原国民党县、团以下军政人员,以及落实政策人员,均由政府包揽安置。“文化大革命”期间,除部分企事业单位安置复员退伍军人、大中专毕业生和招用少量新成长劳动力外,主要是组织知识青年和城镇居民上山下乡、插队插场。1971 年,从 1969—1971 年高、初中毕业生,复员退伍军人和下乡插队插场二年以上知识青年中招工。

“三结合”就业　1978年,实行改革开放政策,劳动工作由计划经济体制下的“统包统配”,逐步转变为市场经济体制下“劳动部门介绍就业,自愿组织起来就业和自谋职业相结合”的“三结合”就业方针。1980年8月始,区劳动部门按照“三结合”就业方针,组织就业。区劳动服务公司、乡镇劳动服务公司、驻区企业单位劳动服务企业,具体负责就业安置工作。

市场就业　1984年,“三结合”就业向市场就业过渡。1987年10月,区劳务市场挂牌开业。1994年,区劳务市场更名为区职业介绍所,成为综合性职业介绍机构,各乡镇创办劳动服务公司等经济实体性中介组织,共同为劳动力供求双方沟通信息,提供服务。劳动者求职就业和企事业单位招用人员,均可直接通过职业介绍所进行竞争性的“双向”选择。1998年,区劳动事务代理所成立,全方位开展劳动事务代理服务。1999年10月,区劳动力市场开业运作,按现代化、规范化要求实现网上就业,至年底,先后帮助43168人实现就业。

劳务输出　1980年前,区内只有少量人员通过亲戚、熟人介绍外出务工。1980年起,区劳动服务公司及镇、乡劳动服务公司,逐步把劳务输出纳入工作计划。至1998年,全区输出劳务工8823人。

征地劳力安置　1980年前,国家建设征地,劳动力一般由所在人民公社统筹安置;企业建设征地,劳动力由企业安置。1983年,征地劳动力由用地单位吸收为职工,不符合招工条件的劳动力,由建设单位支付安置补助费。1983—1999年,安置征地劳动力18166人。

随军家属安置　1980年前,驻区部队现役军官和志愿兵的随军家属,由劳动部门根据上级下达劳动计划安置就业。1980年后,改由劳动部门安置。至1999年,安置随军家属1000多人就业。

下岗人员再就业　1996年,区成立再就业工作领导小组,启动再就业工作。是年,区属企业下岗职工997人,通过劳务输出和个人自谋职业等途径安置586人。1998年,7个镇成立再就业服务工作站。区工业公司、商业局等4个主管部门成立再就业服务中心。全区26个企业成立再就业服务工作站,对符合条件且有再就业能力的下岗人员进行临时性托管,并分为留职定补、离岗挂编和进托管中心托管三种类型进行梳理定位和管理。1998—1999年,区属企业下岗职工共7311人,分流安置6884人,发放基本生活费和缴纳社会保险费共1828.7万元。

职工精简下放　1966 年“文化大革命”开始,区内部分企业停产。1969 年,区成立上山下乡工作办公室,至 1970 年春,全区下放职工 1834 户、2514 人。

知青上山下乡　1965 年,首批 168 名知识青年支援新疆。“文化大革命”期间,城镇高、初中毕业生安置渠道是到农村去、到边疆去、到工矿去、到基层去。至 1978 年末,共动员 15731 名知识青年上山下乡。“文化大革命”10 年间,接收安置到区插队、插场的南京市城镇知识青年 9763 人。

城镇人员下放　1969 年至 1970 年,城镇居民陆续下乡落户,总计 5531 人。至 1979 年 6 月,下乡落户的城镇居民有 5167 人回宁安置就业。

【工资　福利　保险】

工资

工资制度改革　新中国成立初,企业对职工实行原职原薪工资制度。1951 年,企业进行第一次工资改革,建立新的技术等级和职务等级工资制度。1956 年,企业进行第二次工资改革,改革的主要内容是直接以货币确定工资标准、实行八级工资制等。1978 年后,结合推行经济责任制,对企业工资制度进行改革,恢复企业奖励制度和计件工资制度。1981 年,奖金发放权、职工升级权等下放给企业。1984 年,企业逐步推行承包经营责任制,厂长、经理的工资收入除职务工资外,实行年终一次性奖励,至 1987 年,全面推行此项改革。1991 年始,企业承包经营者的奖惩与企业经济效益和职工收入双挂钩。同时推行岗位技能工资制度。1995 年,企业实行最低工资标准制度,企业职工最低工资标准为 210 元/月。1996 年,最低工资标准调整到 240 元/月。1997 年,调整到 320 元/月。1998 年,一些企业试行经营者年薪制。经营者年薪原则上不得超过企业职工平均工资的 8 倍。1999 年,企业职工最低工资标准增至 390 元/月。

工资调整　新中国成立初,企业职工工资调整纳入国家计划,实行计划调节。1956 年,建立技术和职务工资制度,企业无权自行增加工资或发放奖金。1963 年和 1971 年,两次对工资偏低的职工进行工资调整。1977 年,对 1971 年底以前参加工作的一级工、1966 年底前参加工作的二级工及企事业单位相关人员,“表现好的”和“比较好的”调整工资。1978 年,对工作成绩特别突出的 2% 以内职工予以升级。1978 年,企业恢复奖励制度,并向职工发放物价补贴、副食品补贴。1983 年,企业把调整工资与企业经济效益好坏、职工劳动成果大小相挂钩,不开“大锅饭”。

工资状况　1955年,区内企业职工年均工资560元,1971年为477元,1977年为499元,1981—1985年为1166元。1999年,区属及区属以下企业职工年均工资为5257元。

奖金　民国时期,企业有“升工”和年终奖两种奖励。新中国成立初至“文化大革命”期间,企业奖金有年终奖、考勤奖、质量奖、节约原材料和燃料奖、新产品试制奖、辅助工人生产奖、安全无事故奖等类别。1978—1999年,企业奖金主要有超产奖、质量奖、超利润奖、节约奖、先进奖等类别。

退休　退职

退休　1953年起,区内企业退休条件一般为男年满60周岁,女年满50周岁。退休人员发给退休费。自1981年起,多次提高退休费。1982年,企业试行“双保”养老保险制度,企业和职工分别按一定比例,一并向保险公司投保,男年满60周岁,女年满55周岁的职工,享受退休待遇。1996年,全区实行社会统筹和个人账户相结合的养老保险制度。1999年,全区有6524名企业退离休职工享受养老金,年养老金总额为4416.8万元。

退职　1978年,区内企业为不具备退休条件,完全丧失劳动能力的工人,办理退职手续。退职后,按月发给相当于本人标准工资40%的生活费。至1999年,全区有101名职工享受退职待遇。

劳动保险

养老保险　1979年始,逐步改革养老保险制度。1983年,试行新养老保险办法,由职工选择缴费档次,企业和职工按比例缴纳保险费,退休后,按缴费情况领取养老金,在劳动就业服务企业和集体企业新招收的职工中试行。1984年,养老保险投保范围扩大到企业劳动合同制工人以及各种劳务工。1987年,养老保险范围扩大到“三资”企业,缴费标准统一。同时实行退休费社会统筹。1992年,实行企业职工个人缴纳基本养老费。1995年,私营企业和个体经营组织全部纳入社会统筹范围。

失业保险　新中国成立初,由民政部门对失业工人进行救济,同时安置他们就业或还乡生产。1986年,建立待业保险制度。1993年,享受失业救济对象扩大,包括依法宣布破产企业的职工。1995年,待业保险改为“失业保险”。1998年,提高失业保险基金征缴比例,并实行个人缴费。1999年,失业保险缴费对象为城镇企事业单位和职工。是年,失业救济金提高到每人每月220元。

工伤保险　1997 始,区内企业办理职工工伤保险。

生育保险　1997 年始,区内城镇企业及职工参加生育保险。

生活福利　新中国建立始,企业职工即享有探亲假、产假和休假等。从1953 年开始,区企业实行劳保福利制度。职工个人福利有生活困难补助、上下班交通费补贴、各种生活补贴等,集体福利有为职工开办食堂、医院、托儿所、幼儿园和兴建职工宿舍等。1992 年始,企业建立职工住房公积金制度。

津贴　自 1952 年始,企业实行津贴制度,对在特殊条件下工作的职工进行合理补偿。津贴有夜班工作津贴、有毒有害作业津贴、环卫职工津贴和司炉工岗位津贴等。

【劳动保护】

安全保护措施　新中国成立初,区内企业数量少且规模小,无安全劳动保护组织。1984 年,区、乡镇和企业相继成立安全生产组织。1990—1991 年,区劳动局对 13 个单位、208 台压力容器进行检测。1991 年起,每年对司炉工、电焊工、电工、机动车驾驶等特殊工种作业人员进行安全培训。

伤亡事故处理　新中国成立后,区劳动部门重视企业伤亡事故处理。1992 年至 1993 年,迈皋桥等 3 个镇乡企业发生事故 3 起,死亡 3 人,事故发生后,为死者家属发放安葬费、抚恤金、救济金,并对相关责任单位及责任人给予处罚。1999 年,区属和乡镇企业发生事故 6 起,死亡 2 人,重伤 4 人,均进行妥善处理。

【劳动仲裁　劳动监察】

劳动仲裁　新中国成立初,第九区(栖霞区)、第八区(燕子矶区)、中山陵园区均建立劳动仲裁机构。1956 年,对私营工商业社会主义改造后,劳动争议仲裁制度中止,直到 1986 年,得以恢复。1987 年,区劳动争议仲裁委员会成立,驻区及区属企事业单位、企业主管局(委)组建劳动争议调解委员会 250 多个。1987 年,区劳动争议仲裁办公室首创“仲裁建议”,成功调解劳动纠纷 108 件,《仲裁建议——办案新方法》论文被评为全国劳动三项制度改革征文比赛一等奖。1988—1999 年,区仲裁办公室受理各种劳动争议案件 148 件,结案 148 件,结案率为 100% 。

劳动监察　1997 年,区成立劳动监察科、劳动监察大队,开展劳动监察工作。1998年起，区劳动监察机构每年对用人单位遵守劳动法律、法规、规章及劳动用工情况实施监察检查。至1999年，区劳动监察部门接待企业职工上访、举报投诉59人次；受理劳动违法案件93件，结案93件。

第二章 人　事

民国时期，栖霞地区人事工作，依据民国18年(1929)国民政府颁行的“公务员考绩法”“公务员惩戒法”“公务员任用法”以及“暂行文官官俸表”等，实行委任制，分简任、荐任、委任三等，各等分一、二、三阶。新中国成立后，人事工作成为整个干部工作的重要组成部分。“文化大革命”时期，区人事工作处于瘫痪状态。1978年后，伴随工作重点转移和政治经济体制改革深入，人事工作冲破陈旧观念束缚，人才交流、综合计划管理、干部培训、干部考核、干部退休管理、人事争议仲裁、事业单位社会保险等管理体制逐步完善。1984年前，区管干部统归区委组织部管理。1984年后，区机关各部门、乡镇及区直属单位党政正副职干部，由区委组织部管理，其余干部由区人事局管理。

【干部管理】

干部来源

“以工代干”转干　新中国成立初，厂矿企业干部不足，选调一批工人进入干部岗位，但未办理提干手续。之后，党政机关、群众团体和事业单位也因缺乏干部，陆续招用“以工代干”人员。1983年，核定“以工代干”人员249名，经过培训和考核，为141名“以工代干”人员补办干部录用手续。

考试录用干部　考试录用干部始于80年代初。1986年后，考试录用工作由南京市人事局按照统一标准进行考试、考核、政审、体检、录取。90年代，区人事部门从乡镇选聘制干部中录用一批乡镇领导干部。1997年后，录用乡镇选聘制干部工作终止。

招收国家公务员　1997年初，区人事部门从56名应届大学毕业生中招收国家机关工作人员，录用19名。1997年下半年，区人事部门公开向社会招录国家公务员。1999年，从乡镇企事业单位和应届大学毕业生中招收10名干部，分别派送到各乡镇任职。

接收计划内分配毕业生　1952年前，对国民政府培养的大学毕业生，采取由政府聘用和自谋职业相结合的方法安排。1952 年开始，对高等院校及中等专业学校毕业生实行统一分配。“文化大革命”开始，毕业生分配工作一度中断。1973 年开始，主要办理大专院校工农兵学员分配。1981 年后，大专院校毕业生按省、市分配的计划，凭报到证到区报到。1984 年开始，由南京市人事局根据区人事部门上报的干部需求计划，下达分配计划进行分配。1985 年起，毕业生分配市场机制逐步形成，大专以上毕业生采取指令性计划和指导性计划相结合办法分配。90 年代，大专毕业生分配由单一的指令性计划过渡到指令性计划和指导性计划并存，后者比例逐步增大。1992 年开始，除卫生系统外，所有大专毕业生全部实行双向选择就业。1998 年，卫生系统毕业生按市场机制分配。1999 年，对部分企业下岗职工子女毕业生采取指令性就业方式。教育系统毕业生分配工作由区教育委员会负责。

聘用“五大”毕业生　1986 年 9 月，区人事部门接收安置职大、电大、业大、夜大、函授大学毕业生。非在职“五大”毕业生可持毕业证书到区人才交流服务中心登记，由人才中心向用人单位推荐，并办理聘用手续。1990 年 9 月，确定金陵职业大学、南京农业专科学校毕业生纳入分配计划。1992 年，对往届金陵职业大学和南京农业专科学校 34 名毕业生补办录用手续。

聘用在职人员　1994 年开始，区人事部门从区属事业单位管理岗位上工作的工人中聘干，工人受聘后享受全民干部待遇。

安置军队转业干部　新中国成立初至 1969 年，军队干部退役作为转业安置。1975 年，军队干部改作复员安置。1975 年后，军队干部转业工作得到恢复。1969—1975 年，40 名军队复员干部改作转业安置。1981 年后，军队转业干部安置形成制度，专业技术人员原则上对口安置，团级以上干部尽可能安排相应职务。

干部考核　1993 年前，区机关、事业单位未建立干部年度考核制度。1993 年，按照公务员暂行条例和单项考核法规，对机关、事业单位工作人员进行年度考核。考核结果分优秀、称职和不称职三个等次。1999 年，改为优秀、称职、基本称职和不称职 4 个等次。1994 年度，全区机关、事业单位参加年度考核的工作人员共 6662 人，其中，优秀等次 954 人，称职等次 5708 人。1999 年度，区机关参加考核 597 人，被评为优秀 72 人，称职 516 人，基本称职 6 人，不称职 2 人，未定等次 1 人。全区事业单位参加考核 4583 人，被评为优秀 471 人，合格 3960 人，基本合格 4 人，不合格 5

人，未定等次 143 人。

干部任免 1989 年开始，区人事部门对政府各部门科级干部进行任免。至 1999 年，共任免科级干部 407 人。

干部调配 1977 年前，按照进出平衡，调出从宽、调进从严，对调从宽、单调从严，服从革命生产需要的原则对干部进行调配。“文化大革命”期间，区内干部调动较少。1986 年始，对干部调配的原则是优先保证重点建设项目，加强技术力量薄弱部门，支持鼓励干部到基层工作。

出国政审 1990 年前，区管干部出国政治审查，由区人事部门审核，报南京市人事局批准。区人才交流服务中心成立后，由人才中心办理。1990 年后，区管干部出国由区政府、南京市人事局审批；一般干部及流动人员出国，由区人才中心和区人事局直接审批，至 1999 年。

职称管理 1996 年前，区内专业技术人员的职称评定和聘任工作由区科学技术委员会负责，1997 年 8 月，移交区人事局。1998 年，原区职称改革领导小组更名为区职称工作领导小组。1998 年、1999 年，全区评审专业技术人员分别为 307 人、251 人。

人事仲裁 1993 年，区人事争议仲裁委员会成立，至 1999 年，受理人事争议案 6 件。

【工资　福利　保险】

工资

工资制度　1950 年，党政机关和事业单位工作人员工资，以供给制为主。1952 年，改为“包干制”。1956 年，实行国家统一的等级工资制度。1985 年，实行以职务工资为主的结构工资制。1989 年，区内国家机关和事业单位工作人员普调一级工资。1993 年，实行职级工资制，直至 1999 年。

工资调整　新中国成立初至 70 年代末，机关、事业单位工资标准，由区人事科管理。1984 年，区人事局成立，负责管理机关事业单位工资调整。1985 年、1987 年和 1988 年，机关事业单位进行工资改革和调整，涉及人员分别为 1435 人、1861 人和 6390 人，人均月增资额分别为 17.3 元、4.69 元和 7.9 元。1995—1998 年，每年均有工资调整情况，项目有机关、事业单位人员工资正常晋级，专业技术人员工资晋升，岗位津贴晋升、离退休干部增加离退休费、离休干部增加生活补助费等。1999 年，正常调整工资 5418 人，月增资额 75.97 万元，离退休干部调整工资 1492 名，月增资额 16.96

万元。

福利

生活福利　新中国成立初，国家机关工作人员实行供给制，生活福利待遇实际成为供给一部分。干部生活福利有1952年后开始发放的交通费补贴、1965年开始发放的粮价补贴、1978年开始发放的副食品补贴，1984年开始发放的房贴、电贴、粮贴、洗理费四项补贴，直至1999年。

探亲假、产假、休假福利　国家工作人员享有探亲假、产假和休假福利。1999年9月起，每人每年法定节假日由7天增加到10天。

离休、退休、退职待遇　1958年，机关事业单位干部按国务院规定办理退休、退职。"文化大革命"期间，干部退休工作处于停顿状态。1978年，对干部和工人分别制定退休办法，放宽离职休养条件，1993年后，退休人员工资标准重新核发。1999年，全区退休干部1345人，其中离休干部148人。

社会养老保险　1992年始，开办事业单位社会养老保险。1997年前，由南京市人事局直接收缴保险费。1997年，由区人事部门代理收缴。1999年，收缴542万元，净上缴142万元。

【人员编制】

区级机关人员编制　民国38年(1949)6月始，第八区(原第九区)、第十区和新第九区区级机关人员编制纳入南京市统一管理。1965年，三区合并为栖霞区，全区暂定编制192名(不含公安编制)。"文化大革命"期间，区机关编制管理一度停顿。1973年，区级机关编制220名(含企事业编制50名)。1981年、1982年和1984年，区级机关编制分别为160名、290名和568名。1996年，行政编制655名(含乡镇编制、不含政法编制)，另核定机关附属编制77名(含老干部服务人员编制)。区法院行政编制102名，区检察院行政编制73名，区司法局机关行政编制16名。区机关行政编制370名，至1999年未变。

乡镇机关人员编制　1956年，栖霞地区按农村总人口960：1的比例计算乡镇干部名额。1987年8月，乡镇党政机关人员编制161名。1996年，10个乡镇人员编制为285名，至1999年未变。

第二十编　教育　科技

清代,区境内石埠桥、龙潭、东阳与江乘等集镇与村庄设有私塾。乾隆十一年(1746),龙潭有义学,时句容县令赵天爵捐俸在东阳立社学。民国2年(1913),石埠桥、笆斗山两处私塾改为学堂。民国4年(1915),马群、栖霞始建初级小学,后陆续建乡区中心小学与简易小学。民国16年(1927),出现农村幼稚园,民国18年(1929),出现私立中学。民国12年(1923)和民国16年(1927)区内兴办栖霞、晓庄两所乡村师范学校,都曾有过辉煌,但一遭封于南京国民党政府,一停办于日军战火。日军侵占南京后,学校大多停办。抗日战争胜利后,学校逐步恢复并稍有发展,曾先后办过5所私立中学,其中4所仅存在一、二年即夭折。新中国成立后,人民政府致力发展教育事业,至1966年,基本普及初等教育,幼儿与中等教育也有较大发展。"文化大革命"中,部分学校校长、教师受到批判斗争、下放,教育设施遭到破坏,教育教学质量严重下降。80年代起,区、乡镇两级政府贯彻《中华人民共和国义务教育法》。1989年,区政府与南京市政府签订实施九年制义务教育责任书,增加经费投入,按照国家、省、市颁布的办学标准建设校舍,添置设备,改善办学条件,加强教师队伍建设,合理配置教育资源,调整中等教育结构与中、小学布局,扩大办学规模。成人教育贴近工农业生产,举办各类文化技术培训班,巩固和扩大扫盲成果;成人高等教育也与时俱进,成绩显著。1994年,区政府确定科教兴区的方针,优先发展教育,提高农村教育工作者的待遇,进一步优化办学条件,涌现出一批优质幼儿园、实验小学与重点中学,迈开了教育装备现代化步伐。同年,区被国家教育委员会授予"普及九年义务教育和扫除青壮年文盲区"称号。1996年,全区小学毕业生免试,就近升入初级中学。1998年,区被评为南京市普及九年义务教育和扫除青壮年文盲教育先进单位。1999年,全区共有幼儿园85所(班),其中,优质园6所,标准园14所;小学79所,其中,省模范小学1所,市实验小学3所,市示范小学8所,市规范小学21所,在校学生26811名;中学29所,其中,省重点职业中学1所,省、市模范学校各1所,市重点中学3所,在校学生15980名;10所乡镇成人教育中心校均达市颁标准,每年有2万多成人参加学习或培训,农村青壮年非文盲率为99.6%,人均受教育年限为9.02年。是年,驻区大中专院校有13所,在校学生近2万名。与发展教育事业同步,科学技术工作亦有计划展开。50年代,南京市与驻区科研机构送科技下乡。60年代,农村人民公社、生产大队与生产队三级农业科技网形成。70年代,区与乡镇企业重视工业科技的研究应用。80年代,区科学技术委员会成立,科技发展进入新阶段。90年代,成立区科教兴区领导小组,制定科教兴区规划,多渠道引进人才和高新技术,与高等院校、科研单位签订科技合作协议,健全科技网络,在工农业生产中推广新技术、新产品、新品种。1996年,栖霞区跨入全国科技先进区行列。1999年,10个乡镇均获科技先进乡镇称号。

第一章　教　　育

民国以前,区境内仅有私塾。民国2年(1913),石埠桥私塾先生项石群率先改私塾为学堂。两年后,栖霞街、马群街等陆续举办公立小学。民国16年(1927),晓庄实验乡村师范学校创办后,相继开办燕子矶幼稚园与劳山等初级中学。限于当时政治环境和经济条件,这些学校,或刚举步,则遭颠踬,或惨淡经营,终至不保,而幼儿教育难以发展,初等教育规模甚小。新中国成立后,在发展经济同时发展教育,学前教育、初等教育、中等教育与成人教育均有长足进步。省、市及部队、宗教等所属大、中专院校相继开办。1999年,全区有幼儿园和各类学校200余所,入园幼儿和在校大、中、小学生计6万余人,参加学习和培训2万余人。

【学前教育】

幼儿园设置　民国16年(1927)11月,陶行知创办燕子矶幼稚园,后又在迈皋桥、尧化门等地开办农村幼稚园。民国19年(1930),国民政府封闭晓庄师范学校,上述幼稚园被迫停办,至民国22年(1933),方得以恢复。民国24年(1935),区内有迈皋桥与燕子矶2所小学办幼稚园及1所由佘儿岗小学指导、农民自办的私立幼稚园。抗日战争爆发后,幼稚园全部停办。民国38年(1949),区内仅有私立佘儿岗小学幼稚园1所。新中国成立后,学前教育得到发展。1952年,栖霞小学等规模较大小学开办幼儿班,进行学前教育。1958年，各人民公社及生产大队因陋就简开办幼儿园或农忙托儿所。同年，驻区大中型企业举办幼儿园6所。70年代，各小学开办学前班。1985年后，各乡镇中心小学陆续将幼儿班、学前班扩大为幼儿园，并逐步发展成为乡镇中心幼儿园。1995年，太平村住宅小区配套建设学校与幼儿园。1998年，适龄幼儿人数减少，4所企业幼儿园停办。与此同时，镇村出现村办、私办幼(托)儿园(所)。同年，栖霞镇石埠桥村自筹资金兴办幼儿园。1999年，全区有幼儿园86所，其中，教育部门办7所，班级28个，幼儿905人，教职工78人；驻区企业院校办18所，村办59所(班)，区妇联办1所，私办1所，合计有班级134个，幼儿3920人，教职工500人。全区适龄幼儿入园率为81%。

保教工作 民国时期，燕子矶等幼稚园，以陶行知的生活教育理论为指导，实行教学做合一，运用讲故事、唱歌、游戏、认字识数、表演节目、打扫卫生、助民活动等形式，对孩子进行爱祖国、学做人的教育。新中国成立后，各幼儿园按照教学大纲自选教材，采用讲故事、做游戏等形式，对幼儿进行“爱祖国、爱人民、爱劳动、爱科学、爱护公共财物”教育，辅以少量识字与简单计算教学。1977年始，采用《南京市各科教学要求》和市编教材进行教学。1982年，执行教育部颁布的《幼儿园教育纲要(试行稿)》。1989年，执行国家教委颁布的《幼儿园工作规程(试行)》，推进教育改革，克服小学化、成人化和政治化的倾向，保育与教育相结合，面向全体幼儿，注重个体差异，进行体智德美全面教育。以游戏为基本活动，开展音乐游戏、建筑游戏、角色游戏等，寓教育于游戏之中；将体育放在首位，在正常天气下，每日安排早锻炼、早操、游戏等活动2小时。90年代，幼儿园普遍使用电视机、录像机、摄像机、电脑、录音机、投影仪等电声器材配合教学。优质园、标准园配有沙箱、戏水池，让孩子充分利用阳光、空气、水等自然因素，促进身体成长。

【初等教育】

学校设置 清代，区内人口密集的集镇与村庄办有私塾。民国时期，陆续改为小学，教师多由政府派任，或由原塾师充任。正规小学出现在民国4年(1915)，时有栖霞小学、马群小学。民国8年(1919)，增加尧化小学。民国11年(1922)，马群姬家庄时问轩出资，兴办励志小学。民国16年(1927)，陶行知创办晓庄小学，3年后被迫停办。抗日战争前夕，区内有小学20多所。日军侵占南京后，小学多被迫停办。抗战胜利后，各小学得以恢复，并新办兴隆、长林、江嵊等10多所小学。新中国成立初，人民政府对原有私立小学进行整顿改造，并新建南中、飞花、孙庄等小学。1956年，燕子矶、迈皋桥撤并34所私立小学，改为公办小学。期间，电瓷厂、江南水泥厂等大型企业开办职工子弟小学。1957年，农村民办小学兴起。1964年，办耕读小学，学生可以带弟妹上学。1966年，全区有公、民办小学120所，耕读小学169个班，基本上满足适龄儿童入学需求。“文化大革命”中，部分小学教师下放农村，校舍与教学设备均遭损坏。各公社以“上小学不出大队”为目标，将耕读小学并入大队小学。1973年，耕读小学废止。1978年，民办小学全部改为公办。1989年，实施九年制义务教育，区与乡镇制定规划，投入财力，改善办学条件。1992年，晓庄师范创办国际实验学校，学生寄宿，是南京市第一所新型民办小学。90年代，学龄儿童人数减少，各乡镇调整学校布局，共停办24所小学。1999年，全区有小学79所，在校学生26811名，教职工1665名，其中，教育部门办63所，班级520个，在校学生17605名，教职工1046名；驻区企事业单位办16所，班级230个，在校学生8692名，教职工599名。小学入学率、巩固率、毕业率均为100%，小学毕业生全部升入初中。

教学

文化科学知识教育　50年代，各科教师认真执行教学“五认真”，即认真备课、上课、辅导、批改作业和考试。60年代初，各校注重基础知识和基本技能训练，倡导“启发式，少而精”教学方法。1979年，执行新的教学大纲，在抓好基础知识与基本技能训练基础上，发展智力，培养能力。1992年起，使用九年制义务教育教学大纲，注重提高学生素质，减轻学生课业负担。1997年，4所小学举办少年科学院，对学生进行科普教育。1999年，栖霞中心小学、江嵊小学等被评为市科技教育特色学校。一些学校利用课余时间组织学生学习书法、美术。江南水泥厂小学、马群中心小学等学校学生书法美术作品，被选送到日本、加拿大、澳大利亚、美国等国家和中国香港地区展出。

思想品德教育　50年代，贯彻教育部颁布的《小学生守则》，各校主要进行爱祖国、爱人民、爱劳动、爱科学、爱护公共财物教育，突出学习抗美援朝战争中涌现出来的黄继光、邱少云等战斗英雄。1957年后，强化劳动教育。60年代，强调阶级斗争教育，学习刘文学、雷锋、王杰等英雄人物。“文化大革命”中，主要学习《毛主席语录》和“老三篇”。80年代起，贯彻新的《小学生守则》与《小学生行为规范》，思想品德教育逐步规范。教育内容，以爱国主义教育为主旋律，进行热爱祖国、热爱人民、热爱集体、热爱科学、勤奋学习、文明礼貌、热爱劳动、热爱中国共产党的教育；教育方法，提倡教书育人、活动育人、环境育人、管理育人，充分利用社会教育资源，组织学生参观爱国主义教育基地和建设工程，游览风景名胜，参加公益活动。进入90年代，各校组织学生争做“文明小天使”“石城好少年”，把行为习惯养成与训练结合起来，把学校、家庭与社会教育结合起来。1998年，各校进行自学、自理、自护、自强、自律教育，使思想教育与品德修养有机结合。

体育卫生　新中国成立后，人民政府重视小学生身体健康和卫生教育，各校平整场地，自制体育器材，上好体育课。1979年始，执行新的“小学体育大纲”与体育教学常规，改进体育课教学。1991年始，各校贯彻“学校卫生工作条例”“学校体育工作条例”，办卫生室，建学生健康卡，定期检查学生的身长、体重与视力，并做出统计、比较。注意改善教室照明，培养学生良好的写字姿势，保护学生视力。1992年，开设健康教育课，每年对学生进行一次健康检查。在创建规范化管理学校与示范学校过程中，注意净化、绿化、美化校园，营建校园文化。1999年，营防中心小学等5所小学为南京市体育达标学校，江嵊小学等4所小学为南京市绿色学校。

【中等普通教育】

学校设置　民国18年（1929），陶行知为安排晓庄小学等校的毕业生升学，在晓庄师范内创办劳山中学，是为区域内办中学之始。其后20年内，区境内先后办起5所中学，但存在时间均不长。民国38年（1949），民族资本家屠述三在龙潭创办述三中学。1952年，述三中学由教育部门接管，更名为龙潭初级中学。同年，建燕子矶初级中学。1956年，栖霞初级师范改为栖霞初级中学，新建八卦洲初级中学。1957年，建迈皋桥与马群两所初中。1958年3月，燕子矶农业中学开学，接着，十月农中、上坝农中、尧化农中等先后开办。营防与中国水泥厂兴办初中。1960年，燕子矶与栖霞两所初中招收高中学生，为区内高中教育的开始。1961—1962年，成立尧化初中与长江初中。期间，增设龙潭镇和临江两所民办初中。1964—1965年，新增花园、衡阳2所初中，以及红梅、兴武、新闸、百水、沧波等12所农业中学。此时，共有中学25所，其中，完中2所。“文化大革命”期间，各中学领导及部分教师被批斗，部分教师被下放农村，中学教育受到摧残。1966年起，驻区大中型企业先后开办中学。1968年，南京第九中学迁至八卦洲，与八卦洲初中联合办学。1970年起,部分小学办初中班,部分初中增招高中班,并发展成为完全中学。八卦洲的大同等农中停办。1975年,龙潭镇民办初中并入龙潭中学,小学初中班停办。1979年,南京九中迁回城区后,建新闸、上坝中学,八卦洲中学改为中桥中学。迈皋桥农业中学(原燕子矶农业中学)更名万寿中学。80年代初,停办农业中学。80年代末,区调整中小学布局。便民河中学并入摄山中学,红旗联合中学并入营防中学,撤销兴武、万寿、衡阳、十月、上坝等中学,同时,调整中等教育结构,一些完全中学减招普通高中班,迈皋桥、马群、龙潭、尧化、中桥中学与伯乐中学举办职业高中班。1994年,实施九年制义务教育。1995年,16所中学随区划调整划归下关、玄武、白下等区。1998年,太平住宅小区内开办太平学校,龙潭镇开办龙潭学校,均为初中与小学合校,燕子矶中学再度成为市重点中学。至1999年,全区共有中学29所,其中,初中班级265个,在校学生10196名;高中班级48个,在校学生1707名。教职工1580人。初中毕业合格率为96.08%,升学率为73.86%,高考总录取率为64.7%。

教学

文化科学知识教育　50年代,各中学重视课堂教学,推行组织教学、检查复习、传授新知、巩固新知、布置作业课堂教学五个环节,要求老师做到认真备课、上课、批改作业、辅导、考试"五认真",精心组织教学,提高教学质量。1958—1960年的教育革命中,删减教材,压缩课时,强化劳动,教学质量下降。1961年起,各中学强调抓好基础知识传授与基本技能训练,打好基础,学校领导和教师都以主要精力抓教学,教学质量有所上升。"文化大革命"冲击原有的教学秩序,教学质量严重下降。1977年,高考制度恢复后,中学各科教学都得到重视。80年代,各中学学习邓小平关于"教育要面向现代化、面向世界、面向未来"的指示,全面贯彻教育方针,面向全体学生。重视基础知识和基本技能的教学,着重培养学生运用基础知识分析问题、解决问题的能力。90年代,各中学强调素质教育,减轻过重课业负担,同时发展校园文化,培养能力,发展学生个性,自办电视节目、广播、校报,举办艺术节、合唱节、文艺会演;部分学校有军乐队、民乐队、合唱队。同时,教学装备日趋完备,日趋先进。燕子矶中学教师在制作教学课件时,运用现代化教学手段中形成新的思路,提高课堂效率,1999年,该校成为省电化教学实验学校。

思想品德教育　50年代,各中学的思想政治教育,围绕党的中心工作和政治任务确定内容。抗美援朝战争期间,以爱国反帝教育为主。50年代末,进行过渡时期的总路线、教育方针、“三面红旗”(1958年党中央提出的社会主义建设总路线、“大跃进”和人民公社)等教育。学校经常组织学生参加集会游行、大炼钢铁、支援农业劳动等社会活动。60年代,教育内容逐步形成为阶级教育、劳动教育、学习目的与学习态度教育以及共产主义道德品质教育四个方面,学校结合实际组织学生学习毛泽东著作、举办读书会、报告会,开展访贫问苦、参观调查、学习雷锋等活动。“文化大革命”中,停课闹革命。复课后,学生参与各个阶段的“革命”,思想品德教育陷于混乱。1977年下半年,学校恢复政治课,重新强调各项规章制度,开展学雷锋、争“三好”活动,评比文明集体与“三好”学生,形成良好的校风、学风。80年代,以爱国主义教育为主线,进行革命传统教育、法制教育、国防教育、人口环保教育以及人生观、世界观、价值观的教育,建立德育基地,学校、家庭与社会相互配合。90年代,中学德育工作进一步规范,建立由分管德育副校长、政教处主任、班主任以及共青团、少先队干部组成的德育队伍,运用贴近学生实际的教材,制定根据中学生认知能力和身心发展规律的规章制度,进行校园文化建设与环境建设,重视社会实践与心理疏导。1999年,各校举办纪念南京解放50周年、中华人民共和国成立50周年与迎接澳门回归等庆祝活动,进行国情教育,激发学生“不忘国耻、振兴中华”的爱国热情。

体育卫生　新中国成立初期,各校推广广播体操。1958年,推行“准备劳动与卫国体育锻炼”制度,“文化大革命”时期中断。1978年,推行新的“国家体育锻炼标准”,形成每周两节体育课、每天两次体操、每周两次课外体育活动制度。1985年,体育达标实施面达100%。同时,对学生进行公共卫生、饮食卫生、环境卫生教育,重视学生个人卫生习惯的养成。1990年,各中学贯彻“学校卫生工作条例”,定期为学生检查体格,建立学生健康档案。至1999年,学生体育达标率为96.4%。体育传统项目学校7所,体育达标先进学校2所。

【中等职业教育】

职业中学

学校设置　1983年始,迈皋桥中学、马群中学、长江中学、栖霞山化肥厂中学等,减招普通高中班,开办职业高中班。1984—1989年,南京化工厂中学、龙潭中学、西岗果牧场学校、伯乐中学、烷基苯厂学校、花园中学等先后开设职业高中班。1993 年,马群中学、中桥中学、尧化中学、龙潭中学普通高中停止招生,专办职业高中。1996 年,迈皋桥中学高中停止招生,更名为南京市迈皋桥职业中学。1998 年,龙潭中学停办初中,更名为南京市龙潭职业高级中学。栖霞镇成人教育中心学校也开办职业高中班。1999 年,职业高中共 6 所,有班级 91 个,在校学生 3226 人,设置专业主要有电子电器、计算机应用、模具钳工、汽驾与维修、园林花卉、宾馆服务等。其中,迈皋桥职业中学为省重点职业中学,龙潭职业高级中学、尧化中学为市重点职业中学。

教学　开设文化课、专业基础课、专业课三类课程。部分学校还开设选修课,以利于学生"一专多能"。文化课选用职业高中课本。专业课选用技工学校或中专教材,适当增删。少数专业由学校自编教材。

技工学校

学校设置　1959 年,南京电瓷厂成立南京第一机电学校。1961 年停办。1978—1989 年,南京炼油厂、省司法厅、华东电子管厂、中国水泥厂、南京化工厂、江南水泥厂先后开办技工学校。各技工学校按劳动部门下达的指标决定招生数额,毕业生也按计划分配。1999 年,技校生源短缺,学校多与本行业其他工厂联合办班,不定期开设各类技术培训班。至年底,有技工学校 5 所,班级 26 个,在校学生 878 名。

课程设置与教材　课程设置一般分为政治、文化、体育、专业基础、专业技术与生产实习等。既有统编教材,也有自编教材。

【成人教育】

农民教育

民众教育　民国 22 年(1933),市立八卦洲农民教育馆成立,内分教育、社会、农事三组,办儿童班、成人班各 3 个,进行识字教育。民国 23 年(1934),燕子矶成立民众教育馆,后改为农民教育馆。抗日战争爆发后停办。

扫盲　新中国成立后,各自然村办冬学,利用冬闲时间组织农民识字。1958 年 7 月,区成立扫盲指挥部,突击扫盲。为巩固扫盲成果,公社、大队开办常年民校、夜校共 1272 所。1959—1962 年,民校、夜校陆续停办。1963 年后,各公社配备业余教育干部或扫盲辅导员,坚持扫盲。1984 年后,各乡镇成立成人教育中心继续开展扫盲工作。1999 年,农村青壮年人均受教育年限为9.02年,非文盲率达99.6%,文化指数达小康水平。

成人教育中心校　1986年,乡镇成立成人教育中心校,开展农民扫盲,企业青壮年职工"双补"(补初中程度文化、补初级水平技术)和农村实用技术培训。1993年,区成立成人教育中心。1999年,10所乡镇成人教育中心校全部达到市颁标准,栖霞镇成人教育中心校具备省重点学校条件。

技术培训　各乡镇成人教育中心校,根据当地农业和企业生产特点,开展水稻高产栽培、特色禽畜养殖、特色林果栽培等实用技术培训。1997年,营防乡培训推广水稻旱育抛秧,全乡抛秧面积达100%,当年水稻单产超历史最高水平。

五七农业学校　1970年创办,校址在尧化公社周家山,曾是中央农业广播学校栖霞分校,任务是培养农业技术人员,培育良种。1980年,学校迁至海子口,后并入区委党校。

职工教育

扫盲与"双补"　新中国成立初,企业开始在工人中开展扫盲,至1956年,扫盲任务基本完成。1982年起,企业对青年职工开展"双补"(补文化课达初中程变,补技术达初级水平),1985年,"双补"任务完成。1986年,开办职工学校,进行"双补"后教育,举办成人高中。1999年,有成人高中学生89人,另开办技术培训班,有学员35人。

职工学校(职工培训中心)　多为驻区大中型企业举办。职工学校开展领导科学、企业管理、廉政法规以及电脑、英语等专项培训。1999年,区内有职工学校10所。

中华会计函授学校栖霞分校　1992年4月成立,校址在迈皋桥中学内,为成人中专校。至1999年末,共有1500余人结业。

广播电视大学　1979年成立,校址在迈皋桥镇万寿村。原名江苏省广播电视大学南京市分校栖霞管理站,为区内成人高等教育学校。1982年,举办教师单科进修班。1994年,开办三年制大专班。1998年10月,更名为南京广播电视大学栖霞分校,开设单科、专科、本科与研究生班,培训各级党政干部。1998年,与省级机关管理干部学院联合办学。1999年12月,成立省级机关管理干部学院城北分部,开办"党政管理"本科班。1999年,招收"科学管理与决策"研究生班。

【乡村师范教育】

民国16年(1927)陶行知从美国、丹麦等国重视乡村教育而使国家复兴的经验中受到启示,创办南京实验乡村师范学校即晓庄师范。陶行知熔中西教育精华于一炉,结合中国农村实际,从办学模式、管理体制、课程设置等方面实行一系列改革创新,倡导劳心与劳力相结合,教、学、做相结合,学校与社会相结合,形成独特的陶行知乡村教育思想。黄质夫是又一位乡村教育的实干家,他创办的栖霞乡村师范学校以及其后在贵州创办的贵州乡村师范学校,硕果累累,影响实不在晓庄师范之下。陶行知与黄质夫乡村教育事业都发轫并植根于栖霞大地,是栖霞人民心中巍峨的丰碑。随着新中国的诞生,师范教育以过去无法比拟的速度与规模在发展,乡村师范学校终结。

晓庄师范 民国16年(1927),陶行知创办。原校址在小庄村后的老山,原名南京实验乡村师范学校。后陶行知改老山为劳山,小庄为晓庄,寓"劳力上劳心"、前途光明之意,通称为"晓庄学校"或"晓庄师范"。晓庄师范贯彻陶行知"生活即教育""社会即学校""教学做合一"的教育思想,目的在于培养新型乡村教师,使之具有农夫的身手、科学的头脑以及改造社会的精神。陶行知教育思想内容包含:(一)爱满天下,对劳苦大众特别是对农民大众的普及教育理论。陶行知目睹广大农民、平民无权享受教育的现实,深感教育必须具有全民性、普及性,认为"个人者,社会邦国之主人翁也",教育必须"为三万万四千万农民服务",而这种教育又须是"大众自己办的教育,是为大众谋福利除痛苦的教育"。(二)"生活即教育""社会即学校""教、学、做合一"的生活教育理论。陶行知认为"生活和教育是一个东西","教育就是生活的改造,社会就是大学校",要把整个村庄、整个城市、整个国家、整个的世界变成学校。教、学、做三位一体,"一面做,一面学,一面教",以做为中心,做的内容无穷无尽,教与学的内容也就无穷无尽。(三)千教万教教人求真,千学万学学做真人的德育理论。陶行知认为"道德是做人的根本"。他希望有为的青年必须有大德,即"一是觉悟、二是联合、三是解放、四是创造"。"追求真理做真人","为小孩子为国家为人类服务"。(四)开启民智、手脚并用、手脑双全的创造教育理论。陶行知主张从中国的实际出发,以创造精神去"发现穷办法,看重穷办法,以办成丰富的教育"。要"创造健康之堡,创造艺术之环境,创造生产之园地,创造学问之气候”。(五)与国兴亡,造就一支“足为人师”的师资队伍的师范教育理论。陶行知把教育作为振兴中华民族的希望所在,而要办好教育,必须有一大批“足为人师”的师资队伍。乡村学校教师要有“健康的体魄,农夫的身手,科学的头脑,艺术的兴味,改造社会的精神”,去办“新的国民教育”。(六)注重实验实践的教育科研理论。晓庄师范办学3年,培养学生230多名。民国19年(1930)4月12日,南京国民党当局以莫须有罪名查封晓庄师范,逮捕师生30余人,其中10位革命青年在雨花台被杀害。陶行知遭通缉。1950年3月,晓庄师范正式复校。1952年,定名为南京晓庄师范学校,迁址吉祥庵。

栖霞乡村师范 民国12年(1923)创办,地址栖霞街,校长黄质夫。曾用名江苏省立第四师范分校、南京中学乡村师范科。民国21年(1932),定名为江苏省立栖霞乡村师范学校。该校招收农村高小毕业生,入学考试首先是农作考试,学生须锄草挖地合格后方得参加笔试。学制四年,培养目标是乡村小学教师。课程设置,依据当时江苏省教育厅颁布的“四年制师范课程表”予以减并、增加。学校增设“工作”课程,规定每天必须工作两小时,内容按年级分为杂务、建校、医药看护、刺绣、农事、工艺、拓碑、印刷、缮写等。学校重视社会工作,校内设村民图书馆,备平民读物多种,以灌输文化;设壁报栏、新知识张贴牌多处;设栖霞医院,免费为乡民治病;设游艺室,置乐器及棋类,供村民暇时娱乐;设村民问字代笔处,代书信件;设农事问讯处、种苗交换所、农业宣传团,谋农事之改进。“人无不学,事无不举,野无旷土,村无游民”是其对农村社会的理想之一。栖霞乡村师范与陶行知的办学理念一脉相承,坚持开门办学,力图把学校办成改造乡村文化的中心。学校大门的一副对联可以佐证:“耕读一堂,得天下英才而教;弦歌四野,树乡村文化之基”。办学十多年,培养学生1350人。民国26年(1937)底,日军占领南京前夕停办。民国38年(1949)复校。1956年,改为普通中学,即南京市栖霞中学。

【驻区大中专院校】

民国时期,晓庄师范、栖霞乡村师范、蒙藏学校及社会教育学院先后在区境内落户。新中国成立后,众多大专院校来区,或建新校,或设分部。1995年因区划调整,6所高等学校划归玄武区与白下区。它们是:南京航空学院、南京林业大学、南京理工大学、南京动力高等专科学校、南京农业大学以及1958年创办的南京体育学院。1999年,驻区大中专院校有12所,在校学生约2万人。

南京卫生学校 创建于民国7年(1918),地址在燕子矶镇晓庄。前身是金陵大学鼓楼医院护士学校,1992年,定为现名。占地51528平方米,设护理、医学摄像诊断、营养、助产士等专业。1998年,被批准为省(部)级重点中专校。1999年,有教职工163人,在校学生1409人。

南京晓庄师范学校 民国16年(1927),由著名教育家陶行知创办,民国19年(1930),被国民党当局封闭。1950年,晓庄师范正式复校。1952年,定名为南京晓庄师范学校,迁址吉祥庵。招收初中毕业生,学制三年,为城乡培养小学教师。1980年,为江苏省重点师范学校。1988年,与南京师范大学合作联办"晓庄学院",在全国率先招收小学教育专业本科班。1992年,创办民办性质实验国际学校。1997年,停招中等师范,改为招收五年制大专班,培养具有大专学历的小学师资。1999年,与南京大学合作创办金陵学院。至此,形成以师范本部为核心,由行知园、小学教师培训中心、附属小学、实验国际学校、金陵学院等为成员单位的集团型现代办学格局。该校本部占地7.4万平方米。1999年,在校班级43个,教职员工220人。至1999年,累计培养师范生2万多人。

中国药科大学分部 中国药科大学始建于民国25年(1936)。分部于1991年建成,地址在燕子矶镇吉祥庵神农路,占地约23.4万平方米。1999年,本、分部在校生4256人,教职工1300余人。

第二军医大学南京军医学院 地址在马群镇。前身是1949年成立的海军医校和海军卫生学校,1999年更为现名。

江苏省文化学校 地址在马群镇。前身是1954年建于扬州的江苏省群众艺术学校。1984年定为现名,1986年,迁至马群百水桥118号。校园面积16700平方米。设电影技术管理、群众文化、电脑美术设计、装潢设计等专业。1999年,有教职工50人,在校生428人。

南京农业专科学校 始建于1958年,1961年停办。1984年复校,在燕子矶镇晓庄建成新校区,总面积107万平方米。设园艺、畜牧水产、工程、基础科学等12个专业。1999年,在校学生2000人,教职工235人。

江苏公安专科学校龙潭校区 前身是1980年创办的江苏省人民警察学校。1998年,在龙谭镇设立该校区。系培养公安保卫人才的中等专业学校。占地10.8万平方米,设劳改管理、治安管理、交通管理等专业。1999

年,有教工158人,学生1400余人。

中国佛学院栖霞山分院 1984年成立,地址在栖霞寺内。培养具有中等佛学知识及文化水平的僧伽人才,同时为中国佛学院输送新生。至1999年,毕业学生7届,350余人。

武警南京指挥学校 创办于1984年,地址在南京经济技术开发区内。(参见《栖霞区志》军事编)

江苏省基督教圣经专科学院 1998年10月创办,位于仙林杨梅山南侧,占地约10000平方米。开设课程有圣经、宗教政策、中专语文、英语等。1999年,在校学生129人

南京师范大学仙林校区 1999年建成,地址在亚东新城区。占地147万平方米,系文、史、哲、理、工、教、经、法、艺、体学科齐全、综合性强的师范大学。是年,招收新生4000余人。

民办钟山学院 1999年建成,地址在马群镇,规划占地34万平方米。设应用英语、旅游管理、电脑美术设计、计算机及网络技术等10个专业。1999年,招收专科三年制新生500名。

第二章 科 技

新中国成立后,区人民政府组织群众学习文化,宣传科学,破除迷信。50—60年代,驻区科研机构主动送科技下乡,人民公社成立农业科技推广站,生产大队设科技队,生产队配农业技术员,推广良种、防治病虫害新技术。80年代,区农业科技网络逐步健全。1981年,设立区科学技术办公室,1984年,成立区科学技术协会。1989年,成立区科学技术委员会。1992年,成立科技兴区领导小组。1994年,成立科教兴区领导小组,制定“九五”科技发展规划,创建全国科技工作先进区。农业上,成功推广新技术,新品种,良种覆盖率达95%以上。工业上,开发新品,科技成果转化35项,新产品产值占工业总产值17%。1996年,栖霞区被授予“全国科技工作先进区”称号。至1999年,10个镇乡均进入省科技工作先进镇乡行列。

【科研机构与科技人员】

区科学技术委员会 1980年前,区科技工作由南京市科学技术委员会直接管理。1981年1月,设区科学技术办公室,由区计划委员会代管。

1984年2月,区科学技术办公室单列。1989年3月,撤销区科学技术办公室,成立区科学技术委员会(简称区科委),至1999年未变。

区科学技术协会　1984年9月,区科学技术协会成立(简称区科协),与区科委合署。同年,建立研究会13个,有会员650人;镇乡建立科普协会9个,有会员980人。1997年,有区级协会、学会12个,镇乡科协10个,村科普领导小组93个,农村专业技术协会34个。

镇乡科研机构　1994年,10个镇乡先后建立科委,与镇乡科协合署办公。1997年,镇乡科委撤销,在镇乡社会事业办公室内,设科技助理1~2人。

技术服务机构　60—80年代,各公社设有农技站、大队设科技队、生产队设农技员。80年代,区计经委、工业局等设立技术科(室),骨干企业建立科研所,负责企业的科技开发、技术推广。至1999年,有区农业技术推广站、蔬菜技术推广站、林桑茶果技术指导站、水产技术指导站、农机监理所、畜牧兽医站、蔬菜种苗服务站等区级科技服务机构7个,镇乡级科技服务机构78个,村级科技服务组织125个;区属工业企业科研所9个,镇乡骨干工业企业科技开发机构41个。

科技队伍　新中国成立后,区内科技人员缺乏。至1986年,全区专业技术人员总数增至3036人,其中初级职称科技人员265人,中级25人,高级1人,中、高级职称占职称总数的0.86%。至1999年,全区企事业单位有各类专业技术人员3709人,其中,初级职称2087人,中级1485人,高级职称137人,中、高级职称占职称总数的43.73%。

【创建科技工作先进区】

创建规划　1986年,栖霞区首次召开全区科技工作大会,编制《栖霞区"七五"科学技术发展计划提纲》。1990年,编制《栖霞区"八五"科技发展规划》。1993年,制定《栖霞区科技兴区规划》。1994年,区政府确定创建"全国科技工作先进区"工作目标。新产品试制费、中间试验费和重大科研项目补助费等科技三项经费由区财政拨款。1994年起,三项经费逐年增长。1995年,科技经费超过区财政预算支出的1%。1999年达98万元。

创建成效　1995年,区与驻宁高等院校、科研院所开展科技合作。在农业上,发展特色蔬菜、奶牛饲养,建立中药材实验基地,推广优良品种24个,推广"高产、高效、优质"新技术15项。在工业上,开发新产品43个,其中,市级以上25个,有13个产品被评为国家、省、市级名牌产品。是年,迈皋桥镇、燕子矶镇被省科委授予“江苏省科技工作先进乡镇”称号,栖霞区被农业部、共青团中央、国家科委、中国科协授予“全国农村青年星火科技示范活动先进示范区”称号,全区民营科技型企业增至23个,南京银山电子公司和迈特电子有限公司成为南京市高新科技技术企业。1996年,栖霞镇等7个镇乡进入“江苏省科技工作先进乡镇”行列,栖霞区被农业部评为“乡镇企业技术改造先进区”,被国家科委授予“全国科技工作先进区(县)”称号。1999年,八卦洲乡通过江苏省科技工作先进乡镇预验收。

【科技普及】

科普宣传 1953年,农业专家金善宝等到区宣传、推广农业优良品种。1959年,数学家华罗庚在栖霞镇宣传、推广“优选法”。60年代初,陈永康等农业专家到栖霞镇十月村宣传、推广水稻“老来青”“胜利”油菜、“胜利百号”山芋等优良品种。1982年,区广播站播出农业科技稿件560篇。1989年,区政府举办第一届科普宣传周活动。1997年,在区内农村开展“讲精神文明,比科技致富,建科普文明乡镇”活动。迈皋桥、燕子矶、栖霞、马群等镇进入“市科普文明镇”行列。区科协与区图书馆编印《科技信息摘编》,每年4期。至1999年,区政府共举办十届科普宣传周活动。

科技培训 “七五”(1986—1990年)期间,全区举办有关农业技术、工业技术培训班367期,参训13564人次;举办科技讲座2638期,参训36283人次。“八五”(1991—1995年)期间,举办各类培训班600多期,参训86177人次,其中,农村基层干部和党员7722人次,农村劳动力39304人次,企业职工37459人次,科技干部1692人次。“九五”(1996—2000年)期间,开展高产、高效、优质农业技术、野菜栽培、水稻“双增双节”培训。1996—1999年,全区共培训农村党员、干部、农民4.5万人次。

青少年科技活动 1978年,在全区青少年中开展科技小发明、小创造、小制作、小建议、小论文等“五小”和争当科技小明星活动。1995年,江嵊小学、栖霞中心小学等7所小学先后建立少儿科学院。江嵊小学、栖霞中心小学、燕子矶中学等被南京市教委授予“科技教育特色学校”称号。1997年,区教委、科委举办青少年科技夏令营,设27个分营,有3000人参加。同年,栖霞中心小学获南京市“生物百项”活动一等奖、江苏省第四届“生物百项”活动二等奖。1998年,营防小学学生获南京市科技小发明、小制作三等奖。

1999 年，伯乐中学学生获第四届全国青少年信息学（计算机）奥林匹克分区联赛（NOI'98）暨南京市“普天杯”计算机竞赛三等奖。

【科研成果】

1980—1999 年，全区科技人员在工业、农业、医疗卫生等方面取得了一批科研成果，其中，处于国内领先水平的 5 项，处于国内先进水平的 44 项，处于省内先进水平的 6 项。

KRN－W 系列微机控制氮势柜　该项目由南京摄山电炉厂联合多家科研单位开发研制的新型热处理工业炉用氮气氛控制调节设备，能提高热处理的质量和产量，被南京市科委评为优秀科技成果二等奖。1986 年，被国家经委、国家科委授予优秀机械电子产品奖。

TFZ 型他激式进相机　该项目由南京进相机厂与科研单位合作，在研究自激式进相机基础上，研制他激式进相机，使异步电机定子相电流滞后，功率因素上升到 0.9 以上，最高可达 0.99，降低电机定子电流 20%。1981 年获市优秀科技成果三等奖。1987 年，获江苏省优秀新产品奖（“金牛”奖）。1989 年，获首届北京国际博览会铜奖。

万亩野菜高效栽培技术研究与推广　该成果是栖霞区蔬菜局、栖霞区蔬菜技术推广站、八卦洲乡农业公司等单位合作的星火计划项目，对芦蒿、菊花叶、马兰头等 8 种野生蔬菜生物学特性进行研究，探讨扩大人工种植和保护地栽培技术措施。其中，万亩芦蒿人工栽培技术研究与推广，被评为 1999 年度南京市科技进步二等奖。

微机保护气氛无马弗链带炉机组　该设备由摄山电炉总厂研制，用于大批量生产的轴承内外圈等零件的淬火、回火、渗碳、碳氮共渗等热处理。该装备使用微机控制，生产过程全部自动化，价格为国外同类产品的四分之一，可以替代进口产品。在国家星火计划成果展览会上获金牌奖，被国家经委列为推广节能产品。

BGW－2 型微机控制固定式包装机　该项目由南京进相机厂与国家建材局、合肥水泥设计研究院、合肥工业大学微机应用研究所合作，为中小型水泥厂所研制的定量包装机，也可用于其他流动性粉状物料定量包装。该机计量稳定，可自动调整误差，节能、自动化程度高、回灰量少，能排除多种因素对称量的干扰，在国内同类产品中居领先水平。1989 年，获国家级新产品证书、国家星火博览会金奖。

NS－900 系列滴控箱式多用炉机组 该项目由摄山电炉总厂研制。机组控制系统由管理微机和程序控制微机组成，配备 24 针打印机及相应软件，设计先进、控制精度高，能根据数字模型实时计算工件碳层的浓度梯度，实现渗碳度自动控制，并可对各类热处理工艺曲线进行自动程序控制，温度稳定度、碳热稳定度等指标达到国外同类产品水平，处于国内领先水平。

彩色、黑白显像管生产用电封炉 该产品由南京霞天电子陶瓷有限公司自行开发研制，为彩色、黑色显像管生产线配套产品。产品达到并部分超过日本同类产品水平，占国内市场份额四分之三以上。1987 年，被评为南京市优秀科技成果三等奖，1989 年列入国家级新产品试产计划。

自动控制预加水成球技术及装备 该成果由南京水泥机械厂首创技术，南京进相机厂为其配套微机自控系统，能使水泥生料预先加水并形成球状，并实现生料和水两个闭环回路、自动投料、自动跟踪、自动调节，提高水泥机立窑和波尔窑燃烧质量和效率，使国产机立窑走出只能生产 325 号水泥的困境，可生产 425 号以上标号水泥。1986 年，获第 35 届尤里卡世界发明博览会银奖；1988 年，被评为江苏省优秀产品（“金牛”奖）；1990 年，被列入《国家级重点新产品试验鉴定计划》。

高频焊螺旋翅片管、热管及热管换热器 该项目是南京热管厂与南京化工学院协作开发的新型节能产品。采用先进高频电阻焊工艺制造，具有高导热性、等温性、热流密度可调、热流方向可逆性和工作温度可控性等特点，广泛用于化工、石油、冶金、发电、纺织等行业换热和节能装置。1987 年，被化工部评为节能产品二等奖。1989 年，被评为市优秀产品。

MT－300 彩色颈颅多普勒血流分析仪 该仪器是南京迈特电子股份有限公司开发的新型应用电子仪，广泛用于人体脑和颈部血流分析和监测，为诊断、治疗脑部和颈部病症提供新的手段。1993 年，获国家高新技术博览会银奖。

异育银鲫人工繁殖 该成果由迈皋桥乡副业公司技术人员根据雌核发育原理，以黑龙江省方正鲫为母本、江西兴国红鲫为父本的第一代（F1），再将 F1 与兴国红鲫回交得到。成果在南京市大面积推广，成鱼亩产达 532 公斤。1987 年，被评为南京市优秀科技成果二等奖。

【驻区科研机构】

江苏省中医药研究院　1958年4月29日成立，院址在迈皋桥十字街，原为江苏省中医研究所，1998年3月5日改为现名。是江苏省唯一的省级中医药专业研究机构，被国家中医药管理局列为首批重点加强的省级中医药研究机构之一。该院由实验部和临床部（即江苏省中西医结合医院）两大部分组成。1999年，该院有职工397人，其中，科技人员329人，高级专业技术职称人员78名，博士和硕士生导师10人，省名中西医结合专家27人。50多位专家在省和全国专业学会中担任委员或主任委员职务，有9名老专家享受国务院颁发的政府特殊津贴。

江苏石油勘探局物探技术研究　1978年创建。1987年，迁至尧化门，改名为江苏石油勘探局地质调查处南京计算中心。1993年改名为江苏石油勘探局地质科学研究院南京分院，1996年更为现名。该院为地震资料处理、解释及物探地质综合方法研究中心，从事计算机应用软件开发、软件模块移植、专业软件包装，承接企业级系统集成和软件工程。攻克多次波发育、火成岩侵入、小断块以及地表水网发育等难题，为江苏省成为南方最大的（年产138万吨）石油工业基地做出贡献。1998年10月，被授予中国石油化工集团总公司重点科研院所称号。开发研制的全三维解释、三维相干体等新技术，从多域多角度对地质体进行立体可视化解释，形成一套全三维解释流程，在江苏油田得到普遍的应用。1999年，有职工343人，各类专业技术人员217人，其中，博士2人，硕士9人，大学本科127人，大学专科60人，高级职称52人。

金陵石化公司研究院　1984年11月成立，院址在尧化门。拥有现代化的分析仪器设备、先进的中试、扩试设备，在仪器分析、催化加氢、酯化、有机合成、复配技术、精馏分离等方面显示技术优势。1999年，该院有员工224人，科技人员占全院人数的75%，其中，高级职称10人，中级职称69人。有100多项科研成果获中国石化总公司、省、市及公司科技进步奖。科研项目23项，其中，凡士林脱氢、MIBK催化剂、双烯选择性加氢等多项科技成果在工厂得到应用。

第二十一编　卫生　体育

栖霞地区医药卫生与养生保健源远流长。栖霞山有草药200多种，南朝之前先民用药草来摄生疗疾。南朝后一千多年间，百姓主要以中草药防治疾病。民国初，栖霞地区防治疾病主要依靠私人开办的中医诊所、中药店。民国23年(1934)，在孝陵卫、燕子矶、迈皋桥、尧化门开办诊所和卫生所。当时农村卫生防疫能力薄弱，天花、霍乱、白喉、疟疾、血吸虫等传染病历年高发，大疫流行，灭村绝户时有发生。新中国成立后，卫生状况逐步好转。1953年，第八区、第九区、中山陵园区计有公立卫生机构10所，职工174人，其中卫生技术人员(以下简称卫技人员)89人。区政府贯彻“面向工农兵，预防为主，团结中西医，卫生运动与群众运动相结合”方针，开展群众性的爱国卫生运动，动员私人开业医生成立联合诊所或进入公立卫生机构工作，使医疗卫生状况有所改观。50年代后期，先后开办栖霞、燕子矶、中山陵园三所区级医院。1966年，全区各公社相继实行合作医疗制度。1969年，培训乡村赤脚医生，建立大队保健站，并逐步建立乡卫生院，卫生医疗得到普及。70年代末，已基本形成区、公社、大队三级医疗防治网。1978年，全区卫生机构146个(含驻区医疗卫生机构，下同)，卫技人员2224人，比1953年分别增长13.6倍和23.99倍。1978年后，各级医疗卫生机构不断探索改革新路，先后成立栖霞医院卫生学校、钟山医院卫生学校、迈皋桥医训班；与南京军医学院联合办学，定向代培医务人员；开展妇幼保健、计划免疫、医学科研，改建、扩建、重建各级医疗机构。1988年，个体诊所开始出现。至1989年，全区有卫生机构142个，床位2313张，卫技人员3416人。1995年，行政区划调整，卫生机构减少18个，卫技人员减少667人。经过5年的努力，1999年，全区有卫生医疗单位194个，卫技人员2205人，床位1505张，其中，区级医院320张，平均每千人拥有床位4.69张，卫技人员7.34人。栖霞区9个乡镇滨江而居，长江岸线及通江河道长达184公里，担负着南京市60%左右血吸虫病防治任务。区政府重视血吸虫病治工作，由调查、试验、防护、灭螺、巩固到综合治理、科学防治，至1999年有4个乡镇达到消灭血吸虫病的标准。是年，全区城乡居民平均寿命由新中国成立前的40多岁延长至72岁，婴儿死亡率由200‰下降为4.47‰；农村自来水普及率由80年代初的20%上升到85%以上；传染病发病率由1952年的6578.54/10万下降到262.37/10万，死亡率和病死率分别由62.93/10万和624.87/10万下降为0；孕产妇死亡率控制在标准以内；全民健康教育开课率达100%。栖霞区先后获江苏省"初级保健合格区"、全国"'八五'普及自来水先进区"、卫生部"防汛抗洪，救灾防病"先进集体等称号。

民国以往，栖霞地区属穷乡僻壤，区内居民常年为生计所累，既无力防病治病，也无暇顾及体育锻炼，只在逢年过节舞龙舞狮，算是参加体育活动。当时，乡村学校大多以破旧庙观为课堂，学校体育几为空白。新中国成立后，地区全民性体育运动蓬勃开展，方兴未艾，不仅借以巩固医疗成果，同时也从根本上收到了强体健身、延年益寿的功效。

第一章　卫　　生

民国23年(1934)，南京市国民政府分别在孝陵卫、尧化门等地设西医诊疗所。至民国26年12月，全部停办。民国29年，燕子矶诊疗所改为南京市第六诊疗所。民国34年，在迈皋桥设第十五卫生所。民国36年，在孝陵卫设南京市红十字陵园诊所、国民政府第二和第六后方医院，在栖霞设立江宁县第八区卫生所。1949年，全部停办。新中国成立初，区卫生所既承担全区医疗保健任务，同时负责卫生行政管理工作。1965年，全区有栖霞、陵园、龙潭、小市4家区级医院和迈皋桥、八卦洲2家卫生所。1972年，区卫生防疫站(简称"防疫站")成立。1979年，区妇幼保健所(简称"妇保所")、乡镇卫生院相继成立。1984年，区成立卫生局，专司卫生行政管理，下辖区防疫站、妇保所和栖霞、钟山、迈皋桥、八卦洲、龙潭、小市医院及7个乡卫生院、2个卫生所。1987年，长江、营防、花园卫生院划入。1990年，区成立血吸虫病防治站(简称"血防站")。1995年，小市医院、玄武湖卫生院、紫金山卫生院分别划归南京市下关、玄武区。1997年，钟山医院划归市卫生局。1999年，全区有防疫站、妇保所、血防站、栖霞区医院、迈皋桥医院、龙潭医院及8家镇乡卫生院、64家村卫生室。此外，驻区企事业及军事单位医疗机构增至71家，个体诊所45家。

【医疗卫生机构】

民国初年,栖霞地区群众防治疾病主要依靠私人开设的中医诊所和中药店。民国23年(1934),始有政府开办的燕子矶、迈皋桥、尧化门、孝陵卫等诊疗所和卫生所。民国34年(1945),有政府开设的蒋王庙第六卫生所、燕子矶第十卫生所、迈皋桥第十五卫生所。民国36年(1947),有南京红十字会陵园诊所、国民政府第二、第六后方医院和江宁县政府开设的第八区卫生所。民国38年(1949),国民政府撤逃,上述医疗卫生机构随之解散。新中国成立初,人民政府即着手筹建区级卫生机构。1949年至1951年,第九区燕子矶卫生所、第八区栖霞卫生所、中山陵园区陵园卫生所和迈皋桥、小市、八卦洲卫生分所相继成立。1956年,龙潭联合诊所成立。1958年,燕子矶、栖霞、陵园卫生所和龙潭联合诊所、八卦洲卫生分所分别改为公社医院,小市卫生分所改称小市医院,60年代,迈皋桥卫生所成立,同时,十月、紫金山、龙潭等公社医院和小市医院改为区属医院;八卦洲公社医院改称八卦洲医院;燕子矶医院与市血吸虫病防治站合并为市属血吸虫病防治医院(简称血防医院)。70年代,区卫生防疫站和区妇幼保健所先后成立;马群、紫金山、玄武湖、十月、尧化、迈皋桥、燕子矶、摄山等公社卫生院相继建立;驻区大中型企事业单位陆续建立职工医院。80年代,迈皋桥公社医院改为区属迈皋桥医院,其余各公社医院均改为乡、镇卫生院;长江、营防、花园三所卫生院划入;个体诊所开始兴起。90年代,区血防站建立;钟山、小市医院及玄武湖、紫金山卫生院划出;各村普遍建立卫生室。1999年,各级医疗卫生机构分布全区,有区级医院6所、乡镇卫生院8所、村卫生室64所、驻区企事业和军事单位医疗卫生机构71所、个体诊所45所,共194所。

栖霞区医院 民国36年(1947),江宁县设立栖霞卫生所,除担负医疗保健任务外,兼管卫生行政工作,新中国成立前夕,因经费困难而关闭。1950年7月,江宁县在栖霞镇建立第八区卫生所,1953年7月,改称第九区卫生所。1958年,更名为南京市十月公社医院,迁至十月公社大圩村。1964年4月,更名为栖霞区医院。1979年,有床位50张,职工68人。1989年,有床位70张,职工88人。1993年,增挂“南京市栖霞区妇产医院”牌子。1998年3月,栖霞镇卫生院并入。1999年,院址在栖霞镇南街47号,占地面积12159平方米,建筑面积12112平方米,为二级乙等区级综合性医院,有编制床位110张,职工145人,其中卫技人员126人。医技科室有检验科、放射科、药剂科、心电图室、胃镜室、冷冻室、激光治疗室、脑血流图室、B超室、供应室。主要设备有多普勒脑血流诊断系统、心电监护仪（跟踪、多参数）、血球计数仪、牙科综合治疗机、X光机（500毫安、遥控透视）、上消化道内窥镜、自动生化分析仪。年末，该院作为龙头组建栖霞医院集团，辐射长江、营防、龙潭、摄山、尧化、亚东新区等地区，承担约20万居民的医疗、预防保健、农村初保和社区服务工作。

迈皋桥医院　民国38年（1949）6月，成立南京市第九区卫生所迈皋桥分所。1951年，卫生所抽调9名卫技人员进入分所，并迁至迈皋桥街74号。1962年，更名为迈皋桥卫生所。1972年，改为公社卫生院。1978年8月，迁至迈皋桥大队合班村。1984年，改为迈皋桥医院。1994年，医院扩建病房楼3300平方米。有床位150张，职工133人，其中卫技人员117人。1996年，被授予“爱婴医院”称号。1997年，增挂“南京市卫生学校附属医院”牌子。1998年，与凯特伦公司合作成立栖霞区凯特伦口腔疾病防治中心。1999年，院址在南京市中央门外和燕路290号，占地面积6603平方米，建筑面积7000多平方米，为二级乙等医院、区级综合性医院。有编制床位150张，职工164人，其中卫技人员137人。医技科室有放射科、检验科、麻醉科、B超室、胃镜室、心电图室、脑电图室、脑血流图室等。万元以上医疗设备有全自动生化分析仪、血球计数仪、脑血流图机、胃镜、B超机、24小时动态心电仪、300毫安及500毫安X光机等。是年，该院作为龙头组建迈皋桥医院集团，辐射燕子矶、迈皋桥、八卦洲等地区。

区卫生防疫站　1972年前，栖霞地区卫生防疫工作分别由南京市血防医院和栖霞区医院承担。1972年，在燕子矶镇建立区卫生防疫站。1976年10月，迁至尧化门区政府大院内。1981年，迁至迈皋桥东井村45号。1985年，有职工42人，其中卫技人员35人。1991年，有职工55人，其中卫技人员47人。1996年，与栖霞区健康教育所合署。1999年，占地面积4482平方米，建筑面积1694平方米，是一所综合性卫生防疫机构，承担全区30多万人口的计划免疫、传染病防治、食品卫生、公共场所卫生、消毒杀虫、卫生检验等任务。有职工50人，其中卫技人员43人。业务科室有监督一科、监督二科、防疫科、消毒杀虫科、结核病防治科、体检办证科、检验科、宣传教育科。主要设备有气相色谱仪、一氧化碳和二氧化碳监测仪、声级计、卫生防疫车、冷链、电脑设备等。

区妇幼保健所　1954年1月，第八区、第九区、中山陵园区均在区卫生所设立妇幼保健站。1960 年,各区妇幼保健站撤销,人员下放至乡保健站。1972 年,区防疫站成立,站内设妇幼组,办公地点在尧化门区机关大院内,条件简陋。1979 年,成立区妇幼保健所。1981 年,与防疫站共建办公楼落成,有办公用房 13 间,工作人员 9 人。1983 年,建立妇保科、儿保科,开展妇幼保健及全区妇、幼两个系统卫生工作的日常管理。1991 年,有职工 16 人,其中卫技人员 13 人。1999 年,所址在栖霞区迈皋桥东井村 45 号,占地面积 600 平方米,建筑面积 400 平方米。设有门诊部。除妇幼保健外,还负责全区的计划生育指导等工作。有职工 16 人,其中卫技人员 14 人。设办公室、儿保科、妇保科、药房、检验科、B 超室、心电图室、手术室、宣教咨询室、婚检室等科室。

区血吸虫病防治站 1972 年成立。站内设血吸虫防治组。1982 年,改血防组为血防科。1990 年,单独成立区血防站,编制 15 人,有卫技人员 8 人。血防站承担全区血吸虫病、地方性碘缺乏病及其他各种寄生虫病的预防和治疗任务。1999 年,站址在栖霞区迈皋桥高家村 29 号。占地面积 330 平方米,建筑面积 150 平方米。有职工 11 人,其中卫技人员 6 人。设有血吸虫病防治科、寄生虫病防治科、检验组等科室。

驻区医疗卫生机构

省中西医结合医院(江苏省中医药研究院) 1954 年,江苏省祖国医学研究所筹建。1956 年,更名为江苏省中医研究所。1958 年 4 月,江苏省中医研究所与省中医进修学校(现南京中医药大学)合署,在南京市汉中路成立。1961 年初,在省中医院内建立中西医结合科研病区,在国内较早开展中医药防治血栓闭塞性脉管炎和冠心病研究。1972 年,在省中医院内重建科研病区,恢复冠心病、脉管炎、心血管和周围血管病的研究,增设月经病妇科。1990 年,迁至迈皋桥镇,更名为江苏省中医药研究所。1995 年 11 月,临床部被命名为江苏省中西医结合医院。先后取得省级以上科研成果 40 多项,研制出“脉络宁注射液”“月月舒”等中药新药 17 种。医院在中医中药和中西医结合治疗周围血管病、冠心病、慢性支气管炎、肿瘤、月经病、乳房病方面独具特色,心血管科在治疗冠心病、高脂血症、高纤血症,消化科在治疗萎缩性胃炎、乙肝病毒携带者、胃癌前期病变、中药抗胰岛素抵抗等项目上,均达国内外先进水平。1998 年,更名为江苏省中医药研究院(省中西医结合医院)。1999 年,院址在迈皋桥十字街 100 号,占地面积 5.08 万平方米,建筑面积 5 万平方米。设有实验部和临床部(临床部即江苏省中西

医结合医院)。医院是以研究中医中药和中西医结合为特点的集科研、临床为一体,被国家中医药管理局列为首批重点加强的省级中医药研究院所之一。有职工342人,其中,卫技人员264人,内有高级卫技人员79人,博硕导师9人,省名中西医结合专家27人,享受国务院颁发的政府特殊津贴老专家9人。

江苏省职业病防治医院(江苏省职业病防治研究所)　1983年1月,成立江苏省职业病防治医院。同年4月,成立职业病防治研究所(与医院合署)。1990年4月,在开展防、治研究工作同时,对外开放职业病门诊和一般综合性门诊,专设职业病区,收治职业病人。1997年,被南京市劳动局、卫生局确定为工伤(职业病)定点合同医院。1999年,院址在迈皋桥合班村122号,占地面积15372平方米,建筑面积9586平方米,设有门诊部和住院部。

南京市血吸虫病防治医院　1951年,在浦口区建立南京市两浦血防站,1956年,更名为南京市血吸虫病防治站。1963年,与燕子矶医院合并。1964年,成立南京市血吸虫病防治医院(简称"市血防医院")。1982年,南京市职业病防治所并入该院,更名为南京市燕子矶医院,1984年,南京市职业病防治所划出,复名为南京市血吸虫病防治医院。1985年,与南京市寄生虫病防治所合署。1999年,院址在栖霞区燕子矶镇永安村3号,占地面积7710平方米,建筑面积5423平方米,担负全市血吸虫病预防和治疗、地方病、寄生虫病的防治以及科研任务。

【卫生行政管理】

新中国成立初,第八、第九、中山陵园三区未设卫生行政管理机构,卫生行政管理工作由各区卫生所代行,对区内医疗机构、卫技人员进行审查、登记和管理。1957年,三区相继成立卫生科,负责卫生行政管理工作。1984年,区卫生科改称区卫生局,卫生行政管理工作范围逐步扩大,包括医疗机构和卫技人员的管理,药品的生产、采购、使用的监督和管理,医疗卫生经费收入与使用的监督和管理,环境卫生、疾病预防的管理等。90年代,区医疗卫生机构深化管理体制改革,进行卫生资源重组,充实医疗技术队伍,提高服务质量,为提高人民健康水平提供有力保障。

医政　1957年,区成立卫生科,负责卫生行政管理。1985年,实行"乡镇卫生院由区、乡镇分级管理,以乡镇为主"的管理体制。1988年,改革医院管理体制，采取民主选举、任命、聘任等方式，在 7 个区级医疗卫生单位实行院（所、站）长负责制。1991 年，区卫生局和区属各医疗卫生单位签订为期三年的综合目标责任书，实施综合目标管理。1996 年，全区 16 个医疗单位推行全员聘用合同制，与 807 名卫技人员签订聘用合同。1999 年，区卫生局对全区 1200 名具有医学专业职称的人员进行资格认定，对 1120 名卫技人员进行执业注册预报。管理上实行“三制、三统一、五有”，即乡医岗位聘任制、报酬统筹制、养老保险制，业务统一领导、药品统一代购、财务统一管理，开药有处方、看病有登记、收费有发票、现金有日记账、药品有经销存账。

药政

药品采购　民国 32 年（1943）9 月，南京中央药店城北支店开业，负责当地药品供应。新中国成立初，区内药品多为私人供应。1951 年后，第八区、中山陵园区卫生所和迈皋桥、八卦洲两个卫生分所均从南京市卫生局卫生材料仓库进药，国有、私营医药商业并存。1956 年，医药实行公私合营。1959 年，区建立医药站，同时将合作商店升格为合营商店。医院、厂矿、学校医务室设立药房，药品供应由主要依赖药店逐步转变为向医药公司批发，并先后设立燕子矶、迈皋桥批发部。1987 年，实行药品划区定点供应。1988 年 9 月，增设尧化门药品批发部。1989 年，全区有医药批发部 3 个，药品经营单位 12 个，全部通过省、市验收，核发药品经营许可证。90 年代后期，由省、市、区、乡逐级供应药品的渠道被打破，转变为用药单位自主购药。1996 年，对全区 56 名药品采购人员核发采购员证。1997 年，实行乡卫生院为村卫生室代购药品制度，并严格执行入库验收、在库养护、出库验发管理制度。1999 年，全区有药品零售企业 15 家，药品批发部 5 个。

特殊药品管理　新中国成立后，境内麻醉药品、精神药品、医疗用毒性药品及放射性药品，统由区卫生部门负责管理、监督和检查。1987 年，实施麻醉药品档案化管理，经检查，达到专柜、专锁、专账、专用处方管理要求的单位占 96.5%。1992 年，全区 55 个麻醉品使用单位换卡率为 98.8%。1993—1994 年，查处骗用麻醉药品案 2 起，取缔非法生产药品 1 起。1995 年，办理癌症病人麻醉卡 110 份，续卡 177 份。1996 年，更换麻醉卡专用采购证 46 份，办理癌症病人麻醉卡 112 份，续卡 69 份。1997 年，对 6 家单位麻醉、精神药品使用隐患予以整改，新装防盗设施 30 个，与 35 个单位签订《麻醉、精神药品管理责任书》，办麻醉卡 121 份，退卡 67 份。1998 年，重新核发33个单位的药品使用许可证。1999年,办理麻醉卡126份,退卡49份。

医疗制度

公费医疗 1952年,在党政机关、群众团体工作人员及学校教职工中实行公费医疗制度。至1985年,一直由南京市公费医疗办公室统一管理,病人持证看病记账,由有关医院向南京市公费医疗办公室统一结算。1985年,实行市、区分级管理。同年4月,区成立公费医疗管理委员会,全区有3482人享受公费医疗,人年均支出医药费106.26元。1986年,实行“单位管理、定额包干、节余留用、超支分担”办法,支出医疗费60万元,人均支出124.69元。1988年,乡镇机关及民政系统人员实行医疗经费包干,定额标准为退休人员每人每年120元,在职人员90元,实际人年均支出150.86元。1998年,制定“保证基本医疗,减少浪费,合理开支”管理目标,公开公费医疗病人住院费用结账清单,增强医药费用支出透明度,改善医患关系。1999年,全区有5011人享受公费医疗,经费支出913.16万元,年人均支出1822.31元。支出比1985年增长23.68倍,年人均支出增长16.15倍。

合作医疗 1966年,实行合作医疗制度,有社办、队办、队办社管等形式。资金由参加人员自筹,集体公益金提留,公社从企业利润中资助拨给。1976年,7个公社、90个生产大队实行合作医疗,其中,10个大队是队办社管。1983年,合作医疗参加率下降。90年代后,合作医疗在全区重新推广。1991年,全区18万农业人口中参加合作医疗的达7万人,参加率38%。1994年,合作医疗参加率增至64.8%。1996年,7个乡镇均恢复合作医疗,大病补偿额最高为每人4000元。1997年,区卫生部门制定合作医疗管理办法,坚持“个人集资为主,集体扶持,政府引导”的原则,各乡镇根据实际情况制定标准,个人年集资最高达60元,最低为20元;集体年人均支持3~5元,最高达70元;政府投入最多的乡为每年16万元,最低的为2万元。全区资金筹集总额达300万元。1999年,92个村全部实行合作医疗,参加率达70%以上。

劳保医疗 50年代起,区域内国营、集体企业职工均可享受劳保医疗,医疗费用由企业负担。80年代,很多企业医疗费用超支严重。1985年后,逐步采取医疗保险制度,企业制定医药费报销规定,指定特约医院,严格转诊手续,按工龄确定医药费定额,医药费发给个人,实行承包制,超支按规定处理。1999年,仍有部分单位按此组织实施。

【医疗　护理】

西医　新中国成立后，人民政府重视医疗卫生机构和医疗队伍的建设，逐年增加经费，购置医疗设备、加紧引进和培养卫技人才。50年代初，燕子矶、中山陵园、栖霞三区卫生所和卫生分所有卫技人员不足百人，每千人口卫技人员为0.82人，仅能治疗内、外、妇科常见病和进行换药、注射等一般性护理。60年代末，全区卫技人员增加到250多人，每千人口卫技人员为1人，西医外科能施行阑尾、疝气等下腹手术。70—80年代，全区卫技人员超过3000人，每千人口卫技人员为7.8人。两所区级综合医院临床科室均在20个以上，并开设多个特色专科，开始做上腹部手术。1975年，栖霞医院成功抢救一名呼吸、心跳已停止半个多小时的病人。外科陆续开展胃、脾、胆、肾等切除术和胃癌、直肠癌、贲门癌、乳腺癌根治术以及肝切除修补及部分胸腔手术等。内科逐步开展胃镜、脑血流图、24小时动态心电图检查。各种中毒病人，脑血管意外、消化道出血、心脏衰竭、呼吸衰竭等抢救成功率大幅度提高。妇产科开展计划生育手术及子宫肌瘤、卵巢囊肿、子宫次（全）切除手术及不孕症的治疗等。放射科由常规摄片、胸透、口服胆囊造影到胃肠、全消化道造影和肾盂造影以及各种特殊检查等。90年代后期，区级各医院陆续开展心血管、泌尿、内分泌、血液病等病的诊治，建立特色专科，经皮室穿刺全自动腰椎间盘切吸术，气囊引产，强热仪治疗宫颈疾病等新技术、新方法得到运用。购进各种先进仪器和设备，开展胃肠道激素检查、ERCP、选择性血管造影、血稀氧疗法、肝动脉栓塞及急性心梗静脉内溶栓术、心脏临时起搏及埋藏式起搏器安装术等。1999年，全区共有卫技人员2205人，每千人口卫技人员为7.3人，其中，区属医疗机构579人，驻区医疗机构1576人；卫技人员中有中高级职称775人。各医疗机构中，各种先进的医疗设备基本具备，整体医疗水平大有提高。除严重心脑疾病外，一般疑难病症均可在区内得到及时有效治疗。

中医　栖霞地区中医中药历史悠久，栖霞山药草多达200多种，其中，山草类35种、芳草类18种、隰草类52种、毒草类14种、蔓草类34种、石草类6种。新中国成立初，组织区内个体开业中医，进入联合诊所或公立卫生机构任职，发挥各自特长。1958年，龙潭医院设中医科，开展中医内科、妇科和伤科疾病的治疗。1969年，钟山医院中医师徐学春以祖传中医药治疗淋巴结核开设瘰疬科，自制方剂“消疬膏”，后建立药厂，生产“骨痨片”，并逐步增加到包括膏、片、丸、散、糖浆、外用膏、粉、胶囊、糖衣等50多种中成药。70年代，在全区开展中草药种植，开辟“百草园”，用中草药治疗常见病、多发病。1975年，栖霞医院在计划生育手术中运用针刺麻醉。1990年，省中医药研究院迁至区内，在中医药研究上，先后取得省级以上科研成果40多项，研制出中药新药17种，中药抗胰岛素等研究项目达到国内先进水平。1997年，钟山医院“中药导入，气流弥散给药法治疗肠道疾病”医案通过省级鉴定，其治疗溃疡性结肠炎、非特异性溃疡性结肠炎、肠易激综合征总有效率分别达到96.8%、97.2%、98.3%，治愈率分别达到89.9%、84.5%、88.4%。1999年，槐耳冲剂治疗原发性肝癌，消瘤胶囊治疗肿瘤，扶正抑瘤冲剂帮助化疗的增效减毒等一批临床和实验研究达到国内外先进水平。

护理　新中国成立初，区卫生所仅有门诊换药、发药、打针和消毒等一般性护理工作。60年代起，推行基础护理，先后建立护理操作制度，护理查房制度，病房交接班制度，护理表格填写制度，消毒隔离制度。“文化大革命”中，医院正常护理秩序被打乱。1968年，全区仅有护士220人。1976年，各项护理制度逐步恢复落实。1978年，全区有护士325人，护理工作进一步完善。除原有的护理制度外，又陆续制定“操作前、中、后查和对床号、姓名、药名、浓度、用法、时间、剂量”的“三查七对”制度以及医嘱、差错登记制度。1982年，实行三级护理和工作程序化、物品放置规范化、管理制度化的“三化”管理。1988年，全区共有护师367人，护士518人，护理员115人。90年代，护理工作由原来的功能性护理转变为对病人的全身心护理。1995年，进行护士任职资格考核并注册，实行持证上岗、量化管理。1999年，全区有护理人员769人，其中，护师533人，护士228人，护理员8人。

【卫生防疫】

民国时期，栖霞地区的卫生防疫工作由南京市卫生事务所及江宁县卫生部门负责，但大多流于形式，各种传染病频频发生。新中国成立后，先后由区卫生所和区卫生科负责，按照“面向工农，预防为主”的要求，开展食品检验、预防接种、传染病疫情登记。进入70年代，区成立卫生防疫站。1978年后，实施计划免疫，并建立健全区、乡镇、村三级预防保健网络，共同负责全区的卫生防疫工作。1999年，区内各种传染病得到有效控制，人民群众健康水平明显提高。

计划免疫　新中国成立初，栖霞地区即开始免费施种牛痘及霍乱、伤寒、白喉类毒素等生物制品。1957年，鼠疫、天花在地区内宣告绝迹。进入

60 年代,乙脑、脊灰、麻疹、百日咳、痢疾噬菌体等疫苗相继使用,并建立登记制度。1978 年后,陆续建立预防接种证制度,实施计划免疫。1982 年起,系统接种脊灰糖丸、百白破、卡介苗、麻疹疫苗、乙脑疫苗和流脑疫苗。1984 年,卡介苗、百白破疫苗、麻疹疫苗、脊髓灰质炎糖丸接种覆盖率为 14.56%。1991 年,"四苗"接种覆盖率达 97.62%,并实行儿童凭证入园入学。1992 年,开始实施计划免疫规范化门诊达标活动。1996 年,长江乡顺利通过卫生部以乡为单位的第三个 85% 审评。1999 年,全区计划免疫规范化门诊率达 90%,"单苗"(卡介苗)、"四苗""六苗"(四苗及流脑疫苗、乙脑疫苗)接种覆盖率 95% 以上。

传染病防治

疫情 1951 年,以第八区为重点,在全市率先试行疫情报告制度,建立疫情报告网,定时上报 15 种法定传染病的疫情。1978 年,区内法定传染病 26 种,到 1989 年,法定传染病达 3 类 35 种。50—60 年代,栖霞地区以麻疹等呼吸道传染病为主,60—70 年代,随着预防接种工作的逐步加强,呼吸道传染病明显下降。"文化大革命"期间,传染病管理受到影响,虫媒传染病发病较高。80—90 年代,传染病开始以肝炎、痢疾等肠道传染病为主。

防治 1951 年,第八区按乡镇文化卫生委员会和区卫生所二级进行传染病报告,并根据传染病不同传播方式,采取预防服药、预防接种、定期消毒、定期检验、隔离治疗、报告检疫等综合措施,防止其发生和流行。1989 年起,每年 5 月至 11 月,各医院增开肠道门诊。1999 年,区防疫站按季度对传染病进行漏报调查,当年传染病漏报率为零。

【生命统计】

1976 年始,进行生命统计工作。1973—1975 年开展以肿瘤为主的死亡回顾调查。经查,病人死亡率为 4.07‰,其中,恶性肿瘤死亡率为 95.34/10 万。1981 年,建立区内居民病伤死因及生命统计工作制度。1981—1999 年,区内居民第一位死因为恶性肿瘤,1999 年,恶性肿瘤死亡人数占总死亡人数的 31.55%。1999 年,全区男女居民预期寿命分别为 70.92 岁和 76.04 岁。

【血吸虫病防治】

栖霞区历史上血吸虫病流行甚广。民国 37 年(1948)8 月,南京中央大学 20 多名学生在栖霞山举行夏令营,经确诊,有 10 多人感染血吸虫病,后在栖霞山下河边检获钉螺。摄山湖堤村村民血吸虫病患病率为98.5%，全村有76户成“绝户”。长江马渡村一血吸虫病患者，因腹胀难忍，自己用铁钉刺腹放水，水尽人亡。“男人肚子大，女人不生养，面黄肌瘦无力量，野外路边把命丧”，成为血吸虫病肆虐、惨象环生的真实写照。新中国成立后，人民政府高度重视血吸虫病防治。1950年，即派出医务人员深入疫区普查。1956年，成立血防领导小组，组织开展血吸虫病普查和防治工作。1990年，成立栖霞区防治血吸虫急性感染领导小组，同年，成立区血防站，专事查螺灭螺、查病治病等综合性防治工作，血吸虫病得到有效控制。1999年，滨江乡镇中有4个乡镇达到消灭血吸虫病标准。

查螺　1956年，在燕子矶、栖霞、中山陵园区开展全面查螺，共查出有螺面积6.86万平方米。1962年，在八卦洲公社和长江公社普查钉螺，阳性螺分别为1.3%和4.5%。1970年，在内圩陆地以5～10米为一段，采取机械抽样加环境抽样方法分别在春季和秋季进行查螺。1979年，组成查螺专业队，对长江沿线和湖岸四周采取棋盘式抽样法普查。1986年，在32个血吸虫病流行村，查出有螺面积305.62万平方米，其中，阳性螺56.03万平方米。1989年，查出有螺面积801.93万平方米，主要分布在八卦洲、燕子矶、尧化等乡镇。1990年，查出有螺面积997.25万平方米，其中，阳性螺面积482.37万平方米。在尧化乡周家山江滩送检的192只钉螺中，阳性螺119只，阳性率高达62%，居全市第二位。1995年，完成全国第二次血吸虫病流行病学调查。1999年，全区查出有螺面积599万平方米，其中，新查出5300平方米。

灭螺　1956年，在栖霞、燕子矶、中山陵园区采用开新沟填旧沟方法灭螺。1957年，栖霞区试用人工土埋、化学药物喷洒、明火烧灼等方法进行灭螺，当年郭家山竹丝巷使用此法灭螺，经市检查已达到消灭钉螺的标准。1964年，采取以人工灭螺为主，药物灭螺为辅的方法。燕子矶永安村江滩首次采用五氯酚钠药品筑堤灌水浸泡灭螺。八卦洲和燕子矶公社围垦有螺江滩166万平方米，药物灭螺面积118万平方米，初步控制血吸虫病急性感染。1970年起，以五氯酚钠药水浸泡法为主，采用围垦种植、土埋、工业废水泼浇等多种方法灭螺。在尧化公社周家山一带有螺江滩组织两次灭螺会战，动员6万多人，挑土8万多立方米，筑堤药浸灭螺180多万平方米。1971年，曾用工业废水废渣灭螺，钉螺死亡率75.85%，由于造成环境污染，1972年，停止。1983年，在八卦洲乡实行药浸灭螺承包责任制，乡卫生院组织专业人员负责换药。1990 年,区政府组织机关干部、企业职工、中小学校师生、驻地部队和农民共 5000 多人,在摄山乡东湖村会战,灭螺面积 50 万平方米。1992 年,完成江滩兴林灭螺开发 103.4 万平方米,药物灭螺面积 348.13 万平方米。4 月 26 日至 5 月 15 日,先后动员 3.5 万人次,在便民河沿岸实施大面积内陆灭螺,铲草皮 44.5 万平方米,建血吸虫病防治护坡 10 公里,灭螺面积 69.4 万平方米。1998 年,全区药物灭螺面积 385.4 万平方米,占有螺面积的 59.16%,灭螺效果达 90.6%。1999 年,全区投入 6982 个工日,灭螺面积 397 万平方米。

查病治病　新中国成立后,在燕子矶发现血吸虫病人。1956 年,在燕子矶镇和东阳镇分别设床位 100 张收治病人。1958 年,采取酒石酸锑钾三日短程疗法,治疗 1576 人,无死亡病例。1962 年,在八卦洲公社东江大队查出病人 546 人,采用呋喃丙胺片剂合用激素 20 天疗法,无死亡病例。1965 年起,采取"划片定点、小型集中、送药到队、就地治疗"的办法救治病人。70 年代,成立血防专业队,在全区开展"三送三检"或"七送七检"的粪检查病。1977 年,南京市血防医院在营防公社联盟大队开展综合查病,查出病人 42 人。1980 年,对 5 个公社、30 个大队、251 个生产队进行综合查病,皮试 31797 人,发现阳性 87 人。1986—1999 年,全区累计综合查病 18.1 万人次,查出病人 5216 人,全部治愈。历年累计,晚期血吸虫病人 46 人,死亡 5 人,切脾 30 人,长期患者下降 98%。

【妇幼保健】

妇女保健

妇女病防治　1954 年,第八、第九、中山陵园三区成立妇幼保健站,开展新法接生宣传、培训接生员、取缔和改造旧产婆、孕产妇产前检查等工作。开展妇女病的普查普治,闭经、子宫脱垂等疾病得到控制。1960 年,妇幼保健机构撤销,妇女病防治工作受到影响。1970 年后,宣传落实妇女计划生育手术措施,子宫脱垂、宫颈炎、阴道炎等妇女常见病得到诊治。1978 年,由南京市鼓楼医院协助,对全区 60 岁以下妇女所有Ⅱ、Ⅲ度子宫脱垂病人进行普查治疗,查治患者 65 人,经手术治疗后痊愈。1979 年,区成立妇幼保健所,建立健全三级妇幼保健网,重点抓妇保专职人员培训工作。1986—1999 年,妇女病普查 264698 人次,查出病患 60093 人。

生育保健　新中国成立初,栖霞地区妇女生产多沿用老法接生。1954

年，实施新法接生，取缔和改造旧产婆，供应消毒小产包，下乡做产前检查，接生员做产后访视。1957 年，各乡建立妇产院，开展住院接生。1978 年，新法接生率达到 100%。1984 年，开始围产期保健、孕产妇系统管理，降低了孕产妇死亡率和围产儿死亡率。1986 年 6 月，实行婚前体检。1999 年，全区有 8 家医疗机构达到“爱婴医院”标准，孕产妇参加保健保偿率 80%，管理覆盖率 95%，孕产妇死亡率降为 0。

儿童保健　1952 年，第八区妇联和卫生所联合举办保育员训练班，开展儿童保健工作。1954 年起，各区农村成立农忙托儿所，收托婴幼儿童，并在“六一”儿童节期间免费对儿童进行驱蛔治疗，治愈率为 69%。1957 年起，各区共举办常年托儿所 24 个，收托儿童 361 人。1979 年，在部分厂矿和公社开展儿童体检，有 2633 名儿童参加。1980 年，在全区幼儿园逐步建立“一人一巾一杯”制度，实行饭前流水洗手及晨间检查。检查集童（集体）4618 人，查出有“缺点”儿童 752 人，查出患疾病儿童 929 人，分别进行矫治。1981 年，区妇幼保健所增开儿童保健门诊。1983 年始，区妇保所每年“六一”儿童节期间为全区幼儿进行常规体检。1995 年起，在有条件的幼托机构开展营养计算，并定期对幼托机构的保健人员进行业务培训。1996 年，对全区 570 名幼儿园保教人员进行体检，对 3092 名儿童进行营养测评，开展儿童保健保偿工作。1999 年，全区儿童投保数为 1857 人，投保率 82.5%，儿童管理覆盖率 97%，儿童死亡率控制在 15‰以下。

【爱国卫生运动与卫生保健】

环境卫生治理　1950—1954 年，环境卫生治理的重点为扫除街道垃圾，挨户收运垃圾，清除牛马粪便，厕所消毒，衣被消毒，处理乱倒垃圾案件。1962 年，设清洁管理所，负责垃圾粪便清运管理。1974 年，开展以“除害灭病”为中心的爱国卫生运动。80 年代，开展创建文明卫生单位活动，各主要街道实行“门前三包”。1980 年开始，建立健全分片包干卫生岗位责任制。1981 年，确定每周六下午为义务劳动、打扫环境卫生。1988 年，国家爱卫会宣布，栖霞区成为无臭虫区，1990 年，成为灭鼠先进区。1991 年，在爱国卫生月活动中，全区有 12 万群众参加义务劳动。1995 年，在创建全国卫生城市活动中，出动 48377 人次。1996 年，区委、区政府将创建卫生村、镇纳入全区经济社会发展奋斗目标。1999 年，围绕“清除垃圾、净化家园”主题，出动 2 万多人次，清除卫生死角 3500 处，垃圾 196 吨，并建立农村垃圾清运长效管理制度。

灭害防病 从50年代开始，区域内就开展灭蚊蝇、灭鼠活动。灭蚊蝇，50年代以挖蝇蛹，捕捉苍蝇、蚊子，打捞孑孓为主，60年代以清除积水、杂草，清扫垃圾粪便为主，70年代以烟熏为主，1988年始，以喷洒药为主。1999年，重点部位的苍蝇密度控制在国家规定的标准以内。灭鼠的主要方法为投放毒饵、鼠夹。1990年，栖霞区达灭鼠先进区标准。1998年，对全区28个单位、21个饮食服务网点进行鼠密度监测，合格率达90%以上。

改水 1950年，开展用水消毒工作。1956年，在沿江血吸虫病流行的乡镇，执行血防"管水、管粪，灭螺，治病"方针，实施分塘用水，吃用分开，缸水消毒。1977年，在全区推广"管水、管粪，改水井、改炉灶、改厕所、改畜圈、改环境"做法。1980—1996年，燕子矶镇、栖霞镇、龙潭镇、营防乡、长江乡、摄山乡、八卦洲乡等乡镇，或新建自来水站（厂），或打深水井，居民生活用水大为改善。1997年，栖霞区获全国爱卫会颁发的"'八五'普及自来水先进区"称号。1999年，农村安全卫生水使用率达95%。

改厕 1977年，全区各乡镇因地制宜、因陋就简，推广改厕工作。80年代，八卦洲、马群、摄山等乡镇建沼气池5000余座，人畜粪便达到无害化处理。1995年，建无害化厕所490座。1997年，改厕1868座。1998年，完成1000座无害化厕所的建造任务，卫生厕所普及率95%以上，无害化厕所普及率达56%。1999年，完成1900座农村三格式化粪池改造任务。

第二章　体　　育

区内山峦起伏，古来为帝王和达官贵族的狩猎场所。南朝宋元嘉二十五年（448）五月，皇帝带领百官至幕府山狩猎，于幕府山南岗置行军殿。王公百官先猎一日，派遣马骑布围，当日皇帝戎服乘马，威仪赫赫，从者众多，猎毕举行宴会。南唐李后主也曾校猎于龙潭青龙山。"春牛首、秋栖霞"，亦为士大夫阶层踏青和登高的选择，百姓则为衣食所累，无缘体育运动。民国时期，栖霞、摄山、八卦洲等地农民世代承传石担、石锁、武术、象棋、跳绳、踢毽子、抖嗡等体育活动，平时无暇顾及，多在逢年节举办赛事。小学大多据庙宇祠堂而设，场地狭窄，体育活动受限。晓庄师范、栖霞乡村师范在办学期间，开放学校场地，吸引和组织附近村民举办挑水、搬石头、竞走、武术等活动。民国17年（1928），晓庄师范发起举办联村运动会，有学生、农民近千人参加各种游艺性质的体育比赛。新中国成立后,群众性体育活动不断发展。广播操、篮球、足球、乒乓等运动项目在工厂、学校、村镇逐步推开。随着运动场馆等体育设施的不断改善,学校体育逐步趋向正规。1953年,建立体育课堂常规。1954年后,中学逐步推行“准备劳动与卫国体育锻炼制度”。其时,学校体育由区文教科负责,农村体育由乡政府和农民协会组织,职工体育由企业工会或俱乐部管理。“文化大革命”初期,体育活动受到影响,1971年,体育工作逐渐恢复。1974年,区成立体育运动委员会,组织和推动工厂、农村、机关和学校的体育工作,筹组体育协会,开展体育竞赛。80年代,举办幼儿体育比赛,组织人员参加全市万人畅游长江、畅游玄武湖等活动,组织公社妇女参加全市庆祝“三八”妇女节的体育比赛。90年代,小市小学的田径、中山门小学的射击、燕子矶中学的无线电测向成绩显著。1995年,贯彻《中华人民共和国体育法》与《全民健身计划纲要》,乡镇体育协会普遍建立。太极拳、太极剑、健身舞等活动日盛。学校体育、职工体育、农民体育、老年体育取得新的进展,涌现一批国家、省市级的先进集体和先进个人。1998年,区体委被评为江苏省群众体育先进集体。

【群众体育】

民间传统体育 栖霞地区民间传统体育项目有舞龙、拔河、摔跤、象棋等,多在春节、灯节等传统节日,由乡镇组织表演和比赛。1980年起,连续举办区中国象棋赛。1982年,成立区武术队。1983年,区武术队到龙潭、栖霞表演。1997年、1998年,区象棋队在南京市农民中国象棋赛中连获团体第2名,1998年,尧化镇象棋队代表南京市参加江苏省农民中国象棋赛,获团体第6名。

职工体育 新中国成立后,各工厂关注职工身体健康,积极开展职工体育活动。50年代,篮球运动得以普及。60年代,盛行乒乓球、举重、游泳等。“文化大革命”以后,推广龙潭镇体育协会的经验与七三四厂“基层为主、小型多样”的做法,组织竞赛,引导和推动基层体育活动。1978—1984年,区女子篮球队先后5次参加市组织的比赛,均获第2名。1979年,区组织驻区工厂田径运动会,有14个单位参加。随后又举办全区职工篮球赛与其他一系列单项赛事。各厂矿企业的工会、俱乐部也经常组织厂内或厂际的职工篮球、排球、乒乓球、棋类、田径等体育竞赛。从1980年到1999年,区先后举办职工球类、田径、游泳、武术、拔河、摔跤、射击、棋类、桥牌等比赛。

1996年,南京塑料厂、烷基苯厂等被评为市体育先进单位。

农民体育　新中国成立后,党和政府创造条件,发展农民体育。50年代,利用农闲时间,组织拔河、象棋等比赛。60—70年代,田径、球类运动在农村逐步发展。1982年,摄山公社举办首届农民运动会,设12个比赛项目,有241名运动员参加。在此基础上,成立武术、摔跤、象棋、乒乓与篮球等运动队。1985年,栖霞镇举办篮球赛,镇属企业、村都派队参赛。各乡镇普遍修建水泥篮球场,篮球、排球运动得到普及。是年,全区建有7处旱冰场。1986年,迈皋桥、龙潭、尧化等乡镇举办乒乓、篮球、象棋、爬山与拔河等竞赛活动。1987年和1990年,举办全区农民运动会。1993年,各乡镇把体育工作列为奋斗目标与考核项目,建造运动场地,增添体育器材,积极组织活动,农村体育出现新局面。是年,迈皋桥镇副镇长作为群众体育先进单位代表,应邀出席第七届全国运动会。1997年,区农民代表队首次参加南京市运动会,迈皋桥、栖霞、燕子矶等镇参加街道部比赛,获团体总分第一名及开幕式表演一等奖。燕子矶镇武术队、乒乓球队,迈皋桥镇男女拔河队、篮球队,栖霞镇篮球队都曾作为南京市农民代表团成员,参加江苏省农民运动会,获木兰拳、广播操第一名及女子拔河第二名等好成绩。1998年,迈皋桥镇、燕子矶镇获"全国体育工作先进单位"称号。迈皋桥、栖霞、长江、营防、马群等乡镇被评为江苏省体育先进乡镇。

学校体育　50年代,各中小学普遍开设体育课,开展广播操与课外体育活动。部分中学实行"劳卫制"。各校还努力扩建操场,自制或购置体育器材,改善体育教学条件。1958年,强化劳动教育,体育与其他各科教学均有所削弱。1961年,学校体育逐渐恢复。"文化大革命"期间,学校体育教学一度停顿。1980年,中小学贯彻南京市体育常规要求,保证每周两节体育课、两次课外活动,每天做早操或课间操和眼保健操。1982年,中小学校开始实施"国家体育锻炼标准",至1985年,实施面达100%,学生体育达标率逐年上升。1990年,各中小学制定规划,落实措施,实施国务院批准的"学校体育工作条例",加快运动场地建设,是年,各中学都有200米以上环形跑道,栖霞中学建成400米标准跑道。1994年,中、小学体育场地全部达到市颁标准。1995年,区体委贯彻《中华人民共和国体育法》,会同区进修学校,对学校体育课堂教学、课外活动、竞赛与训练的安排、达标状况、场地建设等,进行考核评估,推动学校体育全面开展。1997年,尧化中学、晓庄师范附属小学被评为江苏省冬季三项锻炼先进集体。1998年,晓庄师范附属小学被评为全国冬季三项锻炼先进集体。栖霞山化肥厂学校儿童篮球队获全国第6名。至1999年,栖霞区连续5年在南京市冬季三项比赛中获团体冠军,学生体育达标率为96.6%。

【体育训练与竞赛】

训练基地

体育传统项目学校　1980年后,区内先后建立射击、篮球、田径、排球、足球等体育传统项目学校。市级体育传统项目学校有燕子矶中学(排球)、栖霞中学(田径)、华电小学(足球)、栖霞山化肥厂小学(篮球)。区级体育传统项目学校有南京化工厂中学(排球)、南京炼油厂中学(篮球)、营防中学(田径)、花园中学(田径)、长江中学(田径)、营防中心小学(田径)。

青少年业余体校　1987年成立,地址几经变更。1995年,迁入尧化中学,并在中小学校设办学点。田径办学点设于晓师附小、栖霞中心小学、尧化中心小学、燕子矶中学、栖霞中学,游泳与乒乓球办学点设于南京烷基苯厂小学,排球办学点设于华东电子管厂小学、尧化中心小学、燕子矶中学、华电中学,篮球办学点设于晓师附小、栖霞中心小学、烷基苯厂中学与南京化工厂中学等。

运动会　新中国建立初至60年代,各中小学都举办运动会,根据体育课考核内容设置比赛项目。从1978年起,每年举办一次中小学学生田径运动会,并组团参加市中、小学生运动会。1978年,南京塑料厂举办田径运动会。1982年,摄山公社首次举办农民运动会。此后工厂、乡镇纷纷自办运动会。1987年、1990年、1994年、1998年栖霞区召开四届农民运动会,第二届、第三届农民运动会除设置传统比赛项目外,分别增加游泳、篮球与射击等项目,并评选精神文明代表团,增设体育道德风尚奖。第四届农民运动会与中小学生运动会同时举行,4700多名运动员,参加田径、足球、篮球、排球、乒乓球、射击、体操、中国象棋、围棋以及拔河等10多项比赛。

职工体育竞赛　区每年举办3~4次企业职工田径、篮球、足球、乒乓球、棋类等单项比赛,各企业体协或俱乐部组队参加。南京化工厂、金陵石化公司每2~4年举办一届综合性运动会,并组队参加市运动会职工部比赛。

第二十二编　文　　化

栖霞地区文化底蕴深厚。早在新石器时代，先民们已创造了灿烂的文化，并在“湖熟文化”体系中占有一定的位置。秦建县后，交通便利的优势进一步凸现，山川优美，风物宜人，文人墨客慕名游览，尤喜在燕子矶夜泊，即景赋诗，栖霞山更是雅士向往的地方。南朝以降，谢朓、江总、皇甫冉、綦毋潜、刘长卿、权德舆、皮日休、顾况、徐铉、王安石、文天祥、张岱、曹寅等，都在栖霞留下瑰丽诗文。仅乾隆皇帝咏诗便有一百余首。栖霞山是南京佛教文化重要地域，栖霞寺被推崇为佛教“三论宗”祖庭，所藏经书丰富，佛文化声名远播。栖霞境内的南朝石刻，在世界雕塑史上享有盛誉。南唐画家赵干所绘《江行初雪图》，描绘南京沿江一带严冬景色，其景十之六七都在栖霞境内。龚贤的《摄山栖霞图》明丽秀雅，为北京故宫博物院收藏，而《江行初雪图》则为台北“故宫博物院”收藏。在栖霞山千佛岩发现的飞天壁画，成为国际敦煌学研究新热点，为中华文化史再添一颗璀璨明珠。地区方志编纂历史悠久，但多系寺僧乡贤为之，流传至今的各类地乘之作较丰。民国时期，栖霞地区民间文化活动较为活跃，而社会文化事业日渐式微。新中国成立后，文化艺术事业得到发展。50 年代起，陆续创办文化馆、图书馆、电影院。由于行政区划调整频繁，档案工作受到影响，档案资料流失严重，馆藏档案不丰，历史档案全无。1981 年，区档案馆建立后，档案工作逐步引起重视，整理收藏了一批当代珍贵资料，档案资源得到开发利用。80 年代，歌舞厅、保龄球馆、电子游戏厅等现代化文化娱乐场所相继建成。新闻事业发展迅速，1999 年，全区拥有报纸、广播电台、电视台、网络等现代传媒，在南京市 10 个区中为仅见。区文联各文艺协会有会员 180 人，其中市文联会员 54 人。同时，区地方志编纂委员会及其工作机构成立，方志编修终于纳入政府主持的轨道。

第一章　文化场所和组织

民国前，栖霞地区无官办文化机构和设施，民众文化娱乐活动呈自发状态，多在农闲和年节自娱自乐。民国时期，地方官府开始举办群众文化活动，陆续兴建民众图书馆、民众教育馆和剧场，但规模小，设备简陋，疏于管理。新中国成立后，区政府重视群众文化生活，设立区、乡镇及至村文化机构，组建群众性文艺队伍，常年开展群众文化活动。驻区企事业单位也都建有"职工之家"或工会俱乐部。改革开放后，文化作为一种产业，得到快速发展，区、乡镇和村三级文化网络形成，一批现代文化娱乐场所建成，群众文化娱乐趋于健康、科学，文化市场得到有效整治。

【文化馆站】

区文化馆　民国 22 年(1933)春，市立八卦洲农民教育馆在八卦洲成立。1949 年至 1965 年，随着区域名称的变更、区划的调整，区文化馆的名称及所属亦有数次变更。初始，区文化馆开展识字教育、"婚姻法"宣传，组织农村俱乐部。1959 年，组织彩车、龙灯、走马灯等民间文艺参加市国庆十周年庆祝活动。1965 年 5 月，栖霞山文化馆为栖霞区总馆，燕子矶、孝陵卫两地设分馆。"文化大革命"初期，文化馆一度解体。1971 年，区文化馆在燕子矶恢复。1979 年，成立栖霞山、孝陵卫两分馆，区文化馆由燕子矶迁至孝陵卫街。80 年代，举办由林散之、萧娴、魏紫熙、宋文治等一大批省市书画名家参与的书画展。1995 年，孝陵卫镇划归玄武区，区文化馆仍在原址。1998 年 5 月，栖霞山分馆因栖霞镇老镇改造而拆除待建。1999 年，区文化馆被省文化厅评为文化先进集体。

区图书馆　1984 年，在原燕子矶文化分馆旧址上筹建区图书馆，1986 年 6 月建成，总面积 811 平方米。同年 7 月 1 日，对读者开放。1993 年，被评定为国家三级图书馆。1995 年，实现电子计算机管理。图书馆下设采编室、外借部、报刊阅览室、工具书阅览室、历史资料地方史料阅览室、少儿阅览室及栖霞山分部，对社会开设文字打印、复印服务项目。至 1999 年，图书馆有读者座位 140 个，文献总藏量 45853 册(件)。

区电影管理站

电影放映队　1980 年，区电影管理站成立，以迈皋桥公社礼堂作为站址,对外售票放映电影。1982年,区电影管理站取得农村16毫米电影胶片发行权,区站办公地点迁至尧化公社。其时,全区有八卦洲、燕子矶、迈皋桥、玄武湖、紫金山、马群、尧化、栖霞、摄山9个电影队,露天放映电影。1983年,在八卦洲、马群,摄山各增加一个放映队。1984年,先后发展中建八局三公司、安装公司、机械化施工公司、石油管道处、计算中心、仙林农牧场计6个驻区单位电影放映队。1987年,原江宁县长江、营防、花园3乡电影队划归栖霞区站管理,全区有电影队21个,放映员32名,管理人员5名。1988年,投资3万元,改造八卦洲、营防、长江3乡小礼堂为电影院,放映16毫米影片。1990年后,电影市场萎缩,放映单位先后停映或撤销。1999年,全区仅存营防乡、长江乡、栖霞镇、尧化镇、仙林农牧场和华电放映点。至1999年,区电影管理站累计放映电影40954场次,总收入3253.66万元。

电影院　南京市电影公司在栖霞区有3家电影院。栖霞电影院,1957年开始营业,至1999年,累计放映电影16058场次;燕子矶电影院,1963年10月1日开业,1993年停业,累计放映电影10648场次;龙潭电影院,1965年8月4日对外营业,1996年停业,累计放映电影13260场次。

驻区文化场所

金陵石化炼油厂文化宫　包含1000平方米的俱乐部和4000平方米的影剧院两部分。俱乐部内设电视录像厅、舞厅、健身房、乒乓馆、图书阅览室、卡拉OK厅及音乐舞蹈排练厅、茶座、贵宾室、会议室等。影剧院有灯光、音响设备和舞台、侧台,既能放映宽银幕、立体电影,又能满足大型歌舞、戏剧的演出要求。剧场有座椅1400个。1990年,文化宫建成后,开展读书活动,举办文体活动,连续多年获南京市俱乐部联合会颁发的“明星俱乐部”称号。1999年,为第六届中国文化艺术节分会场。

金陵石化烷基苯厂加佳俱乐部　建筑面积6500平方米,内设影院、舞厅、卡拉OK厅、图书馆、乒乓球室、健身馆、棋牌室、桌球室、多功能厅等场所,附属设施有游泳池、灯光篮球场等。1997年,被评为南京市先进职工俱乐部。

金陵石化化工二厂俱乐部　主要设施有1200平方米的大礼堂、50米×25米标准游泳池、藏书23000册的图书馆,以及篮球场、乒乓球室、桌球室等。1997年,被评为南京市先进职工俱乐部。

中石化二公司俱乐部　内设图书馆、阅览室、棋牌活动室、球类活动场、电影院、露天舞场等场所。

【文艺团体】

摄影协会,1986 年 10 月成立,有会员 50 人,其中,江苏省摄影协会会员 5 人,南京市摄影协会会员 16 人。美术书法协会,1987 年 10 月成立,有会员 71 名,其中 1 人为中国书法家协会会员。音乐舞蹈协会,1988 年 12 月成立,有会员 75 人。文学协会,1990 年 3 月成立,有会员 37 人,其中 18 人为南京市作家协会会员,会员中有 4 人出版个人文学作品集。区文学艺术界联合会,1997 年 9 月成立,由摄影、音乐舞蹈、养术书法、文学四个协会联合组成。

第二章 文学艺术 群众文化

栖霞地区文化艺术源远流长。根据对龙潭镇西南丁沙地遗址的调查,这里有新石器时代玉石作坊遗存。南朝石刻,在中国雕塑史上占有重要地位,不仅丰富了中国美术宝库,在世界美术史上也有一席之地。六朝墓志的出土,为中国书法的衍变提供了有力佐证。徐铉、徐锴在千佛岩石壁上留下的螺篆文,在书体中独树一帜。高正臣题写的明征君碑,作为著名碑帖流传于世。栖霞寺的开创,佛教的兴盛,促进了传统文化与佛教文化的融合,流传在栖霞的民间传说多与佛教有关,栖霞的地方语言,明显地吸收了佛教中的词汇,佛教的因果报应观濡染了栖霞地区群众乐善好施、诚信敦厚的民风,佛教的音乐、建筑、美术对栖霞地区的民间艺术也有影响。道教的炼丹术促进了金箔工艺的诞生,使栖霞区成为南京金箔业的发源地。栖霞民间文化活动丰富多彩。早在明代,民间舞蹈从敬神、祭祀逐步衍变成纯粹的娱乐形式,其中"龙舞"不断创新发展,已成为栖霞区民间艺术的精品,1999 年,栖霞龙舞"钟山龙腾"在全国"国安杯"中华舞龙大赛中获一等奖,并获中国文联颁发的民间艺术最高奖——"山花奖"。民间音乐、戏剧、曲艺形式多样,世代承传。源于孝陵卫、马群一带的"唱春",成为曲艺园地一枝奇葩。

【文艺创作】

诗文 秦始皇三十七年(前 210),始皇帝从江乘渡江北上,在北陲山埋下一双白璧,由李斯篆刻颂辞:"始皇盛德,平章江山,巡守苍川,勒碑素璧”,该颂辞应为栖霞地区历史上最早见诸记载的文学作品。六朝时撰有《江乘地记》,惜已散佚。葬于燕子矶太平村的萧统,编纂了著名文学集《昭明文选》。南朝诗人谢朓有《和江丞北戍琅琊城》诗。唐朝大诗人李白作诗《宝公赞》,颂扬东阳籍高僧宝志公。唐时,著名诗人皮日休、权德舆、顾况、李绪等在栖霞山唱和吟诵,留下大批脍炙人口的诗作。历代访游栖霞的文人,围绕栖霞山、燕子矶风景名胜诗作甚多,宋代曾极,明代焦竑、袁宏道、叶向高,清代龚贤、王士祯、袁枚、蒋士铨、曹寅、龚自珍等都曾触景生情,赋诗咏怀。众多帝王将相,钟情栖霞山、燕子矶的明山秀水,在游览之余乘兴命笔,慨然赋诗,仅清高宗乾隆皇帝题咏栖霞山的诗篇就有100余首。《红楼梦》作者曹雪芹的祖父曹寅,流连燕子矶沿江风景,作诗四首。文天祥、史可法在栖霞慷慨悲歌,激扬文字,用不朽诗作昭示后人。明代以降,游记类散文亦见诸典籍,明人张岱写过《游燕子矶》、《游栖霞》,清代阮宗瑗有《游燕子矶沿山诸洞记》。新中国成立后,栖霞地区涌现出一批文学人才。江广玉,笔名姜滇,发表过《摄生草》《市长夫人》等多部长篇小说,影视剧本《清水湾,淡水湾》《瓦楞上的草》等被拍成电影、电视剧。冯亦同,有诗集《相思豆荚》《男儿岛》出版,主编《诗人笔下的南京》。陆苇,有散文诗集《相扶的绿叶》(与叶庆瑞合集)、中篇小说集《绵延的苦恋》等著作。乔延凤,有《乔延凤短诗一百首》、散文集《西山飞黄叶》等著作。华田,退休后在国家及省市级报刊上发表散文诗歌一百余篇(首)。方政,在市级以上刊物发表诗歌、散文100余首(篇),出版诗集《诗羽栖霞》。李光星,出版有诗集、报告文学集、电影文学剧本。杜怀阳在市级以上刊物发表诗歌散文140首(篇),出版诗集《绿叶上的我》。程远山,在《文艺报》《南大学报》等报刊上发表100多万字文学评论,文学专著有《文学初步》《水浒赏析》等。徐有才,出版个人文学作品集《小溪赋》。1976年,为纪念毛泽东视察十月农业合作社二十周年,由江广玉、冯亦同、吕佐兵等6人创作的报告文学集《红日永照十月村》由江苏人民出版社出版。

美术　书法

美术　栖霞区境内的南朝石刻堪称中国古代雕刻艺术中的精品,也是世界艺术宝库中的瑰宝。萧景墓前神道石柱的造型,是我国固有的艺术传统与佛教艺术融合后新的艺术创造。石辟邪健壮丰满,造型最佳者当推萧景、萧宏墓前的石辟邪。陈文帝陵前石麒麟,造型和装饰华美,雕刻手法细致圆熟。栖霞山千佛崖,有江南“云岗”之誉,是南朝时期石雕艺术的杰作。

无梁殿大佛造像的设计者僧佑为齐梁建康时期著名高僧，佛龛内佛像雕刻作风圆润细巧，秀丽典雅，与北朝云岗、龙门等石窟的艺术风格有所差别。舍利塔石刻精美，其基坛的佛祖成道八相图雕刻精细，手法也较隋代及盛唐的风格更加圆熟细致，塔身的许多图案造型和雕刻风格与南唐李陵中的图案造型浮雕风格基本一致，是南唐之际江南石塔的代表。龚贤为清初画家，善画山水，《摄山图卷》为其代表作之一。现藏北京故宫博物院。新中国成立后，栖霞区书画创作活动活跃，人才辈出。香港著名油画家刘宇一出生、成长在八卦洲，以《良宵》等油画作品而享誉海内外。蒋义海，出生燕子矶，以画梅著称，出有画集，曾将其国画梅花作品赠中国台湾蒋纬国先生，获其赞誉，蒋义海还主编大型美术工具书《画海》，为开创性之举。区文化馆任伟民、萧方、王国华多有画作出版、发表、参展和获奖。教师孙为国创作的宣传画《八戒嫁女》获全国佳作奖，区交通局职工梁志才国画作品《圆明园四十八景图咏》，被北京圆明园管理处收藏，青年油画家邱军的水彩作品《寂寞的发屋》参加日本、韩国等国家和地区的10名画家在北京举办的“十月谈”画展。

书法　栖霞历史上书法代表作当推唐《明征君碑》，碑额上的篆书由书法家王知敬书写，碑阴“栖霞”二字传为唐高宗李治御笔，碑文由高正臣书写。高正臣的书法造诣深厚，其基本笔意取自王羲之，又汲取著名书法家褚遂良的笔法，融会贯通，自成一家，受到唐高宗李治、唐睿宗李旦和唐玄宗李隆基的青睐。碑文以行书写就，通篇气韵充沛，古雅凝重，结体则圆润秀逸、刚健婀娜，既保持了魏晋时的风神，又含有初唐时的端严，堪称碑中逸品，书坛佳构。新中国成立后，曾拓碑制帖印刷出版。南唐时，著名书法家徐铉、徐锴兄弟曾有篆书题刻于千佛崖西峰石壁上。从宋代至清代，千佛崖留下了大量题刻，宋人游九言“千佛崖”“栖霞山”六个正楷大字尤为抢眼。新中国成立后，书法艺术得到弘扬，人才辈出。1993年，南京化工厂干部钱道宗的《钱道宗书法集》由南京出版社出版，1995年，其书法作品在日本东京都的书法展览会上获一等奖。

工艺

金箔　中国特有的传统工艺品，有1700多年历史。用黄金经手工反复锤打而成，具有薄如蝉翼、色泽纯正、厚薄均匀、经久不变的特征，主要用于配制医药、食品及贴饰装潢庙宇、佛像、建筑物、家具和工艺品。

金箔画　20世纪末传统工艺与现代高科技完美结合的工艺画，既保持了画面原有的风格，又充分体现了黄金的高贵华丽的品质。金箔画制作精良、包装精美，是收藏、馈赠之新工艺品，具有鉴赏和保存价值。主要厂家为区境内的南京金线金箔总厂。

金陵折扇　明清时期，金陵折扇闻名天下。1958 年，十月公社制扇厂在栖霞镇成立，后改名为金陵折扇厂。90 年代后，电扇、空调日渐普及，折扇需求趋少，制扇生产停止。

剪纸　80 年代，南京汽轮电机厂工人张金玉的人物、花鸟虫鱼剪纸，多次参加南京市民间工艺展览。驻区栖霞化工厂工人葛传民，继承南方剪纸细腻的风格，作品多次在《扬子晚报》等报刊上发表。

摄影　区内群众性摄影活动始于 80 年代。1986 年，燕子矶文化馆、栖霞山文化馆举办摄影展览。其后，李余翔的摄影作品《时装个体户》参加联合国举办的摄影比赛，丰秀华的《流来的金》获首届农民摄影展铜牌奖，苗达的《日月同辉》获江苏省大桥摄影比赛三等奖，华沙的《开放的中国》获省文联二等奖，叶金祥的《火树银花映金陵》，被江苏省美术出版社制成《香港回归，举国欢庆》宣传画，向全国发行。王苏生的《古刹秋风》、洪澜的《傲视金陵》等，被选送日本名古屋参加联展。洪澜的《凝聚》获“今日江苏”摄影大赛优秀奖，徐峰的《香港，OK！》获全国四十城市香港回归一日纪实大赛金奖，张晓宇的《回归之夜》入选《澳门回归四十八小时纪实》摄影图片画册。

音乐　1959 年，区文化馆郑金瀛新填词的民歌《新南京六绣》，由农民歌手王立本演唱，被江苏省电台选定为新中国成立十周年对台湾广播节目。1984 年，农民赵家银和区文化馆薛友新创作的歌曲《阿妹何时到我家》，获南京市群众文艺会演创作、演出一等奖，并向国家领导人作汇报演出。1985 年，区文化馆谢立新创作的器乐曲《渡江》《迎春》，分获南京市群众文艺会演表演一等奖，南京市业余器乐创作比赛一等奖。1986 年，南京理工大学（1995 年划出）大学生合唱团在全国大学生合唱比赛中获一等奖。1989 年，教师丁先红创作的歌曲《归帆》，选入全日制小学音乐教材。1991 年，工人金照华创作的歌曲《腾飞吧，金陵石化》，获江苏省“企业之歌”征歌金奖。1994 年，工人李刚在南京市“红豆”杯青年卡拉 OK 比赛中获一等奖。1997 年，工人金捷在南京市“桃花”杯“十佳十优”歌手大赛中，获“十优歌手”称号，同年，在迎香港回归全国青年歌手大赛“飞歌”杯江苏赛区比赛中获“优胜歌手”称号。1998 年 6 月，金照华创作的《加佳人之歌》，获江苏省“企业之歌”电视大赛创作一等奖。

舞蹈　1985年，江南光学仪器厂(1995年划出)创作的舞蹈《十五的月亮》，获南京市职工舞蹈创作一等奖。1996年，区文化馆组织的“迎春秧歌腰鼓”，在“中华之声”广场鼓乐大赛中获银奖。1999年，区文化馆组织创作表演的广场龙舞《钟山龙腾》在国家和省的系列赛事中均获金奖。

戏剧　栖霞区的戏剧活动历史悠久。早在明清时代，江乘附近便有戏剧活动。栖霞民间戏曲活动一般在庙会期间形成高潮。届时，草台班子及民间游散艺人，在庙前搭台或在广场上演出。平时，集镇也有票友活动。

晓庄剧社　民国18年(1929)1月，田汉领导的南国剧社应陶行知邀请，到晓庄农村演出《卖花女》等话剧，深受晓庄师范师生和农民的喜爱，不久，晓庄剧社成立，陶行知为剧社社长。陶行知创作出《乡姑的烦恼》《爱的命令》等独幕剧，还亲自登台演出。同年11月，剧社去镇江、上海、杭州等地演出一个多月，共演出34场。

龙潭镇业余京剧研究社　民国37年(1948)，龙潭镇成立句容县龙潭镇业余京剧研究社。1953年农历三月十五庙会，该社演出京剧《贫妇泪》，售票六千余张。“文化大革命”中，该社被解散。

扬剧　1958年，长江人民公社组建业余扬剧团，亦农亦艺。1980年，八卦洲公社成立栖洲扬剧团。80年代初，各镇都有扬剧演出，演员由过去的扬剧团成员及扬剧票友组成，90年代末，演出渐少。

话剧小品　1995年，区文化馆组织排演区文协会员黄燕萍创作的话剧小品《嫁妆》《一包烟》，均在南京市会演中获奖。1997年，由八卦洲农民曹德强创作、集体改编的话剧小品《挂牌》，获南京市优秀创作奖、表演一等奖。1999年，由黄燕萍创作，王露明导演的话剧小品《女大学生宿舍的钟点工》，获南京市创作一等奖、表演一等奖和江苏省第四届“五星工程”奖。

曲艺

传统曲艺　一为说书，多在茶馆、戏园、书场进行，二为唱麒麟和打春，多由民间艺人挨门逐户演唱。打春与唱麒麟的形式近似。

新曲艺　新中国成立后，栖霞区曲艺活动逐步繁荣，增加了相声、快板书、双簧等新曲种，并从过去乞讨型转化为纯娱乐型。1999年，徐世亮创作的相声《祖国颂》获南京市表演二等奖，《好事能做吗》获创作、演出二等奖。同年，《好事能做吗》参加江苏省第三届戏剧、曲艺大赛，获三等奖。

【群众文化活动】

文艺会演 新中国成立后，群众文化活动围绕政治、生产，强调教化功能。文艺演出多群体参与，主要结合政治运动、水利工地劳动、年节庆祝展开。80年代后，随着经济的发展，群众文化娱乐设施得到逐步改善，群众参与文化娱乐活动越来越踊跃，区文化部门经常组织各种文艺会演，寓教于乐，娱乐功能得到很大提高。90年代，随着"卡拉OK"的兴起，群众参与文艺活动的方式更为灵活，区文化部门每年都要举行专项文艺会演，并通过会演选拔优秀节目参加全国和省、市组织的文艺会演。1980—1999年，音乐舞蹈作品参加全国和省、市会演20余次，获表演奖36项、创作奖13项。各乡镇以及区教委、团区委等部门也利用节日举行文艺会演。

美术书法摄影展览 80年代，区内城乡居民追求文化精神生活成为时尚，参与书法美术摄影培训日渐增多。1982年，著名书法家林散之为"栖霞美"展览题字。1983年、1988年分别举办文化站长摄影培训班、美术字培训班，南京炼油厂等企业工会也举办中国画培训班。至1999年，区文化馆举办或参与各种美术、书法、摄影展览23次。

"栖霞之春"艺术节 1985年，中共栖霞区委和区政府决定，于1986年春节前后举办首届"栖霞之春"艺术节。至1999年，共举办14届"栖霞之春"艺术节。期间，开展文艺调演、民间艺术会演、巡演、送文化下乡、"卡拉OK"歌手大赛、农民歌手大赛、戏曲演唱比赛、美术摄影书法作品巡展、花灯欣赏、交谊舞健身舞比赛、影视展映、义写春联等各种形式文化艺术活动。

【民间文学艺术】

栖霞地区蕴藏着丰富的民间故事、民间传说，流传着具有浓郁地方特色的谚语歌谣，表现了栖霞人民对美好生活的向往和对历史人物事件的爱憎。1987年始，区文化局利用三年时间普查搜集民间故事247篇，民歌民谣97首，谚语200条，编印出《中国民间文学集成栖霞区资料本》两册。

民间传说故事

神话故事 有《二龙夺珠》《小白龙探母》《金边绿牡丹》《飞来剪能治病》《大白果树的传说》《枸杞子的故事》《荷花仙姑的传说》《土地老爷赌钱》等。《金边绿牡丹》曾被选为高等学校文科学习教材。

帝王及佛教传说 栖霞地区关于帝王、佛寺的传说很多，尤其是朱元璋

和乾隆皇帝的传说广为流传，主要有《乾隆寻父的故事》《朱元璋炮打功臣楼》《秦始皇赶山》《见月和尚巧答乾隆帝》《墨墨（一作默默）巧答乾隆帝》等。其他还有《巧作诗篇谢乾隆》《乾隆改龙潭为“龙安”》《隆昌寺韦驮坐正殿》《衡阳寺大，还是栖霞寺大》《舍利塔的传说》《石匠成佛》等。

地名传说　有《紫金山与洪泽湖的来历》《笆斗山的由来》《太子洲的来历》《江嵊的传说》《上首村的来历》《仙鹤门的来历》《错甩八卦钱》《七根柱的故事》《燕子矶与笆斗山的传说》《江百后地名由来》《蛇村的来历》等。

寓言笑话故事　有《卖考卷》《三伙计巧斗老财主》《人心不足蛇吞象》、《农夫智斗二神仙》《巧吟诗的故事》《字添一笔，救人一命》《女童智斗地痞》《王员外考笨儿子》等。

民间音乐

民歌　区内流行各种劳动号子，有打夯歌、车水歌、挑担歌、秧歌等。新中国成立前，民歌演唱一度成为农民文化生活的重要内容。“文化大革命”中，民歌受到批判。改革开放后，随着群众文化娱乐生活的发展变化，民歌演唱活动渐趋减少。

民乐　新中国成立前，流行在栖霞地区的民族乐器主要有二胡、竹笛、箫及打击乐锣、鼓、镲、小镗、搭板等。80 年代，民间婚丧喜庆吹奏乐队在全区各乡镇出现，乐器有唢呐、笙、锣鼓等，也有用爵士鼓等西洋乐器的，演奏的曲目大多为现代流行歌曲。

民间舞蹈　有龙舞、骨牌灯舞、狮舞、旱船、走马灯、跳秧歌、河蚌舞、挑花担、打莲湘、跳大头娃娃、打腰鼓等形式。民国时期，栖霞镇曾办过 108 人共舞的骨牌灯会。1959 年，龙潭镇组织 100 个走马灯参加全市国庆游行活动。1996 年，龙潭镇 80 余人组成的迎春腰鼓秧歌队，代表栖霞区参加南京迎新春“中华鼓乐大赛”，获银奖。

【栖霞龙舞】

早在明代，栖霞地区便有龙舞活动。新中国成立前，龙舞活动一般由地方绅士或乡村族长牵头组织。新中国成立后，龙舞活动剔除封建迷信糟粕，成为民间文化娱乐活动形式。“文化大革命”期间，龙舞活动曾一度废止。1981 年，摄山镇西湖村恢复龙舞活动，其后在全区推广。1985 年，江苏省电视台拍摄了摄山龙舞录像片，作为中国南京和意大利佛罗伦萨市文化交流的内容。90 年代，区文化馆指定专人搜集整理全国各地舞龙技艺，集众家之长,用以丰富栖霞龙舞。栖霞舞龙队多次参加省、市、区及军队系统的各种庆典活动。1998 年,栖霞区被江苏省文化厅命名为“民间艺术之乡”。1999 年,区文化馆赶制一条长 50 米、直径 50 厘米的大龙,于澳门回归之日登上北京八达岭长城进行表演。是年,栖霞区编排了一套题为《钟山龙腾》的大型龙舞节目,10 月,在全省喜迎新世纪龙舞大赛中,以总分第一夺冠,并被江苏省文联推荐晋京参加全国百龙大赛。11 月,该节目获江苏省广场舞蹈、民间鼓乐大赛一等奖。12 月,“钟山龙腾”在原有基础上又增加民族鼓乐队,增加高空“腾龙”表演,在“国安杯”中华龙舞大赛中一举获得金奖和中国民间艺术最高奖—“山花”奖,并参加首都庆祝澳门回归祖国的系列庆典活动。同时,中国文联同意南京市栖霞区申报“中国龙舞之乡”。

第三章　新闻传媒

50 年代,栖霞、燕子矶、中山陵园三区均建有有线广播站,在各乡镇(公社)设广播放大站。“文化大革命”期间,有线广播发展迅速,99% 以上大队、生产队通广播,喇叭入户率 50% 。1978 年后,收音机逐渐普及,有线广播逐步衰落。90 年代,有线广播受到冷落。1993 年,根据新闻事业发展的需要,创办区委机关报《栖霞报》。同年,栖霞区有线电视正式启动,近郊各镇乡陆续开通有线电视。1994 年,逐步向远郊镇乡发展。1995 年,栖霞区首次引进调频广播形式,创建栖霞人民广播电台,有线广播退出历史舞台。同时,着手筹建区有线电视台,年底即向网内用户传输节目。1996 年底,区有线电视台自办节目开播。至 1999 年末,驻区各大中型企业全部开通区有线电视,除八卦洲乡因南京第二长江大桥建设特殊原因外,其他 9 个镇乡有线电视实现联网。

【广播】

有线广播　1956 年,建成大庙乡广播站。1958 年始,区内有线广播建设快速发展。1965 年 5 月,原栖霞、燕子矶、中山陵园 3 个区广播站合并而成栖霞区广播站。至 1984 年,全区农村喇叭入户率 87% 。90 年代后,有线广播逐渐萎缩。1995 年,区有线广播停播,有线广播转向乡镇。1996 年至 1998 年间,八卦洲乡、长江乡、营防乡、龙潭镇花园片共建成 46 个村标准广播室。1999 年,村有线广播室停播。1956 年至“文化大革命”前,区广播站以转播中央、省、市电台节目为主,自办少量新闻节目。中共十一届三中全会后,增设文艺类等专题节目。1982 年后,增办科技类专题节目。

调频广播　1995 年 1 月,区人民广播电台“钟山之声”试播,4 月,正式开播。1995 年,区电台全天播音 16 小时。节目设置“钟广新闻网”“钟广服务窗”“钟广娱乐城”三大板块,采取录播与直播相结合方式播音,与听众交流采取电话接通和走进直播室等方式。1999 年 5 月,区电台节目改版,全天播出时间缩短为 8 小时,取消热线电话和直播形式。

【有线电视】

线路建设　1993 年第四季度,近郊各镇乡陆续开通南京市有线电视。1994 年上半年,区广电局组织有线电视安装队,开通有线电视用户 1 万余户。1995 年 7 月,区广电局着手筹建区有线电视台,在区内建设自己的有线电视网络,发展自管网用户。1995 年下半年,完成区中心机房安装调试和延伸至燕子矶、尧化门地区干线架设工程。12 月,区有线电视台向网内用户传输电视信号。1996 年后,区有线电视实施滚动发展,不断发展联网厂家、乡镇及居民用户。至 1999 年,除八卦洲乡外,9 个镇乡开通有线电视,所有驻区国有大中型企业自办闭路电视系统并入区网,自管网用户突破 2 万户,传送节目由 1995 年的 20 套发展到 32 套,转播全国 20 多个省市电视台节目。

节目制作　1996 年 12 月,区有线电视台自办节目开播,设有《栖霞新闻》《身边世界》《点歌台》《影视剧场》等栏目。1999 年 5 月,自办节目实施改版,较建台初延长 10 分钟。

【报刊】

新中国成立后,栖霞地区报刊事业不断发展,一些机关团体办有内部交流报刊。中共十一届三中全会后,区、镇(乡)设有报纸发行站,驻区企业华东电子管厂有厂报《紫金报》,金陵石化炼油厂有厂报《南炼报》,伯乐集团有厂报《新联报》,南京化工厂有厂报《南京化工》。

栖霞报　1993 年 10 月,中共栖霞区委机关报《栖霞报》创刊,先是两个星期出一期,从 1994 年 2 月起,每个星期出一期,在栖霞区内发行。《栖霞报》四开四版。一版为要闻版,二版为经济版,三版为社会综合版,四版为副刊版。1995 年前,该报发行量每期 8000 份,区划调整后,每期发行量减为5000份。从1997年4月9日的第169期始,该报进行改版,字号由原来的小五号改为六号,每版可多容纳1000余字。至1999年,共出309期。

栖霞文艺　民国时期,栖霞乡村师范学校曾创办诗赋类文艺刊物《栖霞文艺专刊》,现已散佚。1958年,区文化馆创办不定期刊物《郊区文艺》,内容主要是演唱材料。1971年,区文化馆恢复,创办《栖霞文艺》,为不定期刊物,蜡纸刻印。1983至1996年,《栖霞文艺》经历停刊、复刊、再停刊的过程。1997年,《栖霞文艺》再度复刊,每年一期,32开本。1990—1999年,共刊印11期,每期发行400本。

第四章　档案　方志

1981年,始设区档案馆。之后,档案作为一种资源逐步得到开发利用,区档案工作开始走向健康发展轨道。栖霞地区方志编修可溯源至隋代,时有《江乘地记》问世,惜已散佚。唐、明、清历代均有以栖霞山或栖霞寺为记述对象的山志或寺志,然存者不多。民国时期,陈邦贤编纂的《栖霞新志》为现存第一部记述地区社会、自然、历史发展变化的综合性方志,但其记述范围仅限于今栖霞镇及周边地区。新中国成立后,地方志编修工作一度停顿。至80年代末、90年代初,南京化工厂、华东电子管厂、南京炼油厂等一批大型驻区企业开始编厂志。期间,龙潭镇编成《龙潭五百年》,花园乡编成《教育志》,八卦洲乡编成《八卦洲志》,均为内部参考资料。1999年,区国土管理局所编《栖霞区土地管理志》正式出版发行,此为栖霞地区第一部部门专业志。根据国务院及省、市人民政府的统一部署,地区性的社会主义新方志的编修工作,于同年4月正式启动,由区政府主持编修。

【档案】

档案收集整理　1981年8月,区档案馆建立,开始档案接收进馆工作。是年,区委、区政府办公室将历年的文件资料进行突击清理,建立档案2100多卷,并移送区档案馆。1990年、1991年,区档案馆首次大范围接收区机关各部门1985年前永久、长期类档案,各乡镇机关1984年前长期类档案,部分区属企事业单位长期类档案,及有关部门的科技、会计、公证等专业档案,共7699卷(册)。1999年,第二次较大规模接收区机关各部门档案,主要为1993年前机关部门长期、永久类档案,计6061卷(册)。根据机构改革、区划调整工作情况，区档案馆及时接收部分撤销单位的档案，同时还接收有关部门的内部简报、资料汇编、法规选编等资料。至1999年，区档案馆保存74个全宗、15178卷档案和598卷资料，总计15776卷(册)。

档案资源开发利用　1992年，区档案馆编成《栖霞区档案馆指南》，至1999年，先后编纂了《南京市栖霞区历届人民代表大会资料汇编》《栖霞区国民经济和社会发展十项奋斗目标文件汇编》等10多种专题资料和文件汇编，使馆藏资料得到整理开发。期间，区档案馆开设专门阅档室，建立档案利用工作制度。单位凭介绍信、公民凭身份证即可查阅有关档案资料。进入90年代后，每年平均有近400人次到档案馆查阅资料。1999年7月至12月，接待《栖霞区志》各承编单位撰稿人员856人次，调阅各类档案5392卷。

【方志】

江乘地记　为栖霞地区最早有文字记载的地方志书，已散佚。该志至迟在隋代即已编讫，在元代尚未全佚。由今存志文看，该志语言简洁，以记述山川为主。

灵瑞栖霞寺记　该记一卷，唐代编纂，已散佚，作者、内容不祥。

栖霞寺志　明代金銮撰，该志已散佚，卷数、编纂缘起、具体内容不祥。

栖霞寺志　明代文伯仁撰。记述范围限于栖霞山，多偏于诗文、古迹，或寺僧的遗闻逸事，对于社会状况，却少记载。

栖霞小志　明代盛时泰编纂。全志未按志书体例编纂，不分篇章节目，序后直接记述栖霞山文物胜迹及碑诗题刻题记等共四十一项，是现存记述栖霞山较早的志书之一。所记以名胜、庵观、碑记为主，对于题名石刻收录过于草率，舍利塔曾留有工匠姓名，没有收录。

栖霞寺志　明代僧可浩撰，一卷。以记述栖霞山为主，偏重古迹诗文。民国陈邦贤将其归于“山志”中。

摄山志　清代楚云上人偕其门人慈忠、匡慧等撰。志成于清康熙三十二年(1693)，凡八卷，分山、寺、僧、传、名贤、诗文、逸事数门，记述范围包括“峰峦丘壑、梵宫香刹、兴废建置、语录文言、铭辞题咏”等。主要内容录存于清陈毅重纂《摄山志》中。原书王泽宏、耿光祚、马士芳三人《序》亦见于陈毅《摄山志》中。

摄山志略　清代张怡撰。张怡生于明末，明亡后，隐居摄山，撰《摄山志略》六卷。

摄山志 清代陈毅编纂。全志分八卷，卷首刊汪志伊、陈毅、王泽宏、耿光祚、马士芳等人所撰之序及凡例，卷首《天章》部分，刊载清乾隆帝游摄山所作诗、赞、楹联、题匾计100余(篇)首。卷一为图序、图说，卷二介绍形胜、山寺创建沿革及部分文物，卷三为人物卷，介绍与栖霞寺有关的历史人物、高僧、律师，卷四收载诏敕、碑铭、塔铭、建记，卷五收载"赞、游记、书启、疏、引、文、占、赋、偈参"等文学作品，卷六、卷七收载历代与栖霞山有关的名人诗歌，卷八为《考证》篇。该志虽以山志名，实为栖霞寺志，内容翔实全面，为历代栖霞志书内容最为丰富的一部。

栖霞新志 陈邦贤于民国19年(1930)编纂。全书由沿革、形势、交通、古迹、人物、文艺、学校、自治、物产、风俗共十章组成。《沿革》类于《大事记》，依时序，记述自六朝至民国时期与栖霞有关的寺庙、战争、政区等情况，下限于民国18年(1929)。志书以栖霞镇为编纂范围，把栖霞已往的事迹、当时的状态及未来的计划都记载下来，条分缕析，提要钩玄，详略有方。不同于过去的"寺志"或"山志"，尤注重对于社会状态的记载，取名"新志"，以区别前人旧志。

栖霞山志 当代人朱洁轩于1962年编著。为当代第一部栖霞山志。分二卷，合订一册。卷一列沿革、地域、物产、名胜古迹四章，卷二列法统、中兴、护法、寺产、艺文五章。前有序二篇，分别由台湾北投金山分院释太沧、香港陈静涛作，后有跋一篇，由朱光轩自题。志中收录图照50帧，有五位法师肖像、部分文物现状、孙中山与宗仰信函影印等。该志记寺详、记山简，与旧志体例不同，关于神话怪异，概不编入。

栖霞区土地管理志 主编沈春发、周传明。1999年7月1日，由方志出版社出版。该志为栖霞区第一部正式出版发行的部门专业志。29万字，设10章、37节、106目，全面记述栖霞地区土地资源的开发利用状况及土地管理工作的变化情况。

栖霞区志 栖霞地区历史上首部区志，主编吕佐兵，副主编方可畏、沈松园。1999年，启动编纂。250多位人员参与编纂。志书贯通古今，上限尽可能追溯事之发端，下限一般断至1999年。由图照、凡例、序言、概述、大事记、专志、综录、索引、编后记构成。专志部分按先自然后社会、先经济基础后上层建筑的顺序排列，分设24编，编下设章、节、目，个别设子目。

第二十三编 社 会

新中国成立前,栖霞地区民众饱受战乱和自然灾害之苦,生活水平低下,温饱难以为继。新中国成立后,农民分得土地,城镇居民广泛就业,收入不断增加,生活逐渐改善。改革开放后,地区经济快速增长,及至80—90年代,全区人民生活实现从温饱型向小康型的转变,城镇和乡村有相当一部分家庭生活进入初步现代化。随着人民群众文化知识水平的提高和科学知识的普及,崇尚科学、反对迷信成为人民群众的普遍选择,陈规陋习不断破除,新风新俗不断确立。一些有益或无害的民俗得以承传,算命、卜卦、扶乩、喊魂、符咒以及求雨、驱傩逐渐绝迹。婚姻制度、家庭结构以及生活方式发生深刻变化,自由恋爱取代包办婚姻,传统的几代同堂的大家庭为小型化家庭所替代。栖霞地名多与姓氏有关。随着改革开放范围的不断扩大,经济文化交往的日益频繁,地区流动人口逐步增加,姓氏也不断增多。栖霞地区佛教文化源远流长,并与道教、儒家文化相互渗透交融,成为栖霞文化的一个突出特点。

第一章 居民生活

新中国成立前,居民多以农业为主业,耕作原始,产量低下,常年不得温饱,间或依靠捕捉鱼虾、手工副业等弥补日用。新中国成立后,区内农民分得土地,城镇居民也有了稳定的职业,逐步告别贫穷,走向富裕。1996年,居民人均年收入为3050元,1999年,增至4441元,总体实现小康目标。

【收入与消费】

收入 民国年间,区内多数农民无地、少地,靠向地主租田耕种。正常年景的土地收获,交完地租、捐税,所剩无几。城镇居民,除少数手工业劳动者和小商小贩有相对稳定收入外,多数是“当日得钱当日了”的“升斗之民”。新中国成立初,区内农民有了自己的土地,收入逐渐增加,生活逐年改善。城镇居民多数有固定职业，收入稳定。1950年，燕子矶镇人均年收入不足100元，栖霞镇为113元，尧化镇为94元，三镇人均年收入102.3元；1999年，全区农民人均年收入4441元，其中，燕子矶镇居民人均年收入6808元，栖霞镇为4800元，尧化镇为4605元，三镇人均年收入5404元。

消费 50年代，区内居民消费主项是吃穿。60—70年代，居民温饱问题逐步得到解决，农民消费主项是盖房造屋，城镇居民消费转向购买家具、电器，改善居住条件。进入80年代，消费支出主要用于购建楼房、添置高档家用电器、文化教育投资等方面。1997年，栖霞区总体实现小康，居民消费发生根本性变化。1999年，据农村30户、117人抽样调查，农村人口消费总支出45.26万元，经营生产消费占19.68%，约8.91万元，生活消费占72.27%，约32.71万元。在生活消费中，“吃”占39.42%，约12.89万元；“住”占28.23%，约9.23万元；“衣”占12.66%，约4.14万元；文化、教育、娱乐占8.56%，约2.8万元；医疗、保健、化妆、美容等占7.62%，约2.49万元；交通、通讯占3.51%，约1.15万元。在“吃”的消费中，米面主食仅占8.21%，而副食和水果、饮料、奶类等食品分别占43.59%和42.48%。

【衣食住行】

衣着 新中国成立前，栖霞地区男子上装一般为对襟式，女子上装都是大襟式，男女下装都是不分前后的滕折裤。每件衣裳都穿上若干年，所谓“新三年，旧三年，补补纳纳再三年”。新中国成立后，区境内居民服装样式有了大的变化。50年代，男性流行中山装、解放装；女性时兴列宁装。60年代，居民穿着样式和色彩单一。外衣以灰色、黑色为主，白衬衫蓝西裤流行。“文化大革命”期间，居民不论男女，以穿着绿色军服为荣。1978年以后，着装不仅保暖御寒，更多是为时髦，给人以美感，服装用料、款式更加多样化。

饮食 新中国成立前，栖霞地区农民的口粮以三麦、山芋为主，辅之以少量大米、面粉及其他杂粮。城镇居民大多与农户相似，终日粗茶淡饭，以蔬菜佐餐。即便喜庆待客，也多是“猪八样”（上桌八样菜，以猪肉为主料）。新中国成立后，群众饮食不断变化。1958年，成立人民公社，村村开办食堂，集体用餐，群众普遍食不饱肚。60年代初，遭受自然灾害，农作物减收，粮食紧张，对城镇居民实行计划供应，凭票凭证购买食品。80年代后，粮、油、副食品日渐丰富，票证被取消，购粮不加限制，农贸市场里，时鲜蔬菜与生熟食品丰富，食物花色不断翻新。节日喜庆，居民待客筵席讲究丰盛，由家庭料理逐步走入餐厅酒店。

居住　新中国成立前，栖霞地区农民多住茅草房，只有集镇上的少数富裕人家能住青砖小瓦房。新中国成立后，城乡居民逐步改住红砖大瓦平房。50年代，建筑面积不大，一家两代人同居一室并不少见。80年代后，农村兴起建造楼房热潮，造型一般采取三上三下一厢类型。90年代，楼房的造型结构趋向别墅型，注重生活设施配套。城镇居民居住套房比率逐年增大。90年代末，购买商品房成为消费热点。1999年，农民人均居住面积为37.8平方米，城镇居民人均居住面积为15平方米。

出行　新中国成立前，普通百姓外出均靠步行，富庶人家出门坐独轮车、骑小毛驴，有权势者则骑马坐轿。新中国成立初，中央门外到燕子矶、太平门到龙潭镇开通公共汽车，一天一班。60—70年代，区境内公共汽车班次有所增加。进入90年代，公交线路增至21条。通往八卦洲有客渡、汽渡。自行车已普及，私家摩托车与汽车日渐增多，还有出租车与机动三轮车，居民出行十分便捷。

第二章　风俗民情

栖霞地区居民多从山东、安徽、苏北一带迁入，外地的风俗人情随之融入，形成“十里不同俗”的特点。区内农村，除传统手工业外，还有平原农业、丘陵农业、渔业、水上运输业、苇业、采矿业等，形成丰富的劳动生产习俗，加上境内遍布寺庙庵观，佛、道、儒礼仪繁复。新中国成立后，诸如“求雨”以及“入殓”“出殡”过程中一些带浓厚迷信色彩的陈规陋习不断被淘汰，而诸如迎亲、生日、春节、庙会等礼仪风俗被赋予新的内涵，并形成新风俗、新风尚。

【岁时习俗】

春节　农历正月初一日，俗称“过年”，是一年节令中最受重视的传统节日。南朝始兴。大年初一清晨燃放鞭炮，敬祀天地诸神，阖家面迎朝阳，自幼至长饮屠苏酒，至清代渐废。至近代，初一清晨食汤圆或饺子、面条，上午起，邻里间互拜新年，双手合礼，口称“恭喜发财”等吉语。初二起，出嫁的女儿回娘家，亲戚之间互相拜年。初五为“小年”，仍放鞭炮、吃汤圆。新中国成立后，春节全民放假3天，期间举行团拜，慰问烈军属、“五保”老人。

打春 冬至后打春。历史上,孝陵卫及相邻马群地区流行。二三人嬉伴,敲打小铜锣唱吉语,沿街挨门讨钱索米。此俗到新中国成立后已不多见。

元宵节 俚称“灯节”,是春节的延续。旧时,栖霞境内的龙灯活动,一般在元宵节期间开展,正月十三上灯,十五正灯,十八落灯。上灯吃元宵,正灯被视为小年,饭菜丰盛,落灯吃面条。民间有“上灯元宵落灯面”之说。元宵节期间,各家燃点花灯,并有“送灯”之俗,母亲给年前出嫁的女儿送灯。沿街张挂各式彩灯,夜晚灯火辉煌、琳琅满目。

清明 一般在公历4月4日或5日,是传统兴农事、祭祖宗之日。往昔家家门前插柳枝,去先人坟地祭扫,并于坟头插柳枝挂白幡,以示悼念。新中国成立后,每逢清明,机关、学校、工厂、部队等单位组织祭扫革命烈士墓,敬献花圈,在墓前举行入党、入团、入队宣誓仪式,对革命先烈寄托缅怀之情。及至近年,清明前后祭祀、郊游和放风筝依然盛行。

赶庙会 栖霞地区传统集市形式之一。起源于各镇乡所在地寺庙节日,系人们进庙上香的民间宗教活动。庙会期间,地方会党、教派徒众相聚寺庙周围,会旗飘扬,锣鸣伞张,喧阗异常,三教九流、江湖豪侠、商贾百姓随之相聚。新中国成立后,庙会逐渐衍变为以物资交流为主要内容的集会形式,期间,百货汇集,各地商贩蜂拥,各类商品应有尽有,会场伴有魔术杂技、武术杂耍、歌舞戏曲表演和各类小吃,四乡八邻扶老携幼,一边购买生产工具、生活用品,一边休闲游玩。每年,区内举办庙会12场,主要有正月初八的尧化门庙会、二月二十五的营房庙会、三月十三的迈皋桥庙会、五月十三的燕子矶庙会等。其中以栖霞、龙潭庙会规模最大,届时,除区内居民外,邻地句容、六合、仪征以及城区都有人自发前来赶会,参与者达十多万人。

端午节 农历五月初五,又称端阳节,栖霞乡民素有划龙舟、食粽子等习俗。用芦叶裹米(俗称“粽子”)投江是为祭奠屈原。至今,栖霞民间仍有食粽子、绿豆糕,在门前悬挂艾叶、菖蒲,饮雄黄酒以驱“五毒”,中午食“五红”,午后观龙舟竞渡等习俗。

中元节 农历七月十五日,古称“中元节”,也称“鬼节”。此俗源于佛教“目莲救母”的传说,是一种迷信活动。新中国成立后,这种迷信活动逐渐被废止,但民间仍有在中元节焚纸钱祭祖习俗。

啃秋 立秋前一日,食西瓜,谓之啃秋。明时,民间许多害瘌痢疮的人家效仿庐州府崔相公之女食瓜让“瘌痢”落疤自愈之故事,在秋来之时,剖食西瓜。栖霞区至今仍有立秋食瓜消暑之俗。

中秋节 农历八月十五日,习惯称“八月节”。家家做圆饼,象征着“团圆”。夜晚在院内置一方桌,摆上月饼、菱角、石榴等食品,全家欢聚,饮茶赏月。

重阳 农历九月九日。古人崇尚“登高避灾”,因“高”与“糕”谐音,后来逐渐用吃糕代替“登高”。1989 年起,定为敬老节,各单位多在是日前后组织老人登燕子矶、栖霞山,欣赏大自然风光。

冬至 本为农历节气,后演变为民间传统节日,届时,家人团聚奠祖先。饭时,必吃大葱烧豆腐,取从容富余之意。至今,居民仍有焚烧纸钱祭祖的习俗。在摄山、栖霞等地,有挂谱祭祖活动。

腊八 农历腊月初八。民间有吃“腊八粥”习俗。百姓多用糯米、花生仁、赤豆、红枣、南瓜、山芋、莲子、板栗、百合等煮成“腊八粥”。

送灶 腊月二十四,民间有送灶习俗,谓之“送灶神上天宫汇报民间凡事”。是日,家家户户掸尘,拆洗被褥,在灶头上焚香贴对联。送灶后,杀猪、磨豆腐、蒸馒头、蒸包子、蒸年糕,准备过年。

除夕 春节的前夜,俗称“大年三十”。是日,家家户户都在忙着贴春联、年画,准备年夜饭。年夜饭菜肴丰盛,而什锦菜(又称素什锦、十样菜)是栖霞城镇乡村必备之菜,用十多样蔬菜细切成丝,油炒而成。外出的人们,多回家团圆,吃年夜饭。年夜饭后,晚辈向长辈叩头,可拿到长辈给的“压岁钱”,少则几十元,多则数百元。除夕之夜,全家不眠,守岁至次日晨。1984 年开始,阖家围坐欣赏中央电视台春节联欢晚会节目,成为新的时尚。也有打牌娱乐的。零点刚过,爆竹齐放,震耳欲聋,半天红透,迎接新岁来临。

【节庆习俗】

元旦 公历 1 月 1 日称元旦。辛亥革命后,孙中山下令以公元纪年,1 月 1 日为新年第 1 天。新中国成立后,元旦全民放假 1 天,欢庆新的一年开始,是日,各级机关团体门前张灯结彩,悬挂“庆祝元旦”横幅。

植树节 中国植树节始于民国 4 年(1915),初定在清明节,民国 19 年,国民政府将孙中山逝世之日 3 月 12 日定为植树节。1979 年,国务院正式确定每年 3 月 12 日为全民义务植树节。每年是日,区政府组织广大干部、群众植树造林,绿化城乡。

妇女节 公历3月8日为国际妇女节。区内企业、机关、团体女职工放假半天,多由各级妇联或工会组织举行各种纪念活动。

劳动节 公历5月1日为国际劳动节,是日,全民放假1天,组织各种庆祝活动,各界群众赴玄武湖、中山陵、莫愁湖等公园游览。1999年起,劳动节改为全民放假3天,加上调休,连续放假七天,俗称“黄金周”。区内居民多结伴或举家外出旅游。

青年节 公历5月4日为中国青年节,源于民国8年(1919)5月4日中国青年反帝反封建运动。新中国成立后,区内各界青年每年于此日举办报告会、演讲会,或组织歌咏、游览等活动。

儿童节 公历6月1日为国际儿童节。是日,中小学校及幼儿园皆组织儿童开展庆祝活动。

建军节 公历8月1日为中国人民解放军建军节。节日前后区级机关和各乡镇均要开展拥军爱民和军民联欢等活动。

教师节 民国时期,教师节定在公历6月6日,后以夏历八月二十七日孔子诞辰日为教师节。1985年,国务院定每年9月10日为教师节。是日,各单位开展慰问教师、为教育部门办实事活动。

国庆节 公历10月1日为国庆节,区内机关、团体大门及干道、广场、公园布置一新。是日,男女老少涌入玄武湖、中山陵、莫愁湖、栖霞山等公园进行游园活动,观看文艺演出和花卉展览。1969年,栖霞山施放焰火庆祝国庆。1999年前,国庆节全民放假2天。1999年,国务院规定国庆节全民放假3天,加上调休日,形成又一“黄金周”,城乡居民多扶老携幼,外出旅游参观。

【婚丧寿诞】

婚嫁 旧时婚配,男女双方多凭父母之命,由媒人牵线撮合。新中国成立后,青年男女自由恋爱结婚,废除旧时繁文缛节。但在民间仍然保留一些传统程序,如见面礼、会亲家、择日子、过彩礼、送嫁妆、拍婚照、接新娘、举办婚礼等。

丧葬 旧时丧事礼仪繁琐,迷信色彩较浓。新中国成立后,实行丧葬改革,丧事一度从简。80年代后,一些陈规陋习复有抬头,至今民间仍有报丧、暖寿衣、设灵堂、戴孝、做七等丧葬仪式。

生日寿辰 境内乡民古来重视生日寿辰,整十的为大生日,其余为小生日。老人有逢九庆贺的习惯,孩子到一周岁时,要过头周。现时不分老少,过生日送礼物和蛋糕,并用蜡烛插在生日蛋糕上,吹烛许愿,相聚庆祝。

生育　旧时,农村媳妇生育都在家中,现今在医院生育。孩子生下后,要给亲友送红鸡蛋。产后30天,俗称“出月子”,产妇方可出门,同时给婴儿过满月。过满月规模、排场相当隆重。出生百日孩儿要过“百岁”。

【生产劳动习俗】

迎春鞭牛　相传古时立春日,地方官员用装饰华丽的“春鞭”鞭打一头用泥土堆塑成的土牛,待土牛打烂后,围观者把争抢到的碎土扔进自家田里,可兆丰收。此仪式一直流传到民国时期。

开秧门　为插秧第一天。先推出一名栽秧能手拉头趟,人们跟着“头趟”插秧。插秧的最后一天叫“关秧门”,主家办酒菜招待插秧手,称“关秧门”。历史上,栖霞境内稻田区皆有此俗,今已不见。

上梁祝吉　旧时居民盖房,屋架主体建成后,择一吉日,在主梁中间系以红布,上写吉语,由木匠一边操作一边高呼吉利话,然后放鞭炮、抛馒头、散糕点,让孩童抢拾,以示彩发,最后宴请工匠及亲邻。现区内仍行上梁礼仪。

金箔业祭祖　新中国成立前,龙潭打造金箔的家庭常年供奉葛仙翁(葛玄,一说葛洪)塑像,以葛仙翁为金箔业始祖,每逢葛仙翁诞辰日都焚香进供。此俗今已不传。

炼窑　旧时,境内炼窑业奉李老君为祖师。民国期间,开窑点火要先行窑祭,摆上“三牲”,焚香磕头,祷祝烧窑顺利。民国10年(1921),栖霞境内始建水泥窑,没有祭祀习俗,但每年正月初五,皆由开采矿山的工头举行祭祀活动。如今,炼窑、采石的祭祀习俗均已不存。

【信仰习俗】

求神拜佛　民国以往,民间求神拜佛较为普遍。除了在庵庙寺观里求拜外,许多百姓还在家中供奉如来、观音、弥勒、财神、钟馗等神仙佛像。新中国成立后,此陋习已逐步消亡,但作为宗教信仰的求神拜佛,在庵庙寺观以及一些居士家中仍然存在。

祭神　旧时,祭神活动在民间较为普遍,多定期在土地庙、龙王庙、三官庙、火神庙、娘娘庙里进行,分别供奉土地神、龙王爷、天官、地官、水官、火神爷、天妃娘娘等。

祭祖 旧时,祭祖习俗在栖霞地区盛行。一年之中每逢除夕、清明、中元、送灶、冬至等时节,族人皆要祭祖以缅怀先人。新中国成立后,祭祖习俗曾一度消失,近年有的乡村已有恢复迹象。

看风水 旧时,民间建房或选择坟地,皆盛行请阴阳先生(又称“风水先生”)看风水。现今区内少数居民仍信守造屋看风水旧俗。

喊魂 旧时,小孩高烧不退,昏迷失语,大人误认为是受到惊吓,丢掉魂灵所致。家长便抱着孩子在被惊吓的地方,喊“××回来吧”,家中另一人在旁附和“回来喽”。以为此法能将小孩丢失的魂灵招回,退烧清醒。近年,此俗已不见。

踩药渣 民间相传,病人服过中药,病魔即收入药渣中,将药渣倒在三岔路口,经行人踩踏后,病魔不再继续害人。此俗在区内仍偶有所见。

预兆 如今,民间仍有老人迷信“预兆”。诸如:眼皮跳,有预兆,左眼跳财,右眼跳祸;耳根发热,兆示背后有人议论自己是非,或有人骂自己;打喷嚏,兆示亲人念叨自己;喜鹊房前叫,兆示喜事临门贵客到;乌鸦叫要倒霉。

求雨 旧时,摄山镇江乘村等地有此俗。派身强力壮小伙,将龙王庙龙王菩萨背下山,放在神台上。次日在神场上泥塑两条大龙,第三天拜神求雨,每天10名男童跪在龙王菩萨、泥塑龙前,轮番高喊求雨口号。然后组织百名男人奔赴宝华山取“龙”(俗名“小天龙”,实为蝾螈),次日又组织此队伍奔赴长江取水。把“龙”和水取回后供放在神龛下的桌子上,磕头拜求龙王赐雨,直到下雨。此俗在新中国成立后消亡。

第三章 家族 姓氏 宗谱

新石器时代,栖霞地区就有先民聚居。东晋时期,北方大批士族躲避战乱侨居江乘,并设侨县。宋高宗南渡,将帅士卒护驾南下,一批官兵在栖霞地区定居。朱元璋在南京开创帝业,赐封土地给功臣官吏,在栖霞境内形成许多大家族。明清之际,北方人不断迁入栖霞境内,拓荒立业。太平天国农民战争,对栖霞地区原有家族冲击较大,多阖家迁徙。由于栖霞区移民多,以致姓氏繁杂,且多以姓氏为自然村落命名。新中国成立后,随着国家经济建设的发展,外来人口不断增加,姓氏也随之增加。

【家族】

宗族　历史上，栖霞地区家族聚居比较普遍，表现为同姓居住同一地区，一个宗族即为一个自然村落，村落皆由姓氏而得名。家族一般都建有祠堂，祠堂有“祠规”，亦即家法；族有族长，族长由家族中最有地位、最有声望的人担任，族长在家族中权势至高无上。大家族都修家谱，每隔三五十年续修一次，同一家族中以字辈确定长幼尊卑，记于家谱中。

家庭　旧时，几代同堂的大家庭被视为荣耀，而分家被视为不孝。家庭中辈分等级森严，长幼有序，男性为尊，妇女地位低下。新中国成立后，妇女走出家门，进入社会就业，男女平等。70年代前，五口人以上的家庭居多，实行计划生育后，家庭规模变小，年轻夫妇与父母分居，携一子（或女）生活，三口之家渐多。

【姓氏】

随着栖霞区外来人口逐年增多，同姓聚居的状况逐渐改变，居民的姓氏也越来越杂。全区10个乡镇，除营防乡、长江乡、马群镇外，其余镇乡姓氏都达200个以上。迈皋桥镇城市化程度高，有姓氏375个。尧化镇部属企业多，因而外来人口也多，姓氏总数达365个，仅次迈皋桥镇；栖霞镇由于有金陵石化炼油厂、化肥厂等大中型企业，外来人口也较多，姓氏总数达341个。80年代后，区内以父母姓氏合为一姓的新复姓出现。1999年，栖霞区共有姓氏528个，其中，《百家姓》中载有的姓氏381个，《百家姓续》中姓氏有9个，《百家姓》中未有的姓氏138个。全区王姓人口最多，共29994人，其次为张姓，共20778人。此外，万人以上的姓氏还有陈、李、刘，分别为17207人、16143人、10640人。

【宗谱】

新中国成立后，栖霞地区许多宗族都有宗谱留传，惜多在“文化大革命”中遭焚毁，而幸存下来的宗谱大多集中在龙潭、营防、栖霞等偏远的乡镇。及至近年，续修宗谱活动在民间悄然进行。现已发现的宗谱有龙潭镇的《薛氏宗谱》、龙潭上首村的《大村曹氏宗谱》、龙潭镇的《金陵纪氏宗谱》、龙潭花园村的《种玉堂·蓝氏宗谱》、营防靖安场的《唐氏宗谱》和《陈氏宗谱》等。

《薛氏宗谱》 《薛氏宗谱》为民国癸酉年(1933)靖安场薛家大村薛氏重修,宗谱堂号为"三凤堂"。全谱分4卷,第一卷记载新序、源流序、旧序以及先贤公像、家规、新旧传赞、承续小引;第二卷记载修名世录及宗谱系图引、世系总图、丁漕官沟录、坟山契略、字派十六字及收谱录;第三、四卷为年表。《薛氏宗谱》定家规九条,为"孝父母、敬长上、和兄弟、遵祖训、志坟墓、谨祭祀、积阴德、饬妇女、戒酒色"。凡例三十三条,体现尊长爱幼,关心鳏孤寡独的人伦道德,有些条款还反映了当时薛氏家族,在道德修养方面开明进步的一面,如"嫁娶毋得憎贫慕富""夫亡甘愿守节无论子女有无概不准恃强逼节"。

《金陵纪氏宗谱》 《金陵纪氏宗谱》为1994年依照光绪七年(1881)《金陵纪氏宗谱》续修。续修的《金陵纪氏宗谱》在《纪氏宗谱记志序》中明确提出:"鉴于现时国策,计划生育规定,只生一胎也。男女应一律对待之,经商议,凡是纪氏后裔,姓纪者皆许入谱"。《金陵纪氏宗谱》内容有创撰纪家边家谱系序、创撰纪氏世系表序、纪氏家谱源流说、纪氏族谱凡例说、凡例、纪氏家祠规条约、圣先公传、西献公传、峻序公像传,筠在公行略、蔡太孺人六十寿文及纪氏宗谱记志序、世系表、昌后记十五项。谱中还记载现代族裔迁居贵阳,支边新疆,以及二十七世孙纪耀发为省人大代表、省劳模诸事。

《种玉堂·蓝氏宗谱》 《种玉堂·蓝氏宗谱》分旧谱和续修新谱两种,宗谱堂号为"种玉堂"。"文化大革命"中,蓝之芳夫人宋映珍从烧"四旧"(时指旧文化、旧道德、旧风俗、旧习惯)材料的火堆中抢救出《蓝氏宗谱》,成为孤本。旧谱分像赞、历代重修族谱序、文选、人物传、辞赞、年表共六大部分。新谱是在上述旧谱的基础上续修。蓝氏历代修谱者都以汉代长沙王太傅贾谊为蓝氏先祖,且一直收录着贾谊的两篇代表作:《治安策》和《治安策序》,并不隐讳地交待了"姓蓝是假,姓贾是真"的缘由:南宋时,蓝氏始祖贾似德,其堂兄贾似道为宋理宗贾贵妃之弟,贾似道私向蒙古忽必烈乞和,成了历史罪人。贾似德审时度势,毅然放弃荣华富贵,易贾为蓝,离开临安,隐居绍兴,后回到江北,迁往扬州火家桥草鞋洲,后由于长江水患不断,蓝氏几度迁徙,散于宁镇扬等地。栖霞区内,龙潭、营防、摄山、栖霞、长江、尧化等镇乡都有蓝氏后裔族人居住。区内蓝氏大都为四世祖蓝祥长房蓝俊之后。

第四章　宗　　教

历史上,道教曾在栖霞区一度盛兴,从汉代一直延续到清末才被废毁。区境内佛寺庵院众多,后大多废圮,今仅存栖霞寺一座庙宇。区内有基督教教堂1个(迈皋桥教堂)、家庭聚会点61个,基督教徒4711人。

【佛教】

区内佛教盛行。南朝刘宋末年(约479),法度禅师自黄龙至建康,于栖霞山讲授《无量佛经》,佛教随之传入。明僧绍舍宅创立栖霞寺,历经1500多年,屡毁屡建,终于传至今日。佛门高僧宝志公即生于东阳,长住宝华山隆昌寺,被梁武帝拜为师。南朝齐梁以降,栖霞地区佛教寺庵遍布,香火旺盛。史志记载,传世名刹不下10余所,高僧大德不计其数。民国年间,区境内寺庵庙宇星罗棋布,各乡镇地名中就有定水庵、武圣庵、东镇庵等。民间有观音会,为群众性佛教组织。

栖霞寺　位于栖霞山主峰——凤翔峰西麓。1999年,有僧人58名,佛学院师生48名。终年香客不断,佛事活动频繁(详见“风景名胜　文物古迹”编)。

“三论宗”祖庭　“三论宗”是中国佛教史上最早的宗派之一,因主要研习龙树《中论》《十二门论》、提婆《百论》得名,后秦鸠摩罗什译出“三论”后,师徒相传。经南朝宋、梁的僧朗、僧诠,陈代的法朗,至隋代的吉藏而集大成。“三论宗”在佛学界产生巨大影响,先后传入日本、高丽。因“三论宗”是栖霞寺弘扬光大的,故海内外都称栖霞寺为“三论宗”祖庭,在日本、韩国及所有研习“三论宗”的地方均享有崇高威望。

佛事活动　改革开放后,栖霞寺旧观尽复,声名再振,省、市及全国各地(包括港澳台地区)以及海外佛教信徒,纷纷到栖霞寺做佛事,每年达三四百台之多。佛事的种类主要有延生普佛、九大焰口、诵地藏经、六经六佛等15种。栖霞寺最大规模佛事活动为大型两利水陆大法会,有僧人82名入坛诵经七天。水陆法会最为壮观的是最后一天“送圣”,有僧众160余人参加,送圣队伍长约二百余米。

【道教】

栖霞区与句容茅山相邻，深受茅山道教影响，致道教早于佛教。南京之有道观，始于汉之仙鹤观。仙鹤观位于仙林仙鹤山，延至清代，未有中断。栖霞山有茅山道教创始人茅盈、茅固、茅衷遗迹，山顶曾建三茅宫（太平天国时被毁）。燕子矶三台洞古为道观。历史上尧化境内的永丰寺，曾由道教管理，更名为太平观。明代，龙潭附近七星山有七星观，琅琊乡有天妃庙、天一贞庆观、庐君观、庆贞观等道教宫观。

【伊斯兰教】

新中国成立前后，有回民从高邮县菱塘乡等地迁居区内。迈皋桥、孝陵卫（1995 年划出）、龙潭等镇皆有伊斯兰教徒，但无活动场所。据 1990 年统计，全区回民总人口为 3973 人，分布在全区各乡镇，多信奉伊斯兰教。

【天主教】

新中国成立前，太平门外环湖村有天主教南京市慈爱育婴院一所，由蒋介石内侄毛氏创办，1950 年，由市军管会外侨管理科接管，后移交市民政局社会科管理。栖霞中学教师崔天培为区内唯一天主教徒，曾任南京市天主教爱国会驻会秘书。

【基督教】

活动场所　栖霞地区基督教教堂始建于民国 30 年（1941）。是年，美国基督教中华圣公会在八卦洲大溜西创办博爱堂。民国 36 年，美国基督教贵格会在迈皋桥长营村创办福音堂。这些外国宗教组织开设教堂、传播教义、发展信徒，至今对八卦洲乡、长江乡、龙潭镇以及迈皋桥镇一带尚有一定的影响。新中国成立后，教堂和宗教机构停止活动。1981 年，八卦洲乡出现第一个家庭聚会点，信教群众 32 人。1986 年以后，全区家庭聚会点和信教群众逐渐增多。1988 年，全区有基督教聚会点 21 个，其中，批准的 5 个，自发设立的 16 个，信教群众 988 人。1990 年，全区有聚会点 49 个，其中，批准的 6 个，自发设立的 43 个，信教群众 2970 人。1993 年，对自发设点进行整顿，批准 19 个，撤并 11 个，信教群众 3000 多人。1995 年 12 月，栖霞区迈皋桥基督教教堂开放。1996 年 12 月，区委、区政府召开栖霞区宗教活动场所发证大会，有 29 个宗教活动场所领取证书。

栖霞区基督教“三自”爱国会　1994 年 6 月 21 日，栖霞区举行首届基督教代表会议，会议代表 51 人，选举产生栖霞区基督教“三自”爱国会首届委员会委员 19 人、常务委员 7 人。

第五章　帮会　民间善义组织

民国时期，栖霞地区帮会有青帮、大刀会等组织。新中国成立后，区政府先后取缔一些反动帮会，并对少数负罪分子予以镇压；民间善义组织卍字会、救火会等组织也逐渐归于消亡。

【帮会】

青帮　原名“安清帮”，又称“清帮”。民国时期，八卦洲、龙潭、栖霞、尧化等镇乡都有青帮组织。栖霞镇栖霞街有 4 名青帮成员，尧化地区有数十名青帮成员。抗战时期，青帮依“理、大、通、悟、觉”班辈顺序（相传有 24 个辈次）相传。青帮多与反动政府勾结，残害百姓。新中国成立后，青帮组织被取缔。

大刀会　抗战期间，龙潭、摄山等镇乡地主为保护其财产，组织“大刀会”，抗战胜利后“大刀会”逐渐消亡。

【民间善义组织】

卍字会　是基督教与佛教相结合的民间慈善组织。新中国成立前，八卦洲有此组织。会内既敬奉耶稣，又烧香拜佛，遇饥荒时节，会内置稀粥赈济饥者。新中国成立后，该组织消亡。

救火会　民国时，燕子矶、龙潭等镇有救火会，多由富裕殷实人家负责出资或筹资组建，挑选年轻力壮男子任救火员，负责当地防火救火。救火会救火为义举，不收取钱粮。

第二十四编　人　　物

栖霞地区是一方古老而又文明的土地，早在7000年前，就有先民在此繁衍生息。以秦代置江乘县为标志，见诸史籍的历史迄今已二千二百余年。历史悠久，山川形胜，引得古往今来无数迁客骚人、大家巨擘，在这里流连驻足，建功立业。历代帝王如孙权、朱元璋等在南京建都后，在这里运筹帷幄、统兵布阵、建城筑垒，将栖霞地区变成了南京城的屏障；一大批军事家如陈霸先、韩世忠、常遇春以及太平天国诸将领在这里纵横驰骋、创建伟业，上演了一出出威武雄壮的战争活剧；石匠王寿及更多无名的工匠在栖霞山凿石成佛、营建梵宫，将山、石、林、泉装点成锦绣画图；在与侵略势力、反动势力做斗争的事业中，栖霞人民尽显无私无畏，大智大勇。及至近代，众多志士仁人、革命先驱为民族解放、社会主义革命和现代化建设，奉献智慧和力量，甚至宝贵的生命。

第一章　人物传

栖霞地区人文荟萃，英雄辈出，各领风骚，可传者不知凡几。入传者仅37人，其中，有捐住宅为寺的明僧绍，有中国水泥厂创办人之一的姚锡舟，有创办晓庄师范学校的著名教育家陶行知，有抗日战争时期挺身而出救助栖霞难民、保护工厂设备的国际友人卡尔·京特和伯·阿·辛德贝格等。

桓　温（312—373）　东晋谯国龙亢（今安徽怀远西）人。字元子，明帝婿。东晋大臣，曾任江乘琅琊侨郡郡守。永和元年（345），任荆州刺史，握长江上游兵权。太和六年（371），废司马奕，立司马昱为简文帝，衔大司马镇姑孰（今安徽当涂），专擅朝政，图谋篡位，未成而死。

明僧绍（？—483）　南朝平原鬲（今山东平原县）人。宋元嘉中举秀才，明儒术。先隐居崂山聚徒讲学，后徙居建康，结庐摄山（今栖霞山）20多年。南朝齐永明元年（483），明僧绍病故，捐住宅为寺，名“栖霞精舍”（即栖霞寺）。时人赞其自甘淡泊、屡征不就的品格，尊其为“征君”。今栖霞寺山门侧有明征君碑，碑文系其五世孙明崇俨请唐高宗李治所撰。

法　度（？—500）　南朝宋黄龙（今辽宁朝阳）人，栖霞寺禅师。少年即出家研习佛学。南朝齐永明元年（483），受赠明僧绍住宅为佛寺。法度与另一高僧法绍在当时佛教界颇具影响，受到南齐竟陵王、始安王极高礼遇。后与明僧绍之子临沂县令明仲璋于栖霞山西峰镌刻无量寿佛，是为千佛岩造佛像之始。法度在栖霞寺中多次宣讲无量寿经。于齐永元二年（500），卒于寺中。

宝　志（418—514）　摄山东阳人。南朝奇僧。先天残疾，手如鸟爪，其母托言抱自鹰巢。家极贫，七岁即出家。成年后常来往于南京城内寺庙，故作疯癫，济危救民。常住龙潭宝华山隆昌寺。曾预言诸事均得到应验，受百姓信仰。宝志常借佛法讽喻朝政。朱元璋在《宝志公像赞》中云："梁武有为多惑错，公能对病施良医。"卒葬钟山独龙阜，建塔，塔前有碑，刻有唐代吴道子所绘宝志像，诗人李白作像赞（参见《综录》），书法家颜真卿题书，后世称之为"三绝碑"。

明仲璋（生卒年不详）　南朝平原鬲（今山东平原县）人。名元琳，明僧绍之次子。临沂侨县县令。栖霞山千佛岩佛窟之始作俑者。其父生前属意凿窟造佛，未成而卒，遗嘱舍宅为寺。翌年，明仲璋承继父志，与寺僧法度于栖霞山西峰石壁凿龛，镌造无量寿佛，佛像"坐身三丈一尺五寸，通座四丈"，为千佛岩造像之发轫。所造无量寿佛及左右两佛，至今保存完好。其后，齐、梁皇室贵胄纷纷出资雕琢佛像，或为佛像彩绘鎏金，盛极一时。（详见《风景名胜文物古迹》编）

徐　锴（921—975）　**徐　铉**（917—992）　徐锴，五代宋广陵（今扬州）人。字楚金，徐铉弟，曾官至内史舍人。著作有《说文解字系传》《说文解字韵谱》等。徐铉，字鼎臣，初仕南唐为翰林学士、御史大夫、吏部尚书。居摄山（栖霞山）栖霞寺西，宅有来贤亭。曾作《栖霞寺新路碑记》，记述当年僧人道岩修路造桥建亭凿井之经过。还为妙因寺题额。后随李煜归宋，任太子率更令、散骑常侍。精通文字学，曾校订《说文解字》。兄弟二人以文闻世，号"大小二徐"，时人认为超过晋代陆机、陆云兄弟。徐铉、徐锴在栖霞山千佛岩有题刻，现存其二人题名，其余文字漫漶不辨。

李香君（1627—1653）　女，名香，明末秦淮名妓。与南社领袖侯方域相识，以身相许。后侯遭迫害出逃，阮大铖逼其为妾，李不从，以头撞地，侯方域所赠定情扇上溅有血迹，时画家杨龙友以其血点染成桃花。清军占领南京后，侯方域归清，李香君遁入栖霞山。孔尚任演绎其事，作《桃花扇》。

张　怡(1608—1695)　明上元(今南京)人。字瑶星。史学家、隐士。明末曾任锦衣卫千户。明亡后还金陵，长期隐居栖霞山为道士，50余年不入城市。号白云道者。撰有《古镜庵诗内外集》《金陵私乘》《摄山志略》等。

宗　仰(1861—1921)　江苏常熟人。俗姓黄，别号乌目山僧，后称印楞禅师。栖霞寺住持。清光绪二十四年(1898)，接受犹太富商哈同之邀去上海，参与哈同爱俪园的设计监造。光绪二十八年，与蔡元培等共同创办中国教育会，任会长。光绪二十九年，《苏报》案发生后，奔走营救章太炎、邹容未成，自身也被追捕，遂逃亡日本，在东京与孙中山同居一楼，以200银圆资助孙中山去檀香山。光绪三十一年，与蔡元培等人参加光复会，后转为同盟会。民国3年(1914)，回镇江金山寺任首座，闭门读经3年。民国7年，周游名山大寺，应栖霞寺僧之请，出任栖霞寺住持，着手化缘集资、收复寺产、修复庙宇，许多政界要人、文人学士，纷纷解囊相助，孙中山先生也捐助一万银圆。民国10年，圆寂，葬栖霞山。

若　舜(？—1943)　江苏泰县人。民国9年(1920)，任栖霞寺法席，协助宗仰重修栖霞寺。宗仰圆寂后，若舜任栖霞寺住持，继续游募化缘，悉力操劳，至民国17年，栖霞寺逐步恢复。民国18年春，赴香港，隐息于鹿野苑。

姚锡舟(1875—1944)　上海南姚人。中国水泥厂创办人之一。因在上海建造电话大厦、外白渡桥，在南京建造南洋劝业会、中山陵及和记洋行等著名工程而闻名全国。民国10年(1921)，联合上海金融界、实业界人士集资创建龙潭中国水泥股份有限公司(今中国水泥厂前身)，任董事兼总经理。后贷款百万，购得太湖水泥厂设备，扩大规模，所产"泰山牌"水泥远销香港地区与东南亚，并用于建造钱塘江大桥和中山陵，成为中国名牌水泥之一。民国24年，出国考察后，改进水泥包装，为国内首家使用纸袋包装水泥的企业。姚锡舟毕生爱国，建中山陵时亏银14万两，仍保证优良质量。"八·一三"淞沪抗战中，捐款设立临时伤兵医院。日军侵占南京期间，两次捐款设立难民收容所，救助难民。

仇　埰(1873—1945)　南京人。教育家、书法家、词人。清光绪年间(1875—1908)留学日本，学习教育，回国后在南京与伍仲文等创办四区模范小学。辛亥革命后，创办江苏省立第四师范学校，任校长达15年。民国

12年(1923),在栖霞山设分校(今栖霞中学)。曾在今十月村附近建佛庵,创办新庵小学(今十月小学)。退休后专治词学,著有《鞠谯词》二卷,辑有《金陵词钞续编》六卷。

陶行知(1891—1946)　安徽歙县人。原名文浚,后改知行、又改行知。著名教育家。民国15年(1926)底,筹办试验乡村师范学校。翌年春,创办晓庄师范学校。全面实践生活教育理论,引导师生从事社会生产活动,支持中国共产党领导的进步学生运动。热心为农民服务,在南京以至全国、全世界影响很大。民国19年,晓庄师范被国民政府封闭,陶行知遭通缉,遂逃亡日本。翌年回上海,着手科学普及教育。民国35年,创办社会大学。毛泽东称其为"伟大的人民教育家"。

颜惠庆(1877—1950)　祖籍福建厦门。江南水泥厂创始人之一。留学美国归来后,担任过清政府外事部官职。民国9年(1920),任外交总长。民国15年,任国务总理,并摄行总统职权。民国18年起,投身实业界,任江南水泥股份有限公司董事长。抗日战争胜利后,到栖霞山筹划工厂复兴。新中国成立后,任中央人民政府政治法律委员会委员、华东军政委员会副主席等职。

屠述三(1878—1950)　安徽和县人。中国水泥厂创办人之一。早年学医,在龙潭地区行医卖药。民国10年(1921),中国水泥公司在龙潭初创时,以山地为股并任董事兼经理。民国37年,在龙潭创办述三中学(今龙潭中学),由其子屠慧任校长。先后资助句容县公立医院,捐款修缮栖霞寺舍利塔。南京解放后,参加工厂劳资协商会议,商讨维持生产、改善职工生活等事项。

徐名材(1889—1951)　浙江宁波人。中国化工教育家,南京化工厂创始人。民国6年(1917),从美国麻省理工学院学成回国,先后任汉冶萍煤矿公司化验室主任,交通大学理学院化学系主任。抗日战争胜利后,为索回日本侵略军抢掠的国内化工设备,代表国民政府前往日本交涉。回国后,任中央化工厂筹备处主任。民国36年,中央化工厂南京工厂(今南京化工厂)建成。1950年,调任华东工业部化工处处长,翌年病逝。

詹长炳(1913—1952)　栖霞区迈皋桥镇人。抗日战争期间,与胞弟詹长麟同在南京日本总领事馆任仆役,并参加国民党特务组织。民国28年(1939)6月10日,趁总领事馆宴请日本外务省次官清水、侵华日军首脑人物以及汪伪"维新政府"行政院长梁鸿志等汉奸官员之机,将毒药兑入宴会用酒之中,致出席晚宴人员全部中毒,日本官员宫下、山川当场毙命,成为轰动当时的"毒酒案"。两兄弟施毒后迅速逃离南京。民国34年,日本战败投降后返回南京。詹长炳继续参加国民党特务组织,从事反共活动,于1952年被枪决。

陈范有(1898—1952) 祖籍安徽石埭,实业家,江南水泥厂创办人之一。民国14年(1925),先后赴欧美诸国考察水泥工业,回国后任启新洋灰公司董事、协理。民国24年,任江南水泥股份有限公司(今江南水泥厂)常务董事,负责厂区规划、设计与施工。新中国成立后,在周恩来总理敦促下,江南水泥厂重新开工生产。其时,陈被推选为中国水泥工业同业联合会主任委员。1952年病逝,其家属遵嘱将价值百万元的家产献给国家。

袁心武(1899—1956) 祖籍河南项城,实业家,江南水泥厂创办人之一。民国5年(1916),其父袁世凯称帝失败去世,随母居天津,转办实业。民国16年,任启新洋灰公司董事,后任公司协理、经理。民国24年,入股江南水泥股份有限公司,出任常务董事,着手筹建江南水泥公司栖霞工厂(今江南水泥厂)。1950年,任江南水泥公司董事长。1953年,献出其全部产业,仅留任江南水泥公司董事长与秦皇岛耀华玻璃公司常务董事等职。

陈立森(1901—1957) 栖霞区龙潭镇人,出身金箔世家,金箔艺人。14岁学艺,18岁开始打箔。他恪遵师训,无论严寒酷暑,坚持苦练打锤动作,细心揣摩打箔技巧,凭目测、耳闻、手感,练就打箔的高超技艺。经他打出的金箔不粘、不破、不毛,薄如蝉翼。新中国成立后,进金箔厂工作,爱厂如家,乐于传艺,多次被评为江宁县(龙潭时属江宁县)先进生产者。

曾北星(1882—1960) 四川井研县人。清朝末年,与熊克武、刘伯承等同入同盟会,参加推翻清廷的斗争与二次革命,遭袁世凯通缉,后被捕入狱,经营救出狱。民国14年(1925),入川军。民国16年,遭蒋介石通缉,遂逃至南京,隐居于八卦洲。抗日战争期间回四川,受命组团赴抗日前线劳军。抗日战争胜利后,复回八卦洲。1951年,以历史反革命罪入狱,1956年,获无罪释放。

黄质夫(1896—1963) 江苏仪征人。中国乡村师范教育家。主持创办界首、湘湖和贵州师范学校。民国16—19年(1927—1930)及民国21—26年,掌教于栖霞乡村师范。提出"乡村学校化,学校乡村化"的办学主张,努力使乡村成为"野无旷土,村无游民,人无不学,事无不举"的理想社会。

孙醒东(1896—1969) 栖霞区马群镇五棵松村人。著名农艺学家、农业教育家，九三学社社员。先后执教于河北省立农学院、南京国立中央大学农学院、福建省立农学院。新中国成立后，任中国科学院植物研究所研究员等职，在绿肥和牧草研究方面成绩卓著。主要著作有《国产牧草植物》《中国特用植物学》等。

明　常（1989—1970）　江苏如皋人。栖霞寺住持。20岁于宝华山受具足戒，24岁于高邮四宏学院师从佛学泰斗仁山大师。民国17年（1928）任栖霞寺监院，民国28年任住持。抗日战争中，在寺内收容难民，有姓名记载者2万余人。其中，有国民政府南京守军未及撤走的一营官兵，廖耀湘、邱清泉将军在内。

陈腊贞（1935—1973）　湖北宜昌人，女，南京铅锌锰矿原保健站站长。从小丧父，随母到处流浪，靠拾荒、要饭、帮人洗衣为生。民国37年（1948），与继父同来南京，白天做小生意，晚上进夜校读书识字。1954年，考入南京十五中学。1957年，初中毕业后，在栖霞区三段圩农业社参加劳动。1958年，被分配到南京铅锌锰矿保健站实习。1961年7月，加入中国共产党。1966年，任护士。1973年3月，任保健站站长。同年8月15日，在参加矿区安全卫生检查中，遇井下塌方被石块砸伤，经抢救无效牺牲。1974年12月18日，中共南京市委根据其生前先进事迹，做出“关于向陈腊贞学习的决定”。

陈　铎（1900—1974）　原籍江苏镇江。民国14年（1925）起，先后在扬州八中、栖霞乡村师范等校任教。抗日战争爆发后，先后赴丹徒、武汉等地，在黄炎培等人领导下主编《复苏旬刊》宣传抗日，并在贵州师范、重庆边疆学校等校任教或主持教务。抗战胜利后，受命筹办苏南栖霞师范学校，后任校长。初在栖霞寺内设临时校舍，不久迁入新址（今栖霞中学内）。1953年奉调筹建秣陵关初级中学，1957年接办秦淮中学。1963年退休。

史瑞芬（1923—1977）　江苏溧阳人。女。全国模范教师。曾任溧阳县清水塘小学教师及校长、南京市甘家巷小学校长、江苏省总工会执行委员、省教育工会副主席、省人大代表。1950年，带领学生扑治螟虫，破除螟虫是神虫的迷信，被评为特等治螟模范。曾多方动员农家子女入学，资助贫困学生，大力改善办学条件，受到乡民欢迎，被溧阳县与苏南行署评为模范教师，中央教育部表扬她为“用革命精神、革命办法办好学校”的优秀人民教师。1951年10月，作为特邀代表参加全国政协会议，后又多次参加全国性会议与国庆观礼，四次见到毛泽东主席，还参加毛主席与周恩来总理举办的宴会。梅汝恺据其事迹写成《我在清水塘》一书，在50年代初期产生很大影响。1954年至1956年，入华东师范大学教育研究组进修，结业后，调省教育工会，翌年任副主席。1958年，任甘家巷小学校长。1960年，获江苏省"三八"红旗手称号。"文化大革命"期间，调栖霞区"五七"干校。

时昭涵(1898—1978) 湖北枝江人。中国化学教育家，南京化工厂创始人之一。毕业于清华大学，留学美国麻省理工学院，获博士学位。返国后，历任交通大学、广西大学教授。民国28年(1939)，任国民政府资源委员会工业处专员。民国33年，为资源委员会驻美国办事处负责人，后任中央化工厂筹备处副主任。1950年，调华东工业部，不久又调沈阳化工研究所至去世。

于国华(1901—1978) 河北省河间县人，原名于清源。南京市第九区(栖霞区)首任区长。幼年丧父。民国26年(1937)"七七"事变后，参加抗日地方武装——津南抗日工作队，翌年加入中国共产党，先后任河北省建国县八区游击队手枪队长及六区游击队长。解放战争时期，任建国县武装部长、县长等职。南京解放后，任职于市公安局。1953年7月，任第九区区长。

卡尔·京特(Karl Günther，1903—1984)、**伯恩哈特·阿尔普·辛德贝格**(B. A. Sindberg，1912—1983) 卡尔·京特，德国人。出生于中国唐山。在德国获博士学位，来华后任唐山洋灰公司技师、磁厂经理。民国26年(1937)，日军侵占南京后，应江南水泥公司之请，出任江南水泥厂代理厂长，与丹麦人伯恩哈特·阿尔普·辛德贝格一起，在厂区外用石灰画出德国徽号，利用德国与日本轴心国关系，阻止日本飞机轰炸。又在厂区悬挂德国与丹麦两国国旗，保护工厂设备及从四乡赶来的数万难民。遇有日军闯入难民区企图抢劫财物、强奸妇女时，京特偕同译员挺身而出，巧与周旋，保护难民。民国27年，京特向日方交涉，向难民发放"良民证"，使数万难民免遭杀戮。辛德贝格亦多次冒死护送患病难民及被日军炸伤的儿童进城就医。辛德贝格将日军杀人、放火、抢劫等暴行整理成26个案例，亲交南京安全区国际委员会秘书，这些信件被《南京安全区国际委员会关于形势的内部报告》、美国《密勒氏评论报》引用，向全世界揭露了日军的暴行。京特拍摄了大量照片，记录日军的罪恶。辛德贝格于民国27年(1938)初离厂回国。京特继续在江南水泥厂工作。抗日战争胜利后，国际法庭审判日本战犯时，当年辛德贝格送出的文件作为检证在法庭宣读，并被拉贝记入日记。

当时,国民政府向京特颁发红十字勋章。1949年,京特任江南水泥厂化验室工程师,1950年辞职回国。

王　涛(1905—1985)　江苏崇明(今属上海)人。水泥工业专家。民国15年(1926),供职于南京中国水泥股份有限公司(今中国水泥厂)。民国18年,得姚锡舟资助,赴德国进修,四年后回国,受聘任启新洋灰公司总技师,为中国水泥工业第一位华人技师,时年28岁。后又为中国水泥股份有限公司首创水泥纸袋包装,解决了国产水泥采用铁桶或麻袋包装搬运不便和容易受潮等问题。新中国成立后,历任建材工业部一级工程师、水泥研究院院长、技术顾问、国务院科学规划委员会硅酸盐组副组长等职。

任国常(1901—1992)　江苏宜兴人。电瓷制造专家,南京电瓷厂创始人。民国35年(1946)11月,全权负责新厂筹建,在燕子矶选址,于民国37年4月建成该厂。时国民政府面临崩溃,蒋介石命令资源委员会将所属电瓷厂等迁至台湾。在爱国人士、时任资源委员会负责人孙越琦等支持下,联名上书李宗仁拒迁以拖延时间,使设备得以保存至南京解放。南京解放后,积极组织复工,该厂于当年5月即投入生产,为新中国国民经济的恢复与发展,做出了贡献。

雪　烦(1909—1993)　江苏泰县人。栖霞寺名誉方丈。民国29年(1940),任焦山定慧寺住持和焦山佛学院院长,支持中共长江工委的抗日斗争。新中国成立后,历任上海静安寺都监、上海南市区人大代表和政协常委、中国佛教协会理事,江苏省第一、二届佛教协会副会长兼秘书长,省政协委员和南京市第七、八届政协常委、南京市佛协会长、栖霞寺名誉方丈。

恽　震(1901—1994)　江苏常州人。电气专家,华东电子管厂创始人之一。民国21年(1932),建议建设三峡电站工程并参加勘察,提出葛洲坝与三斗坪为坝址的选择方案。民国22年,任全国电气指导委员会主任委员。民国24年(1935),受命筹建电照厂(今华东电子管厂),随即去美国考察,购置设备,组织施工,使工厂如期建成投产。其后任中央电工器材厂总经理,兼任中国电机工程学会会长。1949年,组织工人护厂迎接南京解放。新中国成立后,历任华东工业部电器工业处处长,第一机械工业部一级工程师。

茗　山(1914—2001)　江苏盐城人。当代高僧。焦山定慧寺住持,栖霞寺住持。民国34年(1945)入主宁乡大沩山寺。一年后至焦山佛学院主持教务、主编《中流》月刊。1951年任定慧寺住持。1982年,受中国佛教协会委托，开办栖霞寺僧伽培训班，登堂讲经传戒，教育学僧爱国爱教。1984年，任中国佛学院栖霞山分院第一副院长，兼任栖霞寺方丈。茗山长期担任江苏省佛教协会会长、江苏省政协常委。1993年，被选为中国佛教协会副会长。1995—1999年，主持编修《焦山志》。著作有《茗山书法作品集》等。2001年，为《栖霞区志》题书志名。

第二章　人物表

晓庄师范十烈士名录

表24－1

姓　名	性别	出生年份	籍贯	简　　况
石　俊	男	1907	江苏如皋	民国14年（1925）加入中国共产党，民国17年任晓庄师范地下党支部书记，民国19年组织学生参加全市反帝示威游行，在夫子庙的“飞行集会”中被捕
胡尚志	男	1907	湖北潜江	民国13年（1924）加入中国共产党，民国18年入晓庄师范，民国19年去滁县发动农民组织军队，准备武装暴动，事泄被捕
叶　刚	男	1908	浙江南田	中共党员，民国17年（1928）入晓庄师范，民国19年调中共南京市委宣传部。在晓庄驻军中策反时被捕。陶行知亲为整理出版遗著《红叶童话集》
汤　藻	男	1908	江苏如皋	汤藻、马名驹两人同乡，民国14年（1925）同时加入中国共产党，从事学生运动。民国17年入晓庄师范，次年到白马村、东洼子村创办小学，组织农民抗征土地，印制、散发革命传单，先后被捕
马名驹	男	1908	江苏如皋	
谢纬鎮	男	1910	湖南长沙	民国15年（1926）考入晓庄师范，民国17年创办吉祥庵小学，次年参加晓庄剧社，民国19年在上海南国剧社因叛徒出卖被捕
郭凤韶	女	1911	浙江临海	民国15年（1926）入临海女子师范，参加共青团，民国17年至朱家尖岛办小学，次年入晓庄师范，民国19年加入中国共产党，任交通员，因营救被捕师生被捕
姚爱兰	女	1912	江苏六合	民国17年（1928）入晓庄小学，次年参加晓庄剧社，同年加入共青团，民国19年回六合，因信件被国民党特务截获遭捕

续表

姓　名	性别	出生年份	籍贯	简　　况
沈云楼	男	1913	江苏兴化	晓庄师范劳山中学学生，共青团员，民国19年(1930)加入中国共产党，任交通员。因中共南京市委机关遭破坏被捕
袁咨桐	男	1914	贵州赤水	民国18年(1929)入晓庄小学加入共青团，次年入劳山中学，任支部书记，曾3次被捕。狱方将其年龄改为18岁后枪杀

栖霞籍革命烈士名录

表24－2

姓　名	性别	生卒年份	出生地	生前职务	牺牲简况
孙哲卿	男	1917—1940	燕子矶镇	丹阳山南税务区地下党负责人	抗日战争中牺牲
戚庭举	男	1903—1943	燕子矶镇	新四军通讯员	抗日战争中牺牲
王永顺	男	1906—1945	摄山镇	南京市地下党城东区副区长	抗日战争中在龙潭牺牲
曹显业	男	1925—1946	龙潭镇	苏中二分区独立旅四团七连战士	1946年10月河口镇战斗中牺牲
胡邦富	男	1925—1947	燕子矶镇	新四军联络员	被叛徒出卖遭反动派杀害
周维忠	男	？—1948	燕子矶镇	解放军战士	淮海战役中牺牲
徐立志	男	1913—1949	迈皋桥镇	解放军班长	淮海战役中牺牲
曹政刚	男	1926—1949	龙潭镇	解放军卫生兵	执行任务时失踪
唐风宝	男	1929—1950	燕子矶镇	四川纳溪县公安局治安干事	执行侦察任务时被敌人杀害
薛　敏	男	1932—1951	燕子矶镇	解放军西南空军司令部参谋	在四川彭县因飞机失事牺牲
张荣贵	男	1932—1952	燕子矶镇	中国人民志愿军战士	在朝鲜新义洲牺牲
葛仁显	男	1926—1952	摄山镇	中国人民志愿军战士	在朝鲜战场牺牲
王克富	男	1938—1956	八卦洲乡	解放军炮兵战士	在安东市执行任务时牺牲
盛德炳	男	1932—1956	燕子矶镇	解放军无线电员	在上海抢救国家财产时牺牲
颜国海	男	1930—1957	燕子矶镇	晓庄师范工人	在井下救人时牺牲

续表

姓　名	性别	生卒年份	出生地	生前职务	牺牲简况
吴银生	男	1944—1963	马群镇	解放军战士	在江西国防施工中牺牲
王兆全	男	1944—1965	燕子矶镇	解放军战士	在贵州执行任务中牺牲
夏建华	男	1936—1965	龙潭镇	解放军电话员	在辽宁执行任务中牺牲
唐仕忠	男	1943—1966	栖霞镇	解放军班长	在云南执行任务中牺牲
李作仁	男	1943—1967	摄山镇	解放军战士	在国防施工中牺牲
高镇钰	男	1944—1967	燕子矶镇	解放军战士	在温州“支左”中牺牲
郑世雄	男	1944—1967	燕子矶镇	解放军战士	在乌鲁木齐病故,被追认为烈士
孙延国	男	1941—1970	燕子矶镇	解放军指导员	在新兵训练中因抢救战士牺牲
陈有龙	男	1950—1970	燕子矶镇	解放军战士	在宝鸡执行战备任务中牺牲
刘和均	男	1929—1976	摄山镇	解放军八三医院水电工	因公牺牲
顾亚平	男	1952—1977	燕子矶镇	解放军测绘员	执行任务中牺牲
王明强	男	1957—1979	燕子矶镇	解放军副班长	对越自卫反击战中牺牲
谢正斌	男	1971—1989	龙潭镇	农民	在广西为保护国家财产与歹徒搏斗中牺牲
杜晓华	男	1964—1998	龙潭镇	解放军某营干部	在岗位病故,被追认为烈士

栖霞区抗洪抢险中牺牲的驻区解放军指战员名录

表 24 –3

姓　名	性别	原所在部队	牺牲时间与地点
尹士礼	男	中国人民解放军驻马群部队	1954 年在余粮圩牺牲
范　树	男	中国人民解放军驻龙潭部队	1954 年在龙潭圩牺牲
张宝库	男	中国人民解放军驻龙潭部队	1954 年在龙潭圩牺牲
王金虎	男	中国人民解放军驻东阳部队	1972 年在摄山圩牺牲

栖霞区获国家级、省部级劳动模范名录

表 24－4

姓　名	性别	籍贯	出生年份	政治面貌	工作单位	授予年份
王增才	男	南京	1935	群众	长江乡	1960
夏可宏	男	南京	1938	群众	长江乡	1960
袁翠英	女	南京	1934	群众	马群乡	1965
李金山	男	南京	1951	中共	迈皋桥镇工业办公室	1977
戴秀珍	女	南京	1936	中共	栖霞道班	1977
鲍其亚	女	南京	1951	中共	栖霞运输公司钟山车队	1977
吉增祥	男	江苏江都	1933	群众	栖霞区建筑公司	1977
王世英	女	江苏滨海	1937	中共	栖霞房产经营公司	1977
卜贤宝	男	江苏泗阳	1936	中共	栖霞区运输公司修造厂	1977
周宗来	男	南京	1943	群众	栖霞区建筑公司	1977
徐尚友	男	江苏六合	1930	群众	栖霞区机电修造厂	1977
韩新宁	男	江苏泗阳	1949	中共	南京耐火材料厂	1977
方桂兰	女	镇江	1936	群众	南京碳酸钙厂	1977
黄启林	男	江苏江都	1956	中共	区工业公司	1977
彭泽民	男	仪征	1946	中共	区蔬菜多经局	1980
强保生	男	南京	1940	中共	区计经委	1984
赵光杰	男	南京	1944	中共	区粮食局	1988
吴光英	男	常州	1951	中共	摄山电炉总厂	1988
夏德明	男	南京	1926	群众	长江乡	1988
钱定马	男	南京	1952	中共	摄山镇政府	1991
邹学文	男	南京	1945	中共	区人大常委会	1991
朱礼良	男	南京	1934	中共	汀嵊小学	1991
徐善芳	女	南京	1951	中共	花园中学	1993
刘　华	男	安徽无为	1951	中共	长江电器仪表厂	1994
谢厚俊	男	南京	1944	中共	区国土局	1996
王德斌	男	南京	1951	中共	摄山镇政府	1996
高广林	男	南京	1945	中共	栖霞镇石埠桥村	1996

栖霞区获市级劳动模范名录

表24－5

姓　名	性别	籍贯	出生年份	政治面貌	工作单位	授予年份
沈立业	男	南京	1910	中共	燕子矶乡	1958
徐文生	男	江苏宝应	1941	群众	燕子矶煤球厂	1980、1982
王静芳	女	江阴	1923	群众	燕子矶中学	1980
戴家保	男	南京	1948	中共	尧化镇尧胜村	1980、1985
曹当富	男	南京	1949	群众	龙潭镇上首村	1982
黄云仙	女	安徽休宁	1918	中共	尧化中心小学	1982
张金义	男	南京	1939	中共	南京耐火材料厂	1983
徐立栋	男	南京	1921	中共	尧化乡人民政府	1984
陈发喜	男	南京	1959	中共	马群晒图纸厂	1985
曾凯生	男	四川井研	1945	中共	八卦洲乡长江村	1985
汪荣根	男	南京	1949	中共	区物资公司	1987、1989
蒋　诚	男	南京	1951	中共	尧化机电设备厂	1987
王秀琴	女	南京	1935	中共	迈皋桥乡	1987
毕金林	男	南京	1949	中共	区计经委	1989
李　洁	男	南京	1951	中共	栖霞区公路管理站	1989、1991
王春梅	女	南京	1940	中共	马群果树技术推广站	1989
高万和	男	南京	1952	中共	燕子矶镇农业公司	1989
查贵荣	男	南京	1934	中共	区地税分局	1989
张春生	男	南京	1932	群众	燕子矶乡	1990
朱礼良	男	南京	1934	中共	江嵊小学	1991
彭万顺	男	湖南娄底	1951	中共	区档案局	1991
曹礼华	男	南京	1951	中共	南京晒图纸厂	1994
吴光治	男	常州	1963	中共	摄炉集团有限公司	1994
吕　杰	男	南京	1952	群众	锁金房管所	1994
陈启明	男	南京	1948	中共	区房产局	1994
吴家跃	男	南京	1949	中共	南京进相机厂	1994
刘玉琴	女	南京	1948	中共	迈皋桥镇工业公司	1994
陈文法	男	江宁	1948	中共	长江特种养殖场	1994
陈德利	男	南京	1959	中共	营防乡陈店村	1994
陈兴汉	女	浙江宁海	1946	中共	栖霞建设集团	1997

续表

姓名	性别	籍贯	出生年份	政治面貌	工作单位	授予年份
金小荣	男	南京	1949	中共	渡江采石厂	1997
吴大炎	男	南京	1951	中共	区公路管理站	1997
余福民	女	南京	1943	中共	南京国贸商城	1997
陈昌彪	男	南京	1955	中共	栖霞中学	1997
胡　雷	男	天津	1965	中共	燕子矶法庭	1997
陈恩桃	男	南京	1955	中共	康联实业公司	1997
贾世德	男	南京	1947	中共	栖霞镇人大主席团	1997
董瑞银	男	南京	1943	中共	马群镇大庄村	1997
王怀平	男	南京	1940	中共	迈皋桥镇养鸡公司	1997
陈吉胜	男	南京	1948	中共	吉祥村三组	1997
胡长林	男	江苏江宁	1948	中共	三江水陆联运公司	1997
陈良玉	男	南京	1949	中共	龙潭镇兴隆村	1997
孔令曙	男	南京	1955	中共	摄山镇四段圩村	1997
王福林	男	安徽无为	1964	中共	长江三江码头联运公司	1997
刘新生	男	南京	1952	中共	区房地产综合开发公司	1999
姚念国	男	南京	1952	中共	东部路桥公司	1999
凌　静	女	南京	1949	中共	尧化中心小学	1999
任其泰	男	江苏泗阳	1944	中共	区文化馆	1999
张桂芳	女	山东	1955	中共	区环卫所清扫班	1999
孙家和	男	南京	1953	中共	区计经委	1999
张德龙	男	南京	1951	中共	营防永陈化工机械厂	1999
石尚锦	男	南京	1951	中共	摄山镇东阳村	1999
周礼平	男	南京	1945	中共	栖霞镇新合村	1999
张光才	男	南京	1956	中共	八卦洲乡农业办公室	1999
马定邦	男	南京	1950	中共	长江乡人民政府	1999
王祖治	男	苏州	1949	中共	栖霞建设集团	1999
周福宝	男	南京	1955	中共	区建设局	1999
沈　华	男	南京	1959	中共	区医药公司批发部	1999

历代归葬栖霞地区墓主选录

表 24－6

姓　名	生卒年份	生　平　简　介	墓葬地
王　玢	276—322	东晋大臣，任司马、刺史等官，曾镇守石头	栖霞镇北象山
司马聃	343—361	东晋皇帝（晋穆帝），二岁即位，在位 17 年	幕府山
高　崧	？—366	东晋时任侍中	南京师范大学仙林校区
高　悝	？—？	高崧之父。东晋时任丹杨尹、光禄大夫	南京师范大学仙林校区
高　耆	？—？	高崧之子。东晋时任散骑常侍	南京师范大学仙林校区
刘　彧	？—472	南朝宋皇帝，即宋明帝，465—472 年在位	幕府山
明昙玹	？—474	南朝宋宁朔将军，武员县令员外散骑侍郎	栖霞镇甘家巷
萧　敷	？－497	梁武帝之兄。南齐随郡内史	栖霞镇甘家巷
萧　融	？—500	梁武帝之弟。南齐太子洗马，被毒死	栖霞镇张家库
萧　秀	475—518	梁武帝之弟。初仕齐，为著作佐郎。入梁后封安成郡王，累迁江、荆、郢、定诸州刺史。灾荒年以家财赈百姓。喜学术，与文人名士游。卒后，友人制文纪念，诏许四碑并建	栖霞镇甘家巷
萧　憺	478—522	梁武帝之弟。初仕齐，为西中郎法曹行参军。入梁封始兴郡王。历任荆、益等州刺史，官至侍中，领军将军。开立学校，劝课就业，虚心待士，为时称道	栖霞镇甘家巷
萧　景	477—523	梁武帝从弟。初仕齐。入梁后封吴平县侯。历官南兖州、雍州、郢州刺史。抚慰百姓，修城警边，劝课农桑，政绩为百城之最	栖霞镇十月村
萧　宏	473—526	梁武帝之弟。初仕齐。入梁封临川郡王。领扬州刺史。性贪吝，积钱三亿，奢侈豪华	仙合门张库村
萧　恢	476—526	梁武帝之弟，仕齐为宁远将军、前军主簿，入梁封鄱阳郡王，历官南徐州、郢州、益州刺史。常遣吏巡行，境内大治，轻财好施	栖霞镇甘家巷
萧　统	501—531	梁武帝长子，史称昭明太子，集《文选》30 卷	迈皋桥太子凹
萧　伟	476—533	梁武帝之弟。仕齐为雍州刺史。入梁封建安王，改封南平郡王。历官侍中、左光禄大夫、中书令、大司马。好学崇佛，趋贤重士，愍穷济贫	尧化镇北家边
萧　象	？—536	梁武帝之侄。嗣桂阳郡王。任太常卿、加侍中，迁秘书监	栖霞镇张家库
萧　暎	464—544	梁武帝之侄。封广信县侯，后改封新渝县侯。历官吴兴，淮南太守，北徐州、广州刺史	栖霞镇董家边

续表

姓　名	生卒年份	生　平　简　介	墓葬地
萧正义	？—？	梁武帝之侄，封平乐侯，历官南徐州、东扬州刺史	仙合门张库村
陈　珧	？—566	南朝陈皇帝即陈文帝，在位七年。稳定疆域，实施盐酒专营，整顿户籍，以实府库	栖霞镇狮子冲
王　德	？—1155	南宋抗金将领。作战骁勇，称“王夜叉”。因战功多次升迁。卒封陇西郡侯	燕子矶伏家桥
李香君	1627—1653	生平见人物传	栖霞山
李　镗	？—？	清代，卒封柱国大师	龙潭蟠龙山
邓廷桢	1776—1846	晚清安徽巡抚及两广、闽浙和陕甘总督，鸦片战争中力主禁烟抗英	仙林农牧场邓家山
陈作霖	1837—1920	近代史学家、文学家，曾任上元、江宁两县学堂校长，江苏通志史局总校	迈皋桥奋斗村
宗　仰	1861—1921	生平见人物传	栖霞山
陶行知	1891—1946	生平见人物传	燕子矶劳山
黄质夫	1896—1963	生平见人物传	栖霞山

第三章　名人与栖霞

秦始皇首置江乘县　秦始皇（前259—前210），姓嬴，名政。秦王政26年（前221），灭齐楚燕赵等六国，统一全国。之后五次出巡。最后一次于始皇三十七年（前210），“出武关、越汉水、经云梦泽、九嶷山、顺江而下，过丹阳、至钱塘、临浙江，还过吴，从江乘渡江北返”。诏令废金陵邑，设秣陵县（意为此处只宜植草牧马），置江乘县。江乘成为栖霞地区历史上最早的县邑。时江乘县辖区广阔，西起石头城，东至句容，南迄湖熟，至隋开皇九年（589）废，前后延续近800年。

孙权江乘屯田设防　吴大帝孙权（182—252），字仲谋，三国吴郡富春人。于三国·吴黄武元年（222）在武昌称帝。三国·吴黄龙元年（229）迁都建业（今南京）。为防备北方曹魏的入侵，孙权撤销江乘县建制，改设典农都尉，对农民实行军事编制，使之全力生产粮食，以保证兵源粮草。沿江广建城堡与烽火台，并修筑连接金城、白马城和竹里城的道路，从而赢得江南几十年和平安定局面。

司马睿南渡称帝 晋元帝司马睿(276—322),字景文,原为晋琅琊王,西晋永嘉元年(307年)任安东将军,都督扬州江南诸军事。西晋建兴五年(317),晋愍帝死于战乱后,司马睿南渡长江即帝位,都建康(今南京),史称东晋。称帝后,在建康地区设置侨郡侨县,即设置与北方地区同样名称的州、郡、县,安置南下官员与逃避北方战乱南渡的百姓。时江乘县恢复,在其境内"以实县隶侨郡",设南东海、南琅琊、南东平和南兰陵四个侨郡以及临沂、阳都、即丘等侨县。今幕府山临江有五马渡,相传为司马睿与彭城诸王五人渡江处,成为"金陵四十八景"之一。

梁武帝佞佛崇"三论" 梁武帝萧衍(464—549),字叔达,南兰陵(今江苏常州)人,出生于秣陵。笃信佛教,在位期间大兴寺院,当时建康城内外就有寺庙500余所。着人大量译释佛经,塑佛千佛岩,并三次舍身同泰寺,耗财亿计。大通二年(528),与南印度僧达摩谈论佛学,话不投机,使达摩一苇渡江北去(今幕府山有达摩洞、夹骡峰及种种传说)。当僧朗法师在栖霞寺讲"三论"经学时,武帝派遣僧怀、慧令等十人受"三论"大义,使栖霞寺成为江南佛教"三论宗"的发祥地。

江总诗咏栖霞林泉 江总(519—594),字总持,南齐考城(今河南兰考)人。仕梁时,梁武帝对其诗"深降嗟赏"。入陈,为尚书令,世称"江令"。南朝陈至德二年(584),奉后主陈叔宝命送金像入摄山(栖霞山),与摄山布上人交游。陈祯明元年(587),陪后主巡游栖霞山,与后主均赋诗,为现存最早吟咏栖霞林泉之美的诗篇。曾撰《摄山栖霞寺碑铭》,详述栖霞建寺凿窟造像的经过,由当时书法家李霈书写。唐韦应物有诗云"若到栖霞寺,先看江总碑"。

隋文帝敕建舍利塔 隋文帝杨坚(541—604),弘农华阴(今属陕西)人。幼年曾被寄养在智仙的尼庵中,深受佛教影响。隋开皇元年称帝后,一改周武灭佛、大毁寺院的做法,崇尚佛教。接受尼智仙所献舍利,下《立舍利塔诏》,将舍利分送各州,"先往蒋山栖霞寺洎三十州次五十三州等寺起塔",为皇后太子广诸王子孙祈福。今栖霞寺侧的舍利塔即造于隋代。

朱洪武建造外城 明太祖朱元璋(1328—1398),字国瑞,幼名重八,又名兴宗,后改名元璋,于元朝末年参加农民起义军。元至正十二年(1352)升任左副元帅,至正二十一年被封为吴国公。至正二十四年,称吴王。至正二十八年称帝,国号明,年号洪武。朱元璋称吴王时就大建宫殿、城墙。洪武二十三年(1390),下令建外城,城门用砖砌,其余以山埂培土而成,俗称"土城头"。在今栖霞区境内有观音门、佛宁门、姚坊门(即尧化门)和仙鹤门。为防务和运输需要,建造上元至丹阳的石铺道路(部分路段在今栖霞区境内)。在今马群镇附近设驿站,在龙潭设水马驿,在摄山东阳设马驿,沿江设营垒,并建联结道路。朱元璋靠自学粗通文墨,好作对联、诗文。其诗《燕子矶》(见《综录》)大气磅礴。今燕子矶头台洞巨石上所刻一笔书"寿"字,传为其所书。

柳敬亭流落栖霞龙潭　柳敬亭(?—约1670)。江苏泰州人,原姓曹。南明说书艺人。少年时因打抱不平犯命案,逃离家乡,栖息于柳树之下,感慨今生将如柳絮漂泊无定,遂改姓柳。流落在南京秦淮河一带,以说书为生,说书技艺被称为"南都第一"。明朝末年,政治腐败,柳与复社人物吴应箕、侯朝宗交往密切,也曾为复社奔走策划。柳敬亭还做过南明将领左良玉的幕僚,居武昌,人尊称其为柳将军。左良玉死后,柳回南京,檀板青衫,重操旧业。清顺治年间(1644—1662)取缔复社,柳遂隐姓埋名,在龙潭、栖霞一带贩鱼为生,至贫病而死。清人有"流落人间柳敬亭,消除豪气鬓星星,江南多少前朝事,说与人间不忍听"等诗句记其事。

康熙、乾隆钟情栖霞山水　清圣祖玄烨(1654—1722),姓爱新觉罗。在位期间,多次巡游全国,曾6次到江宁。康熙二十三年(1684)十一月,乘舟由秦淮河入江至八卦洲,泊燕子矶登岸,作诗《燕子矶夜泊》(今鼓楼公园内圣训碑记载甚详)。康熙三十八年再游燕子矶,作诗《月夜登燕子矶》。康熙四十二年,自江宁经龙潭至宝华山隆昌寺,循此线建有御道。清高宗弘历(1711—1799),姓爱新觉罗。于乾隆十六年至四十九年(1751－1784),六临燕子矶,五游栖霞,题额数十,作诗百余首,是历史上吟咏栖霞山、燕子矶诗篇最多的作者。今燕子矶顶诗碑亭中所刻之诗即为乾隆十六年其首次南巡所作。还将栖霞山纱帽峰改名为玉冠峰。今区境内便民河(原名"刀枪河",俚称"强盗河"),亦由乾隆赐名。乾隆十五年,在龙潭建行宫(今已不存),乾隆二十二年,在燕子矶设行座,在栖霞山建行宫。栖霞山行宫遗址尚存。

冯玉祥掘井济民　冯玉祥(1882—1948),字焕章,安徽巢县人,出身平民,人称"布衣将军"。民国17年(1928),冯玉祥在南京任行政院副院长兼军政部长,对陶行知创办晓庄师范学校一直给予支持,并在校内劳山半坡建住房,名"冯村"。时学校与附近农民建立联村自卫团以对付土匪袭扰,冯即赠送步枪、手榴弹、子弹,并派军人指导训练。民国24年,冯将军在佘儿岗参观小学时,捐资帮助学校打井供学生及周围农民饮用,亲题"请别临渴掘井"昭示后人。之后,又在尧化门附近置田约300亩,建设农场,也打井一口,供周边农户饮用。

附:综录要目

诏敕碑铭

尊宝志大师(梁武帝)
立舍利塔诏(隋文帝)
梁故侍中司徒骠骑将军始兴忠武王之碑铭
摄山栖霞寺碑铭(梁元帝)
摄山栖霞寺碑铭(江总)
御制摄山栖霞寺明徵君碑铭(唐高宗)
龙潭水驿碑铭(许彦忠)
重建张山龙王庙碑铭
华山定水庵记(薛正平)
八卦洲禁牧碑铭
八卦洲示禁碑铭
游弘济寺碑铭
张山龙王庙禁例章程碑铭
大士阁地基碑铭(监运使衔候补道江苏江宁府正堂李)
重新栖霞山佛像记碑铭
重新栖霞山观世音菩萨像记碑铭
江宁赈邮会重修寒桥碑铭
寂然上人碑铭
龙潭会师亭纪念碑铭
重修摄山栖霞寺碑铭
侵华日军南京大屠杀燕子矶江滩遇难同胞纪念碑铭
八卦洲《众志成城》碑铭

历代诗词(凡97首,入目60首,其余略)

行京口至竹里(南朝·宋·鲍照)
北戍琅琊城(南朝·齐·江孝嗣)
和江丞北戍琅琊城(南朝·齐·谢月兆)
古意酬到长史溉登琅琊城诗(南朝·梁·徐悱)
同江仆射游摄山栖霞寺(南朝·陈·陈叔宝)
入摄山栖霞寺并序(南朝·陈·江总)
宝公像赞(唐·李白)
题栖霞寺(唐·綦毋潜)
栖霞寺东峰寻明征君故居(唐·刘长卿)
送陆鸿渐栖霞寺采茶(唐·皇甫冉)
登栖霞寺塔(唐·蒋涣)
题摄山栖霞寺(唐·顾况)
忆登栖霞寺峰怀望(唐)李绅
栖霞寺庆法师山房(唐·李频)
龙潭(唐·应物)
游栖霞寺(唐·皮日休)
上元县(唐·韦庄)
题金陵栖霞寺赠月公(南唐·周繇)

游栖霞寺(南唐·李建勋)
桂枝香·金陵怀古(宋·王安石)
题栖霞山房(宋·王随)
摄山(宋·曾极)
过金陵驿(宋·文天祥)
燕子矶(明·朱元璋)
栖霞寺二首(其二)(明·李言恭)
燕子矶(明·顾璘)
栖霞寺(明·陈沂)
千佛岩(明·王世贞)
六月访袁中夫摄山(明·李贽)
栖霞寺(明·焦竑)
弘济寺(明·顾源)
衡阳寺(明·盛时泰)
登摄山绝顶(明·叶向高)
摄山纪游(明·袁宏道)
白乳泉试茶亭(明·孙国敉)
憩定水庵(明·丛大为)
燕子矶口占(明·史可法)
泊船观音门(清·吴嘉纪)
晚出燕子矶东下(清·龚贤)
晓雨后登燕子矶绝顶作(清·王士祯)
白云庵访张瑶星道士(清·孔尚任)
夜泊燕子矶(清·爱新觉罗·玄烨)
坐弘济石壁下及暮而去(清·曹寅)
归舟江行望燕子矶作(清·厉鹗)
游栖霞山(清·爱新觉罗·弘历)
登栖霞凤翔峰(清·袁枚)
咏三台洞(清·华长卿)
古佛庵有明太祖御容选一(清·姚鼐)
舟过黄天荡作(清·洪亮吉)
游摄山次江总游栖霞及虎穴寺韵(清·孙星衍)
题梁吉甫(逢辰)摄山诗境图(清·林则徐)
定风波·燕子矶(清·龚自珍)
临沂城(清·周宝偀)
黄天荡怀古(清·黄燮清)
岩山三洞纪游一百韵有序(清·刘源深)
对月忆金陵旧游辛巳秋作(现代·陈独秀)
奉和太虚大师秋游栖霞原韵(当代·释明常)
栖霞红叶(当代·朱偰)
燕子矶新貌(当代·邓拓)
栖霞山(当代·释茗山)

历代散文

龙潭十景序(明·杨士奇)
游摄山记(明·乔宇)
游幕府山记(明·乔宇)
游燕子矶记(明·吕柟)
摄山栖霞寺供绣佛记(明·盛时泰)
游燕子矶(明·张岱)
登燕子矶记(清·王士祯)
燕子矶岩山十二洞游记(现代·单鹤)
我的美感·游摄山二看禹碑一则(现代·凌文渊)
栖霞山纪游(现代·蒋维乔)
栖霞山游记(当代·黄炎培)

燕子矶(当代·黄裳)
游燕子矶记(当代·董欣宾)
幕府山记(当代·俞律)

楹联撷萃(凡48副,略)

旧志序跋

《栖霞小志》序(清·甘福)
《栖霞小志》跋(清·缪荃荪)
《栖霞小志》再跋(清·缪荃荪)
《清楚云上人撰摄山志》序(清·王泽宏)
《清楚云上人撰摄山志》序(清·耿光祚)
《清楚云上人撰摄山志》序(清·马士芳)
《清陈毅撰摄山志》序(清·汪志伊)
《清陈毅撰摄山志序》(清·陈毅)
《栖霞新志》自序(民国·陈邦贤)
《栖霞山志》序(当代·释太沧)
《栖霞山志》序(当代·陈静涛)

民间传说

八卦金锁锁八卦(八卦洲的传说)
候子洞的传说
刀枪河的传说
隆昌寺韦驮坐正殿
摄山官窑村的传说
衡阳寺大,还是栖霞寺大
太子洲的传说
仙鹤门的传说
金箔的传说

歌谣谚语

锄头舞歌(民国·陶行知)
小庄晓(民国·陶行知)
燕子矶小学校歌(民国·陶行知)
栖霞乡村师范校歌(民国·黄质夫、任中敏)
我是师范生(民国·黄质夫)
扫盲歌(民谣)
打铁谣(民谣)
麒麟唱词
栖霞妇女歌谣
谚语(凡23则,略)

文献辑录

龙潭之战(民国·李宗仁)
保卫南京坚守乌龙山炮台纪实(民国·瀛云萍)
栖霞山之行报告(德国·约翰·马吉)
致教育部蒋部长函(民国·徐悲鸿、张歆海、宗白华等)
南京市柴业公会请制止江宁县属永隆洲芟芦放垦(民国·仇殿臣、杨泰清、夏鹤松、陈少侯)
日本人偷窃佛像(民国·陈邦贤)
护校宣言(民国·陶行知)
服务乡教八年之自省(节选)(当代·黄质夫)

后　记

2002年9月，栖霞区历史上首部地区综合性志书《栖霞区志》编竣出版。《栖霞区志》煌煌1290余页，洋洋235万字，体量巨大；上自7000年前的新石器时期，下迄公元1999年的栖霞地区的社会发展、民生百态、历史沧桑尽皆囊入书中，内容浩瀚。

星转斗移，岁月如梭。自《栖霞区志》问世，已过去15个年头。国家的现代化建设阔步向前，人们的生活节奏也越来越快，在最短的时间内获取最重要、最有用的信息日益成为人们工作、生活的迫切需求。为适应这种需求，我们辑成了这部《栖霞简志》，其目的是适应时代要求，以简行囊，便利读者。

《栖霞简志》编辑工作于2017年4月启动，2018年4月完成，历时12个月。简志保留原志中对现代化建设仍有参考价值的内容，强化有时代特色、栖霞地域特色的内容，反之，或删去或减缩。具体做法是，原志的总体框架不变；不设节，章下直接设目，减少层次；减少章、目，对其或删除，或合并，或改写，或合并兼改写。《栖霞简志》仍设有建置　地理、人口、风景名胜　文物古迹、城乡建设、经济综合管理、交通　邮政　电信、工业、农林　水利、商贸　旅游、财税　金融、中共栖霞区地方组织、人大　政府　政协、镇乡、南京经济技术开发区、民主党派　群众团体、政法、军事、民政、劳动　人事、教育　科技、卫生　体育、文化、社会、人物共24编，约48万字，是原志的五分之一。

在《栖霞简志》编辑过程中，得到有关专家学者的关心和支持，在此表示诚挚的谢意。

限于水平，《栖霞简志》难免有诸多不足之处，敬请读者指正。

编　者

2018年5月